Margaret Wertheim

Die Himmelstür zum Cyberspace

Eine Geschichte des Raumes von Dante zum Internet

Aus dem Englischen von Ilse Strasmann

Ammann Verlag

Die Originalausgabe »Pearly Gates of Cyberspace –
A History of Space from Dante to the Internet«
erschien 1999 bei W. W. Norton & Company
in New York.

Für meine Mutter Barbara Wertheim
Raum unserer Empfängnis und Vorstellung

Erste Auflage 2000
Alle deutschsprachigen Rechte vorbehalten
© 2000 by Ammann Verlag & Co., Zürich
Homepage: http://www.ammann.ch
© 1999 by Five Continents Music, Inc.
Satz: Dörlemann Satz, Lemförde
Druck und Bindung: Bookwell, Porvoo, Finnland
ISBN 3-250-10417-5

EINFÜHRUNG

»Und ich sah einen neuen Himmel und eine neue
Erde; denn der erste Himmel und die erste Erde sind
verschwunden, und das Meer ist nicht mehr. Und ich
sah die Heilige Stadt, das neue Jerusalem, von Gott
her aus dem Himmel herabkommen ... Ihre Leuchte
ist gleich dem kostbarsten Edelstein, wie ein kristall-
heller Jaspis. Sie hat eine große und hohe Mauer, sie
hat zwölf Tore ... Und die zwölf Tore waren zwölf
Perlen; je eins der Tore bestand aus einer einzigen
Perle. Und die Straße der Stadt war reines Gold, wie
durchsichtiges Glas ... Und die Völker werden in ihrem Lichte wandeln, und die Könige der Erde bringen ihre Herrlichkeit in sie.«

Die Offenbarung des Johannes [1]

Für den gläubigen Christen ist der Tod nicht das Ende, sondern
der Anfang. Der Anfang einer Reise, deren letztes Ziel die
himmlische Stadt des neuen Jerusalem ist, der höchste Himmel, in dem die Auserwählten auf ewig im Lichte des Herrn
wohnen werden. In dieser schwerelosen Stadt der »Leuchte«, die mit Saphir, Smaragd, Chrysopras und Amethyst geschmückt ist, wird Gott selbst »alle Tränen abwischen von ihren Augen«: »Und kein Leid noch Geschrei noch Schmerz
wird mehr sein; denn das Erste ist vergangen.« Mit der Befreiung vom Schmerz wird auch die Befreiung überhaupt kommen, denn »der Tod wird nicht mehr sein«. Auch die Befreiung
vom mörderischen Hader zwischen den Völkern wird es geben. Hier werden Menschen aller Länder in Harmonie miteinander wandeln, Männer werden Blätter vom Baum der Erkenntnis pflücken, die »zur Heilung der Völker« dienen.
Die himmlische Stadt des neuen Jerusalem war die gro-

ße Verheißung des frühen Christentums. Diese idealisierte Polis ist auf mittelalterlichen Bildern manchmal als eine ummauerte Stadt dargestellt, die auf einer Wolkenbank schwimmt (Abb. 0.1). Für diejenigen, die den Lehren Christi anhingen, war die himmlische Stadt die abschließende Belohnung: ein ewiger Ruheort des Friedens und der Harmonie, oberhalb und jenseits einer geplagten materiellen Welt. Als in den letzten Jahrhunderten des römischen Zeitalters das Weltreich zerfiel, war eine solche Vision von besonderem Reiz. Egal, welches Chaos und welche Ungerechtigkeit auf Erden herrschten, nach dem Tod würden diejenigen, die Jesus folgten, sich auf eine ewige Stätte des Glücks freuen können.

So bieten auch in unserer Zeit des gesellschaftlichen und ökologischen Zerfalls – einer Zeit, wo unser »Weltreich« sich ebenfalls aufzulösen scheint – die heutigen Werber für den Cyberspace ihre Domäne als ein idealisiertes Reich »oberhalb« und »jenseits« der Probleme einer geplagten materiellen Welt an. Genau wie die frühen Christen versprechen sie einen transzendenten Zufluchtsort – eine utopische Stätte der Gleichheit, Freundschaft und Macht. Der Cyberspace ist nicht per se eine religiöse Konstruktion, aber man kann, wie ich in diesem Buch darlegen werde, diesen neuen digitalen Bereich als den Versuch verstehen, einen technologischen Ersatz für den christlichen Himmelsraum zu konstruieren.

Wenn frühe Christen sich den Himmel als ein Königreich dachten, in dem ihre Seelen von den Schwächen des Fleisches befreit sein würden, so bezeichnen heute die Verfechter des Cyberspace ihren Bereich als einen Ort, an dem wir befreit sein werden von dem, was Kybernetik-Pionier Marvin Minsky verächtlich »die blutige Schweinerei organischer Materie« genannt hat.[2]

Kurz, der Cyberspace wird uns, wie der Himmel, angekündigt als entkörperlichtes Paradies für unsere Seelen. »Ich habe Seelendaten durch Silizium erhalten«, erklärte Kevin Kelly,

0.1 *Apokalypse von Angers:* Der Gobelin zeigt die herabschwebende himmlische Stadt des neuen Jerusalem.

Chefredakteur von *Wired,* 1995 in einem Forum von *Harper's Magazine.* »Sie werden staunen über die Menge von Seelendaten, die wir in diesem neuen Raum bekommen werden.«[3] – »Die Faszination, die Computer auf uns ausüben, ist viel mehr spiritueller als nützlicher Art«, schreibt der Cyberspace-Philosoph Michael Heim. Bei unserer »Liebschaft« mit diesen Maschinen, sagt er, »suchen wir nach einem Zuhause für Geist und Herz«.[4]

Ich habe nicht vor, in diesem Buch quasireligiösen Ansichten über den Cyberspace beizupflichten. Tatsächlich finde ich diese Neigung in sich problematisch. Ich möchte vielmehr versuchen zu verstehen, weshalb so viele Menschen überhaupt solche Ansichten hegen und was die damit verbundenen techno-religiösen Träume bedeuten könnten. Wie kommt es, daß die Leute am Ende des 20. Jahrhunderts mit Himmelssehnsucht auf den Cyberspace starren? Warum sollte jemand behaupten, das digitale Reich wimmele von »Seelendaten»? Wie kommt es, daß Menschen sich den Cyberspace in »spirituellen« Kategorien denken? Das sind Fragen, die ich sowohl vom Standpunkt der heutigen Kultur als auch im Kontext der abendländischen Geschichte betrachten möchte. Vor allem werde ich diese Probleme innerhalb des kulturellen und historischen Rahmens unserer sich ändernden Konzeptionen von »Raum« allgemein untersuchen – denn mein Interesse richtet sich nicht auf den Cyberspace als isoliertes Phänomen, sondern auf ihn als neueste Iteration dieses sich endlos wandelnden Konzepts.

Die Vorstellung vom Cyberspace als einem himmlischen Raum ist in der Literatur sehr verbreitet. In der einflußreichen Essaysammlung *Cyberspace: First Steps* teilt der Herausgeber Michael Benedikt den Lesern in seinen einführenden Bemerkungen mit: »Der Drang zur himmlischen Stadt bleibt erhalten. Man muß ihn achten, er kann sogar florieren – im Cyberspace.«[5] Benedikt zufolge ist der Cyberspace die naturgegebene Domäne für die Verwirklichung eines neuen Jerusalem, das, wie er schreibt, »nur in der virtuellen Realität« geschaffen werden könne. Für Benedikt ist »das Bild der himmlischen Stadt in der Tat ... eine religiöse Vision des Cyberspace«.[6] In seinem Essay verbindet Benedikt die Sehnsucht nach der Unschuld aus der Zeit vor dem Sündenfall mit einem Traum von postapokalyptischer Gnade. Er meint: »Wenn wir nur könnten, würden wir über die Erde reisen und nie von zu Hause fortgehen; wir würden Siege ohne Risiken feiern, vom Baum der Erkenntnis essen und nicht bestraft werden, täglichen Umgang mit Engeln pflegen, jetzt in den Himmel kommen und nicht sterben.«[7] Er deutet an, daß der Cyberspace das alles möglich machen könne. Nicole Stenger, Forscherin auf dem Gebiet der virtuellen Realität beim Human Interface Technology Laboratory der University of Washington, schreibt: »Hinter unseren Datenhandschuhen werden wir zu Geschöpfen aus bewegtem farbigen Licht, das in goldenen Teilchen pulsiert ... Wir werden alle Engel werden, in Ewigkeit! ... Der Cyberspace wird uns wie das Paradies vorkommen.«[8]

Der Roboterforscher Hans Moravec von der renommierten Carnegie Mellon University stellt sich vor, daß wir im Cyberspace tatsächlich Unsterblichkeit finden und damit die Verheißung der Offenbarung verwirklichen, »der Tod wird nicht mehr sein«. In seinem Buch *Mind Children* schreibt Moravec begeistert von der Möglichkeit, unseren Geist in Computer zu »überspielen« und damit das Fleisch zu transzendieren, so daß wir in der digitalen Sphäre ewig leben. Sogar die Möglichkeit der Auferstehung faßt er ins Auge. Er sieht eine riesige Computersimulation voraus, die im Cyberspace die gesamte Geschichte der Menschheit wiedererschaffen würde. Mit einer solchen Simulation, meint er, würde es möglich sein, »alle Menschen, die die Erde je bevölkert haben ... auferstehen zu lassen«, und jeden, der jemals gelebt hat, in die Lage zu versetzen, im Cyberspace Unsterblichkeit zu erreichen.[9] Die Offenbarung versprach den tugendhaften Christen die Freuden der Ewigkeit; Moravec erwartet sie kraft des Siliziums für uns alle. Die Träume einer Gesellschaft werden nicht in einem Vakuum geträumt. Wie sich eine Kultur die Zukunft vorstellt, ihre Visionen von dem, was möglich oder wünschenswert wäre, sind immer Spiegelungen einer Zeit und ihrer ganz bestimmten Gesellschaft. Seit der geistigen Blüte der Renaissance und vor allem seit der wissenschaftlichen Revolution des 17. Jahrhunderts gehören Wissenschaft und Technik zu den bestimmenden Strömungen in der abendländischen Kultur, sie formen den Fluß unserer Phantasie und nähren unsere Träume. In ihrem Buch *Science as Salvation* ruft uns die Philosophin Mary Midgley die Macht der »wissenschaftlichen Imagination« ins Bewußtsein und warnt uns davor, diese Kraft in der heutigen kulturellen Landschaft zu ignorieren.[10] Als neueste Iteration der wissenschaftlichen Phantasie wird die cybernautische Imagination schnell zu einer großen Kraft an sich, die einen ganz eigenen Satz an technisch-utopischen Phantasien produziert. Dabei sind aber viele von diesen Phantasien nicht neu, wie ich zeigen will, sondern im wesentlichen neuverpackte uralte christliche Visionen.

Mein Interesse an der cybernautischen Imagination, vor allem in ihrer quasireligiösen Erscheinungsform, bildet einen wesentlichen Bestandteil des allgemeineren Interesses an der Art und Weise, wie die Wissenschaft und ihre technischen Nebenprodukte in der abendländischen Geschichte als Motor der Phantasie funktioniert haben. Wissenschaftliche Entdeckungen und technische Innovationen finden nie isoliert statt, sie sind immer Teil größerer kultureller, gesellschaftlicher, philosophischer und sogar politischer Bewegungen. Ich möchte in diesem Buch das cyber-religiöse Träumen als neuesten Abschnitt einer viel weiterreichenden Geschichte, die die letzten tausend Jahre der abendländischen Kultur umfaßt, untersu chen. Sie schließt nicht nur die Geschichte der Wissenschaft und Technik ein, sondern auch Abschnitte aus der Geschichte der Literatur, Kunst, Philosophie und Theologie. Außerdem ist es mir wichtig, die Frage zu stellen: *Was* an dieser Gesellschaft an diesem ganz bestimmten Punkt der Geschichte – nämlich Amerika am Ende des 20. Jahrhunderts bzw. am Anfang des 21. Jahrhunderts – ist es, das ein so günstiges Klima für dieses quasireligiöse Träumen von Cyberspace schafft? Es geht also in diesem Buch nicht einfach um Cyberspace; meine Absicht ist es, das heutige Phantasieren über den digitalen Bereich im Zusammenhang mit einer größeren Kulturgeschichte zu untersuchen – einer, die nicht allgemein bekannt ist und die, wie ich meine, Verzweigungen weit über das digitale Gebiet hinaus aufweist.

Wie Umberto Eco und andere bemerkt haben, hat Amerika gegen Ende des 20. Jahrhunderts erhebliche Ähnlichkeit mit dem Römischen Reich in seinen letzten Jahren. Eco weist darauf hin, daß in beiden Fällen der Zerfall einer starken Zentralregierung und der Zusammenbruch der sozialen politischen Ordnung die Gesellschaft für innere Brüche und Zersplitterung geöffnet hat. Eco schreibt über das spätantike Rom: »Der Zusammenbruch der Pax Romana (sowohl militärisch als auch zivil, gesellschaftlich und kulturell) leitete eine Zeit der ökonomischen Krise und des Machtvakuums ein.«[11] Als die säkulare Macht im Römischen Reich zerfiel, wandten sich mehr und mehr Menschen mystischen, magischen und religiösen Systemen zu, um sich eine neue Basis und Orientierung im Leben zu schaffen. Das spätantike Rom war, wie Amerika heute, ein Hexenkessel mystisch-religiöser Gärung, und Sekten aller Art blühten, vom Neuplatonismus mit seiner asketischen Zahlensymbolik über den hedonistischen Dionysos-Kult bis zu den Mithra- und Astarte-Kulten aus dem Orient. Gleichzeitig rollte eine Welle religiöser Inbrunst von der Levante herein.

Von dieser Woge wurden die Anhänger des Jesus von Nazareth getragen. Mit ihrem verlockenden Angebot ewigen Lebens in einem himmlischen Paradies und ihrer Verheißung universeller Erlösung fanden diese »Christen« schnell Anhänger unter den spirituell verarmten Römern. Am Ende des vierten Jahrhunderts wurde unter dem Kaiser Theodosius das Christentum offiziell Staatsreligion.

Sechzehnhundert Jahre später erinnert uns Eco daran, es sei »eine Binsenweisheit der heutigen Geschichtsschreibung, daß wir eine Krise der Pax Americana erleben«.[12] Ein schneller Verfall der Zentralregierung und ein Zersplittern des Imperiums sind Dauerthemen in den US-Nachrichtensendungen. Von seiten der Linken ist die Homogenität der politischen Ordnung als schmutzige Fiktion entlarvt worden, weil Frauen, Minderheiten und Homosexuelle gehört zu werden verlangen; auf seiten der Rechten entladen sich regierungsfeindliche Gefühle in offener Gewalttätigkeit und Rebellion. Und »Barbaren« hämmern ebenfalls an unsere Tore: Die »latinischen Horden« aus dem Süden, die, so sagt man uns, unsere Sozialversicherung und unsere Gesundheitsfürsorge ausnutzen möchten; und die »gelben Horden« aus Asien, die angeblich mit ihrer billigen Arbeitskraft uns die Arbeitsplätze stehlen und mit ihrer raffinierten Elektronik und der Massenproduktion von Bekleidung unsere Wirtschaft zugrunde richten.

Wie die späten Römer leben wir in einer Zeit, die durch Ungleichheit, Korruption und Zersplitterung gekennzeichnet ist. Auch unsere Gesellschaft scheint ihren Höhepunkt hinter sich zu haben, sie wird nicht mehr durch den festen Glauben an sich selbst getragen und ist sich ihrer Ziele nicht mehr sicher. Als Teil einer Reaktion auf diese Auflösungserscheinungen schauen Amerikaner überall auf die Religion als neues Fundament ihres Lebens. Ob das nun die Inbrunst der rechten *Christian Coalition* ist, der Mystizismus kalifornischer Ausprägung oder die Pseudoidentifikation leitender Angestellter, die sich

in Schwitzhütten zurückziehen mit den amerikanischen Ur-
einwohnern – die us-Gesellschaft bebt vor »spiritueller« Sehnsucht. Wie die späten Römer suchen wir nach einem neuen
Gefühl von Sinn.

Der Cyberspace ist nicht das Produkt irgendeines herkömm-
lichen theologischen Systems, dennoch ist sein Reiz für viele
seiner Verfechter eindeutig religiöser Natur. Daß er keine
offenkundig religiöse Konstruktion ist, ist sogar ein entscheidender Punkt zu seinen Gunsten, denn in diesem wissenschaftlichen Zeitalter sind viele Menschen von offenen Mani-
festationen herkömmlicher Formen von Religion unangenehm
berührt. Der religiöse Reiz des Cyberspace liegt deshalb in
eben diesem Paradox: Wir haben hier eine neue Verpackung
des alten Gedankens vom Himmel, aber in einem säkularen,
technologisch akzeptierten Format. Das *vollkommene* Reich
warte auf uns, heißt es, nicht hinter der Himmelstür, sondern
jenseits der Netz-Zugänge, hinter elektronischen Türen mit
den Aufschriften ».com«, ».net« und ».edu«.

Der christliche Himmel war in mancherlei Hinsicht eine
außerordentliche Konstruktion. Eine Vision mit der Kraft,
2000 Jahre lebendig zu bleiben, mußte das auch sein. Eins der
wichtigsten Merkmale, das die Römer (und viele andere seither) ansprach, ist, daß dieser Himmel immer potentiell offen
war für jedermann. Menschen aller Nationen und aller Haut-
farben können danach streben, auf den Straßen der himmlischen Stadt zu wandeln. Im Gegensatz zu den Juden, von
denen die Christen sich als Sekte abgespalten hatten, öffneten
die Anhänger von Jesus ihre Religion allen. Man mußte nicht
als Christ *geboren* sein. Es wurden keine Bedingungen an Rasse
oder Klasse gestellt; eine schlichte Taufe genügte.

Die Historikerin Gerda Lerner hat angemerkt, daß das Christentum in diesem Sinn eine im wesentlichen demokratische
Religion war, vielleicht die erste in der abendländischen Geschichte.[13] Ein Merkmal dieses demokratischen Geistes war,

daß das Christentum während seiner prägenden Jahre besonders Frauen freundlich aufnahm. Im Judentum waren Frauen in einen abgesonderten Teil des Tempels verbannt gewesen, und gerade der Bund mit Gott – mit dem Akt der Beschneidung – war nur für Männer vorgesehen. Das Christentum setzte keinen geschlechtsspezifischen Bund voraus. Tatsächlich hat die Religionsgeschichtlerin Elaine Pagels gezeigt, daß in einigen frühen christlichen Sekten, zum Beispiel bei den Gnostikern, Frauen sogar als Priesterinnen zugelassen waren.[14] Eine der klugen Neuerungen des Christentums war seine Verheißung der Erlösung *aller,* gleich welchen Geschlechts, welcher Rasse oder Nationalität. Das himmlische Königreich stand jedem offen, der die Lehren Jesu annahm. (Natürlich war es gerade diese demokratische Grundanschauung, die es dem Christentum auch ermöglicht hat, viele überlieferte Glaubenssysteme zu verdrängen und auszulöschen.)

Der Cyberspace steht, wie das Christentum, potentiell jedem offen: Mann und Frau, erster und dritter Welt, Nord und Süd, Ost und West. So wie das neue Jerusalem allen offensteht, die Christus folgen, so öffnet sich der Cyberspace allen, die sich einen Personalcomputer und die monatlichen Gebühren für den Zugang zum Internet leisten können. Zunehmend bieten Bibliotheken und andere Gemeinschaftseinrichtungen den Zugang auch umsonst an. Wie das himmlische Königreich ist der Cyberspace ein Ort, an dem sich *theoretisch* Menschen aller Nationen mischen können. Tatsächlich möchten uns manche Cyber-Enthusiasten glauben machen, daß das Netz alle Barrieren von Nationalität, Rasse und Geschlecht beseitigt und alle Menschen gleichermaßen in den digitalen Strom »erhebt«. Der Traum von einer globalen Gemeinschaft gehört zu den grundlegenden Phantasien der »Religion« des Cyberspace; es ist die technologische Version von der Brüderlichkeit im neuen Jerusalem. Das Problem dabei ist, daß der Zugang zum Cyberspace, anders als der zum Himmel, vom Zugriff auf Technologien abhängig ist, die für riesige Teile der Weltbevölkerung außer aller Reichweite liegen.

Für diejenigen, die Zugriff haben, liegt etwas potentiell Positives in der Interaktion im Cyberspace, weil die Belastung durch Voreingenommenheit wegfällt, denn Geschlecht, Hautfarbe und Alter der Körper hinter dem Bildschirm sind nicht sichtbar. So können wir, unsichtbar im Meer des Cyberspace, online nicht mit einem Blick auf unsere Hautfarbe oder auf die Wölbungen unter dem Pullover abgeschätzt werden. Einer der Reize des Cyberspace ist eben die Befreiung von den unbarmherzig prüfenden Blicken, die zum Kennzeichen des Lebens im heutigen Amerika geworden sind. Im Bitstrom sieht dich niemand wabbeln. Hier sind Speck, Runzeln, graue Haare, Akne, Hinken, Kahlköpfigkeit, Kleinwüchsigkeit und andere ästhetische »Sünden« des Fleisches alle (buchstäblich) abgeschirmt gegen fremde Blicke. Da es bei der Online-Verständigung primär um Texte geht (zur Zeit jedenfalls), ist der Cybernaut befreit von dem ständigen Zwang, gut auszusehen.

Einige Anhänger des Cyberspace träumen davon, dem, was ein Kommentator den »Ballast der Körperlichkeit« genannt hat, ganz zu entkommen. Im *Neuromancer,* dem weitsichtigen Science-fiction-Roman, mit dem das Wort »Cyberspace« eingeführt wurde, hat der Autor William Gibson die »körperlosen Freuden des Cyberspace« begrüßt.[15] Jaron Lanier, ein Pionier der *Virtual reality,* hat gesagt: »Diese Technologie enthält die Verheißung einer Überwindung des Körpers.«[16] Auch Moravec träumt von einer Zukunft, in der menschliches Denken »frei von der Bindung an einen physischen Körper«[17] vorstellbar ist. Natürlich ist der Wunsch, der körperlichen Inkarnation zu entkommen, nicht neu. Die abendländische Kultur trägt spätestens seit der Zeit Platons diese Saat in sich, und im Christentum hat sie sich in der gnostischen Tradition entfaltet. Was hat es zu bedeuten, daß dieser Wunsch jetzt im digitalen Zeitalter wieder auftaucht? Was schafft diese neue Plattform für den Platonismus?

Wenn das neue Jerusalem kommt, werden seine Bürger nicht einsam sein, das steht fest. Man betrachte das Bild des Himmels in dem herrlichen Fresko von Giotto an der Eingangswand der Arena-Kapelle in Padua (s. Abb. 3.1). In diesem großen *Jüngsten Gericht* sehen wir ein Charakteristikum der mittelalterlichen Ikonographie. Oben im Fresko stehen hinter Christus Reihen um Reihen von Engeln und füllen das himmlische Empyreum: Der Raum ist buchstäblich übervoll. Auch im Cyberspace wimmelt es von Leuten. Schon jetzt sind 100 Millionen Menschen im Internet verbunden, und einem kürzlich veröffentlichten Bericht des Wirtschaftsministeriums zufolge verdoppelt sich der Netzverkehr alle hundert Tage.[18] Der Gemeinschaftscharakter des Cyberspace ist einer seiner wichtigsten Reize, wie Kommentatoren immer wieder betonen. Michael Heim hat bemerkt: »Isolation ist eins der größten Probleme in der urbanen Gesellschaft von heute.« Vielen Menschen, sagt er, scheine »das Computer-Netz wie ein Gottesgeschenk, weil es den Menschen Foren bietet, in denen sie sich in verblüffender persönlicher Nähe begegnen können«.[19] Inmitten weitverbreiteter Gefühle von Einsamkeit und Entfremdung wird das Internet heute als Allheilmittel verkauft, das das gesellschaftliche Vakuum in unserem Leben füllt, indem es Siliziumfäden der Verbindung um den Globus herum spinnt.

Tatsächlich beherbergt der Cyberspace ganze virtuelle Gemeinwesen, Gruppen von Menschen, die sich in Chatrooms, in Usenet-Gruppen und in Online-Foren treffen und austauschen. Die von San Francisco aus gegründete WELL-Community und die von New York aus gegründete ECHO-Community sind zwei von den bekannteren Cyber-Gesellschaften, deren Mitglieder physisch über die ganze Welt verstreut leben. Cyber-Riesen wie CompuServe und America Online bieten eine ganze Fülle von Treffpunkten und Foren für ihre wachsende Cyber-Bürgerschaft. Wie im neuen Jerusalem braucht im Cyberspace niemand mehr allein zu sein. Die Frage, die sich da stellt, ist: Welche Qualität haben diese Cyber-Beziehungen? Können sie wirklich von Bedeutung und emotional befriedigend sein? Oder ist die Cyber-Verbrüderung ein eskapistisches Spiel, wie manche Leute behauptet haben? Diese Fragen wollen wir untersuchen.

Ein weiterer Aspekt des Cyberspace, der unsere Aufmerksamkeit verdient, ist die Bedeutung, die dem Bild zunehmend beigemessen wird. Viele Cyber-Auguren glauben, daß die Zukunft in Bildern liege. Statt Textbotschaften werden wir einander bald Videobotschaften schicken können. Noch spannender scheint mir, daß wir belebte »Avatare« von uns selbst in den Cyberspace schicken können, die für uns sprechen. Schon jetzt werden in der Cyber-Stadt von AlphaWorld Besucher durch krude Avatare dargestellt, die auf dem Bildschirm als Trickfilmgestalten durch eine simulierte Stadtlandschaft wandern (s. Abb. 0.2). Auch Daten werden in graphischer Form wiedergegeben; Fachleute suchen nach Möglichkeiten, die ständig wachsenden Mengen von Informationen auf visuell faßbare Eindrücke zu reduzieren.

Politiker und Schulen schalten sich in dieses Meer von Bildern ein und fangen an, sich das virtuelle Klassenzimmer auszumalen. Sie stellen sich vor, daß das Internet endlose Arrangements von tollen visuellen Angeboten machen wird, so angelegt, daß sie noch die teilnahmslosesten Schüler interessieren. Wie die frühere stellvertretende Bildungsministerin Dr. Diane Ravitch sagte: »In dieser neuen Welt der pädagogischen Fülle werden Kinder wie Erwachsene die Möglichkeit haben, auf ihrem heimischen Fernseher ein Programm aufzurufen, um zu erfahren, was immer sie wissen wollen, wann immer es ihnen paßt.«[20] Warum lesen, wenn man gucken kann?

Daß Bildern großer Wert beigemessen wurde, war auch ein herausragendes Merkmal des christlichen Mittelalters. In einer

0.2 In der Cyberstadt von AlphaWorld werden Besucher durch »Avatare« dargestellt, die online durch die virtuellen Straßen und Plätze dieser virtuellen Welt wandern können.

Zeit, in der Analphabetismus die Norm war, dienten religiöse Bilder dazu, dem gemeinen Volk die christliche Weltanschauung beizubringen. Gemälde aus der biblischen Geschichte, Darstellungen Christi, der Jungfrau Maria und der Heiligen lehrten die Menschen christliche Geschichte, Kosmologie und Moral. Genauso, sagt man uns jetzt, werden im Zeitalter des Cyberspace Bilder das Bildungsvakuum füllen.

Einige Enthusiasten haben die Vermutung geäußert, daß der Cyberspace dazu bestimmt sei, zum Brunnen des Wissens zu werden. Immer mehr Bibliotheken, Datenbanken und Informationsquellen werden online zugänglich gemacht; damit blitzt am digitalen Horizont der Traum von *Allwissenheit* auf. Heim drückt es so aus: »Die Atmosphäre des Cyberspace verströmt den Duft, der einst Weisheit umgab.«[21] Als Heimat des Baums der Erkenntnis verhieß die himmlische Stadt des neuen Jerusalem auch die Frucht höchster Weisheit. Allwissenheit ist ein weiterer wichtiger Traum der Religion des Cyberspace, aber wieder müssen wir fragen, welche Qualität die Online-Information überwiegend haben und wer Zugang zu diesen Ressourcen bekommen wird.

Wie auch immer, die Menschen drängen in den Cyberspace. Wenn die jetzige Wachstumsrate konstant bliebe, sagt Nicholas Negroponte, Direktor des MIT Media Lab, »würde im Jahr 2003 die Zahl der Internet-Benutzer die Zahl der Weltbevölkerung übertreffen«.[22] Dieses Szenario ist natürlich paradox – dennoch, die Zustimmung zum Cyberspace ist außerordentlich. Diese Zustimmung kann man nicht nur damit erklären, daß die Technologie zur Verfügung steht. Menschen übernehmen eine Technik nicht einfach, weil es sie gibt. Die Grundlage der Raster-Bildübertragung zum Beispiel wurde 1843 patentiert, drei Jahrzehnte vor der Erfindung des Telefons, aber Faxen wurde erst in den siebziger Jahren des 20. Jahrhunderts zum weitverbreiteten Hilfsmittel – mehr als hundert Jahre später. Oder: Die Chinesen erfanden die Dampfmaschine vor rund tausend Jahren, nutzten sie aber nicht. Wie die Geschichte immer wieder zeigt, ist die Verfügbarkeit einer Technik keine Gewähr dafür, daß sie in Anspruch genommen wird. Die Menschen übernehmen eine Technik dann, wenn sie einem latenten Bedürfnis entspricht. Schon der bloße Umfang des Interesses am Cyberspace läßt vermuten, daß da starke Wünsche wirken. Das Wesen solcher Wünsche muß erklärt werden. Wir müssen verstehen, welche Faktoren ein so dringendes Interesse an dieser ganz bestimmten Technologie hervorgerufen haben. Vor allem möchte ich in diesem Buch Betrachtungen darüber anstellen, welche Faktoren in der abendländischen Kultur – in der Geschichte wie in der Gegenwart – zu einer Situation geführt haben, in der eine Technologie wie der Cyberspace ins Zentrum im wesentlichen religiöser Träume rücken konnte. Was am abendländischen Denken ermöglicht es religiösen Metaphern und Modellen, in einem technologischen Kontext weiterzublühen? Hier müssen wir dann auch darüber nachdenken, welche Eigenschaften des Cyberspace selbst solche Ansichten fördern und stützen.

Wenn wir über diese Fragen nachdenken, stoßen wir unausweichlich auf ein Problem, das die rätselhafte letzte Silbe des Wortes *Cyberspace* stellt. Was bedeutet es, wenn wir von *-space*, von »Raum«, sprechen? Ziel dieses Buches ist es, den Cyberspace innerhalb des Kontexts einer allgemeinen Kulturgeschichte des Raums zu betrachten. Erst nach einer Untersuchung des Raums in seinen prädigitalen Formen werden wir den digitalen Raum selbst erforschen. Wie wir sehen werden, war im Lauf der Geschichte die Vorstellung von »Raum« ständig Wandlungen unterworfen, denn jede Ära hat »Raum« auf radikal andere Weise definiert. Unter diesen Umständen werden wir den Cyberspace als neueste Iteration dieses facettenreichen Konzepts betrachten.

Im Kern dieser Geschichte steht die in der abendländischen

Kultur uralte Spannung zwischen Körper und Geist – mit ihren Myriaden von Erscheinungsformen, einschließlich der speziellen Form, welche Christen als »Seele« bezeichnen. Bezogen auf den Raum, hat sich diese Spannung in unseren jeweiligen Vorstellungen von dem abgespielt, was wir als einen Raum wahrnehmen, in dem sich unser Körper bewegt, und dem Raum, in dem unsere Seele oder Psyche zu Hause ist. Im historischen Zusammenhang mit diesen sich in der abendländischen Kultur ändernden Vorstellungen von physikalischem Raum und religiösem oder psychologischem Raum hoffe ich ein bißchen Licht auf den Schauplatz Cyberspace und auf den ihm eigenen religiösen Reiz werfen zu können.

Es ist eins der auffallendsten Merkmale der abendländischen Kultur, daß seit mindestens dreitausend Jahren unsere Philosophien und Religionen tief dualistisch sind und die Wirklichkeit in Materie und Geist spalten. Wir haben diesen Dualismus sowohl von den alten Griechen als auch aus der christlichen Kultur übernommen. Für die Griechen waren Menschen Geschöpfe aus *Soma* und *Pneuma*, Körper und Geist. Pythagoras, Plato und Aristoteles sahen sowohl den Menschen als auch den Kosmos bipolar. In frühchristlicher Zeit wurde das griechische *Pneuma* in das jüdische Denken integriert, und dieses Amalgam aus griechischen und jüdischen geistigen Strömungen ließ die theologisch komplexe Vorstellung von der christlichen Seele entstehen.

In den tausend Jahren der christlichen Ära – ungefähr vom Niedergang des Römischen Reiches im 5. bis zum Beginn der Renaissance im 15. Jahrhundert – war die geistige Kultur des Abendlandes weitgehend gekennzeichnet durch Überlegungen, die die Seele betrafen. Jedenfalls ist es das vor allem, was man mit der mittelalterlichen Kultur verbindet. Selbst die großen technischen Leistungen dieses Zeitalters, etwa die prachtvollen Kathedralen, waren religiöse Projekte, deren Ziel und Zweck die Veredelung der christlichen Seele war. Aber im letzten halben Jahrtausend – von der Renaissance und stärker noch der »wissenschaftlichen Revolution« des 17. Jahrhunderts an – hat eine tiefgehende Veränderung stattgefunden, in der das Abendland seine Aufmerksamkeit zunehmend vom theologischen Konzept der Seele ab- und der physischen Konkretheit des Körpers zugewandt hat. Seit der Aufklärung im 18. Jahrhundert leben wir in einer Kultur, die völlig beherrscht wird von materiellen und nicht spirituellen Überlegungen. Kurz, wir leben im neuzeitlichen Westen in einer gründlich materialistischen und technischen Kultur.

Im Gegensatz zu unseren mittelalterlichen Vorfahren definieren wir neuzeitlichen Westler uns durch unsere gewaltigen materiellen Leistungen – durch unsere Wolkenkratzer, Autobahnen und Elektrizitätswerke, unsere Autos, Flugzeuge und interplanetarischen Sonden. In diesem technischen Zeitalter haben wir den Erdball erkundet, Menschen auf den Mond geschickt, die Pocken ausgerottet, die Struktur der DNS herausbekommen, subatomare Teilchen entdeckt, uns die Elektrizität nutzbar gemacht und den Mikrochip erfunden. Das sind alles außerordentliche Leistungen, auf die wir stolz sein dürfen. Auch in diesem Sinne sind wir den alten Römern ähnlich, denn auch sie waren ein durch und durch materielles Volk, eine Kultur, die berühmt ist für ihre großartigen Errungenschaften auf den Gebieten des Bau- und des Ingenieurwesens. Noch heute, anderthalb Jahrtausende nach dem Zusammenbruch des Weltreiches, überdauern das Kolosseum und das Pantheon als architektonische Wunder, können Reisende in Latium in riesigen steinernen Amphitheatern sitzen, in denen einst Tausende von Römern Platz fanden. Und römische Straßen durchqueren noch heute Europa; manche werden seit 2000 Jahren ständig benutzt.

Die neuzeitliche Beherrschung der physikalischen Welt zeigt sich nirgends deutlicher als in unserem wissenschaftlichen Verständnis des physikalischen Raums. In den letzten

fünf Jahrhunderten haben wir die gesamte Erdoberfläche vermessen; Kontinente, polare Eisdecken und sogar der Meeres-
boden haben ihre Geheimnisse den Kartographen preisgege-
ben. Im gegenwärtigen Jahrhundert haben wir außerdem den
Mond kartographiert, und dazu große Teile von Venus und
Mars. Unsere Kenntnis des physikalischen Raumes geht inzwischen weit über unseren Planeten hinaus und reicht bis in die
fernsten Fernen des Kosmos. Nachdem sie unser eigenes Sonnensystem aufgenommen und die Beziehungen zwischen den
Planeten genau beschrieben hatten, haben die Astronomen
ihren Blick auf Galaxien gerichtet und die Struktur des kosmologischen Ganzen erfaßt. Am anderen Extrem haben Teilchenphysiker den subatomaren Raum vermessen, das Atom und
den Atomkern erforscht und schließlich die Quarkstrukturen
im Innersten aller Materie. In diesem »wissenschaftlichen Zeitalter« haben wir das physikalische Universum auf jeder Ebene
ausgemessen, von dem riesigen Maßstab galaktischer Sternhau-
fen bis hinunter zu den kleinsten Teilchen. Darüber hinaus erkunden Neurologen jetzt den Raum unseres Gehirns, forschen
mit Hilfe von Positronenemissions- und Kernspintomogra-
phen in unserem Kopf und erstellen nach und nach eine raffinierte Kartographie unserer grauen Substanz.

Während wir aber den physikalischen Raum vermessen und
beherrschen gelernt haben, haben wir jegliche Art von religiösem oder psychologischem Raum aus den Augen verloren. Damit will ich nicht sagen, daß niemand in der heutigen westlichen Welt ein Innenleben hätte. Wir sind alle im wesentlichen
psychologische Wesen, und viele Menschen sind sogar tief religiös. Ich meine diese Behauptung ganz wörtlich, daß wir jede
Vorstellung von einem Raum verloren haben, in dem Geist
oder Seele oder Psyche ansässig sein könnten. Im heutigen wissenschaftlichen Weltbild gilt es als kosmologische Tatsache,
daß die gesamte Realität vom physikalischen Raum eingenommen wird und es buchstäblich keinen Ort innerhalb dieses

Systems gibt, wo so etwas wie Geist oder Seele oder Psyche existieren könnten. So wie die neuzeitliche Wissenschaft es darstellt, ist die physikalische Welt die Gesamtheit der Realität, denn nach dieser Vorstellung erstreckt sich der physikalische Raum *unendlich* in alle Richtungen und nimmt alle vorhandenen Territorien, auch die nur denkbaren, in Anspruch.

So war es nicht immer. Wo das moderne wissenschaftliche Weltbild nur ein physikalisches Reich (nur Raum für Körper) anerkennt, umfaßte das mittelalterliche christliche Weltbild sowohl Raum für den Körper *als auch* Raum für die Seele. Es war eine wahrhaft dualistische Kosmologie, die aus einer physischen und einer metaphysischen Ordnung bestand. Ein entscheidendes Element in dieser Kosmologie war, daß die beiden Ordnungen einander spiegelten, und in beiden Fällen standen die Menschen im Zentrum. Physikalisch war die Erde, wie in Abb. o.3, im Mittelpunkt des Kosmos, umgeben von den großen himmlischen Sphären, in denen Sonne, Mond, die Planeten und die Sterne um uns kreisen. Das war die alte, geozentrische Kosmologie, die von Aristoteles bis zu Kopernikus galt. Aber was wichtiger war: Die Menschheit stand im Zentrum einer unsichtbaren Ordnung.

Im mittelalterlichen Weltbild waren das gesamte Universum und alles in ihm zu einer großen metaphysischen Hierarchie verbunden, die manchmal auch große »Kette des Seins« genannt wird und die von Gott stammte. An der Spitze dieser Kette, Gott am nächsten, standen die Formationen engelhafter Wesen – die Cherubim, Seraphim, Erzengel und so weiter. Nach diesen »himmlischen« Wesen kamen die Menschen. Nach uns kamen die Tiere und Pflanzen und schließlich die unbeseelten Dinge. Innerhalb dieses Systems standen die Menschen in der Mitte zwischen den ätherischen Wesen der Himmel und den materiellen Dingen der Erde. Nach mittelalterlichem Verständnis waren wir die einzigen körperlichen Geschöpfe, die auch eine denkende Seele besaßen, eine Eigen-

24

0.3 In der christlichen Kosmologie des Mittelalters stand die Erde im Zentrum des Universums. Sie war umgeben von konzentrischen himmlischen Sphären mit Sonne, Mond, Planeten und Sternen. »Jenseits« der Sterne, »außerhalb« des physikalischen Raums, befand sich das himmlische Empyreum Gottes.

schaft, die wir mit den Engelsrängen über uns gemein hatten. Mit je einem Fuß in beiden Lagern bildeten wir die Klammer für das ganze kosmische System: Auf halber Strecke waren wir das lebenswichtige Bindeglied zwischen den irdischen und den himmlischen Bereichen. Wer im Mittelalter davon sprach, daß die Menschheit im Zentrum des Universums stehe, meinte weniger unsere astronomische Position als vielmehr unseren Platz im Mittelpunkt der metaphysischen Ordnung.

Wesentlich war, daß der mittelalterliche Kosmos *endlich* war – er bestand aus nur zehn himmlischen Sphären mit der Erde im Mittelpunkt. Hinter der letzten Sphäre von Sternen lag die Grenze des physikalischen Universums, das sogenannte *Primum Mobile*. Jenseits dieser äußersten Sphäre, buchstäblich *außerhalb* des Universums, war der empyreische Himmel Gottes. Genaugenommen war das Empyreum nicht nur außerhalb des Universums, es war jenseits von Raum und Zeit, die beide am Primum Mobile enden sollten. Aber im übertragenen Sinne stellten mittelalterliche Bilder des Kosmos diesen himmlischen Bereich jenseits der Sterne dar, wo sozusagen noch viel »Platz« war.

Entscheidend ist dabei, daß man sich bei einem endlichen physikalischen Universum vorstellen konnte (wenngleich genaugenommen nur im übertragenen Sinn), daß es immer noch Platz jenseits des physikalischen Raums gäbe. Eben weil das mittelalterliche Universum in seiner Ausdehnung begrenzt war, konnte man bei dieser Sicht der Wirklichkeit noch *andere* Arten von Raum unterbringen. Vor allem gestattete sie riesige Regionen von »himmlischem Raum« jenseits der Sterne. Was genau es bedeutete, einen Ort jenseits des physikalischen Raums zu haben, ist eine Frage, die die mittelalterlichen Geister stark beschäftigte, aber alle großen Philosophen jener Zeit beharrten auf der Realität dieses immateriellen nichtphysikalischen Bereichs.

Im wissenschaftlichen Weltbild dagegen erstreckt sich der

physikalische Raum unendlich und nimmt die *gesamte Realität* ein. Da ist *kein Platz* mehr (nicht einmal potentiell) für irgendeine andere Art von Raum. Diese Vorstellung, ursprünglich formuliert im 17. Jahrhundert, ist hervorgegangen aus einer kühnen neuen mechanistischen Philosophie, die die Welt nicht als große metaphysische Hierarchie ansah, sondern als gewaltige Maschine. Die Folgen dieser Verschiebung vom mittelalterlichen zum mechanistischen Weltbild sind noch heute in der abendländischen Kultur zu spüren und haben nicht nur unsere Konzeption vom Raum, sondern auch von *uns selbst* verändert. Diese Verschiebung nachzuzeichnen ist eins der Hauptthemen dieses Buches.

Unter den Vätern des Mechanismus ragt der französische Philosoph René Descartes hervor, der oft als Erz-Rationalist geschildert wird. Aber Descartes war wie alle Mechanismusbegründer ein tiefreligiöser Mensch, der von ganzem Herzen an die christliche Seele glaubte. Um seine mechanistische Wissenschaft mit seinem Glauben an eine Seele in Einklang zu bringen, unternahm Descartes einen radikalen philosophischen Schritt. Die Wirklichkeit sei getrennt in zwei unterschiedliche Kategorien, gab er an: die *Res extensa* war der physikalisch ausgedehnte Bereich von bewegter Materie, und die *Res cogitans* war ein immaterieller Bereich von Denken, Fühlen und religiöser Erfahrung. Zweck der neuen mechanistischen Wissenschaft war es, die Bewegungen materieller Körper im physikalischen Raum zu beschreiben; sie betraf damit nur die *Res extensa*.

Aber obwohl die *Res cogitans* – Descartes' angenommener Bereich des Geistes und der Seele – nicht in der neuen Wissenschaft inbegriffen sein sollte, betrachtete er sie doch als fundamentalen Teil der Wirklichkeit. Seine berühmte Maxime »Ich denke, also bin ich« verankerte die Realität nicht in der physikalischen Welt, sondern im immateriellen Phänomen des Denkens. So war in seiner ursprünglichen Form der Mechanismus eine wahrhaft dualistische Naturphilosophie: Wie das mittelalterliche Denken gestand er sowohl Körper als auch Seele Realität zu. Trotzdem gab es einen grundlegenden Unterschied zwischen dem mittelalterlichen Dualismus und der neuen kartesianischen Version – einen, der weitreichende Folgen für die Menschen haben sollte.

Beim Übergang vom mittelalterlichen zum mechanistischen Weltbild trat eine wesentliche Veränderung ein, denn während das mittelalterliche Universum endlich gewesen war, ging der neue Mechanismus davon aus, daß das Universum *unendlich* sein könnte. Als die Astronomen die Vorstellung von himmlischen Sphären erst einmal aufgegeben hatten, gab es keinen Grund anzunehmen, daß das physikalische Universum überhaupt Grenzen hätte. Mitte des 18. Jahrhunderts war diese Ansicht wissenschaftliche Lehrmeinung geworden, und man glaubte nun, daß der physikalische Raum sich endlos in alle Richtungen erstreckte. Wenn aber der physikalische Raum unendlich war, wurde es sehr schwierig, sich – wenn auch nur in übertragenem Sinn – vorzustellen, daß noch Platz für *irgendeine* andere Form von Wirklichkeit übrig war.

Eine der wichtigsten Auswirkungen der wissenschaftlichen Revolution war deshalb, daß wir aus unserer abendländischen Vorstellung von Wirklichkeit jede Konzeption von einem Raum für die christliche Seele tilgten – und damit jegliche Konzeption von einem Raum für Geist oder Psyche. Diese Streichung führte eine philosophische Krise herbei, mit der wir im Westen noch immer zu kämpfen haben. Descartes wäre entsetzt gewesen: Das Endergebnis seines Mechanismus war eine rein materialistische Sicht der Wirklichkeit. Es ist deshalb völlig falsch, das neue wissenschaftliche Weltbild als *dualistisch* zu bezeichnen, wie es so oft geschieht. Dieses Weltbild ist gänzlich *monistisch* und läßt nur die Realität der physikalischen Welt zu.

Was immer Descartes persönlich geglaubt hat, der Mechanismus brachte das Abendland auf einen Weg, der schnell zur

Aufhebung von Seele und Psyche als Kategorien des Realen führte. Das Klima der Aufklärung im 18. Jahrhundert erwies sich als reif für solch harten Materialismus, und gegen Ende des Jahrhunderts waren sich viele Menschen einig, daß der physikalische Bereich die Gesamtheit des Realen ausmachte. Für Europäer des Mittelalters wäre ein Weltbild, das nur Materie einschloß, nicht vorstellbar gewesen; aber genau diese Auffassung setzte sich durch. In dem neuen wissenschaftlichen Weltbild war die Menschheit nicht mehr die Klammer für eine große metaphysische Hierarchie; wir wurden zu Atommaschinen. Das alte Weltbild mit seinen strebend sich bemühenden Seelen und seinem himmlischen Raum machte einem rein mechanischen Universum Platz, in dem die Erde nur ein Felsbrocken war, der ziellos in einer euklidischen Leere kreiste. Während im Mittelalter die Menschen als physikalische *und* spirituelle Wesen betrachtet worden waren – Amalgame von Körper *und* Geist –, sahen die Mechanisten uns rein physisch. So verwandelte sich die monistische Vorstellung vom Raum zu einer monistischen Vorstellung vom Menschen.

Eins der Themen, die wir in diesem Buch behandeln wollen, ist, wie Konzeptionen von Raum und Konzeptionen von uns selbst unentwirrbar ineinander verschlungen sind. Da wir Menschen im Raum verankert sind, müssen wir logischerweise Konzeptionen eines umfassenderen räumlichen Systems entwickeln. In diesem Sinne erforschen wir mit einer Geschichte des Raumes auch die Frage nach unseren veränderlichen Konzeptionen von der Menschheit. Für mittelalterliche Christen, die an den Primat eines transzendenten immateriellen Reiches glaubten, über das ein göttlicher Geist herrschte, war es unmöglich, sich Menschenwesen ohne einen eigenen Geist oder eine eigene Seele vorzustellen; für neuzeitliche Materialisten jedoch, die das Universum nur als physikalischen Bereich betrachten, werden Menschen fast unausweichlich zu rein physikalischen Wesen.

Wie kam es zu so einer gewaltigen Veränderung? Wir hatten uns selbst im Zentrum eines von Engeln bevölkerten und von göttlicher Gegenwart und Zielgerichtetheit durchdrungenen Raums gesehen. Wie waren wir zu dem neuzeitlichen wissenschaftlichen Bild einer sinnlosen physikalischen Leere gelangt? Worum es dabei ging, war nicht einfach die Position der Erde im planetarischen System, sondern die Rolle der Menschheit im kosmologischen Ganzen. Wir hatten uns selbst als eingebettet in den Räumen sowohl des Körpers als der Seele gesehen: Wie waren wir dahin gelangt, uns nur noch im physikalischen Raum verankert zu sehen? Und, ganz wesentlich, wie hat die Veränderung unserer Vorstellung vom Raum unser Verständnis davon beeinflußt, *wer* und *was* wir als Menschenwesen sind?

Dieses Buch wird die Geschichte abendländischer Konzeptionen des Raums vom Mittelalter bis zum digitalen Zeitalter verfolgen und darstellen, wie wir uns in einem größeren räumlichen System eingebettet gesehen haben und wie unsere Konzeptionen dieses Systems sich durch die Jahrhunderte geändert haben. Eine Schlüsselstellung hat bei dieser Geschichte der Übergang von einer dualistischen Kosmologie, die sowohl Körper-Raum als auch Seelen-Raum umfaßte – also einen physikalischen Raum der Materie und einen immateriellen Raum des Geistes –, zu einer rein monistischen Kosmologie, die eine rein physikalische Anschauung zur Folge hatte. Schließlich werden wir uns die entstehende Arena des Cyberspace ansehen.

Wir beginnen im Mittelalter und betrachten in Kapitel eins das mittelalterliche Weltbild; unser paradigmatisches Beispiel soll die glänzende Beschreibung des Kosmos sein, die Dante in seiner *Göttlichen Komödie* präsentiert hat. Hier sehen wir die harmonische Art und Weise, in der für mittelalterliche Christen der physikalische Raum des Körpers und der immaterielle

Raum der Seele ein integrales Ganzes bildeten. Wo die Architektur des ersteren definiert war durch das geozentrische System von Planeten und Sternen, war die des letzteren bestimmt durch die dreiteilige Geographie von Himmel, Hölle und Fegefeuer. Wir sind heute so daran gewöhnt, Raum in geometrisch-physikalischen Kategorien zu denken, daß es uns schwerfällt, irgendein anderes räumliches System ernst zu nehmen. Dabei hat der Historiker Max Jammer betont, daß die Vorstellung eines dreidimensionalen Koordinatensystems erst im 17. Jahrhundert formuliert wurde.[23] Wie kam es zu diesem Paradigmenwechsel? Wie wir in Kapitel zwei sehen werden, hat die Antwort ebensoviel mit Kunst- wie mit Wissenschaftsgeschichte zu tun, vor allem aber mit der wachsenden Faszination der Renaissance vom Körper und dem Aufkommen der perspektivischen Malerei. In dieser Hinsicht war die neue Wissenschaft durch eine neue Ästhetik vorgebildet.

Angeregt von der neuen Art zu sehen, begannen die Astronomen ein neues Bild des Kosmos zu suchen. Im 17. Jahrhundert, als »die Mathematiker den Raum in Besitz nahmen« (wie es der Philosoph Henri Lefebvre zutreffend genannt hat), machten die abendländischen Konzeptionen sowohl vom irdischen als auch vom himmlischen Raum eine Revolution durch. Das Ergebnis dieser Revolution sollte die neue Newtonsche Kosmologie werden – das Thema von Kapitel drei.[24] In dieser Kosmologie wurde der himmlische Raum nicht in den Kategorien einer metaphysischen Ordnung wahrgenommen, sondern in den Kategorien irdischer physikalischer Kräfte und mathematischer Gesetze.

In unserem eigenen Jahrhundert ist die mathematische Beschreibung des Raums zu einer höchst komplexen Unternehmung geworden; sie hat zunächst zur relativistischen Konzeption von Raum geführt, wie sie Einstein formuliert hat. In dieser Konzeption, die das Thema von Kapitel vier ist, sind Raum und Zeit in einer vierdimensionalen Gesamtheit miteinander verflochten, in der die Zeit tatsächlich zu einer neuen Dimension des Raumes wurde. In der zweiten Hälfte unseres Jahrhunderts hat ein noch radikalerer Übergang stattgefunden, als Physiker den seltsam schönen Gedanken vom elfdimensionalen *Hyperraum* ersannen – Thema des Kapitels fünf. Wenn man die Dinge so betrachtet, gibt es schließlich *nichts als Raum,* selbst die Materie ist nur Raum, der zu winzigen Strukturen gekrümmt ist. Nach dieser Vorstellung wird der Raum zur Totalität des Realen, zur letzten, eigentlichen »Substanz« von allem, was ist. Mit jedem dieser begrifflichen Schritte hat der Raum eine größere Rolle in der wissenschaftlichen Vorstellung von der Realität übernommen, bis er jetzt von zeitgenössischen Physikern des Hyperraums als grundlegendes Element der Existenz selbst betrachtet wird.

Nachdem wir die Geschichte des prädigitalen Raums nachgezeichnet haben, wenden wir uns in den letzten Kapiteln des Buches dem Cyberspace zu. Was für eine Art von Raum ist der Cyberspace? Wie paßt diese neue Sphäre zu der Geschichte, die wir betrachtet haben? Tatsächlich wird, wie wir gesehen haben, der Cyberspace selbst als eine neue Art von spirituellem Raum vorgestellt. Das mag zunächst befremdlich scheinen, aber ich meine, daß im Licht der Geschichte religiöses Träumen vom Cyberspace plausibel zu klingen beginnt. Wie nun deutlich wird, sind viele Menschen in der heutigen westlichen Welt – vor allem in Amerika – nicht zufrieden mit einer streng materialistischen Anschauung. Ich weise darauf hin, daß das »Spiritualisieren« des Cyberspace wesentlicher Bestandteil einer viel breiteren kulturellen Struktur ist, die ihrerseits eine Reaktion auf diesen strengen Reduktionismus ist.

Egal wie oft die Reduktionisten beteuern, daß wir Menschen nichts als Atome und Gene sind, es steckt mehr in uns als das. »Ich denke, also bin ich«, hat Descartes erklärt. Und ob wir nun »denke« ersetzen durch »fühle« oder »leide« oder »liebe«, es bleibt unauflöslich das »Ich«, mit dem wir uns auseinanderzusetzen haben. Die Unfähigkeit der neuzeitlichen Wissenschaft, dieses immaterielle »Ich« – dieses »Selbst«, diesen »Verstand«, diesen »Geist«, diese »Seele« – in ihr Weltbild einzuschließen, ist eine der großen Krankheiten der heutigen westlichen Kultur und leider einer der Gründe, weshalb sich viele Menschen von der Wissenschaft abwenden. Sie spüren, daß etwas Wesentliches aus dem materialistischen Bild ausgeschlossen ist, und wenden sich woandershin in der Hoffnung, diesen fehlenden Bestandteil ausfindig machen zu können.

Diese Lücke ist ein wichtiger Faktor für den Reiz des Cyberspace, denn es ist dieses immaterielle »Ich«, dem der Cyberspace in gewisser Weise etwas bietet. Mit dem neuen digitalen Raum haben wir einen unerwarteten Fluchtweg aus der materialistischen Lehre der letzten drei Jahrhunderte ausfindig gemacht. Natürlich wurde der Cyberspace verwirklicht durch die Nebenprodukte der wissenschaftlichen Physik – die Glasfaserkabel, Mikrochips und Fernmeldesatelliten, die das Internet möglich machen, sind selbst alle erst möglich geworden durch unser außerordentliches Wissen von der physikalischen Welt –, dennoch ist der Cyberspace an sich nicht innerhalb des materialistischen Weltbilds angesiedelt. Man kann ihn auf keiner kosmologischen Karte ausmachen. Man kann seine Koordinaten nicht im euklidischen und nicht im relativistischen Raum bestimmen. Der Cyberspace ist, wie die Vertreter der Komplexitätstheorie sagen würden, ein emergentes Phänomen, dessen Eigenschaften über die Summe seiner Bestandteile hinausgehen. Wie das mittelalterliche Empyreum ist der Cyberspace ein »Ort« außerhalb des physikalischen Raums. Manche Menschen werden widersprechen, er sei kein Ort und kein Raum, aber ich werde zeigen, daß er diese Bezeichnung sehr wohl verdient.

In gewissem Sinn haben wir mit dem Cyberspace einen elektronischen Raum des Geistes nachgewiesen. Wenn ich in den Cyberspace »gehe«, bleibt mein Körper auf dem Stuhl sitzen, aber ein bestimmter Aspekt von mir »reist« in ein anderes Reich. Ich will hier nicht behaupten, ich ließe meinen Körper zurück. Ich persönlich glaube nicht, daß Geist und Körper je getrennt werden können – weder im Leben noch nach dem Tod. Was ich meine, ist, daß mein »Standort«, wenn ich im Cyberspace interagiere, nicht mehr nur durch Koordinaten im physikalischen Raum bestimmt werden kann. Natürlich sind sie ein Teil der Geschichte, aber nicht die ganze Geschichte – wenn sie es denn je sind. Wenn ich online bin, kann die Frage, »wo« ich bin, nicht ausschließlich mit physikalischen Kategorien beantwortet werden. Wie wir in Kapitel sechs sehen werden, wird der Cyberspace regelrecht zum neuen Reich des »Selbst« befördert. Dies ist also gewissermaßen ein neues Spielzimmer für das ausgeschlossene kartesianische »Ich« – eine Art technologische *Res cogitans*.

Problematischer ist – das werden wir in Kapitel sieben behandeln –, daß der Cyberspace auch als neuer Raum des Geistes oder der Seele ausgegeben wird. Bei den heutigen Träumen von der Cyber-Unsterblichkeit und der Cyber-Auferstehung taucht innerhalb der Ornamentik der digitalen Technologie etwas wieder auf, das der mittelalterlichen christlichen Seele nicht unähnlich ist, etwas, das ich die »Cyber-Seele« nenne und das ich schließlich ablehnen werde. Zu Beginn des 21. Jahrhunderts beobachten wir paradoxerweise das Auftreten einer neuen Art von Dualismus, einer neuen Version des alten Glaubens, daß Menschen bipolare Wesen seien. In Diskussionen über den Cyberspace und die Phantasien, die ihn umgeben, sehen wir die alte Überzeugung wieder auftauchen, daß Menschen Wesen mit einem sterblichen materiellen Körper und einer unsterblichen immateriellen »Substanz« sind – etwas, das potentiell ewig weiterleben kann, nachdem wir gestorben sind, in diesem Fall in digitaler Form. Genau diese Ansicht möchte ich anfechten.

Die Verschmelzung von Technologie und religiösen Idealen

und Träumen ist tatsächlich nicht neu. Der Wissenschaftshistoriker David Noble hat gezeigt, daß die christliche abendländische Technik schon seit dem späten Mittelalter von religiösen Träumen durchdrungen gewesen ist. So »reden Befürworter der Entwicklung künstlicher Intelligenz begeistert davon, Unsterblichkeit und Auferstehung würden technisch machbar, und mit derselben zuversichtlichen religiösen Erwartung frohlocken ihre Jünger, die Architekten der virtuellen Realität und des Cyberspace, eine gottähnliche Allgegenwart und entleiblichte Vollkommenheit seien technisch in unmittelbare Reichweite gerückt«. Das sei »weder neu noch eigenartig«. Im Gegenteil, es stelle die »Fortführung einer tausendjährigen Tradition« dar.[25]

Vor allem hat Noble gezeigt, daß im christlichen Abendland die Technik lange als Kraft angesehen wurde, die die Ankunft des neuen Jerusalem beschleunigen würde. In seinem Buch *Eiskalte Träume* geht Noble der Verflechtung von »nützlichen Künsten« und tausendjährigem Geist nach und zeigt, daß vom 12. Jahrhundert an die Technik als Hilfsmittel zur Herbeiführung der verheißenen Zeit der Vollkommenheit wahrgenommen wurde. Am Vorabend der wissenschaftlichen Revolution haben Johann Andreae, Tommaso Campanella, Francis Bacon und Thomas Morus sich jeder ein von Menschen gebautes neues Jerusalem ausgemalt – eine fiktive Stadt, in der die Technik eine Schlüsselrolle spielen würde. Andreaes *Christenburg,* Campanellas *Sonnenstaat,* Bacons *Neu-Atlantis* und Morus' *Utopia* sind alles Versionen von idealisierten christlichen Gemeinden, deren Nutzung der Technik bemerkenswert ist. Auch heute meinen Verfechter des Cyberspace, daß ihre Technologie ein neues Utopia schaffen werde – eine bessere, strahlendere, »himmlischere« Welt für alle. Bei dem heutigen Cyber-Utopismus, dem Thema von Kapitel acht, ist die Technik eher digital als mechanisch, aber der Traum bleibt der gleiche.

Damit schließt sich am Ende unserer Geschichte der historische Kreis: Zurück zum Dualismus, zurück zur »Seele« (was immer das im digitalen Kontext heißt) und zurück zu Träumen von einem neuen Jerusalem. Was fangen wir mit diesen Vorstellungen an? Wie sollen wir sie im Licht unserer eigenen Zeit interpretieren? Das sind die Fragen, die wir in den abschließenden Kapiteln erforschen wollen. Ob wir die technisch-wissenschaftlichen Phantasien gutheißen oder nicht, sie sind ein zunehmend mächtiger Teil unserer kulturellen Landschaft, und wir müssen sie verstehen, denn solche Träume formen die Art und Weise, mit der entscheidende Technologien entwickelt und in unserer Gesellschaft durchgesetzt werden. Es sind nicht einfach die Einbildungen von Science-fiction-Autoren, es sind immer mehr die Echtwelt-Träume einflußreicher Mitglieder der technisch-wissenschaftlichen Elite.

Nachdem ich die cyber-religiösen Phantasien kritisiert und schließlich abgelehnt habe, will ich jedoch dieses Werk mit einer eigenen optimistischen Note beschließen, einer, die das Potential des Cyberspace nicht im christlich-utopischen Kontext interpretiert, sondern in einem Kontext, der sich auf die phantastische Fülle von Räumen öffnet, die menschliche Kulturen rund um den Erdball erdacht haben. Denn mir scheint, daß uns jenseits der oft naiven Rhetorik der Cyberspace tatsächlich eine mächtige und potentiell positive Metapher dafür anbietet, wie wir das fortbestehende Rätsel seiner schimärischen letzten Silbe verstehen können. In gewissem Sinn kann uns dieser neue digitale Raum helfen, die rätselhafte Vorstellung von »Raum« allgemein in den Griff zu bekommen.

Aber erst einmal beginnen wir unsere Reise im Mittelalter – einer Zeit, in der sich die Europäer sowohl im physikalischen Raum als auch im spirituellen Raum eingebettet glaubten. Unser Führer durch dieses tiefholistische Zeitalter ist der überragende Kartograph des christlichen Seelen-Raums Dante Alighieri.

1

SEELEN-RAUM

Als er »auf halbem Weg« seines Lebens stand, brach der Florentiner Dichter Dante Alighieri auf zu dem, was die berühmteste Reise des Mittelalters werden sollte: Sie führte ihn ans Ende des Universums und zurück. Jahrhunderte vor dem Aufkommen von Science-fiction verließ Dante den Bereich der Erde und schwang sich auf, an Mond und Sonne und weiter an den Planeten vorbei hinaus zu den Sternen. Er reiste nicht in einem Raumschiff oder sonst einem Fahrzeug, und seine einzige Navigationshilfe war die zeitlose Weisheit seines Führers, des römischen Dichters Vergil. Daß Dante von einem Mann begleitet wurde, der seit mehr als tausend Jahren tot war, macht sofort deutlich, daß wir hier nicht von neuzeitlicher Raumfahrt sprechen. Trotzdem ist eine Raumfahrt genau das, was die beiden Dichter unternahmen. Ihre Reise, geschildert in der *Göttlichen Komödie*, ist eine epische Erläuterung des mittelalterlichen Kosmos. Während Dante und Vergil von einem Ende des Universums zum anderen reisen, sehen wir mit ihren Augen die genaue Geographie des gesamten mittelalterlichen Raumsystems.

Es ist aber nicht nur eine Reise durch den physikalischen Raum (wie in Science-fiction-Texten), sondern auch eine durch den spirituellen Raum, wie ihn die christliche Theologie jener Zeit begriff. Es ist vor allem die Reise einer christlichen *Seele*. Obwohl Dante zu Fuß aufbrach und scheinbar in aller Körperlichkeit, fragt er sich gegen Ende seines Berichts, ob er in seinem Körper oder außerhalb seiner unterwegs gewesen ist.[1] Diese Unsicherheit ergibt sich aus einem Grundzug des mittelalterlichen Weltbildes. In diesem dualistischen System spiegeln Körper-Raum und Seelen-Raum einander. Dante reist eigentlich sowohl mit als auch ohne seinen Körper. Als ein verkörpertes Wesen reist er durch das gesamte materielle Universum, wie es die Wissenschaft seiner Zeit sah; aber gleichzeitig reist er durch das immaterielle Gebiet des Seelischen, das Reich, das für mittelalterliche Christen unabhängig von Körperlichem im Leben nach dem Tode jenseits des Grabes existierte.

Hier zeigt sich der krasseste Unterschied zwischen dem mittelalterlichen und dem neuzeitlichen Weltbild. Wo unser heutiges wissenschaftliches Bild nur den Körper und damit nur den Raum der Lebenden erfaßt, schloß das Weltbild des christlichen Mittelalters die Räume sowohl der Lebenden *als auch* der Toten ein. Als Bericht aus dem Land der Toten für die Lebenden ist die *Göttliche Komödie* die grundlegende Landkarte des christlichen Seelen-Raums. Genau diesen Raum wollen wir in diesem Kapitel erforschen.

Wenn nun zwar die Seele nach mittelalterlicher Auffassung höher stand, so war doch der Körper durchaus nicht nebensächlich. Entgegen einem weitverbreiteten Mißverständnis betrachteten die Christen des späten Mittelalters den Körper als wesentlich für die menschliche Eigenpersönlichkeit. Ja tatsächlich als so wichtig, daß das Endstadium der Seligkeit bei der Reise der Seele durch das Leben nach dem Tode markiert wurde von der ersehnten Wiedervereinigung mit dem Körper am Ende der Zeit – der Auferstehung jedes einzelnen Menschen, wie sie in Christi Auferstehung aus dem Grabe präfiguriert war. Nur in der Vereinigung von Körper und Seele, sagte Thomas von Aquin, der große Theologe des 13. Jahrhunderts, könne der Mensch ganz in den Stand der Gnade zurückkehren, in dem ihn der Schöpfer aller Dinge gedacht hatte. Dantes Gedicht nimmt uns mit auf die Reise zu jenem Zustand der Seligkeit.

Der mittelalterliche christliche Seelen-Raum war in drei deutlich abgegrenzte Regionen oder Reiche geteilt: Hölle,

Fegefeuer und Himmel, die nacheinander dargestellt werden in den drei Hauptteilen der *Göttlichen Komödie: Inferno, Purgatorio* und *Paradiso.* So wie Dante sie schildert, ist die Hölle ein Abgrund im Inneren der Erde (Abb. 1.1), das Fegefeuer ein Berg auf der Erdoberfläche (Abb. 1.2), und der Himmel deckt sich mit dem Reich der Sterne (Abb. 1.3). Nach dem Tode würde eine Seele entweder von einem Dämon zum Tor der Hölle gebracht oder von einem Engel an die Küste des Fegefeuers übergesetzt werden, das Dante auf eine Insel der Südhalbkugel verlegt hatte. Nur die *absolut* Tugendhaften – die Heiligen und Märtyrer – sollten direkt in den Himmel eingehen; gewöhnliche Christen hatten immer irgendeine Form von Bestrafung nach dem Tode zu erwarten. Für sie war das »zweite Reich« des Fegefeuers so etwas wie eine Vorschule des Himmels.

Theologisch stand dieses Mittelreich des Fegefeuers zwischen Himmel und Erde; deshalb stellte Dante es als konischen Berg dar, der zu Gott hinaufwies. In diesem mittleren Reich konnten die Seelen, die nicht so schlecht waren, daß sie zu ewiger Verdammnis verurteilt waren, die aber auch kein untadeliges Leben gelebt hatten, den Makel ihrer Sünden in einem Prozeß der Läuterung abarbeiten, zu dem eine Reihe von reinigenden Qualen gehörte. Trotz dieser Qualen waren die Seelen im Purgatorium in einer grundsätzlich anderen Lage als die in der Hölle, denn in der Hölle war die Bestrafung ewig, im Fegefeuer dagegen nur vorübergehend. Im Prinzip war das Purgatorium eine »Hölle auf Zeit«[2]. Theologisch ausgedrückt, standen die Seelen im zweiten Reich auf derselben Seite des himmlischen Hauptbuchs wie die im Himmel, und *dahin* würden sie schließlich auch kommen.

Dante reist in der *Göttlichen Komödie* nacheinander durch alle drei Reiche und führt uns durch die Landschaften des mittelalterlichen Lebens nach dem Tode. Er beginnt am Tor zur Hölle und nimmt uns mit hinab ins Herz der Finsternis, im-

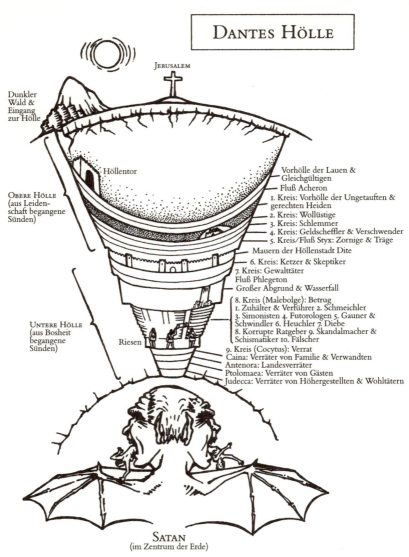

1.1 So wie die himmlischen Sphären das Maß der Gnade zeigen, die man beim Aufstieg zu Gott erreicht, so zeigt der Raum der Danteschen Hölle das Maß der Sünde beim Abstieg zu Satan hinunter an.

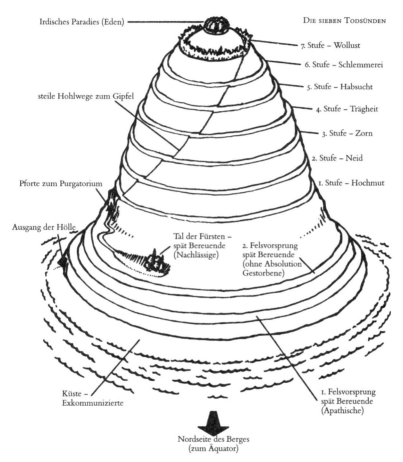

1.2 Für Dante ist das Fegefeuer ein konischer Berg, der zum Himmel weist. Das Fegefeuer ist, wie Himmel und Hölle, in einer räumlichen Hierarchie angeordnet.

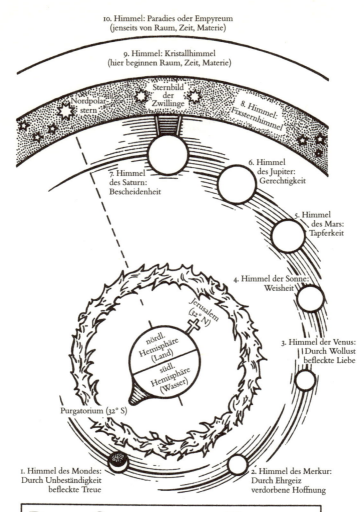

DANTES GEOZENTRISCHES UNIVERSUM
zeigt auch die Tugenden der erlösten Seelen,
denen Dante im Paradies begegnet

1.3 In Dantes Kosmos dienen die himmlischen Sphären der Planeten und der Sterne als Metapher für den christlichen Himmel – das Reich Gottes und der Engel.

mer tiefer in den Schlund der Sünde. Nachdem wir diese Horror-Region durchquert haben, tauchen wir am Fuße des Berges der Läuterung wieder auf und beginnen, zur Erlösung aufzusteigen. Während des Aufstiegs auf den Heiligen Berg werden unsere Seelen von Sünden gereinigt, und so befreit erreichen wir den Gipfel des Berges, wo die Leichtigkeit des Seins, hervorgerufen durch die geläuterte Seele, uns mühelos in den Himmel bringt.

All das zeigt Dante uns in unvergleichlichen gereimten Terzinen. Aber wenn auch die *Göttliche Komödie* zunächst und vor allem die archetypische Reise einer christlichen Seele ist, so ist sie doch auch die Geschichte eines realen, historischen Menschen. Dantes geniale Tat bestand darin, das christliche Epos der Menschenseele mit dem ganz persönlichen Bericht seines eigenen einzigartigen Lebens und seiner Zeit zu verflechten. Die *Göttliche Komödie* ist durchweg bevölkert mit realen Menschen, die Dante gekannt hat. Während er durch das Jenseits wandert, spricht er mit diesen Seelen und erörtert Detailfragen aus Theologie und Philosophie sowie die Kniffligkeiten der Florentiner Politik am Ende des 13. und Anfang des 14. Jahrhunderts mit ihnen. Noch heute, siebenhundert Jahre später, ergötzen uns die Anhänger der heftig miteinander streitenden Florentiner Parteien – der Guelfen und der Ghibellinen – mit ihren politischen Händeln. In diesem Sinn ist die *Göttliche Komödie* im Grunde ein Werk des gesellschaftlichen Kommentars, ein Porträt der zänkischen mittelalterlichen Gemeinschaft, in deren Mitte Dante selbst steht.

Denn Dante war nicht nur Dichter, sondern auch – zumindest in seinen frühen Mannesjahren – ein durch und durch politischer Mensch. Er gehörte der Partei der Guelfen an und scheint das turbulente Leben der Florentiner politischen Elite sehr genossen zu haben. Unglücklicherweise geriet er ins Kreuzfeuer der verschiedenen Splittergruppen und wurde 1302, als er in diplomatischem Auftrag am päpstlichen Hof weilte, von der Gegenpartei in Abwesenheit angeklagt und zum Tode verurteilt. Nach Florenz konnte er nicht zurückkehren; er sah seine geliebte Vaterstadt nicht wieder und verbrachte sein weiteres Leben im Exil.

Aber wie bitter dieses Exil auch gewesen ist, es stellte sich heraus, daß es auch ein »Glück im Unglück« war, denn es gab ihm die Freiheit, sich ganz auf das Schreiben zu konzentrieren. Da er sich an der Politik nicht mehr beteiligen konnte, begann er sich mit der *Göttlichen Komödie* zu beschäftigen, entschlossen, nichts Geringeres als eine neue Poetik zu schaffen – eine, die Geschichte, Philosophie und Theologie zu einem einheitlichen Ganzen verweben würde. Er schrieb die Dichtung in der italienischen Volkssprache, nicht im gelehrten Latein; es ist eine außerordentliche Verschmelzung von Weltlichem und Göttlichem, eine kühne Mischung, die in der christlichen Geschichte einzigartig ist. Dante selbst scheint das Gedicht als so etwas wie ein neues Evangelium angesehen zu haben, und so wurde es auch von Anfang an aufgenommen. Kein anderer nichtkanonischer Text ist so gelesen, so analysiert und so geliebt worden.

Da er aus seiner Heimat verbannt und von seinen Freunden getrennt war, gestaltete Dante in der *Göttlichen Komödie* ein neues Leben für sich selbst. Man hatte ihm in Florenz die Stimme verweigert, deshalb schuf er sich in der Fiktion neu und gab seinem dichterischen »Ich« eine Stimme, die durch die Zeiten klingen sollte. Was wir in diesem Gedicht sehen, ist sozusagen ein »virtueller Dante«. Tatsächlich wissen wir viel mehr über diesen virtuellen Dante (»Dante den Pilger«) als über die historische Persönlichkeit (»Dante den Dichter«). Es ist diese virtuelle Person, die über die Jahrhunderte zu uns spricht und unser Führer durch die Landschaft des mittelalterlichen Seelen-Raums ist.

Wie viele Kommentatoren angemerkt haben, ist einer der großen Reize an Dantes Epos, daß seine Welt so hinreißend wirklich ist. Wenn Sie sich durch die stinkenden Schlünde des *Malebolge* schleppen oder die harten Terrassen des Purgatoriums erklimmen, kommen Sie sich vor, als seien Sie wirklich dort. Sie können den Gestank des höllischen Unrats fast riechen, den Chorgesang der Engel im Himmel fast hören. Wenige Werke der Literatur sprechen die Sinne so mächtig an, dabei geht es hier um eine Seelen-Reise. Man hört, sieht, riecht die Welt, die Dante schildert. So wirklich scheint sie zu sein, daß sich während der Renaissance der Brauch entwickelte, komplizierte Landkarten von Dantes Hölle zu zeichnen, komplett mit genauen Kartenprojektionen und Maßangaben[4] (Abb. 1.4). Hier gibt es tatsächlich eine reiche »virtuelle Welt«. Wie die *Göttliche Komödie* so schön zeigt, geht die Erschaffung virtueller Welten der Entwicklung zeitgenössischer Technologie für die *Virtual reality* voraus. Eine der Aufgaben *aller* großen Literatur, von Homer bis Asimov, ist es gewesen, glaubhafte »andere« Welten heraufzubeschwören. Bücher versetzen uns, obwohl sie mit der Macht der Worte arbeiten, in fesselnde andere Wirklichkeiten. Es ist kein Zufall, daß das Johannesevangelium mit dem Satz beginnt: »Im Anfang war das Wort.«

Dennoch ist die *Göttliche Komödie* mehr als ein Werk der Literatur, und es besteht ein bedeutender Unterschied zwischen der Welt, die Dante schildert, und jener der heutigen Fachleute für *Virtual reality*. Der entscheidende Punkt ist: Die auf Computern konstruierten »virtuellen Welten« ähneln der Welt unserer täglichen Erfahrung gewöhnlich wenig oder gar nicht. Den meisten VR-Experten geht es ja gerade um die *Flucht* aus dem Alltagsleben. Dante dagegen versuchte nicht dem Alltagsleben zu entkommen; er machte im Gegenteil seine »virtuelle Welt« am wirklichen Menschen, wirklichen Geschehnissen und wirklicher Geschichte fest. Statt zu versuchen, der Realität zu entfliehen, war er von ihr gefesselt. Sicher, wir finden uns in der *Göttlichen Komödie* in einer von Dämonen und Engeln bevölkerten Welt, wir steigen am Körper Luzifers hinab und un-

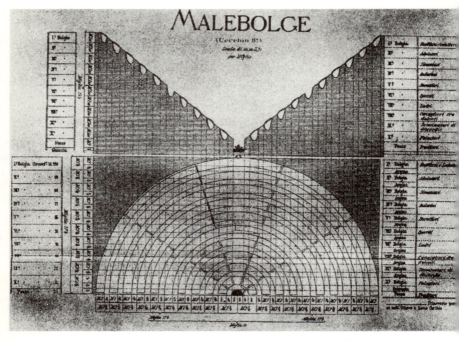

1.4 Querschnitt durch das Malebolge aus Agnellis *Topocronografia* (1891). Seit der Renaissance haben die Menschen immer wieder komplizierte Karten der Danteschen Hölle mit genauen Maßangaben hergestellt.

terhalten uns mit Toten, aber wir dürfen nicht vergessen, daß für Christen des späten Mittelalters dies alles Teil ihrer Realität *war.* Es gehörte zur großen metaphysischen Wirklichkeit, von der die physikalische Welt nur ein kleiner Bestandteil war. Statt uns zur Flucht vor der Realität zu verführen, lädt uns Dante ein, sie als Ganzes zu betrachten, in ihrer ganzen *dualistischen* Breite.

So wie Dante sein Epos in der wirklichen menschlichen Geschichte verankerte, so beruht auch der jenseitige Bereich auf der physikalischen Kosmologie und Wissenschaft seiner Zeit. Die drei Reiche seines Seelen-Raums entsprechen sehr schön dem allgemeinen Aufbau des mittelalterlichen physikalischen Universums. Dieses Universum war wie in Abbildung 0.3 geozentrisch, die Erde befand sich in der Mitte und war umgeben von zehn konzentrischen »himmlischen Sphären«, die Sonne, Mond, Planeten und Sterne trugen. Es muß betont werden, daß in diesem System die Erde selbst auch kugelförmig war. Die Vorstellung, die intellektuellen Denker der Zeit hätten die Erde noch für eine Scheibe gehalten, ist ein Märchen, wie der Historiker Jeffrey Burton Russell gezeigt hat.[5] Kein seriöser Gelehrter des Mittelalters glaubte, daß die Erde flach sei, und tatsächlich ist die *Göttliche Komödie* voll von Hinweisen auf die Kugelform unseres Globus. Zum Beispiel spricht Dante am Ende des Inferno von einer der unseren gegenüberliegenden »Hemisphäre«.[6]

Zum Grundsystem in Dantes Seelen-Raum gehörte, daß der Himmel sich mit dem »himmlischen Reich« deckte, das bildlich gesprochen die Menschheit in einer ätherischen Umarmung umgab und einhüllte; die Hölle war im Bauch der Erde, sozusagen in der Gosse des Universums, und das Purgatorium, als auf der Erdoberfläche sitzender Berg, wies gewissermaßen den Weg zum Himmel. Das alles war durchaus nicht beliebig, tatsächlich wurde der ganze Plan beherrscht von einer strengen Logik, die der mittelalterlichen Kosmologie eigen war und die gestützt wurde von der physikalischen Wissenschaft der Zeit Dantes.

Ein wesentliches Merkmal der mittelalterlichen Wissenschaft und Kosmologie war der Glaube, daß sich der himmlische Bereich der Planeten und Sterne *qualitativ* unterschiede von dem irdischen Bereich des Menschen und der Erde. Auf Erden war alles sterblich und unbeständig, dem Tod und dem Verfall unterworfen, das himmlische Reich dagegen war nach mittelalterlichem Verständnis unveränderlich und ewig. Im irdischen Bereich sollte alles aus den vier Grundelementen Feuer, Wasser, Luft und Erde bestehen, aber im himmlischen Raum waren die Dinge angeblich aus einem fünften Seienden gemacht, der »Quintessenz«, die manchmal auch als »Äther« bezeichnet wurde. Die genaue Natur dieses geheimnisvollen fünften Seienden gab Anlaß zu vielen Diskussionen, hier ist aber wichtig, daß es sich von allem im irdischen Bereich qualitativ unterschied.

Mittelalterliche Gelehrte glaubten, daß die himmlischen Sphären mit der Entfernung von der Erde immer reiner und »ätherischer« würden, wegen der zunehmenden Nähe zum Allerhöchsten. So befand sich zwischen Erde und Empyreum eine Stufenleiter wachsender Reinheit und Gnade. Materie und Geist standen in umgekehrter Proportionalität; die reine Materie (die Erde) an der unteren Sohle des Universums, der reine Geist (Gott) ganz oben. Das kosmologische System war wie eine große metaphysische Zwiebel, mit dem niedrigsten Teil (der Erde) im Kern und mit Schichten darum, die immer vollkommener wurden, je weiter hinaus und hinauf man kam. Tatsächlich zeigte dieses Universum das Maß der Gnade: Je näher ein Ort Gott war, für desto edler wurde er gehalten, und je weiter entfernt von ihm er war, desto weniger hatte er Teil an der göttlichen Gnade.

So wie der Himmel (das Empyreum) oben an der höchsten Stelle des mittelalterlichen Kosmos stand, so war nach der Logik dieses Systems der natürliche Ort für die Hölle der steinige Grund unten – nämlich im Inneren der Erde, so weit von Gott entfernt wie möglich. Der Ort der Hölle war als spiritueller Gegenpol zum Himmel unausweichlich bestimmt durch die Logik der mittelalterlichen Kosmologie. Beim Fegefeuer war das jedoch ein bißchen problematischer. Da dieses mittlere Reich mit Sünde verbunden war, verlegten viele Schriftsteller es unter die Erdoberfläche, oft in eine tiefe Höhle. Aber Dante wählte eine andere (ziemlich phantasievolle) Möglichkeit. Da sich dieses mittlere Reich auf halbem Wege zwischen Himmel und Erde befand, stellte er sich das Purgatorium als einen Berg vor, der aufragte und hinaufwies zur Gnade Gottes.

Für mittelalterliche Christen verwoben sich der physikalische Kosmos und der spirituelle Kosmos, der Raum des Körpers und der Raum der Seele, zwangsläufig miteinander. Aber da das spirituelle Reich für sie die *primäre Wirklichkeit* war, orientierten sie sich zuallererst mit einem spirituellen Kompaß statt mit einem physikalischen. Daß das so war, sieht man an den Karten aus Dantes Zeit. Vor der auf Mathematik beruhenden Kartographie zeigte eine europäische *Mappa mundi* gewöhnlich nur eine einzige Landmasse, die der Nordhalbkugel, mit Jerusalem im Zentrum. Das irdische Paradies, der Garten Eden, war oft als Insel vor der fernen Ostküste eingezeichnet; dies Detail hatte man der Bibel entnommen. Für Dante und seine Zeitgenossen war die physikalische Welt immer und jederzeit ein Spiegelbild des »wahrhaft« zugrundeliegenden Reiches der Seele, und in diese *primäre Wirklichkeit* wagte sich Dante auf so denkwürdige Weise. Da es in seiner Geschichte um Erlösung geht, ist es nur natürlich, daß der Aufstieg zur Gnade und zum Licht am untersten Grunde des Kosmos anfängt. So beginnt unsere Erforschung des Seelen-Raums mit der seinen am Tor zur Hölle.

Über dem Eingang zum höllischen Reich werden Dante und Vergil von der berühmten Warnung begrüßt, die zitiert wird als

»Laßt, die ihr eingeht, jede Hoffnung fahren«.[7] Für Seelen, die diese Schwelle überschreiten, gehört Hoffnung der Vergangenheit an. Wenn eine Seele die Hölle betreten hat, ist ihr Schicksal besiegelt; sie ist bis zum Ende aller Zeiten zur Bestrafung verurteilt und kann weder von Erleichterung noch von Sühne träumen. Vor ihr liegen auf ewig Qual und Leiden. Wenn die Würfel einmal gefallen sind, endet die Geschichte des Menschen. In der Hölle gibt es buchstäblich *keine Zukunft*. Vom christlichen Standpunkt her ist die Aufgabe von Hoffnung gleichbedeutend mit dem Verlust der Erlösung. Durch die Schwere ihrer Sünden haben die Seelen in der Hölle das christliche Grundrecht auf Erlösung, die Gott durch die Opferung seines Sohnes Jesus Christus allen Menschen verheißen hat, verwirkt.

Dantes Reise durch die Hölle ist ein »Abstieg« in die Sünde, eine Wendeltreppe abwärts, fort von der Gnade. Tatsächlich ist der Weg, dem er und Vergil folgen, eine Spirale, die sie in eines langen Tages Reise in die Nacht hinabführt. Genau 24 Stunden verbringen sie im metaphorischen Herzen der Finsternis, an einem Ort, an dem die Sonne nie scheint und Fäulnis herrscht. So wie für das Mittelalter der Bereich des Himmels in Ebenen zunehmender Vollkommenheit aufgebaut ist, je weiter man durch die himmlischen Sphären zu Gott aufsteigt, so ist Dantes Hölle in Ebenen abnehmender Vollkommenheit konstruiert, wenn man zu Luzifer hinabsteigt. Es sind die berühmten neun »Kreise« der Hölle. Im wesentlichen ist Dantes Inferno das höllische Spiegelbild oder Negativ seines himmlischen Reiches. Wo der *äußere Raum* des Himmels für eine Hierarchie der Gnade steht, steht umgekehrt der *innere Raum* der Hölle für eine Hierarchie des Bösen. Die Schwere und die Konzentration der Sünde wachsen, je tiefer man vordringt, bis man am Grunde Luzifer selbst vorfindet.

Die wahre Hölle beginnt nicht im ersten Kreis – einem Niemandsland für die Ungetauften und die Nichtchristen, als Vorhölle oder Limbus bekannt –, sondern am Eingang zum

zweiten Kreis. Hier erwartet jeden Sünder das Urteil des
fürchterlichen Minos, des ersten aus Dantes eindrucksvollem
Ensemble von Dämonen. Eine Seele nähert sich dieser scheuß-
lichen Kreatur:

Und jener Kenner der Vergehen, schauend,
Was für ein Ort der Hölle für sie tauget,
Umschlingt so oft sich mit dem Schweif, als Stufen
Er sie hinunter will gesendet wissen.[8]

Sobald wir Minos' haßerfüllten Blick passiert haben, entneh-
men wir den zu uns dringenden Schmerzensschreien, daß wir
das höllische Reich betreten haben. Und je tiefer wir hinabsteigen, desto schrecklicher wird das Klagen.
Jeder Kreis in Dantes Hölle ist einer bestimmten Kategorie
von Schlechtigkeit zugeordnet. In absteigender Reihenfolge
sind das Wollust, Schlemmerei, Habsucht, Zorn und Trägheit,
Ketzerei, Gewalttat, Betrug und Verrat. Je tiefer es geht, desto
schlimmer werden die Sünden bewertet. (Von unserer heutigen Perspektive aus ist interessant, daß für die Menschen des
Mittelalters die Wollust das am *wenigsten* abscheuliche Verbrechen war.) Wie es sich für die allgemeine Logik des mittelalterlichen Seelen-Raums geziemt, entsprechen die Strafen im
Inferno den Verbrechen, und sie werden immer schrecklicher,
je tiefer wir hinabsteigen. So ist im ersten Kreis der Wollüsti-
gen die Strafe für unerlaubt Liebende, daß sie von schneidenden Winden hierhin und dorthin geschleudert werden. Ihr
Schicksal ist es sozusagen, daß sie endlos von den unkontrol-
lierbaren Stürmen des Verlangens umgetrieben werden. Dagegen finden wir tief unten im achten Kreis die Seelen tief in
kochendem Pech steckend, wo Dämonen sie mit Haken gna-
denlos einfangen, wenn sie zu fliehen versuchen. Je tiefer wir
kommen, desto mehr nehmen Qualen und Verzweiflung zu.
Es ist wahrhaftig ein Abstieg in die Hoffnungslosigkeit.

51

Beim Abstieg in den Schlund hinab wird auch jeder Kreis in dem Maße kleiner, wie die Sünde konzentrierter wird. Der zunehmende Verfall der Seele wird deutlich gemacht durch die Umgebung selbst, die immer dunkler, feuchter, übelriechender wird. Mehr noch als die Qualen ist es die Atmosphäre in Dantes Hölle, die so schrecklich ist. Man wird erstickt von einem unentrinnbaren widerlichen Gestank. Der Raum selbst scheint zu verwesen, und das Gefühl von Klaustrophobie wird bald unerträglich. Aber im Gegensatz zu der Vorstellung von Feuer und Schwefel, die so oft mit der Hölle assoziiert wird, wird Dantes Inferno immer kälter, je tiefer man sich dem innersten Kern nähert, in dem Luzifer haust. Im letzten Kreis, dem *Cocytus,* sind die Seelen der Verräter in einem gefrorenen See eingeschlossen; nur ihre Köpfe ragen heraus. Jegliche Bewegung ist ihnen verwehrt, sie können nicht einmal mehr versuchen, vor ihren Qualen zu fliehen. Die schlimmsten Sünder haben sogar den Kopf nicht mehr frei, sie sind völlig im Eis versunken, »wie Splitter in dem Glase«, auf ewig verdammt zu gefrorener Stagnation.[9]

Die steht im Einklang mit einer strengen inneren Logik. Was wir finden, wenn wir ins Inferno hinabsteigen, ist, daß die Seelen zunehmend *eingeengt* werden von ihren Sünden, bis diejenigen am untersten Grunde, im Eis eingeschlossen, durch das Ausmaß ihrer Boshaftigkeit völlig bewegungsunfähig geworden sind. Dantes Botschaft, poetisch ausgedrückt, lautet, daß Sünde *erstickt.* Und keinen so sehr wie Luzifer. In der Mitte des *Cocytus* finden wir Gottes ehemaligen Vertrauensengel, das Geschöpf, das »so schön einst ist gewesen«, bis zur Brust im Eis vergraben.[10] Er ist ein gewaltiger, scheußlicher Riese mit drei gräßlichen Gesichtern, und in jedem seiner Münder zermalmt er einen Sünder. Mit dem Schlagen seiner sechs großen Fledermausflügel aber bringt Luzifer den schneidenden Wind hervor, der die Eisesstarre des Kozyt aufrechterhält. So ist es das eigene Handeln des Bösen, das ihn gefangenhält. Hier, im Kern der Sünde, erfahren wir, *daß die Hölle ein Ort ist, den wir uns selbst schaffen.* Und das ist eine von Dantes mächtigsten Botschaften. Indem er uns zeigt, wie das Böse uns erstickt, hofft er den Leser dahingehend zu beeinflussen, daß er auf den Pfad der Tugend zurückfindet.

Dantes Reise ist zu allererst eine spirituelle Reise, dennoch macht uns John Freccero darauf aufmerksam, daß man den Abstieg in die Hölle auch psychologisch interpretieren kann. »Der Innenraum der Hölle«, schreibt er, »steht sozusagen für die innere Distanz eines Abstiegs ins Ich.«[11] Der Begriff »Seele« schloß für die Menschen im späten Mittelalter nicht nur die Aspekte ein, die zu Gott in Beziehung standen, sondern auch das, was wir heute als »Emotionen« bezeichnen. In diesem prä-freudianischen Zeitalter lag die Vorstellung von einer rein säkularen »Psyche« noch ein halbes Jahrtausend weit weg, und die mittelalterlichen Überlegungen zur »Seele« erstreckten sich über ein weites Feld, das viele Erscheinungsformen dessen umfaßte, was wir heute als »psychologische« Phänomene bezeichnen. Obwohl also Dantes Reise primär in theologischen Begriffen formuliert ist, muß man sie auch als Metapher für psychologische Veränderungen sehen. Nach der augustinischen Forderung »Steige hinab, auf daß du aufsteigen mögest« reist auch Dante in das dunkle Herz seiner *selbst.*[12] Erst nach tiefer Prüfung seines eigenen »Innenlebens« kann er den »Nullpunkt« erreichen, an dem psychologische Heilung einsetzen kann.[13] Für Dante beginnt die Heilung am Fuß des Läuterungsberges.

Der Literaturwissenschaftler Ronald R. MacDonald meint, Dante habe wie die Epiker Griechenlands und Roms die psychologischen Dimensionen seines Textes durchaus verstanden. Er schreibt: »All diese Denker und Dichter [Dante, Vergil und Aeschylos] lehren auf die eine oder andere Weise, daß es möglich ist, durch Mühen und Leiden und Nachdenken, durch die Unterwerfung des Selbst entweder individuell oder kollektiv unter sowohl das Schlimmste als auch das darin verborgen liegende Beste den Übergang vom Stand der Barbarei und Unordnung zu einem Stand der Integration und Harmonie zu bewirken.«[14] Die Reise aus der Hölle über die Treppe der Läuterung zum Himmel kann also als eine Art mittelalterliche Psychotherapie betrachtet werden.

Ob man es nun »Läuterung« nennt oder »Therapie«, das Ergebnis ist nicht einfach eine gereinigte Seele, sondern auch ein genesener Geist. In Freudscher Terminologie könnten wir sagen, daß die Reise aus der Hölle hinauf zum Himmel das Abstoßen des Ego bedeutet, das Loslassen von der schweren Last, die die Menschen *niederdrückt*. Für Dante gilt das im Wortsinne – denn seine Reise ist im Kern das Streben nach der vollkommenen *Leichtigkeit* des Seins. Während des psychologischen Heilungsprozesses, wie er in der *Göttlichen Komödie* stattfindet, wird der innere Raum des Geistigen von einem höllischen Zustand des Chaos und der Verzweiflung umgewandelt zu einem himmlischen Zustand der Ordnung und der Freude, deutlich in der seligen Schönheit des Paradieses. Lange vor Freud schloß die christliche Theologie ein kluges Verständnis der menschlichen Psychologie ein – wie übrigens die meisten religiösen und mythologischen Systeme.

Für Dante fand der Prozeß der psychologischen und spirituellen Wandlung während des Aufstiegs auf den Berg der Läuterung statt, an dessen Fuß er und Vergil ankommen, nachdem sie aus dem Bauch der Hölle wieder zur Erdoberfläche gelangt sind. Nach dem erstickenden Schmutz des Infernos füllen sich hier im mittleren Reich seine Lungen mit frischer Luft; das Gras unter den Füßen ist grün, und der Himmel über ihnen leuchtet blau. Die Umgebung vibriert spürbar vor Optimismus; man riecht den Duft von Hoffnung in der Luft. Hier ist es, sagt Dante, »allwo sich reiniget der Geist des Menschen und würdig wird, zum Himmel aufzusteigen«.[15]

Da das Purgatorium in der Bibel nicht ausdrücklich erwähnt

wird, ist die Frage nach seinem genauen Standort und seiner Beschaffenheit im Mittelalter heftig diskutiert worden. Dante wählte als Ort die Mitte eines großen Ozeans auf der Südhalbkugel, auf dem Erdball genau gegenüber von Jerusalem (s. Abb. 1.3). Innerhalb des logischen Systems der *Göttlichen Komödie* bezeichnet die diese zwei heiligen Orte verbindende Linie eine Achse der Rettung quer durch die Erde. Indem sie die Qualen auf dem Heiligen Berg ertragen, büßen die Seelen im mittelalterlichen Jenseits für ihre Sünden, sie streifen die Schichten von Schlechtigkeit ab in ihrem unausweichlichen Aufstieg zur Gnade. Wie Jacques Le Goff anmerkt, ist »dieser Aufstieg ... physischer und spiritueller Natur«.[16] Tatsächlich ist in der *Göttlichen Komödie* der Berg der Läuterung die mittelalterliche Treppe zum Himmel.

Während die Hölle charakterisiert wird durch den Tod der Hoffnung, kann das Purgatorium als Ort der Hoffnung bezeichnet werden. Für die Verdammten gibt es aus der Hölle keinen Ausweg, aber »im Purgatorium sind die Seelen ständig in Bewegung«, sie arbeiten sich hinauf und hinaus zum Paradies darüber.[17] Anders als bei der zeitlosen Stagnation in der Hölle ist das Purgatorium ein Ort, an dem Zeit noch Bedeutung hat. Der Prozeß der Läuterung mag hart und lang sein – eine der Seelen, mit denen Dante spricht, hat bereits mehr als tausend Jahre dort verbracht –, dennoch ist es ein eindeutig positiver Ort.[18] Hier wird die christliche Geschichte fortgesetzt, während die Seele zu Gott aufsteigt. Und der ganze Berg vom Fuß bis zum Gipfel hallt wider von Dankchorälen zu Ehren des Herrn. Hier bewachen auch Engel statt Dämonen die einzelnen Ebenen.

Dantes Purgatorium ist wie die Hölle in neun verschiedene Ebenen oder »Terrassen« unterteilt, und jede ist weiter geläutert als die darunterliegende. Wieder zeigt schon die Struktur des Raumes, welche spirituelle Umwandlung sich hier abspielt, sie zeigt den »Übergang vom Stand der Barbarei und Unordnung zu einem Stand der Integration und Harmonie«. Die erste Terrasse ist das Vorpurgatorium, in dem Seelen, die sehr spät bereut haben, eine Wartezeit ableisten müssen, ehe sie zum Berg selbst zugelassen werden. Es ist das Fegefeuer-Gegenstück zur Vorhölle.[19] Wenn sie dann in das Purgatorium selbst vorgerückt sind, steigen die Seelen durch sieben aufeinanderfolgende Ebenen der *Läuterung* oder spirituellen Reinigung auf. Jede Ebene oder »Terrasse« ist verbunden mit einer der sieben Todsünden, diesmal angefangen bei der schwersten und aufsteigend zu den weniger schlimmen. In aufsteigender Ordnung sind das Hochmut, Neid, Zorn, Trägheit, Geiz, Schlemmerei und Wollust. Wie in der Hölle entsprechen auch im Purgatorium die Strafen den Untaten. Auf der ersten Terrasse zum Beispiel tragen die Sünder Steine auf dem Rücken; sie büßen so für die »Last« ihres Hochmuts. Auf der Terrasse der Trägheit müssen die Seelen ihrer Lethargie mit dauerndem Laufen begegnen, und auf der Terrasse der Schlemmerei leiden sie ständig Hunger.

Aber anders als die Hölle ist das Purgatorium kein Alptraum. Im Gegensatz zu dem ekligen Schmutz und Schlamm im Inferno ist in den Heiligen Berg eine Serie von festen Marmorterrassen gemeißelt, jede geschmückt mit schönen Schnitzwerken, in denen Urbilder der Tugend dargestellt sind. Wo der allgemeine Eindruck von der Hölle Durcheinander und Dreck sind, finden wir im Purgatorium Ordnung und Sauberkeit. Man spürt gleich, daß hier der Sieg über das Chaos gewonnen wird. Und wo der sich Weg in die Hölle *links* (italienisch: *sinistre*) herum *abwärts* windet, steigt der sich um den Berg der Läuterung *rechts* herum windende Pfad *auf*. So steht abermals die Geometrie von Dantes Weg durch den Seelen-Raum für die moralische Bedeutung der Reise.

Wenn eine Seele den Heiligen Berg hinaufsteigt und ihr die Last der Sünde abgenommen wird, wird sie immer leichter. »Im christlichen Mythos«, schreibt Freccero, »ist es eher die

56

Sünde als die Materie, die die Seele niederdrückt.«[20] Mit anderen Worten, Sünde ist die Schwerkraft des Seelen-Raums, die bleiern lastende Kraft, die die Seele von ihrer »wahren Heimat« bei Gott fortzieht. Mit zunehmender Leichtigkeit des Seins, hervorgerufen durch den Prozeß der Läuterung, wird die Seele unausweichlich zum himmlischen Empyreum emporgezogen. Im Purgatorium wird also die nach unten ziehende Schwerkraft der Sünde zur »nach oben, ›gottwärts‹ hebenden Kraft der heiligen Liebe« umgewandelt.[21] Nachdem die Seele durch alle sieben Ebenen aufgestiegen ist – und sich damit von allen Vergehen reingewaschen hat –, kommt sie am Gipfel des Läuterungsberges ins »irdische Paradies«, den biblischen Garten Eden. Wie der Dante-Forscher Jeffrey Schnapp erklärt, ist im Purgatorium »der Lauf der Zeit umgekehrt, die Sünde wird gelöscht, das göttliche Ebenbild wiederhergestellt«.[22] So wickelt die Läuterung die Spule der Sünde rückwärts ab und bringt uns zurück nach Eden, zur Wiege unserer Unschuld.

Der zwangsläufig christliche Kontext von Dantes Reise tritt scharf hervor, als er und Vergil am Gipfel des Berges ankommen. Hier, im irdischen Paradies, muß Dante seinen geliebten Führer zurücklassen, denn der kehrt nun in den Limbus zurück. Nach mittelalterlicher Theologie durfte niemand anderes als eine anständig christlich getaufte Seele in den Himmel eintreten.[23] In den blühenden Wäldern Edens wird deshalb Vergil ersetzt durch eine christliche Führerin, nämlich Dantes persönliche »Retterin«, die schöne Beatrice. Beatrice ist das Objekt der vielleicht größten Geschichte unerwiderter Liebe und wird hier zum allgemeinen Symbol christlicher Liebe. Abermals wird eine historische Person, Beatrice de Folco Portinari, in eine *virtuelle* Version ihrer selbst verwandelt. Und wieder ist es die virtuelle Beatrice, die wir heute kennen, die wir viel besser kennen als jene lebende Frau, von der wir fast nichts wissen. Mit dieser himmlischen Dame als seiner Führerin ist der virtuelle Dante, bildlich von seinen eigenen Sünden geläutert, »rein und bereit zum Aufflug nach den Sternen«.[24]

Zu seinem Erstaunen stellt Dante fest, daß er, seit das Gewicht der Sünde von seiner Seele genommen ist, so leicht ist, daß er mühelos in den himmlischen Bereich aufsteigt. So wie ein Fluß natürlicherweise den Berg hinabfließt, erklärt ihm die virtuelle Beatrice, bewegt sich die Seele, wenn nichts mehr sie hindert, natürlicherweise hinauf zu Gott.[25] Dantes Reise durch das himmlische Reich ist kein Ausflug zu anderen physikalischen »Welten« wie in der heutigen Science-fiction, sondern eine Art von ekstatisch kosmischem Tanz durch ein zunehmend abstrakteres Reich von Licht und Bewegungen. Hier füllen lumineszierende Chöre von Engeln den himmlischen Raum mit himmlischen Harmonien – der mythischen »Sphärenmusik«.

Zum Zeichen, daß wir das Reich des Fleisches und der Schmerzen hinter uns gelassen haben, erscheinen die Seelen in Dantes Paradies nicht mehr in materiellen Körpern wie in den ersten beiden Reichen: Hier sind sie nur noch leuchtende Formen aus Licht. Mehr noch, ausgehend von der neuplatonischen Verbindung zwischen Licht und Gnade werden sowohl die einzelnen Seelen als auch die ganze himmlische Umgebung immer strahlender. Licht ist als Tatsache und als Metapher das unterscheidende Merkmal für das *Paradiso*. Ebenso die Bewegung. Nach dem kummervollen Abstieg durch die Hölle und dem langsamen Erklettern des Läuterungsberges verleiht das Paradies den Seelen »Warp speed«. Dante und Beatrice sausen wie von der Sehne geschnellte »Pfeile« durch den Himmelsraum.

Auch diese letzte Region ist wie die beiden unteren Bereiche in Dantes Seelen-Raum in eine neunfache Hierarchie gegliedert, die diesmal auf natürliche Weise in der mittelalterlichen Hierarchie der Himmelssphären aufgeht. Im *Paradiso* begegnen wir damit einer wunderbaren Verschmelzung von Wissenschaft und Religion, da Dante theologische Bedeutungen und kosmologische Fakten miteinander verknüpft. Zum Beispiel soll die Sphäre des Mondes für den Glauben stehen. Da aber der Mond sein Erscheinungsbild ändert, weil er ab- und zunimmt, wird er bei Dante ein Symbol der von Unbeständigkeit befleckten Treue – wie etwa im Falle von Mönchen und Nonnen, die von ihrem Gelübde abfallen. So wie in *Inferno* und *Purgatorio* jede Ebene der Hierarchie mit einer speziellen Sünde verknüpft ist, so ist im *Paradiso* jede himmlische Sphäre mit einer der christlichen Haupttugenden verbunden: neben dem Glauben sind das Hoffnung, Liebe, Weisheit, Tapferkeit, Gerechtigkeit und Bescheidenheit.

Wenn aber eine Hierarchie von Sündern in der Hölle gerechtfertigt schien, so hat Dante anfangs Mühe mit der himmlischen Hierarchie der Glückseligen. Sicher, meint er, steht es doch jeder erlösten Seele zu, Gott so nahe wie möglich zu sein. Sollten sie nicht alle auf der gleichen Ebene stehen? Beatrice erklärt auf Dantes Frage, daß sich jede Seele in der Sphäre befinde, die ihrer eigenen spirituellen Natur am besten entspreche. Alle sind ewig, alle sind heilig, aber manche haben einfach eine feinere Empfindung für Gnade. Diese Hierarchie ist für Dante wichtig, denn die eine Eigenschaft, die das himmlische mit dem höllischen Reich teilt, ist die, daß beides Räume sind, in denen die Zeit nicht mehr gilt. Wie in der Hölle steigen im Paradies die Seelen weder auf noch ab in der Hierarchie; sie sind für immer festgelegt auf ihre Sphären. Der Himmel ist, wie die Hölle, eine Sackgasse – eine freudenvolle und glückselige Sackgasse, sicher, aber doch ein Ort, an dem Zeit nicht mehr existiert.

Von den drei Regionen des Lebens nach dem Tode ist der Himmel die einzige, die zu beschreiben Dante Probleme hat. Wo *Inferno* und *Purgatorio* jeweils eine genau umrissene Landschaft und Vorstellungswelt bieten, ist das *Paradiso* bekannt dafür, daß es nebulös bleibt. In den beiden unteren Reichen liefern die Heimsuchungen des Fleisches bildhaften Stoff, aber der Zustand der Glückseligkeit der Seelen im *Paradiso* bietet wenig visuellen Zugang. Während Dante und Beatrice aufsteigen, gibt es jede Menge freudvolles Licht und Schwaden von leuchtendem Nebel, aber keine richtige Geographie. Wir sind jetzt im Bereich des reinen Geistes, in einem Raum, der, wie Dante eingesteht, sich letztlich der Beschreibung entzieht. Als er in den letzten Gesängen des *Paradiso* schließlich das Empyreum betritt, fehlen Dante die Worte. Das bedeutet – sowohl konkret als auch übertragen –, daß wir in der Gegenwart Gottes nicht nur die Grenzen von Zeit und Raum erreichen, sondern auch die Grenzen der Sprache. Der Himmel mag die Apotheose des mittelalterlichen Seelen-Raums sein, aber eben wegen seiner *Vollkommenheit* ist er schließlich jenseits menschlicher Worte. Er ist der Bereich des Unsagbaren.

Der fundamentale Stillstand in Himmel und Hölle bedeutete, daß die Klammer für den mittelalterlichen Seelen-Raum tatsächlich das Purgatorium war. Nur im zweiten Reich verfloß Zeit weiterhin in sinnvoller Weise. Nach Ansicht mancher mittelalterlicher Theologen galt im Fegefeuer dieselbe Zeit wie auf der Erde; die zwei Räume waren in der gleichen Zeitmatrix miteinander verbunden. Darüber hinaus ließ die mittelalterliche Theologie auch zu, daß der Prozeß im Fegefeuer von Handlungen der *Lebenden* beeinflußt wurde. Tatsächlich war die Grenze zwischen dem Land der Lebenden und dem zweiten Reich des Lebens nach dem Tod erstaunlich durchlässig. Um Le Goff zu zitieren: Das Purgatorium begründete »Solidargemeinschaften ... zwischen den Lebenden und den Verstorbenen«, es schuf enge Beziehungen zwischen den zwei Welten und diente als praktische Brücke zwischen dem physikalischen Raum und dem spirituellen Raum.[26]

Wegen der »Nähe« des Fegefeuers zum Land der Lebenden spielte es eine Schlüsselrolle in der mittelalterlichen Vorstellungswelt. Seit dem frühen Mittelalter gab es zunehmend Literatur, die sich auf das Purgatorium bezog, und viele Texte beschrieben Besuche der Lebenden in jenem zweiten Reich oder Besuche der Seelen von dort im irdischen Bereich.

Das berühmteste Abenteuer dieser Art vor der *Göttlichen Komödie* war der mittelalterliche »Bestseller« *Das Fegefeuer des heiligen Patricius* aus dem 12. Jahrhundert, der die angeblich wahre Geschichte einer Reise des Ritters Owein durch das Fegefeuer erzählt.

Wie Dante betritt Owein die »andere Welt« durch eine Grube, in diesem Falle im Boden einer realen Kirche im County Donegal in Irland. (Die Kirche gibt es noch.) Die schreckliche Landschaft der Reise Oweins hat mehr mit den Schrecken von Dantes *Inferno* zu tun als mit der läuternden Vision seines *Purgatorio*, aber die Seelen, denen er begegnet, sind ebenfalls auf dem Weg zum Himmel. In jener Version wandert Owein durch weite Gefilde, wo nackte Männer und Frauen an den Boden gefesselt sind; Drachen und Schlangen nagen an ihnen. An anderer Stelle werden sie lebendig in geschmolzenem Metall gekocht oder an Spießen geröstet. Wieder andere hängen an Eisenhaken in den Augen oder an den Genitalien. Alles in allem ist es ein Alptraum, aber die Reise endet glücklich im irdischen Paradies, auf das auch Owein, wie ihm gesagt wird, hoffen kann, wenn er sein Leben anständig lebt.

Solche Geschichten hatten eindeutig eine moralische Funktion; aber sie sollten auch der mittelalterlichen Phantasie Stoff liefern. Ähnlich wie uns heute Science-fiction mit Erzählungen von Abenteuern im Weltraum unterhält, so lieferte das Fegefeuer den Rahmen für phantastische Abenteuer im Seelen-Raum. Nur ein dichterisches Genie wie Dante konnte mit den Abstraktionen des Himmels fertig werden, und nur die wahrhaft Kühnen würden es wagen, die Hölle zu betreten, aber das Fegefeuer war ein Raum, in dem die Einbildungskraft und die Lust, Geschichten zu erzählen, sich frei entfalten konnten. Owein war nicht der einzige, der sich durch die Höhle in Donegal ins Fegefeuer vorwagte. Angeblich soll dieser Eingang zum Leben nach dem Tod schon dem eigentlichen Heiligen, Patrick, von Christus selbst gezeigt worden sein, und seitdem haben immer wieder Menschen Wallfahrten dorthin unternommen, um sich von Sünden zu reinigen. Eine Gefahr bestand darin, daß viele, die die Höhle betraten, offenbar nicht wieder herauskamen.

In der phantasievollen Atmosphäre des spätmittelalterlichen Europa fand ein erheblicher Verkehr zwischen dem Land der Lebenden und dem zweiten Reich des Jenseits statt. Die meisten Besucher des Fegefeuers versuchten allerdings nicht, leibhaftig dorthin zu gehen; sie waren nur im Geiste unterwegs, und ihre Seelen ließen den Körper in einer Art mittelalterlicher Astralreise hinter sich. Von solch einem Ausflug berichtete die Mutter des Mönchs Guibert von Nogent, die dort von den Prüfungen ihres verstorbenen Ehemannes erfuhr. Und der berühmte Theologe Petrus Damiani erzählte im 12. Jahrhundert Geschichten von der entgegengesetzten Richtung: daß ein Toter einem Bruder einen gespenstischen Besuch abgestattet hätte und eine tote Frau ihrer lebenden »Gevatterin«. Im letzteren Fall hatte der Geist mit korrektem Datum das Ableben dieser Gevatterin prophezeit. Für das mittelalterliche Denken war die Grenze zum Fegefeuer sehr porös: Die Toten statteten den Lebenden Besuche ab und die Lebenden den Toten. Körper-Raum und Seelen-Raum waren unentwirrbar miteinander verflochten.

Für die Christen des späten Mittelalters war das Leiden der Seelen im Fegefeuer durchaus real. Vor allem glaubten sie, daß die Lebenden die Macht hätten, dieses Leiden zu *lindern* und den Toten schneller durch diese Zeit der Prüfungen zu helfen. Das konnte durch Bittgebete geschehen oder durch Schenkungen an die Kirche. Diese Praxis war als »Suffragium« bekannt und spielte im Spätmittelalter eine Schlüsselrolle im christlichen Leben. Dante wird bei seiner Reise durch das Purgatorium immer wieder von Seelen angesprochen, die ihn bitten, ihre Verwandten zu Hause daran zu erinnern, daß sie für sie beten und ihre Qualen mildern.

Die Fürbitte konnte anscheinend sehr wirksam sein. Auf der achten Terrasse des *Purgatorio* begegnet Dante der Seele seines Freundes Forese, der, obwohl erst fünf Jahre tot, schon fast bis zur Spitze des Berges vorgedrungen ist, was ihm dank des »andachtsvollen Flehens« seines liebenden Weibes Nella gelungen ist.[27] Die Verantwortung für solche Fürbitten lag vor allem auf den Schultern der nahen Angehörigen, besonders der Ehegatten, aber auch für Ordensbrüder und -schwestern gehörten Gebete für die Toten oft »zu einer obligatorischen Praxis«.[28]

Indem es die Lebenden und die Toten in einem komplexen Netz der Verantwortung aneinanderband, brachte das Suffragium eine »Verstärkung des Zusammenhalts innerhalb der Gemeinschaften bereits im Diesseits«.[29] Die Lebenden auf der Erde und die Toten im Fegefeuer bildeten eine Art von »Obermenge« der Menschheit, welche auch das umfaßte, was Le Goff listig die »falsche Grenze des Todes« genannt hat.[30] Die Lebenden beteten nicht nur aus Liebe zu ihren teuren Verstorbenen für sie, sondern auch, weil sie hofften, daß ihnen, wenn die Reihe an sie kam, diejenigen beistehen würden, die sie zurückließen. Hier war eine Art christlicher Konfuzianismus des Jenseits am Werk.

Indem sie die Wirksamkeit christlichen Handelns ausweiteten auf das Leben nach dem Tode, brachten die Fürbitten – die auch besondere Totenmessen und Gottesdienste einschlossen – die Seelen im Fegefeuer in den Einflußbereich *klerikaler* Macht. Die römisch-katholische Kirche »festigte ihre Teilbefugnisse über die Seelen im Fegefeuer ... obwohl Gott die Gerichtsbarkeit im Jenseits innehat«.[31] Dem einflußreichen Theologen des 13. Jahrhunderts Bonaventura zufolge hatten Päpste sogar die Macht, Seelen ganz von der Bestrafung im Purgatorium zu befreien. Das zu tun hielt Papst Bonifatius VIII. im Jubeljahr 1300 auch für richtig, als er beschloß, jedem die volle Vergebung aller Sünden zu garantieren, der in jenem Jahr nach Rom pilgerte.

In der allgemeinen Praxis jedoch wurde die theoretische Macht der Päpste, Seelen aus dem Fegefeuer zu befreien, kaum genutzt, denn die Kirche war weniger daran interessiert, tote Seelen zu befreien, als daran, ein System aufrechtzuerhalten, in dem lebende Seelen ins christliche Netz eingebunden blieben. Es lag im Interesse des Klerus, daß man dem Fegefeuer nicht so leicht entkommen konnte, denn die Kirche zog kräftig Vorteile aus den Fürbittezahlungen in speziellen Messen und anderen Gottesdiensten. Unverblümt ausgedrückt: »Es ging ... auch ganz einfach um finanziellen Gewinn.«[32] Da überrascht es nicht, daß dieses System dem Mißbrauch offenstand und schließlich zu großer klerikaler Korruption führte. Wie Grenzwächter zwischen zwei Staaten unterlagen die an der Grenze patrouillierenden Priester allzuoft der Versuchung durch unerlaubte Gaben.

Der Mißbrauch des Systems war besonders stark im Angesicht des Todes. Selbst wer ein sehr anstößiges Leben geführt hatte, konnte theoretisch gerettet werden, wenn er oder sie sich vor ihrem letzten Atemzug aufrichtig Gott zuwandte. Innerhalb dieses Systems konnte späte Buße auch finanzielle Form annehmen, und es war nicht ungewöhnlich, daß wohlhabende Männer und Frauen in ihren letzten Lebensjahren der Kirche reiche Schenkungen machten oder ihr im Testament große Summen hinterließen. Solche Praktiken führten dazu, daß sich manche Menschen ihren Weg in den Himmel zu kaufen versuchten. Diese Erkenntnis veranlaßte Martin Luther und andere protestantische Reformatoren im 16. Jahrhundert, das Fegefeuer als katholischen Greuel zu verdammen. Leider zog das purgatorische System, wie Rechtssysteme überall auf der Welt, die Korruption tatsächlich an, aber deshalb sollte man nicht die ganze Idee verwerfen. Welche Makel es in der Praxis auch immer hatte, im Prinzip war das Fegefeuer eine großartige menschliche Erfindung, und zwar eine, die in der Neuzeit oft falsch dargestellt worden ist.

Indem es den Raum für die spirituelle Sühne stellte, förderte das Purgatorium das, was passenderweise als »Buchführung des Jenseits« bezeichnet worden ist.[33] Natürlich wiegen manche Sünden schwerer als andere: Welches ist die jeweils angemessene Strafe? Wie sehr darf die Prüfung reduziert werden durch Buße, die der Sünder tut, während er noch lebt? Und um wieviel durch jede nach dem Tode dargebrachte Fürbitte? Wie lange genau eine Seele im Purgatorium zu bleiben hatte, war abhängig von der Art der begangenen Sünden, der vor dem Tod geleisteten Buße und der Intensität der Fürbitten, die die Lebenden nach dem Tode leisteten. Alles in allem war diese doppelte Buchführung der Seele ein kompliziertes Unternehmen.

Der Wunsch nach befriedigender Buchhaltung der Sünden war entscheidend für die Entwicklung des Purgatoriums zu einem ausgewachsenen Reich im Jenseits. Da die Bibel nur Himmel und Hölle ausdrücklich erwähnt, dauerte es lange, ehe sich das zweite Reich im christlichen Denken richtig durchgesetzt hatte. Erst durch das Konzil von Lyon 1274 erhielt es die formelle theologische Unterstützung; bis dahin bestand der Seelen-Raum offiziell nur aus zwei Reichen. Die Entstehung des Fegefeuers ist ein ungewöhnliches Beispiel, an dem wir deutlich beobachten können, wie sich ein *neuer Raum des Seins* herausbildet. Als solcher zeigt es bedeutende Parallelen zur Schaffung des Cyberspace heute, und es ist faszinierend zu sehen, wie dieser neue mittelalterliche Raum zum Vorschein kam.

Die Vorstellung, daß man für seine Sünden zur Rechenschaft gezogen werden würde, hatte natürlich in der christlichen Eschatologie immer eine zentrale Rolle gespielt. In der Offenbarung des Johannes steht klar, daß niemand dem Jüngsten Gericht entgeht: »Und ich sah die Toten, die großen und die kleinen, vor dem Throne stehen ... Und die Toten wurden gerichtet auf Grund dessen, was in den Büchern geschrieben war, nach ihren Werken.«[34] Dementsprechend würden die Guten in den Himmel eingehen, wenn die Posaunen des Jüngsten Gerichts ertönten, gleichgültig, wie nieder sie auf Erden gewesen waren, während die Bösen, gleichgültig, wie hoch sie auf Erden gestanden hatten, nicht hineinkamen.

Selbst die göttliche Gerechtigkeit ist aber keine Schwarzweißangelegenheit. Die strenge Polarität von Himmel und Hölle im frühen Christentum vertrug sich nicht mit der Vorstellung eines *barmherzigen* Gottes, eines Gottes, der von seinem Wesen her so viele Gläubige wie nur möglich in seinen Schoß aufnehmen möchte. So fragte zum Beispiel der Theologe Wilhelm von Auvergne, was denn sei, wenn jemand plötzlich ermordet würde?[35] Da eine solche Seele nicht die Gelegenheit gehabt habe, vor ihrem Tod ihre Sünden zu sühnen, würde sie nicht zum Eintritt in den Himmel berechtigt sein, aber solange sie keine ganz abscheulichen Verbrechen begangen habe, sei es auch nicht fair, daß sie zu ewiger Verdammnis in der Hölle verurteilt würde. In der mittelalterlichen Literatur wurde Gottes große Barmherzigkeit in solchen Fällen oft beschrieben in Geschichten von Engeln, die mit Teufeln um soeben freigesetzte Seelen kämpften. Dante berichtet von solch einem Kampf um die Seele des Buonconte da Montefeltro, eines im Kampf gefallenen Soldaten.[36]

Aber gerade die Vorstellung von Gottes Barmherzigkeit brachte ein neues Dilemma, denn wenn Gott einfach alle möglichen Sünden gleich nach dem Tode vergab, warum sollte man sich dann ein Leben lang darum bemühen, sich wie ein Heiliger zu verhalten? Bei zuviel göttlicher Barmherzigkeit gab es keinen Ansporn für Heilige und Märtyrer. Auf lange Sicht führte die christliche Auffassung von der göttlichen Gerechtigkeit im Verein mit der Vorstellung von einem barmherzigen Gott fast unausweichlich zu dem Bedürfnis nach einem Ort im

Jenseits, an dem Seelen, die nicht ganz zu verdammen waren, den Makel ihrer Sünden abarbeiten konnten – einem Ort, an dem die *wahrhaft* Tugendhaften vorbeigehen würden. Die frühe Kirche erkannte diese Notwendigkeit, aber anfangs sollte die spirituelle Reinigung als augenblickliches Brennen der Seele gleich nach dem Tode auftreten. Vom 5. Jahrhundert an wurde die sofortige Reinigung allmählich umgewandelt in die Vorstellung von einem Ort, an dem die sündigen Seelen eine längere Zeitspanne verbringen würden. Je größer nun die Verfehlungen eines Menschen waren, desto länger würde er leiden. Heilige und Märtyrer würden immer noch geradenwegs in den Himmel kommen, doch die übrigen bekamen eine beträchtliche Strafzeit. Mit dem Purgatorium als »mittlerem Reich« war die göttliche Gerechtigkeit rundherum zufriedengestellt.

Ein beunruhigender Schatten lag noch über diesem rosigen Bild, das Problem der »edlen Heiden«, zu denen Dantes geliebter Führer Vergil gehörte. Wie kann es sein, fragte Dante, daß einem Menschen wie Vergil, der vor Christi Geburt gelebt hat, auf ewig der Eintritt ins Himmelreich verwehrt wird? Und weiter, wie kam es, daß Menschen in Dantes eigener Zeit, die in fernen Ländern wie Indien und China lebten, außerhalb des christlichen Bereichs, auch verdammt waren? Kurz, wie können diejenigen, die nie von Christus gehört haben, dafür verantwortlich gemacht werden, daß sie nicht im »wahren« Glauben getauft sind? Diese Frage hat das große italienische Epos nicht beantwortet, und tatsächlich »spukt sie durch das ganze Gedicht«.[37] Aber wenn die spätmittelalterliche Vorstellung von der göttlichen Gerechtigkeit schließlich noch nicht die *ganze* Menschheit umfaßte, so erweiterte doch das Purgatorium für die innerhalb des christlichen Bereichs Lebenden diese Vorstellung auf schönste Weise. Dante wußte sehr wohl, daß das Fegefeuer der Weg zur Seelenrettung für die Menschen war.

Geschichten von Reisen ins Reich der Toten und zurück rufen in uns »wissenschaftlich gesinnten« heutigen Menschen tiefe Skepsis hervor. Es erhebt sich die Frage: Was auch immer der virtuelle Dante erlebt hat, hat der eigentliche, historische Dante *wirklich* an seine Vision des Lebens nach dem Tode geglaubt? Haben er und seine Zeitgenossen wirklich an einen riesigen Abgrund geglaubt, der tief in die Erde hinabführte? Haben sie an einen terrassierten Berg gegenüber von Jerusalem geglaubt? Haben sie an eine Folge von kristallenen himmlischen Sphären geglaubt? In einem berühmten Essay hat Jorge Luis Borges diese Frage verneint. Daß Dante an die »Realität« seiner Vision geglaubt hätte, sei »absurd«, sagt Borges.[38] Während in einer Hinsicht Borges recht hat – Dante wollte sicher sein Gedicht nie *rein* wörtlich verstanden wissen –, finde ich doch nicht, daß dieser Gedanke »absurd« ist. Le Goff hat von den phantastischen Reisen ins Jenseits gesagt, daß sie »die Menschen des Mittelalters als ›wirklich‹ betrachteten, auch wenn sie als ›Träume‹ ausgegeben wurden ...«[39]

Ein Hauptproblem, denke ich, ist, daß die hier aufgeworfenen Fragen reichlich modern sind. Sie werden formuliert im Rahmen unseres rein physikalistischen Paradigmas, das dem mittelalterlichen Denken absolut fremd war. Wenn wir fragen, ob Dante »wirklich« an eine Reihe von himmlischen Sphären oder einen höllischen Trichter innerhalb der Erde geglaubt hat, stellen wir Fragen zum *physikalischen Raum*. Im Geiste überlegen wir, wie hoch über der Erde die Mond-Sphäre wohl sein würde. Wie tief unter der Erdoberfläche würde sich der zweite Kreis der Hölle wohl befinden? Auf welchem Längengrad müßte der Berg der Läuterung liegen? Wir fragen so, weil wir gar nicht anders können. Unser Verstand ist so dazu erzogen – gedrillt –, sich Raum in ausschließlich physikalischen Kategorien zu denken, daß es uns fast nicht möglich ist, anders zu denken. Es ist nicht einfach deshalb so, weil wir auf dem Mond gewesen sind und keine kristallenen Sphären gefunden haben oder weil wir die Erde umfahren und keinen terrassierten Berg gefunden haben; wir können uns schlicht keinen Ort als »real« vorstellen, wenn er nicht einen mathematisch genau festgelegten Platz im physikalischen Raum einnimmt.

Aus der rein physikalischen Perspektive wäre es absurd zu behaupten, die Hölle sei innerhalb der Erde oder der Himmel über den Sternen, aber im holistischen System Dantes und seiner Zeitgenossen waren das genau die Orte, an denen sich diese Reiche logischerweise befinden *mußten*. Im christlich-mittelalterlichen System war Gott das Ordnungsprinzip für den Raum: Seine Gegenwart gab dem Universum die eigene innere Richtung, *aufwärts*, während die Sünde einen inneren Sog *abwärts* ausübte. Die dem System innewohnende Logik verlangte, daß der Himmel oben, am höchsten Punkt des Universums war und die Hölle unten, im tiefsten Grund. Die »Realität« ließ sich nicht in rein physikalischen Kategorien messen, sondern mußte in einem erweiterten Sinn betrachtet werden, der sowohl physikalischen als auch spirituellen Raum einbegriff.

Dantes Welt ist noch in einer anderen Hinsicht »real« – in psychologischer. So wie die Hölle wirklich im *Innern* ist, so ist sie es auch psychologisch gesprochen. Der Himmel ist *da draußen*. Es ist keine mittelalterliche Beschränktheit, daß Dantes Himmel außerhalb der Erde ist, jenseits des selbstversessenen Chaos der in Geist und Handeln kranken Menschen. Um Le Goff zu zitieren: »Aber von der Hölle zum Fegefeuer, vom Fegefeuer zum Paradies vergrößert sich der Raum, wird immer weiter.«[40] Nicht nur der physikalische, sondern auch der psychologische Raum. *Platz, sich zu bewegen,* ist das Wesen der Freiheit für den Geist wie für den Körper, und wieder schreibt eine absolut plausible psychologische Logik vor, daß der Himmel jenseits des endlichen Bereichs der Erde sein müßte. Wenn die Hölle ein innerer Pfuhl ist, in dem sich die Psyche kaum »bewegen« kann, so ist der Himmel ein grenzenloses Feld der Logik und der Liebe – ein Raum, der über die Endlichkeit unseres kleinen materiellen Globus hinausgehen müßte.

In Dantes Kosmologie werden sowohl Seele als auch Körper im grenzenlosen Raum des Himmels befreit. Paradoxerweise finden wir hier, in diesem flüchtigsten der drei Reiche des Jenseits, die beiden Seiten des Menschen am unauflöslichsten miteinander verflochten. Hier im Himmel endlich sind christlicher Körper und Seele *eins* geworden. Diese himmlische Integration dient nicht nur als Erinnerung daran, wie sehr ganzheitlich das mittelalterliche Weltbild war, es stellt auch die in diesem Holismus enthaltenen Paradoxa in den Vordergrund. Während der Himmel die Apotheose des mittelalterlichen räumlichen Systems ist, ist er gleichzeitig auch sein problematischster Teil. Eben weil er Gottes Bereich ist, ist dieser Ort schwer mit dem Menschen in Einklang zu bringen.

Die großen Probleme mit dem mittelalterlich-christlichen Himmel lassen sich mit einem Wort fassen – »Auferstehung«. Es ist eine abgedroschene Behauptung der Nachrenaissance, daß die Menschen des Mittelalters den Körper geringschätzten; tatsächlich beharrten strenggläubige christliche Theologen des Mittelalters darauf, daß der Körper wesentlicher Bestandteil der Persönlichkeit sei. Die mittelalterliche Theologie glaubte, daß am Ende der Zeiten, wenn die Posaunen des Jüngsten Gerichts ertönen, den Seligen ein ewiges Leben nicht nur der Seele, sondern auch des Körpers geschenkt werde. Das war die Verheißung, die sie in Christi Auferstehung und körperlichem Auffahren zum Himmel erkannten.

Im Empyreum würden die Auserwählten in der Gegenwart Gottes sitzen, ganz im Geiste, aber auch vollkommen in Fleisch und Blut und Knochen. Der größte aller mittelalterlichen Theologen, Thomas von Aquin, verwies ausdrücklich darauf, »daß die Seele nach der Trennung vom Körper keine Person mehr« sei.[41] Für Thomas, sagt der Historiker Jeffrey Burton Russell, sei die Seele »mit ihrem Körper nicht nur mehr

Mensch als ohne Körper, sie ist mit ihm auch Gott ähnlicher, denn in Verbindung mit dem Körper ist ihre Natur vollkommener«.[42] Die ganze *Göttliche Komödie* hindurch klingt dieses Thema immer wieder an, immer wieder erzählt uns Dante, wie die Seelen der Seligen sich nach der Zeit sehnen, zu der sie wieder mit ihren Gliedern vereint sein werden.

Die Theologen des 12. und 13. Jahrhunderts widmeten erhebliche Energie ihren Diskussionen darüber, wie denn die körperliche Auferstehung genau funktionieren würde. Wie konnte Materie wiederhergestellt werden? Wie würden abgetrennte Teile, wie amputierte Glieder, wieder angefügt werden? Würden Fingernagelschnipsel auferstehen? Abgeschnittene Haare? Beschnittene Vorhäute? Nabelschnüre? Aber hinter diesen Fragen steckte ein viel größeres Dilemma: Wie kann man einen Körper haben an einem »Ort«, der genaugenommen *jenseits* von Raum und Zeit liegt? Der wahre Himmel des Empyreums wird erst am Ende aller Zeit erreicht, buchstäblich wenn das Universum endet. Wenn die Seligen schließlich in den Himmel kommen, um im Lichte des Herrn zu sitzen, werden sie wie Gott »in Ewigkeit« sein. Zeit und Raum werden aufhören zu existieren. Die Verheißung der »ewigen Erlösung« heißt nicht Erlösung *für* alle Zeit, sondern Erlösung im Transzendieren der Zeit. Der Himmel existiert nicht *in* der Zeit, sondern, wie Gott, *jenseits* von Zeit. Und auch jenseits von Raum, denn Zeit heißt Bewegung, und Bewegung schließt Raum ein. Eins ohne das andere gibt es nicht. Aber wenn der Himmel jenseits des Raumes ist, weil der Raum aufgehört hat zu sein, wie kann man dann da einen Körper haben?

Wie Russell schreibt: »Es ist nicht vorstellbar, daß Geschöpfe wie die menschlichen Wesen mit hochentwickelten Sinnen, Verstand und Gefühl außerhalb von Raum und Zeit existieren könnten.«[43] Man kann nicht einmal einen Psalm singen ohne Zeit, denn »wenn es keine Zeit gibt, kann es auch keine Zeitenfolge geben«.[44] Ähnliche Dilemmas betreffen den Raum, denn wo es keinen Raum gibt, kann es keine ausgedehnten Körper geben, also keine Kehlen zum Singen. Einige Theologen des Mittelalters versuchen diese Probleme zu umgehen, indem sie den Himmel als Wohnsitz »verklärter Körper« statt physikalischer Körper ansahen, aber, wie Russell trocken bemerkt, »es braucht Zeit, um einen Hymnus zu singen oder selbst nur einen Gedanken zu denken«.[45]

Das Grundproblem hierbei ist: »Die Idee der Ewigkeit funktioniert für Gott besser als für den Himmel«[46], für einen Raum also, der schließlich Menschenwesen enthalten soll. Selbst wenn wir uns nicht wirklich ein Bild von einer Gottheit außerhalb von Raum und Zeit machen können, können wir uns doch zumindest ein übersinnliches göttliches Wesen denken. Aber die Vorstellung von einem übersinnlichen *menschlichen* Wesen ist in sich problematisch. Menschsein scheint von seinem Wesen her an Raum und Zeit gebunden zu sein. Das ist das Problem, mit dem sich Dante am Ende seines Gedichts konfrontiert sieht. Wie kann man ein himmlisches Empyreum ins Auge fassen, wenn es ein Ort außerhalb des Raums ist? Wie kann man sich die Seelen dort aufgehoben denken, wenn es letztendlich kein »Dort« gibt, an dem sie sein können? Dantes Lösung dieses Rätsels ist eine ekstatische Auflösung in Geometrie. Als er sozusagen die Hülle des Weltalls durchbricht, sieht der virtuelle Dante hinaus und erschaut einen hellglühenden Lichtpunkt, um den neun feurige Kreise sich drehen: Gott und die Reihen der Engel symbolisch dargestellt in Licht. Hier verschmelzen alle Richtungen und alle Dimensionen: »Der brennende Punkt ist nicht nur die Mitte, das Innerste, sondern auch das Höchste, in gewissem Sinn das Äußerste.«[47] In diesem einen Punkt unendlicher Liebe ist die Gesamtheit von Zeit und Raum enthalten.

Worte können den »Ort«, der nirgends ist, den »Punkt«, der überall ist, nicht erklären. Keine Metapher beschreibt die Verschmelzung von Körper und Seele in der Einheit, die für mittelalterliche Christen die Quelle von allem war. In diesem Augenblick seiner beseligenden Gottesschau versagt einem ihrer größten Repräsentanten endlich die Sprache. Körper-Raum und Seelen-Raum sind im Ein-Raum vereint. Das Geheimnis steht jenseits der Faßbarkeit des Denkens.

2

PHYSIKALISCHER RAUM

An der Chorwand der Kapelle der Madonna dell'Arena in Padua befindet sich eines meiner Lieblingsbilder mittelalterlicher Kunst, und zwar eins, das einen Wendepunkt in der abendländischen Kultur zeigt. Die Szene, die sich über und um den Bogen zieht, der in die Apsis führt, zeigt eine Verkündigung, jenes folgenreiche Gespräch, bei dem Gott durch seinen Boten, den Erzengel Gabriel, Maria zur Mutter seines Sohnes macht (Abb. 2.1). Links vom Bogen kniet Gabriel, rechts vom Bogen Maria (Abb. 2.2). Über dem andächtigen Paar, im Raum über dem Bogen, schweben die himmlischen Heerscharen zur Verherrlichung des heiligen Treffens darunter. Durch den Körper Marias und mit ihrer Zustimmung schenkt Gott der Menschheit seinen Sohn, damit wir erlöst werden können. Die Verkündigung ist immer wieder dargestellt worden, gehört sie doch zu den Kernsymbolen des christlichen Kanons, da sie den großen Augenblick darstellt, in dem die Fleischwerdung des Göttlichen auf Erden beginnt. In den zwei knienden Gestalten sind Gott und Menschheit – Himmel und Erde – vereint.

Obwohl aber die Szene den Besuchern der Arena-Kapelle im 14. Jahrhundert völlig geläufig war, dürfte diese Darstellung Giottos ihnen alles andere als vertraut gewesen sein. Tatsächlich könnte sie sogar erschreckend gewirkt haben. Dies ist eine mittelalterliche Entsprechung der *Virtual reality;* die Bilder waren so überwältigend körperlich und scheinbar dreidimensional, daß die Betrachter meinen sollten, sie sähen wirkliche physische Personen in wirklichen physikalischen Räumen. Besonders eindrucksvoll an der Arena-Verkündigung ist, daß Giotto beide Figuren so dargestellt hat, daß wir *durch* die Mauer in einen »realen« Raum *hinter* der Bildebene zu blicken

2.1 Die Arena-Kapelle in Padua zeigt eine mittelalterliche virtuelle Welt.

2.2 Die *Verkündigung* in der Arena-Kapelle. Gabriel und Maria scheinen in echten physikalischen Räumen hinter einer Wand zu sitzen.

scheinen. Es ist, als seien der Erzengel und die Jungfrau »wirklich da«, in ihrer eigenen kleinen virtuellen Welt hinter der Kapellenwand.

In dieser bestürzenden Darstellung von Gabriel und Maria kündigt sich eine Revolution an. Wir sehen hier das erste Aufflackern einer neuen Denkungsart, die schließlich in der neuzeitlichen »wissenschaftlichen« Konzeption vom *physikalischen Raum* gipfeln sollte. Die Entfaltung und Entwicklung dieser Vorstellung von Raum ist das Thema dieses Kapitels – das, wie wir sehen werden, die Geschichte von Kunst und Wissenschaft miteinander verknüpft.

Bei Giottos Gabriel und Maria werden wir uns sofort der radikalen Abkehr vom flachen Stil früherer mittelalterlicher Malerei bewußt. In der Bildersprache der Gotik hatte es fast kein Gefühl für Tiefe oder Körperlichkeit gegeben, denn die früheren Maler waren nicht an der Illusion eines dreidimensionalen Raumes interessiert. In ihren Gemälden schwebten die Figuren vor unbestimmten goldenen Hintergründen, und die verschiedenen Teile eines Bildes wurden in unterschiedlichen Maßstäben gemalt; alles war flach und scheinbar zweidimensional. Kurz, die frühmittelalterliche Kunst war nicht »realistisch«. Giotto dagegen strebte danach, solide leibliche Körper vorzutäuschen, die tatsächlich physikalischen Raum einnahmen. In seinen Fresken scheinen sich Gebäude in den Hintergrund zurückzuziehen; alle Dinge sind im gleichen Maßstab dargestellt, und menschliche Gestalten bestehen offenbar aus wirklichem Fleisch. Weiter noch: Bei ihm sind Gabriel und Maria nicht nur so gemalt, daß sie dreidimensional aussehen, sondern so, als ob sie *Gewicht* hätten. Statt stofflos leicht zu schweben wie gotische Figuren, scheinen sie dank der *Schwerkraft* am Boden zu haften. Mit dieser Verkündigung befinden wir uns offensichtlich im Reich der regulären *irdischen Physik*.

Die Nachahmung von physikalischem Raum in Giottos Verkündigungsszene wird noch gesteigert durch scheinbare architektonische Details, die die Figuren von Gabriel und Maria umschließen. Auf beiden Seiten der Räume, in denen die Gestalten erscheinen, hat Giotto noch *Sporti*, kleine Balkons, gemalt. Während die Räume, in denen sich die Personen befinden, hinter der Wand zu liegen scheinen, ragen die *Sporti* scheinbar von der Mauer in den physikalischen Raum der Kapelle hinein. Diese vorgetäuschten Merkmale schaffen eine wirksame Illusion von tatsächlicher Architektur und haben zur Folge, daß die Grenze zwischen dem virtuellen Raum des Bildes und dem physikalischen Raum der Kapelle verwischt wird. Mit subtiler illusionistischer Kunstfertigkeit locken sie uns in eine »virtuelle Welt« jenseits der Bildebene und lassen uns glauben, daß sie »wirklich« da sei.

Die Bedeutung dieser Bilder für die Geschichte der abendländischen Kunst kann gar nicht hoch genug bewertet werden. Wie John White es ausgedrückt hat: »Die Fresken, die Giotto um das Jahr 1305 in der Arena-Kapelle in Padua gemalt hat, bezeichnen eine völlig neue Stufe in der Entwicklung der empirischen Perspektive sowie jedem anderen Aspekt der Malerei.«[1] Giotto, der heute als Begründer der Renaissancemalerei angesehen wird, war der erste Künstler, der systematisch die Maltechnik erforschte, die schließlich »Perspektive« genannt wurde.

Aber diese Revolution in der Darstellung stand für weit mehr als nur einen neuen Kunststil. Diesem Schritt zu körperlich aussehenden Abbildern lag ein neuentdecktes Interesse an der Natur und der naturwissenschaftlichen Welt zugrunde – ein Interesse, das schließlich zum Niedergang jener großen dualistischen Auffassung führen sollte, die Dante so poetisch zum Ausdruck gebracht hatte. Auf lange Sicht würde diese neue Beschäftigung mit dem physikalischen Bereich zu einer bedeutenden Herausforderung an das mittelalterliche Weltbild werden, denn je mehr sich die Menschen auf den konkreten Bereich des Körpers konzentrierten, desto mehr begannen sie die ganze mittelalterliche Auffassung von einem ätherischen spirituellen Reich in Frage zu stellen. Zu genau der Zeit, als Dante diese Vorstellung unsterblich machte, wurde paradoxerweise der Same zu ihrer Zerstörung gelegt.

Niemand im frühen 14. Jahrhundert konnte ahnen, welche Wendung die Geschichte nehmen würde. Schon gar nicht Giotto oder Dante, die, wie die französische Philosophin Julia Kristeva festgestellt hat, »zu einer Zeit lebten, als die Würfel noch nicht gefallen waren«.[2] Dante selbst rühmte den neuen künstlerischen »Realismus« in seiner *Göttlichen Komödie,* und wir wissen, daß er Giotto besuchte, während jener in der Arena-Kapelle arbeitete. Im *Purgatorio* sind die marmornen Hänge des heiligen Berges geschmückt mit wunderschönen Reliefs im neuen realistischen Stil, und der virtuelle Dante erzählt uns, die Bilder seien so lebensecht, daß »selbst die Natur beschämt hier stehen müßte«.[3] Er betrachtet diese schönen und überzeugenden Arbeiten so aufmerksam, daß er sich kaum losreißen kann. Das ist genau das, was frühe Besucher der Arena-Kapelle empfunden haben könnten, denn hier war ein ganzer Raum gefüllt mit Bildern, die so lebensecht wie möglich aussahen. Fast nichts in der Geschichte der Kunst hatte mittelalterliche Besucher auf ein solches Erlebnis vorbereitet. Auf Giottos Zeitgenossen muß die Arena-Kapelle außerordentlich gewirkt haben: Es war, als wären sie leiblich in das Leben Jesu Christi versetzt worden.

Hier ist man vom Boden bis zur Decke umschlossen von der Welt Christi; seine gesamte Lebensgeschichte ist in bestürzend naturalistischer, dreidimensionaler Technicolor-Brillanz dargestellt. Tatsächlich ist die Kapelle eine mehrere Generationen umfassende Huldigung des Erlösers Christus, denn es sind nicht nur alle wichtigen Ereignisse aus *seinem* Leben in einzelnen Szenen gemalt, sondern auch die wichtigen Begebenheiten aus dem Leben seiner Mutter Maria und dem Leben ihrer Eltern, der Heiligen Anna und Joachim. Wie wir in Abb. 2.1 sehen, ist die Erzählung in drei Reihen von Bildern übereinander vorgestellt, die an den Wänden der Kapelle entlanglaufen. Um die Geschichte von Anfang bis Ende zu verfolgen, beginnt der Besucher mit der oberen Reihe von Bildern auf der rechten Längswand vorn. Man liest die Abfolge und schreitet an der rechten Wand nach hinten und dann an der linken Längswand nach vorn. Wenn man die obere Reihe abgeschlossen hat, geht man zur zweiten Reihe über und verfährt genauso, erst an der rechten Wand entlang und dann an der linken Wand zurück. Am Schluß folgt die dritte und letzte Reihe. In einer fortlaufenden Spirale kann man so die ganze Geschichte der Heiligen Familie verfolgen.[4]

So »wirklich« scheinen diese Bilder in Giottos neuer, naturalistischer Technik zu sein, daß man meint, man könnte einfach hinlangen und Jesus berühren. Er ist doch offenbar »da«, gleich hinter der Kapellenwand?! Und da es eine kleine Kapelle ist (für den privaten Gebrauch der Familie Scrovegni gebaut), hat man das Gefühl, in eine kleine Seifenblasenwelt eingesponnen zu sein. Diese Welt ist zwar auf Putz und nicht auf einem Bildschirm dargestellt, dennoch ist es eine ganze *virtuelle Welt*. Jede Szene in dem Zyklus zeigt einen separaten virtuellen Raum, die Räume sind alle in einer vierzigteiligen epischen Erzählung miteinander verbunden. Die Bilder in der obersten Reihe berichten die Familiengeschichte *vor* der Ankunft Christi, erst die Geschichte von Anna und Joachim, dann die von Maria selbst als junger Frau. Nach diesem Vorspiel beginnt in der mittleren Reihe die Geschichte des Lebens Jesu mit der berühmten Verkündigung. Es folgen die Geburt mit dem Lager in der Krippe, der Besuch der drei Weisen aus dem Morgenland, die Taufe des jungen Jesus durch Johannes, die Auferstehung des Lazarus und so weiter. Die letzte Reihe beschreibt die Leidensgeschichte, vom Verrat des Judas über das Abendmahl, die Kreuzigung, die Himmelfahrt bis zum Pfingstereignis.

Aber natürlich muß der Betrachter nicht am Anfang beginnen. Er oder sie kann überall eintauchen, einem Teil der Geschichte folgen und dann zu einem anderen Teil verzweigen. Heute würden wir so etwas einen *Hypertext* nennen. Fast 800 Jahre vor den heutigen Anbietern von computergestützten *Virtual realities* schuf Giotto in der Arena-Kapelle eine *hyperlinked virtual reality* mit einem Szenarium von miteinander verbundenen Charakteren, vielfältigen Handlungssträngen und Verzweigungsmöglichkeiten. Dies ist in vielerlei Hinsicht eine visuelle Entsprechung der *Göttlichen Komödie* Dantes, eine großartige mittelalterliche Darstellung der Christusgeschichte in all ihrer vielschichtigen Komplexität. Wie wir sehen werden, hat Giotto hier außerdem ein großes Bild des mittelalterlichen Seelen-Raums gemalt, einschließlich Himmel und Hölle. Die Arena-Kapelle sollte, wie *Die Göttliche Komödie,* ein umfassendes Bild der christlich-mittelalterlichen Weltanschauung bieten.

Man ist sich allgemein einig, daß Giotto zu den genialen Künstlern der abendländischen Kultur zählt. Aber er muß auch als einer der Pioniere der *Technik* visueller Darstellung gesehen werden. Auch wenn die Fresken der Arena-Kapelle nicht die ersten Beispiele für den neuen künstlerischen Realismus waren, waren sie doch, wie White zu Recht bemerkt, ein Quantensprung in der Nachbildung der physikalischen Realität. Giotto verstand wie kein Maler vor ihm, wie man »Dasein« wirksam darstellen mußte. Damit reagierte er nicht nur als Künstler, sondern auch als »Wissenschaftler«. Wir müssen uns hier erinnern, daß die Unterscheidung zwischen »Kunst« und »Wissenschaft«, wie wir sie heute machen, eine neuzeitliche Einteilung ist, die im Mittelalter nicht so deutlich vorgenommen wurde. Mehr als jede andere Technik der Darstellung wurde die Entwicklung dessen, was dann Perspektive genannt werden sollte, ebensosehr von »wissenschaftlichen« wie von ästhetischen Überlegungen bestimmt. Vor allem stand diese neue technische Herangehensweise für das neuerwachte Interesse der abendländischen Menschen an der Natur und der physikalischen Welt. Nach einer zeitlichen Kluft von rund achthundert Jahren erlebte das 13. Jahrhundert die Rückkehr der Naturwissenschaft nach Westeuropa. Vor allem wurden auf dem Umweg über die arabische und die byzantinische Welt die wissenschaftlichen Arbeiten von Aristoteles wiedereingeführt, und unter dem beherrschenden Einfluß dieses altgriechischen Universalgelehrten gewannen die europäischen Gelehrten wieder Interesse an der physikalischen Welt um sie herum. Es war der Beginn einer Entwicklung, die 400 Jahre später schließlich zur modernen Wissenschaft führen sollte. In diesem vitalen und kreativen Jahrhundert erforschte Petrus Peregrinus (Pierre de Maricourt) die Eigenschaften der Magneten und formulierte die grundlegenden Gesetze des Magnetismus. Robert Grosseteste erforschte die Eigenschaften des Lichts und begründete die Wiederentdeckung der geometrischen Optik. Und Albertus Magnus erforschte Pflanzen, Minerale und Sterne. Die astronomischen Werke Ptolemäus' und die mathematischen Werke Euklids rückten in den Mittelpunkt intensiver Forschungen.

Der bahnbrechend neue Malstil Giottos und seiner Zeitgenossen spiegelte das aufblühende Interesse an der physikalischen Welt. Wie White bemerkt, »untersuchten diese Künstler sehr kritisch, was sie tatsächlich *sahen,* sie betrachteten genau die einzelnen Objekte in ihrer Umwelt ... und versuchten diese Dinge gewissenhafter darzustellen als ihre Vorgänger«.[5] Zum Beispiel sehen wir in der Arena-Kapelle Bilder sorgfältig beobachteter Schafe, Ziegen, Hunde und Pflanzen (Abb. 2.3). Diese Art von präzisem Naturalismus war ebenfalls eine radikale Abkehr vom mittelalterlichen Malstil. Auch seine Landschaften hatte Giotto mit einem neuen naturalistischen Feingefühl wiedergegeben. Seine Berge sind vielleicht nicht wirklich »realistisch«, aber sie haben doch eine einleuchtend erdhafte

2.3 *Joachims Traum* in der Arena-Kapelle. Hier löste sich Giotto vom flächigen Stil der mittelalterlichen Malerei und führte einen neuen Naturalismus in die Malerei ein.

Solidität. Seine Bäume scheinen im Boden verwurzelt zu sein, und seine Gesichter sind Porträts von Individuen, keine symbolischen Darstellungen »des« Menschen. Es werden durchweg Details berücksichtigt, und das war neu in der christlichen Bilderwelt. Kurz, die Kunst der *empirischen Beobachtung* hatte Eingang in die bildenden Künste gefunden.

In den Schulen wird oft gelehrt, daß dieser Schritt zu einem realistischeren Stil ein »Reifen« der abendländischen Kunst gewesen sei. So wie die neuzeitliche Wissenschaft ein »Fortschritt« in Richtung auf eine »echte« *Erkenntnis* der Welt sein soll, so wird von der Kunst der Renaissance oft behauptet, sie sei eine »echte« *Darstellung* der Welt. Aber wie der Kunsttheoretiker Hubert Damisch betont, kann man den neuen Naturalismus nicht als darwinistischen Fortschritt ansehen, er war vielmehr eine kulturelle »Entscheidung«.[6] Damisch zufolge hatten sich die frühchristlichen Maler dieser Alternative »mehr oder weniger gezielt und radikal« verweigert.[7] Die früheren Künstler malten nicht aus Ignoranz in diesem konventionell flachen Stil, sie waren schlicht nicht daran interessiert, die konkrete dreidimensionale physikalische Welt abzubilden; sie hatten etwas ganz anderes im Sinn. Statt das Reich der Natur und der Körper darzustellen, strebten frühmittelalterliche und byzantinische Künstler danach, das Reich des christlichen Geistes zu evozieren.

In der frühmittelalterlichen Kunst wurde zum Beispiel Christus oft größer gemalt als die Engel, die ihrerseits größer waren als sterbliche Männer und Frauen. Dieser Größenunterschied sollte nicht für »kindliche« Unfähigkeit gehalten werden; es war der Versuch, die christliche spirituelle Hierarchie deutlich zu machen, von der wir im vorigen Kapitel gesprochen haben. Entscheidend ist, daß die frühmittelalterliche Kunst nicht *gegenständlich* gemeint war, sondern *symbolisch*. Der anschaulichste Hinweis auf diesen frühen künstlerischen Symbolismus war vielleicht der goldene Hintergrund, der für die byzantinische Kunst charakteristisch ist. Diese Hintergründe wurden aus

Blattgold hergestellt und machten die Gegenwart Gottes deutlich, dessen Größe durch das Material an sich fühlbar beschworen wurde. Wie der Philosoph Brian Rotman sagt, ist Gold »an sich schön, unveränderlich, kostbar, beständig und dient als perfektes Symbol« Gottes.[8]

Giotto dagegen war jetzt, während er weiter religiöse Themen behandelte, stark beschäftigt mit der *naturwissenschaftlichen Wahrhaftigkeit,* der getreuen Wiedergabe physikalischer Phänomene. Vom späten 13. Jahrhundert an wandten sich die abendländischen Künstler zunehmend von den früheren symbolischen Stilen ab und suchten statt dessen konkrete physikalische Körper in konkreten physikalischen Umgebungen abzubilden. So sind in dem Christus-Zyklus der Arena-Kapelle alle Figuren – Christus, die Engel und die Sterblichen – im *gleichen Maßstab* gemalt. Hier hat die physische Gleichheit der Körper die mittelalterliche Hierarchie der Seelen als vorherrschendes visuelles Maß ersetzt.

Giottos Bilderwelt fehlt auch jeder goldene Hintergrund; statt dessen versucht er Umgebungen natürlich darzustellen. Szenen im Freien sind zum Beispiel gekennzeichnet durch tiefblauen Himmel. Zwar wurde auch in der byzantinischen Kunst ein solches Bild manchmal verwendet, um den himmlischen Raum zu bezeichnen, aber hier spiegelt er außerdem die physikalische Realität des Himmels. (Wirklich realistische Darstellungen des Himmels erreichten Maler im 15. Jahrhundert, als sie Wolken hinzufügten.) Zweifellos hat Giottos Kunst noch Verbindung zu früheren Stilen, aber sie strebt deutlich nach einer neuen wirklichkeitsgetreuen Wiedergabe. Die Bilder des Christus-Zyklus in der Arena-Kapelle mögen vom Inhalt her religiös sein, aber jede Szene hat einen materiellen irdischen Schauplatz. Die Personen hier tragen richtige Kleidung, sitzen auf richtigen Stühlen und leben in richtigen Häusern. Der heilige Gegenstand des christlichen Kanons ist in durchaus *menschliche* Form übertragen.

Kristeva hat bemerkt, daß etwas höchst Subversives an den Bildern der Arena-Kapelle sei, denn Giotto habe bei seinem Streben nach Natürlichkeit und Vermenschlichung die christliche Bilderwelt buchstäblich *geerdet,* habe sie dem früheren himmlischen Fokus entrissen und zur Erde heruntergeholt. Wie Kristeva es ausdrückt, hat Giotto »den ›natürlichen‹ und ›menschlichen‹ Tendenzen in der Denkweise seiner Zeit anschauliche Realität« verliehen.[9] In diesem Sinne spiegelt seine Kunst die tiefreichende Veränderung in der abendländischen Kultur, als sich die Aufmerksamkeit der Christen zunehmend von einem »transzendenten« Reich Gottes ab- und dem materiellen Reich von Menschen und Dingen zuwandte. Bei Giotto sehen wir, sagt Kristeva, »wie sich ein Mensch von dem transzendentalen Einfluß befreit«.[10] Mit anderen Worten, die Aufmerksamkeit richtete sich allmählich von dem, was wir als Domäne des »spirituellen Raums« bezeichnet haben, auf das, was zunehmend als Bereich des »physikalischen Raums« verstanden wurde.

Auf eine andere Möglichkeit, diesen wesentlichen Übergang zu interpretieren, hat die Philosophin Christine Wertheim hingewiesen: Während die frühmittelalterlichen Künstler das malten, was sie »wußten«, begannen Giotto und die neuen Meister des 14. Jahrhunderts das zu malen, was sie »sahen«.[11] In diesem Sinne muß die frühere mittelalterliche Kunst als im wesentlichen konzeptuelle Kunst verstanden werden (wie ein großer Teil der Kunst des 20. Jahrhunderts). Die gotische und die byzantinische Kunst hatten versucht, eine immaterielle konzeptuelle Ordnung zum Ausdruck zu bringen; die neue naturalistische Kunst der Zeit Giottos versuchte gezielt, die *visuelle Ordnung,* wie das Auge sie wahrnimmt, auszudrücken. Wertheim erklärt, daß das »Sehorgan« des Künstlers mit dem Schritt zur naturalistischen Darstellung begonnen habe sich zu verändern, vom »inneren Auge« der Seele zum physischen Auge des Körpers. Mit anderen Worten, die Künstler begannen *nach außen* zu sehen statt *nach innen*. Die wachsende Bevorzugung des Auges bei unserer Darstellungsweise ist tatsächlich ein einzigartiges Merkmal der abendländischen Kultur nach dem Mittelalter gewesen – und sollte, wie wir sehen werden, ein entscheidender Katalysator für die Entwicklung der neuzeitlichen Wissenschaft werden.

Das offensichtlichste Beispiel für diesen neuen visuellen Trend in Giottos Arbeit ist seine Darstellung von Gebäuden. Hier sehen wir sehr deutlich die Entwicklung zu dem, was wir heute Perspektive nennen. Die vorgetäuschten *Sporti* in der Verkündigung sind nur eins von vielen Beispielen für den brillanten architektonischen Illusionismus, den Giotto in der Arena-Kapelle zeigt. Man betrachte die wunderbare Wirkung in Abb. 2.4, *Die Vertreibung der Händler aus dem Tempel*. Giotto hat den Tempel aus einem leicht schrägen Blickwinkel gemalt, so daß wir deutlich zwei seiner Seiten sehen können, beide »richtig« proportioniert, so wie sie in der physikalischen Welt aussehen würden. Hier sehen Türen und Fenster aus, als ob man sie wirklich öffnen könnte; die Säulen des Portikus so, als hielten sie tatsächlich das Dach. Zugegeben, das alles wirkt eine Spur karikiert, und es gibt ein paar »ausgefallene« Winkel darin, aber wir betrachten zweifellos ein solid dreidimensionales Bauwerk. Die *Illusion* von Stabilität und Tiefe ist sicher noch nicht perfekt, aber schon überzeugend.

Während des 14. Jahrhunderts sollte die Illusion von Tiefe für die Maler zunehmend wichtiger werden. Anfangs ließen sie sich von der Intuition leiten, schließlich, im 15. Jahrhundert, wurde die Dreidimensionalität in ein System von Regeln gebracht. Aber lange vor der geregelten Strenge der formellen Linearspektive feilten Giotto und die Meister des Trecento an ihren illusionistischen Fertigkeiten und schufen einen überraschenden neuen Realismus, den wir heute als Beginn der Renaissance erkennen.

Wenn aber Giotto an der physikalischen Welt seine Freude

2.4 *Die Vertreibung der Händler aus dem Tempel* in der Arena-Kapelle. Giottos Gebäude beginnen wahrhaftig dreidimensional auszusehen.

hatte, so blieb er doch ein dem christlichen Reich des Geistes tiefverbundener Maler. Während er die irdische Physikalität von Körpern darstellte, malte er gleichzeitig auch Engel, von denen ein inneres spirituelles Leuchten ausging, wie sie in meinen Augen in der abendländischen Kunst unerreicht sind. Wenn er der erste Maler war, der die Körper physisch »real« aussehen ließ, so war er doch auch ein Meister, der die christliche Seele in ein Bild hineinlegte. Es ist dieser *duale* Eindruck, der meiner Ansicht nach einen Schlüssel zum fortdauernden Erfolg Giottos als Künstler liefert. Im Gegensatz zur frühmittelalterlichen Malerei, in der die Personen zu unpersönlich sind, um unsere Herzen heute noch zu rühren, sind Giottos Menschen wirkliche Individuen, die Freude und Mitgefühl und Liebe ausstrahlen. Hier ist die Herrlichkeit der körperlichen Inkarnation durchdrungen von tief spirituellem Bewußtsein. Diese Synthese ist, glaube ich, einer der Hauptgründe dafür, daß 700 Jahre später Giottos Fresken noch so kraftvoll zu uns sprechen. Er ist der Dante der Bilder, und es ist kein Zufall, daß die beiden Zeitgenossen waren.

Die Epoche Giottos und Dantes – der Beginn des 14. Jahrhunderts – war eine Zeit, in der sich die abendländische Kultur kurz zwischen den zwei konkurrierenden Gegensätzen des Spiritualismus und des Physikalismus in der Schwebe befand. Wo das frühe Mittelalter gekennzeichnet gewesen war von einem starken Mißtrauen gegenüber der materiellen Welt, hatte der neue naturalistische Geist des 12. und 13. Jahrhunderts die europäischen Gemüter für die Schönheit, Herrlichkeit und einfach den Zauber der wahrnehmbaren Schöpfung empfänglich gemacht. Sowohl die Kunst als auch die Wissenschaft blühten unter diesem Einfluß auf. Dennoch war es, wie wir im vorigen Kapitel gesehen haben, immer noch ein Zeitalter der Engel und Teufel, eine Zeit, in der die Europäer noch an die Realität eines zugrundeliegenden spirituellen Reiches glaubten. In dieser alles entscheidenden Ära strebte Giotto danach, sowohl die physikalische als auch die spirituelle Wirklichkeit einzufangen. So wie Dante in seinen Versen die Reise der christlichen Seele und die Herrlichkeit des Körpers feierte, so brachte Giotto in Bildern die duale Natur im Christenmenschen in Einklang.

Es gibt jedoch keinen Zweifel, daß sich der Zeitgeist im Abendland änderte. Die Verschiebung fort von den symbolischen Formen der frühmittelalterlichen und byzantinischen Kunst war auch eine Bewegung fort von der Fixiertheit der mittelalterlichen Theologie auf die Transzendenz. Nicht ohne Grund haben spirituelle Führer immer wieder die Malerei mit Argwohn betrachtet (nicht nur im christlichen Abendland, sondern auch in vielen anderen Kulturen). Indem sie *die Welt darzustellen* versuchte, hat die Malerei – vor allem die realistische Malerei – einen Frontalangriff auf die Vorstellung von einem *Unnennbaren* unternommen, das der Kern der christlich-mittelalterlichen Vorstellung von Wirklichkeit war. (Gerade in ihrer Unbestimmtheit hatte die frühmittelalterliche Kunst diese wesentliche *Unerkennbarkeit* einzubeziehen versucht.) Schöne naturalistische Bilder vom irdischen Bereich drohten die Aufmerksamkeit von dem unnennbaren Reich des Geistes abzulenken. Historisch gesehen war diese Befürchtung mancher mittelalterlichen Kleriker durchaus gerechtfertigt, denn wie wir heute wissen, ist schließlich genau das geschehen. Trotzdem gab es von Anfang an auch Geistliche, die den Naturalismus selbst als einen Segen für den Christenglauben betrachteten – und hier begegnen wir einer jener entscheidend wichtigen Episoden in unserer Geschichte, wo die Theologie zu einem mächtigen Ansporn für die Entwicklung des Nachdenkens über den Raum wurde.

An erster Stelle in dieser Schule mittelalterlicher Denker stand der englische Franziskaner und Protowissenschaftler Roger Bacon, der ein faszinierendes theologisches Argument zur Rechtfertigung des neuen Kunststils vorbrachte. Bacon glaubte ganz einfach, daß der Realismus in der religiösen Kunst als mächtiges Propagandainstrument dienen könnte bei dem Versuch, Ungläubige in den Schoß der Kirche zu holen. Tatsächlich hat der Kunsthistoriker Samuel Edgerton gesagt, Bacons theologische Argumente hätten einen wichtigen Impetus für die Ausbreitung des neuen realistischen Stils in christlichen Kirchen geliefert.

Bacon, eine der interessantesten Persönlichkeiten in diesem wahrhaft inspirierten Jahrhundert, wird manchmal als Galileo des Mittelalters bezeichnet. Er war ein früher Verfechter der Mathematik und experimentellen Forschung und verbrachte sein Leben damit, sich für die Sache der Wissenschaft einzusetzen und über ihre Vorzüge zu schreiben. Im 13. Jahrhundert setzten viele Theologen dem Eindringen der griechischen Wissenschaft in das christliche Denken Widerstand entgegen, und Bacon ernannte sich selbst zum Hauptverteidiger gegen diese Neinsager. 1267 schickte er Papst Clemens IV. eine lange Abhandlung, in der er den potentiellen Nutzen der Wissenschaft für das Christentum darlegte. Hier wurde der neue materialistische Geist sehr deutlich. Nach Bacons Ansicht würde die Wissenschaft zu allen möglichen Erfindungen führen, die die Lebensbedingungen der Menschen verbessern würden. Er malte sich in seiner Abhandlung fliegende Maschinen aus, selbstfahrende Wagen sowie Geräte, die schwere Lasten heben konnten, außerdem ständig brennende Lampen, Sprengstoffe und ein Glas, mit dem man das Sonnenlicht bündeln und feindliche Lager aus der Ferne in Brand setzen konnte. Schließlich Vergrößerungsgläser, die es Menschen ermöglichen würden, kleine Buchstaben noch auf große Entfernung zu entziffern. Außerdem schrieb Bacon, daß die Wissenschaft zu Fortschritten in der Landwirtschaft und Medizin führen und Elixiere zur Lebensverlängerung hervorbringen würde.

Dabei richtete sich Bacons Interesse an Naturwissenschaft und Mathematik aber vor allem auf das, was sie im Dienst an seinem Glauben leisten könnten. Er war dazu angeregt worden, seine Theorien zusammenzufassen und dem Papst zu schicken, nachdem 1254 der 6. Kreuzzug gescheitert war. Tatsächlich war sein Ziel, einen *weiteren* Kreuzzug anzuregen, mit dem die »Ungläubigen« aus dem Heiligen Land vertrieben werden sollten, denn er glaubte, daß die Wissenschaft ein Schlüssel zur Stärkung der christlichen Begeisterung sein könnte. In seiner Abhandlung für Clemens pries Bacon ausführlich die vielen Möglichkeiten, wie die Wissenschaft dem christlichen Glauben dienlich sein konnte; die eine, die uns hier betrifft, war ihre Anwendung bei solide wirkenden Bildwerken.

Für Bacon war der Schlüssel zum neuen realistischen Stil in der Malerei die Anwendung von *Geometrie.* »Obwohl er wahrscheinlich nichts von den einschlägigen künstlerischen Aktivitäten im fernen Italien zur gleichen Zeit wußte«, war Bacon sich »der Macht der visuellen Kommunikation wohl bewußt und wurde überzeugt, daß die Bildermacher ... Geometrie lernen müßten, wenn sie je ihre spirituellen Bilder mit ausreichend Wahrhaftigkeit durchdringen wollten«.[12] Mit anderen Worten, Bacon glaubte, daß Künstler, wenn sie die Geometrie verstünden und auf ihre Arbeit anwendeten, religiöse Bilder so *körperlich real* aussehen lassen könnten, daß Betrachter glauben würden, sie sähen *die bildliche Darstellung des tatsächlichen Geschehens.* Bacon zufolge würde die Anwendung solcher visuellen Wahrhaftigkeit auf Themen wie das Leben Christi die Menschen von der Wahrhaftigkeit der christlichen Geschichten überzeugen und sie somit zum Christentum bekehren. Er nannte den neuen Stil »geometrische Formgebung«. Mit ihrer Hilfe, schrieb er, würden die Menschen »die spirituelle und die wahrhaftige Bedeutung der Heiligen Schrift mit Freude betrachten ... *die die Körper selbst den Augen fühlbar vermitteln würden*«.[13]

Mit fast übernatürlichem Weitblick hatte Bacon die psychologische Macht der visuellen *Simulation* erkannt. Durch die Anwendung von Geometrie auf Bilder, sagte er, könnten Körper »den Augen fühlbar« werden. Was wir hier sieben Jahrhunderte vor der Erfindung des Computers haben, ist die deutliche Einsicht, daß die »geometrische Formgebung« die Basis für eine so mächtige Illusion sein könnte, daß die Menschen von der »Realität« dessen, was sie sehen, überzeugt sein würden.

Roger Bacon war der erste, der die ungeheure illusionistische Macht der mit Hilfe der Mathematik wiedergegebenen Bilder erkannte, und dürfte deshalb mit Fug und Recht als erster Verfechter der *Virtual reality* bezeichnet werden. Vor allem glaubte Bacon, daß der neue visuelle Stil überzeugende Simulationen biblischer Geschehnisse würde liefern können – daß er also die christlichen Legenden zum *Leben* erwecken könnte und dadurch im Kampf gegen die verhaßten muslimischen »Ungläubigen« dienlich wäre.

Bei einem Kulturvergleich schenkt uns die Geschichte hier eine nicht unbedeutende Ironie, denn die »Ungläubigen« hatten tatsächlich ihre *eigene* sehr differenzierte Art von »geometrischer Formgebung«. Es war nicht die Perspektive, sondern die hochentwickelte Kunst der Mosaike und der Herstellung von aus Steinchen gelegten Mustern, mit denen sie Fußböden, Decken und Wände schmückten. Diese wunderschöne nahöstliche Kunstform war selbst das Produkt einer von der Mathematik tief durchdrungenen Kultur. Allerdings versuchte diese arabische Kunst nie die Wirklichkeit nachzuahmen; wie die frühmittelalterliche Kunst zielte sie auf einen feinen Symbolismus ab, in dem eine göttliche Ordnung durch die Schönheit komplexer geometrischer Muster deutlich gemacht wurde.

Trotz der Tatsache, daß die arabische Welt das Feuer der griechischen Mathematik und Naturwissenschaften mehr als ein halbes Jahrtausend am Leben erhalten hatte – ein Dienst, für den das Abendland immer in ihrer Schuld stehen wird –, haben die Christen des späten Mittelalters eins der häßlichsten Schauspiele der menschlichen Geschichte gegen diese großartige Kultur inszeniert. Oder wie sonst soll man die Kreuzzüge bewerten? Wir können nur beklagen, daß das Abendland die Gelegenheit verpaßt hat, freundschaftliche Verbindung mit der muslimischen Welt aufzunehmen statt Kreuzzüge zu führen. Welche wunderbaren Dinge hätten entstehen können, wenn die zwei Formen der »geometrischen Formgebung« sich gegenseitig hätten befruchten und bereichern können!

Nur zehn Jahre nach Bacons Abhandlung wurden die Gedanken, für die er in der Theorie eingetreten war, in die Praxis umgesetzt. Man denke an jene Folge von Fresken, die sogar noch vor denen der Arena-Kapelle liegen, an den großen Bilderzyklus in der Franziskus-Basilika in Assisi, der aus dem Leben des heiligen Franziskus berichtete. Es war die Mutterkirche von Bacons Orden (Abb. 2.5). Der Zyklus reicht ins letzte Jahrzehnt des 13. Jahrhunderts zurück und ist das erste bekannte Beispiel dafür, daß eine Kirche mit Bildern geschmückt wurde, die bewußt so gemalt waren, daß sie solid und dreidimensional wirkten – der erste Fall von »geometrischer Formgebung« in großem Maßstab.

Auch in Assisi sollten Besucher das Gefühl haben, sie seien in die Welt des Heiligen versetzt worden. Alle wichtigen Ereignisse im Leben des Franziskus waren als einzelne Szenen dargestellt, die man wie eine Geschichte an den Wänden der Kirche verfolgen konnte. Hier kleidete der verehrte Mann einen Armen, dort predigte er den Vögeln und so weiter. Obwohl wir nicht ganz sicher sein können, glauben viele Historiker, daß Giotto auch der Meister von Assisi war. Wer auch immer verantwortlich war, diese neuen lebensechten Bilder übten eine ganz unmittelbare Wirkung aus. Der heilige Franziskus schien geradezu aus der Wand zu springen, und »vor dem Ende des 13. Jahrhunderts« war die Basilika von Assisi das »meistbesuchte Heiligtum im ganzen christlichen Europa geworden«.[14]

2.5 Die Basilika in Assisi – eine VR-Simulation des Lebens des heiligen Franziskus.

Die Arena-Kapelle in Padua und die Franziskus-Kirche in Assisi sind nichts weniger als technische Wunderwerke. Wer bezweifelt, daß diese mittelalterlichen Kirchen die Bezeichnung »Virtual realities« rechtfertigen, sollte daran denken, daß in Assisi die Künstler sorgfältig vorgetäuschte architektonische Begrenzungen oberhalb und unterhalb der Bilder malten und dazwischen Trugsäulen aus Marmor in der ausdrücklichen Absicht, daß diese Schein-Bestandteile mit der eigentlichen Architektur der Kirche verschmelzen sollten. Der physikalische Raum und der virtuelle Raum wurden dadurch vereint. In späteren Arbeiten Giottos in der Kirche Santa Croce in Florenz brachte er es sogar fertig, die Schatten in den Fresken so zu malen, als ob sie aus den tatsächlich vorhandenen Fenstern beleuchtet würden. In allen drei Kirchen wurde der virtuelle Raum des Bildes zu einer Erweiterung des physikalischen Raums des Gebäudes – ein zusätzlicher Teil der Realität »jenseits« der Kirchenmauern. Selbst heute noch ist man überwältigt von dem Gefühl, in eine andere »Welt« versetzt zu sein, wenn man diese Orte aufsucht. Heutige vr-Künstler mit ihren Milliarden von Bits pro Sekunde mögen die Illusion von *Bewegung* hervorrufen können (was auf Putz unmöglich ist), aber was die psychologische Wirkung angeht, können die neuen Praktiker der digitalen Künste noch einiges von dem Genie Giottos lernen.

Wenn man Giottos Fresken von unserem neuzeitlichen kartesianischen Blickwinkel aus betrachtet, kann man leicht meinen, daß er eine deutliche Vorstellung vom dreidimensionalen Raum gehabt hätte. Man könnte, mit anderen Worten, denken, daß das heutige Verständnis vom physikalischen Raum im späten Mittelalter schon präsent war und daß die Künstler nur noch die Technik zu entwickeln brauchten, diesen Raum *darzustellen*. Aber wie Max Jammer betont hat, war die Vorstellung vom dreidimensionalen Raum im 14. Jahrhundert absolut noch nicht klar.[15] Obwohl uns dieser ganz bestimmte Begriff von

Raum heute offensichtlich scheinen mag, hat es lange Zeit gedauert, bis sich eine solche Konzeption in abendländischen Köpfen festgesetzt hatte. Bei aller scheinbaren Modernität in Giottos Bildern: wenn wir genau hinsehen, entdecken wir, daß er immer noch ein wesentlich mittelalterliches Verständnis von Raum zeigt. Trotz seiner Geschicklichkeit bei der Vorspiegelung von Tiefe sind seiner illusionistischen Stärke Grenzen gesetzt. Und aufgrund ebendieser Grenzen gewinnen wir eine faszinierende Einsicht in die riesige psychologische Veränderung, die die abendländischen Geister durchmachen mußten, bevor sich eine wirklich »neuzeitliche« Konzeption von physikalischem Raum entwickeln konnte.

Sehen Sie sich Abb. 2.6 an, ein Bild aus der Basilika in Assisi, *Der heilige Franziskus vertreibt die Dämonen aus Arezzo.* Auf der einen Seite des Bildes befindet sich eine Kathedrale, auf der anderen Seite die Stadt Arezzo. Zwischen den zwei architektonischen Strukturen steht der heilige Franziskus und gebietet den Dämonen abzuziehen. Wie ein Schwarm von Fledermäusen fliegen die Vertreter Satans auf und aus der Stadt fort. Theologisch ist das ein eindringliches Bild: Der bescheidene Anhänger Christi treibt das Böse aus einer belagerten Stadt. Aber was uns hier beschäftigt, ist nicht die religiöse Botschaft, sondern es sind die Gebäude. Obwohl die architektonischen Blöcke jeder für sich einigermaßen überzeugen, merken wir bei genauem Hinsehen, daß es zwischen den beiden keine Einheit gibt. Sie sind nicht nur in unterschiedlichem Maßstab gemalt (die Kirche ist fast so groß wie die ganze Stadt), sie sind auch aus unterschiedlichen Blickwinkeln dargestellt. Die Kirche sieht man von links, die Stadt von rechts. Es sind zwei auseinandergerückte Elemente, die jedes einen eigenen Raum einzunehmen scheinen. Kurz, man hat nicht das Gefühl von einem *umfassend vereinheitlichten Raum.*

Dieses Gefühl von auseinandergerücktem Raum hat man noch deutlicher bei dem Bild von Abb. 2.7, *Der heilige Franziskus*

2.6 Die Basilika in Assisi: *Der heilige Franziskus vertreibt die Dämonen aus Arezzo*. Obwohl die Gebäude dreidimensional wirken, scheint jedes nur den eigenen separaten Raum einzunehmen.

2.7 Die Basilika in Assisi: *Der heilige Franziskus sieht den ihm bestimmten Thron im Himmel.* Die Throne oben und der Altar unten sind aus unterschiedlichen Blickwinkeln gemalt. Es gibt keine räumliche Einheit.

sieht den ihm bestimmten Thron im Himmel. Wieder bemerken wir, daß der Altar, vor dem der Heilige kniet, von einem anderen Blickwinkel aus gesehen wird als die Throne. Die Throne werden von links betrachtet, der Altar von rechts. Abermals ist jedes Objekt in seinem eigenen abgetrennten Raum isoliert. Der springende Punkt ist: Die Künstler von Assisi konnten zwar *einzelnen Dingen* eine Illusion von Solidität verleihen, aber sie konnten nicht die Vorstellung von einem einheitlichen physikalischen Raum vermitteln. Mit anderen Worten, diesen Bildern mangelt es an räumlicher Integrität.

Ohne die räumliche Integrität ist die Illusion von physikalischer Wirklichkeit unvollkommen. Diese Illusion sollte erst mit der Formulierung von Regeln für die Linearperspektive im 15. Jahrhundert verwirklicht werden. Diese Regeln (die Bacons Vorstellungen der »geometrischen Formgebung« auf eine Formel brachten) lieferten den Malern eine konkrete Anleitung für die Darstellung aller Objekte im *gleichen* dreidimensionalen Raum. Mehr als alles andere ist es diese räumliche Integrität, die spätere Bilder von Künstlern wie Leonardo und Raffael unterscheidet. In deren durch und durch in die Renaissance gehörenden Bildern erscheinen die Teile nicht nur im gleichen Maßstab, sondern auch als vom gleichen Standpunkt aus gesehen. Vor allem scheinen in späteren Bildern alle Dinge einen *kontinuierlichen, homogenen, dreidimensionalen Raum* einzunehmen. Genau *dieser* Begriff von Raum ist es, der im 17. Jahrhundert zur Grundlage des neuzeitlichen wissenschaftlichen Weltbildes werden sollte.

Lange vor dem Aufstieg der neuzeitlichen Wissenschaft spielten Maler eine entscheidende Rolle bei der Durchsetzung dieser im wesentlichen geometrischen Vorstellung vom Raum. Die »geometrische Formgebung« hat den abendländischen Geist den Raum neu zu sehen gelehrt, wie Edgerton meint. Giotto hatte im 14. Jahrhundert noch keinen klaren Begriff vom kontinuierlichen euklidischen Raum; weil sie aber ihre künstlerische Aufmerksamkeit auf die Vortäuschung von *Tiefe* konzentrierten, brachten er und andere Meister des Trecento das abendländische Denken auf einen neuen Kurs. Unbewußt trugen sie mit ihrem neuen, naturalistischen Kunststil dazu bei, eine Revolution des Denkens zu beschleunigen, die schließlich den großen dualistischen mittelalterlichen Kosmos zerstören und die Menschen des Abendlandes in ein neues Raumsystem versetzen sollte.

Wir heute Lebenden sind so darauf festgelegt, Raum als kontinuierliche *alles umfassende dreidimensionale Leere* anzusehen, daß es uns schwerfällt, uns irgendeine andere Auffassung vorzustellen. Dennoch sollte es noch dreihundert Jahre dauern, bevor diese Konzeption von Raum eindeutig formuliert wurde. Um zu begreifen, was für eine massive Veränderung die Formulierung dieser neuen Raumvorstellung mit sich brachte, müssen wir zunächst verstehen, wie die Menschen zu Giottos Zeit den physikalischen Raum tatsächlich sahen. Wie so vieles am mittelalterlichen Denken war ihr Begriff vom Raum von Aristoteles übernommen, und es ist die aristotelische Vorstellung, die wir in Giottos Bildern finden.

Im Mittelpunkt der aristotelischen Auffassung von Raum stand das, was uns als der *Horror vacui* bekannt ist, die Angst vor der *Leere* – ein Glaube, der in Aristoteles' berühmtem Ausspruch zum Ausdruck kommt: »Die Natur verabscheut das Vakuum.« Nach Aristoteles ist ein Volumen an Leere – was wir heute *leeren Raum* nennen würden – etwas, das die Natur nicht zulassen würde. Der griechische Philosoph Melissos drückte es so aus: »Das Leere ist Nichts, und was Nichts ist, kann nicht sein.«[16] Da Aristoteles glaubte, es könne ein Volumen von Nichts nicht geben, kam er zu dem Schluß, daß der Raum an sich keine Ausdehnung haben könne. Statt dessen sagte er, der Raum sei einfach die anliegende *Begrenzung* der Dinge. Ihm zufolge ist der »Raum« eines Gefäßes zum Beispiel nur die ultradünne Oberfläche, wo das Gefäß mit der umgebenden Luft zusammentrifft. Nach Aristoteles' Konzeption der Welt gibt es kein leeres Volumen, weil da, wo ein Stoff endet, immer ein anderer anfängt. Man denke sich einen Fisch im Wasser. Das Wasser umgibt den Fisch vollständig: wo der Fisch endet, beginnt das Wasser. Ebenso fängt da, wo das Gefäß endet, die Luft an. Nach Aristoteles gibt es nirgendwo im Universum eine ausgedehnte Leere. Im aristotelischen Weltbild füllt Materie jede Spalte, und Raum ist nur die Menge von Grenzen, die ein stoffliches Ding von einem anderen trennt.

Auch wenn uns eine solche Ansicht von Raum befremdlich erscheinen mag, sie beruhte auf dem tiefen Glauben an das *Volle* des Universums. Einfach ausgedrückt: Das aristotelische Universum ist *voll*. Für Aristoteles war die Idee einer Leere abscheulich, weil sie eine Region von Nichts implizieren würde. Mit seinen großartigen intellektuellen Fähigkeiten bot er eine eindrucksvolle Reihe an Argumenten auf, um darzulegen, daß so etwas logisch *unmöglich* wäre. So wurde gerade das Konzept von Raum, das vielen von uns heute so offensichtlich zu sein scheint, von den meisten Gelehrten fünfzehnhundert Jahre für tatsächlich unmöglich angesehen – sogar für prinzipiell unmöglich. Darüber hinaus übertrug sich diese aristotelische Scheu vor der Leere sauber in den Kontext des mittelalterlichen Europa, denn das Christentum hatte ebenfalls eine theologische Tradition von einer Schöpfung des Überflusses – von einem Universum, das Gott gefüllt erschaffen hatte.

In der aristotelischen Konzeption hatte der Raum keine Ausdehnung, also hatte er auch keine Tiefe; er war ja nur die Oberfläche der Dinge. Vom aristotelischen Standpunkt aus hatten nur konkrete *stoffliche Dinge* Tiefe – nicht Raum als solcher. Diese einfache Tatsache hatte weitreichende Folgen für die neuen realistischen Maler, denn sie implizierte, daß nur einzelne Objekte mit einer Illusion von Tiefe gemalt werden konnten, nicht die *zwischen* den Dingen liegenden Bereiche. Und genau das sehen wir in Giottos Werk. In dem Bild vom heiligen Franziskus in Arezzo zum Beispiel scheinen nur die Gebäude eine Tiefe zu haben, während der Raum dazwischen flach und frühmittelalterlich bleibt. Ebenso sind in der Arena-Kapelle einzelne Objekte überzeugend dreidimensional, aber es gibt keinen Eindruck von dreidimensionalem Raum zwischen den Dingen. In gewissem Sinne sind die Objekte selbst euklidisch, aber der sie umgebende Raum ist aristotelisch. Als Giotto die Arena-Kapelle auszumalen begann, wurde er sich offensichtlich dieser Spannung bewußt und suchte nach Möglichkeiten, dem Problem auszuweichen;[17] aber unterhalb der sorgfältig konstruierten Illusion von Tiefe können wir immer noch eine wesentlich aristotelische Vorstellung von Raum ausmachen. In dieser Hinsicht blieb Giotto durchaus ein Mensch des Mittelalters.

Doch die Maler waren am Anfang des 14. Jahrhunderts nicht die einzigen, die unbewußt nach einer neuen Konzeption des Raumes strebten. Auch wissenschaftliche Denker wollten die Grenzen aristotelischer Ideen hinausschieben. Trotz der Herrschaft des antiken Logikers über das spätmittelalterliche Denken gab es manche, die seine Ansichten vom Raum ablehnten. Tatsächlich hatte es seit der Antike immer wieder Verfechter des leeren Raums geeben, und die frühesten von ihnen hatten sogar vor Aristoteles gelebt. Es waren die alten Atomisten, beginnend mit Leukippos im 5. Jahrhundert vor Christus. Leukippos und seinem Schüler Demokrit zufolge bestand die stoffliche Welt aus unteilbaren Teilchen, »Atome« genannt, und zwischen diesen Atomen gab es leeren Raum. Die Leser werden erkennen, daß die Grundstruktur von Atomen und Leere tatsächlich die Auffassung zeigt, die die neuzeitlichen Wissenschaftler aufgenommen haben und die heute in den Schulen gelehrt wird. Aber bevor diese *atomistische* Sicht ernsthaft übernommen wurde, mußten Aristoteles' Einwände gegen den leeren Raum überwunden werden.

Der Anfang einer nachhaltigen Kritik der aristotelischen An-

sichten vom Raum reicht ins späte 13. Jahrhundert zurück –
etwa in die Zeit, in der Roger Bacon seine Abhandlung für Clemens schrieb. Diese Kritik war tatsächlich nur ein Aspekt einer
wichtigen historischen Episode, die heute als einer der ersten
ernsten Zusammenstöße zwischen Wissenschaft und Christentum anerkannt wird. Aber wieder war es die Theologie, die
den fruchtbaren neuen Arten des Denkens über den Raum die
Tore öffnete. Im Zentrum der Auseinandersetzung stand die
Idee der »Wahrheit« – und wer denn die Macht hätte, sie zu
identifizieren. Für manche Anhänger des Aristoteles waren
seine Lehren so überzeugend, daß sie in ihm einen neuen Stan-
dard von Wahrheit sahen – dem sich sogar die Theologie zu
unterwerfen hätte, wie sie meinten. Es muß kaum gesagt werden, daß Theologen orthodoxerer Ausrichtung es gar nicht ko-
misch fanden, als sie hörten, die Heilige Schrift sollte sich einem griechischen »Heiden« beugen, und sie wehrten sich.

Es gab viele Streitpunkte, aber im Zusammenhang mit dem
Raum war einer, der sich als entscheidend erweisen sollte. Es
war die Behauptung, daß das Universum *nicht beweglich* sei. Aus
aristotelischer Sicht ergab sich die Unbeweglichkeit des Universums direkt aus der Unmöglichkeit leeren Raumes. Wenn
jemand das Universum bewegte, würde es einen leeren Raum
hinterlassen; *das* aber wurde für unmöglich gehalten, *ergo* mußte
es unmöglich sein, das Universum zu verschieben. Aus christlicher Perspektive sollte das heißen, daß nicht einmal Gott das
tun könne. Traditionell gesinnte Theologen waren empört
über die unterstellte Beschränkung der Macht Gottes und wurden aktiv. Erster unter den Erzürnten war der Bischof von
Paris, Etienne Tempier, der 1277 ein Dekret herausgab, in dem
219 verdächtige Sätze philosophischen und naturwissenschaftlichen Inhalts verdammt wurden. Als 49. Punkt auf Tempiers
Liste wurde die Ansicht verurteilt, daß Gott den Himmel nicht
in geradlinige Bewegung bringen könne, weil sonst ein Vakuum übrigbliebe.[18]

Tempiers Dekret wurde heftig angegriffen, und 1325 wurde es schließlich widerrufen. Aber vom Standpunkt der Wissenschaft aus erwies sich diese Episode als unerhört fruchtbar. Paradoxerweise wirkten sich die Einwände dieses konservativen Theologen gegen Aristoteles dahin aus, daß sie die Wissenschaftsphilosophen aus ihrem alten Trott trieben. Vor allem hatte die Wut über Tempiers Dekret eine neue Prüfung der Theorien des Aristoteles zu Raum und Bewegung beschleunigt – und das Ergebnis war, daß die Philosophen zugeben mußten, die Vorstellung von leerem Raum sei *keine* logische Unmöglichkeit. Ob leerer Raum auch *praktisch* existierte, blieb abzuwarten, aber seit dem Ende des 13. Jahrhunderts mußte angenommen werden, daß er wenigstens im Prinzip möglich war. Theoretisch *konnte* Gott das Universum bewegen. Hier ist zu betonen, daß es im Interesse der Erhaltung eines religiösen Glaubensinhaltes – der Idee eines allmächtigen Gottes – lag, daß die Gelehrten gezwungen waren, ihre wissenschaftlichen Vorstellungen zum Raum neu zu überdenken. Anders als beim gegenwärtigen Lehrsystem hat religiöses Denken früher oft dazu beigetragen, die Entwicklung voranzutreiben – vor allem die der Naturwissenschaften.[19]

Nach Tempiers Dekret begannen sich die Fesseln des aristotelischen Denkens zu lockern, und im 14. Jahrhundert nahm die kreative wissenschaftliche Aktivität explosionsartig zu. Schon die Möglichkeit von realem leeren Raum öffnete eine ganze Reihe von Fragen, an deren Klärung die Gelehrten eifrig arbeiteten. Vor allem begannen sie die Möglichkeit von Bewegung im leeren Raum zu erwägen. So sehen wir im frühen 14. Jahrhundert, als Dante seine *Göttliche Komödie* schrieb und Giotto seine Maltechnik perfektionierte, eine wahrhaft empirische Wissenschaft von der Bewegung entstehen. Eine Gruppe von Gelehrten in Paris, die unter dem Namen *Terministen* bekannt wurde, und eine Gruppe in Oxford, die sich *Kalkulatoren* nannten, definierten Begriffe wie Geschwindigkeit und Beschleunigung und begannen die Grundlagen der neuzeitlichen Wissenschaft der Dynamik zu formulieren. Kurz, diese Menschen des Mittelalters begannen damit, daß sie Aristoteles' Vorstellungen vom Raum in Frage stellten, den Weg für Galileo und die großen Physiker des 17. Jahrhunderts zu ebnen.

Den Gipfel des mittelalterlichen Denkens über den Raum erreichte ein brillanter spanischer Jude namens Chasdai Crescas. »Als erster Verkünder des unendlichen homogenen Raumes«, sagt Jammer, »leistete Crescas ... einen hervorragenden Beitrag für die Geschichte des wissenschaftlichen Denkens.«[20] Es ist vielleicht nicht ohne Bedeutung, daß es ein jüdischer Philosoph war, der das mittelalterliche Denken über den Raum so weit trieb, denn im jüdischen Mystizismus gab es eine lange Tradition, in der Raum mit Gott in Verbindung gebracht wurde. Im palästinensischen Judentum im 1. Jahrhundert wurde das Wort für Ort *(Makôm)* auch für Gott eingesetzt. Von früh an war in der jüdischen Theologie die Allgegenwart Gottes eine wichtige Idee gewesen, die schließlich zu der Vorstellung vom Raum selbst als einem Ausdruck von Gottes Ubiquität führte. Wie wir im nächsten Kapitel sehen werden, sollte sich die Verknüpfung von Raum und Gott auch als unerhört wichtig im Denken Isaac Newtons erweisen, des Mannes, der endlich die neuzeitlichen wissenschaftlichen Anschauungen zu einem System verband. Tatsächlich hat, wie Jammer sagt, »vom ersten bis zum achtzehnten Jahrhundert eine deutlich erkennbare und fortlaufende religiöse Tradition einen gewaltigen Einfluß auf die physikalischen Raumtheorien« ausgeübt.[21]

Anfang des 15. Jahrhunderts war Crescas überzeugt von der Realität des leeren Raums – nicht nur im Prinzip (wie es die meisten seiner Zeitgenossen noch glaubten), sondern auch in der Praxis. Er kam zu diesem Schluß durch eine scharfsinnige kritische Untersuchung, in der er zeigte, daß Aristoteles' eigene Definitionen betreffend den Raum zu logischen Absurditäten führten. Zum Beispiel wies er darauf hin, daß bei Aristoteles Probleme deutlich werden, wenn wir über die Erdatmosphäre zu sprechen versuchen. Nach Aristoteles ist der »Raum« der Erdatmosphäre die sie umgebende Grenze zur ersten der himmlischen Sphären. Wenn das aber so ist, sagte Crescas, was ist dann der Raum eines kleinen Teils der Atmosphäre? Nach Aristoteles müßte man sagen, daß es *ebenfalls* die Grenze zur ersten Himmelssphäre ist – mit anderen Worten, es wäre der gleiche wie für die gesamte Atmosphäre. Aber das ist eindeutig absurd. Wie Crescas bemerkte, ist das ein endemisches Problem der aristotelischen Konzeption des Raums.

Betrachten Sie den Körper in Abb. 2.8a. Jetzt sehen Sie sich 2.8b an, der 2.8a darstellt, nachdem ein Stück herausgeschnitten ist. Da Aristoteles den »Raum« eines Körpers als die ihn umgebende *Oberfläche* definiert, ist der Raum des Teiles *größer* als der des ganzen Körpers. Natürlich ist das absurd. Nachdem er solche Widersprüche aufgezeigt hatte, fuhr Crescas fort und zerstörte *alle* Einwände des Aristoteles gegen den leeren Raum,

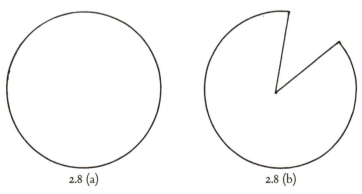

2.8 (a)   2.8 (b)

2.8 Im aristotelischen Denken wurde der »Raum« eines Objekts mit seiner äußeren Umgrenzung gleichgesetzt. Dann konnte aber der »Raum« eines Teils größer sein als der »Raum« des Ganzen.

und er überzeugte sich, daß nichts wirklich gegen seine Existenz sprach. Crescas zufolge war der physikalische Raum nicht die anliegende Begrenzung der Dinge, sondern das *Volumen*, das sie einnahmen und in dem sie sich befanden. Und noch radikaler verfocht er die Idee einer *unendlichen Leere* als Hintergrund des ganzen Universums. Unglücklicherweise konnte Crescas seine Gedanken nie voll zum Tragen bringen, weil die politische Instabilität in Spanien im 15. Jahrhundert die intellektuelle Tätigkeit der katalanischen Juden beendete.

Überdies waren Crescas' Ideen zum Thema Raum seiner Zeit weit voraus und mußten allgemein später erst von anderen wiederentdeckt werden. Trotz seiner scharfsinnigen Kritik sollten die Fesseln des aristotelischen Denkens nur nach und nach zerrissen werden. Um den Historiker Edward Grant zu zitieren: Während viele spätmittelalterliche Gelehrte bereit waren, über die Möglichkeit einer *hypothetischen Leere* zu spekulieren, »waren die Folgen eines *realen* leeren Raums zu destruktiv für all das, was schließlich die mittelalterliche Weltanschauung ausgemacht hatte«.[22] Wenn Aristoteles unrecht gehabt hatte, was die Leere anging, dann irrte er vielleicht auch in anderen Dingen – dabei war doch das gesamte mittelalterliche Weltbild um seine Wissenschaft herum aufgebaut. Wie die Geschichte zeigt, gelang es den Wissenschaftsphilosophen bis zum 17. Jahrhundert nicht, Aristoteles' Vorstellungen vom Raum zu überwinden – und selbst dann fand der Gedanke eines *unendlichen* leeren Raums nur mit Hilfe theologischer Rechtfertigung Anerkennung.

Es wird nicht oft bemerkt, wie entscheidend wichtig eine kohärente Konzeption des leeren Raums für die wissenschaftliche Revolution (und die Naturwissenschaft seither) war. Wir sind geneigt zu vergessen, wie schwierig diese Idee ist, weil uns dieses Konzept jetzt so selbstverständlich vorkommt. Daß es *nicht* selbstverständlich ist, zeigt sich an den enormen psychologischen Problemen, die die meisten Denker des Mittelalters und der Renaissance damit hatten. Und die logische Argumentation allein reichte nicht, um den tiefsitzenden Widerstand zu brechen. Aber die Geschichte wollte es, daß eine stärkere Macht als die Logik nahe war. Und hier müssen wir zurückkehren zur Geschichte der Kunst und zu dem Aufkommen der formalen *Linearperspektive*, denn lange bevor die Wissenschaftler die neue Vorstellung vom Raum akzeptierten, waren es die Künstler, die Wege fanden, der Vorstellung von einer ausgedehnten physikalischen Leere eine kohärente Bedeutung zu verleihen.

Der Schlüssel war, daß sie ein Regelwerk für die Wiedergabe des dreidimensionalen Raums auf einer zweidimensionalen Oberfläche formulierten. Diese Regeln entwickelten Maler wie Leon Battista Alberti, Piero della Francesca und Leonardo da Vinci während des 15. Jahrhunderts. Diese Maler entfalteten ihre Raumtheorien nicht an und für sich, sondern als Theorien der *Darstellung*, aber ihre Pionierarbeit sollte sich als entscheidend für die Entwicklung des neuzeitlichen Konzepts vom physikalischen Raum, wie wir es heute kennen, erweisen.

Betrachten Sie Abb. 2.9, Piero della Francescas *Geißelung Christi*. Das Bild entstand um 1450, anderthalb Jahrhunderte nach der Arena-Kapelle, und wir sehen sofort, daß eine wichtige Veränderung in der Darstellung des Raums stattgefunden hat. Auf der linken Seite des Bildes sieht man Christus und seine Peiniger in einem Raum, der alle Merkmale des dreidimensionalen euklidischen Raums hat. Die Linien von Decke und Fußboden und die Reihe der Säulen rechts weichen ganz »richtig« in den Hintergrund zurück. Im Gegensatz zu den Gebäuden bei Giotto gibt es hier keine »sonderbaren« Winkel mehr, und unser Geist akzeptiert die physikalische Lebensfähigkeit dieses Raums. Und was am wichtigsten ist: Alle Bestandteile sind vom selben Standpunkt aus gesehen und nehmen einen *kontinuierlichen Raum* ein. Hier gibt es keine räumliche Zerstückelung, wie wir sie früher in Giottos Werk gesehen haben; Piero liefert uns volle *räumliche Integrität*.[23]

2.9 Piero della Francescas *Geißelung Christi*. Ein Merkmal der Renaissancemalerei war die räumliche Integrität. Alle Dinge erscheinen in einem kontinuierlichen, homogenen, dreidimensionalen Raum.

Die Illusion von räumlicher Integrität oder räumlicher Einheit, ein Merkmal der Hochrenaissance, ist einer der Hauptgründe, weshalb wir solche Bilder als Inbegriff des »Realismus« interpretieren. Wenn wir ein Bild von Piero oder Leonardo betrachten, haben wir fast das Gefühl, wir sähen durch ein Fenster auf die Szene dahinter. Und das war genau das, was die Linearperspektive zu simulieren versuchte. In der ersten methodischen Abhandlung zum Thema erklärte 1435 Leon Battista Alberti das Konzept wie folgt:

»Vorerst beschreibe ich auf die Bildfläche ein rechtwinkliges Viereck von beliebiger Größe, welches ich mir wie ein geöffnetes Fenster vorstelle, wodurch ich das erblicke, was hier gemalt werden soll.«[24]

Alberti behandelte dann einen Satz von Regeln für die Vermittlung der Illusion, daß man durch ein »offenes Fenster« sähe, die Methode des »Kastenraums«, die die Künstler dann als *costruzione legittima* (gesetzmäßige Konstruktion) bezeichneten. Obwohl in der Praxis die Perspektive nicht leicht zu verwirklichen ist, ist das dahinterstehende Prinzip einfach. Stellen Sie sich wie in Abb. 2.10 vor, daß eine Leinwand zwischen Szene und Maler errichtet wäre. Das ist unser »Fenster« oder »Kasten«. Stellen Sie sich jetzt vor, daß eine Linie, ein »Sehstrahl« oder »Projektionsstrahl« von jedem Punkt der Szene zum Auge des Malers gezogen wäre. Wie in Abb. 2.11 entstünde das perspektivische Bild aus den Schnittpunkten aller einzelnen Sehstrahlen mit der Leinwand. Das Bild ist tatsächlich eine *mathematische Projektion* der dreidimensionalen Szene auf eine flache zweidimensionale Oberfläche.

Alberti und die anderen Meister der Renaissance glaubten, daß sie mit der Linearperspektive einen Weg gefunden hätten, genau das zu simulieren, was das physische Auge sieht. Es ist kein Zufall, daß ihr neuer Stil nach der mittelalterlichen Wissenschaft vom Sehen und der Optik benannt wurde: *Perspektiva*. Für Piero und Leonardo, meint der Historiker Morris

2.10 Holzschnitt von Albrecht Dürer. Ziel der Perspektive war die Illusion, man sähe durch ein Fenster auf eine Szene.

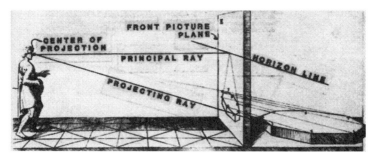

2.11 In der perspektivischen Malerei wird ein Bild so konstruiert, als sei alles von einem bestimmten Ort aus gesehen, dem »Augpunkt« oder Projektionszentrum.

Kline, war die Perspektive einfach »angewandte Optik und Geometrie«.[25] Ihre Bilder wären »real«, fanden sie, weil ihre streng geometrische Konstruktion das menschliche Gesichtsfeld direkt nachstellte. Der Übergang, den wir bei Giotto zu sehen begannen, war damit vollendet. Das physikalische Sehen hatte das »spirituelle Sehen« als Ideal der Darstellung verdrängt: Das Auge des physischen Körpers hatte das »innere Auge« der christlichen Seele als wichtigstes künstlerisches »Sehorgan« ersetzt. Ein Bild wurde nicht mehr deswegen geschätzt, weil es eine unsichtbare spirituelle Ordnung evozierte, sondern es wurde danach beurteilt, wie genau der Maler die physikalische Welt simulierte. Mit diesem Fortschritt in der visuellen Technik wurde der spirituelle Symbolismus des frühen Mittelalters hinweggefegt, und während der folgenden 500 Jahre sollte die Rahmenstruktur der abendländischen Kunst überwiegend der Raum der Körper sein.

Der Körper. Fast kann man die Renaissancemalerei als einen Hymnus auf die menschliche Gestalt zusammenfassen. Nach der langen Ära, die die Aufklärung dann als »finsteres Mittelalter« bezeichnete, wurde sich der abendländische Mensch überraschend heftig seiner selbst als eines konkret fleischlichen Wesens bewußt. Die Renaissancemaler traten in die Fußstapfen der alten Griechen und Römer und beteten die menschliche Form geradezu an. »Der Mensch« war das Thema nicht nur der Kunst, sondern auch der Literatur und Philosophie. Der Ismus jener Zeit war der Humanismus, als der Mensch in all seiner körperlichen Schönheit ins *Zentrum* der Aufmerksamkeit rückte. Tatsächlich ist das, was dann zum Symbol der Renaissance wurde – Leonardos berühmte »Proportionsfigur« eines Menschen mit ausgestreckten Armen, eingeschrieben in einen Kreis und ein Quadrat –, eine kraftvolle Stellungnahme zur Vorstellung vom Menschen als Maß aller Dinge. Vom 15. bis zum 19. Jahrhundert herrschte in der abendländischen Kunst der Körper und spiegelte den tief materialistischen Zeitgeist, der zum bestimmenden Merkmal der Neuzeit geworden ist.

Aber noch wichtiger als die *Darstellung* physischer Körper in der perspektivischen Malerei war die Tatsache, daß sie auch den *Körper des Betrachters* in ihr Raumsystem einbezog. In mancher Hinsicht war dies der radikalste Aspekt des Malstils der Hochrenaissance, und zwar einer, der sich als unerhört wichtig bei der Wegbereitung für die Wissenschaftler des 17. Jahrhunderts erweisen sollte. In dieser Hinsicht lieferte die Malerei ein Vorbild, dem sowohl Galileo als auch Descartes nacheifern sollten. Entscheidend ist dabei nicht so sehr der virtuelle Raum des Bildes (von dem wir bisher in diesem Kapitel gesprochen haben), sondern die *Beziehung* dieses Bildes zum physikalischen Raum des Betrachters.

Von Bedeutung ist dabei das entwaffnend einfache Prinzip, daß ein perspektivisches Bild von einem einzigen *Standpunkt* aus gemalt ist, dem sogenannten »Augpunkt« oder Perspektivitätszentrum. Dieser einzige Punkt (zu sehen in Abb. 2.11) ist nicht nur der Ort, von dem aus das Bild konstruiert ist (die Stelle, an der der Künstler vermutlich seine Augen hatte, als er das Bild schuf), es ist auch der Punkt, von dem aus das Bild *gesehen* werden soll. Es ist der Ort, an dem das Auge des Betrachters sein sollte. Wenn ein Betrachter ein perspektivisches Bild vom Augpunkt aus wie in Abb. 2.12 ansieht, nimmt er buchstäblich den »Platz des Künstlers« ein. Sein Auge ersetzt das Auge des Künstlers am Ort der Hervorbringung des Bildes. Tatsächlich *lenkt* das perspektivische Bild den Betrachter dahin, wo er stehen soll, denn im Bild beschlossen ist der einzige Punkt im *physikalischen Raum,* von dem aus das Gemälde erzeugt wurde und von dem aus es auch *rezipiert* werden sollte.

Das bedeutet, daß die Rezeption eines perspektivischen Bildes auf die »Anwesenheit eines physikalisch festgelegten, körperlichen Individuums« gegründet ist – eines konkreten physischen Körpers in einem konkreten physikalischen Raum.[26] Da

2.12 Hans V. de Vries, *Perspectiva* (Tafel 30). Das perspektivische Bild gibt den Ort des Künstlers an – und den des betrachtenden Auges.

die Perspektive die Position des *sehenden Körpers* enthält, verbindet sie ganz formell den virtuellen Raum des Bildes mit dem physikalischen Raum des Betrachters. So kennzeichnete der Übergang zur Perspektive nicht nur eine Veränderung in der Darstellung, sondern auch in der *Rezeption* von Bildern. So wie das physische Auge des Körpers als hervorbringendes Organ die Funktion des »inneren Auges« der Seele des Künstlers übernahm, so wurde andererseits auch das physische Auge das wichtigste Aufnahmeorgan. Im Gegensatz zur frühmittelalterlichen Kunst, die direkt auf die christliche Seele zielte, gibt uns die Perspektive Bilder ganz speziell für das Auge. Wieder kennzeichnet diese konkrete Plazierung des betrachtenden Körpers durch das perspektivische Bild einen radikalen Schritt weg von der früheren mittelalterlichen Kunst. Frühmittelalterliche und byzantinische Bilder konnten alles in allem aus *jeder* Position angesehen werden. Bei ihren nebulösen Hintergründen und dem Mangel an Tiefe hatten sie keinen eindeutigen »Standpunkt«. Als Visionen des »inneren Auges« enthielten sie keine Beziehung zum physikalischen Raum und forderten auch nichts dergleichen vom Betrachter. Die Perspektive andererseits verlangt unsere Rezeption von einem bestimmten physikalischen Ort aus.

Die strenge Verknüpfung des physikalischen Raums des Betrachters mit dem virtuellen Raum des Bildes durch die Perspektive sollte es später perspektivischen Künstlern ermöglichen, außerordentliche Glanzstücke des Illusionismus hervorzubringen. Ein großartiges Beispiel zeigt Abb. 2.13, das barocke Deckengewölbe der Ignatius-Kirche in Rom. Die genau richtige Position für den Betrachter ist durch einen runden Stein aus gelbem Marmor auf dem Boden markiert. Wenn man von dort hinaufschaut, scheinen sich die Wände der Kirche zu einer belebten Himmelslandschaft zu öffnen, wo der heilige Ignatius von einer freudig erregten Schar von Engeln im Himmel empfangen wird. Es ist fast nicht möglich zu sagen, wo die

2.13 Andrea Pozzo: *Himmelfahrt des heiligen Ignatius*. Die Decke der Kirche Sant' Ignazio in Rom scheint sich in einen von Engeln belebten Raum darüber zu öffnen. Ein hinreißendes Beispiel für perspektivischen Illusionismus.

reale Architektur endet und die vorgetäuschte beginnt.[27] Hier ermöglichen die subtilen Techniken der Perspektive die Illusion einer virtuellen Realität, die bruchlos in den physikalischen Raum der Kirche überzugehen scheint – man hat das Gefühl, man sei »wirklich da«, unter diesem Himmel voller Engel.

Bezüglich der Geschichte des Raums hatte der physikalisch bestimmte »Standpunkt«, festgelegt durch die Linearperspektive, die Wirkung, sowohl den Künstler als auch den Betrachter eines Bildes sich bewußt werden zu lassen, wo im physikalischen Raum sie *selbst* sich befanden. Insgesamt unterwarf damit die perspektivische Malerei den abendländischen Geist dem, was auf einen fortgesetzten Übungskurs in denkendem Sich-Bewußtwerden des physikalischen Raums hinausläuft. Je nachdem, welchen Standpunkt ein Maler darzustellen beschloß, konnte er den Betrachter »dirigieren«, an einem von ihm bestimmten Punkt zu stehen. Anfangs hielten sich Künstler wie Piero und Alberti an die einfachste Möglichkeit und setzten den Standort direkt vor das Bild, als ob der Betrachter wirklich durch ein »offenes Fenster« sähe. Aber die Regeln der Perspektive verlangen keine solche Einfachheit, und bald spielten Maler mit ganz exzentrischen Standpunkten.

In Abb. 2.14, Andrea Mantegnas *Der heilige Jakob wird zur Hinrichtung geführt* (1453–1457), liegt der Augpunkt tatsächlich *unterhalb* des unteren Bilderrahmens. Wenn Sie den technisch korrekten »Standpunkt« einnehmen wollen, müssen Sie sich auf einen Punkt an der Wand *darunter* konzentrieren. Damit hat das Bild eine ganz surreale Wirkung. Ein anderes Beispiel für eine ungewöhnliche Perspektive haben wir in Leonardos *Abendmahl,* bei dem der Augpunkt drei Meter über dem Fußboden liegt. Nur ein Betrachter auf einer Leiter könnte dieses Bild aus der technisch korrekten Position sehen. Der Wahrnehmungspsychologe Michael Kubovy hat gemeint, daß im Gegensatz zu früheren perspektivischen Malern Mantegna

2.14 Andrea Mantegna: *Der heilige Jakob wird zur Hinrichtung geführt.* Die Perspektive wurde zur Grundlage subtiler psychologischer Tricks. Hier liegt das Projektionszentrum unterhalb des Bildrahmens.

und Leonardo das Konzept vom »offenen Fenster« absichtlich umgestoßen hätten. In Fällen wie dem *Abendmahl* wurde der Augpunkt bewußt von dem physikalischen Ort des Betrachterauges *getrennt*. Aber es steckt noch mehr in diesen Bildern als bloße technische Trickserei. Wie Kubovy bemerkt, liefen diese Bilder auf eine komplizierte Form von Denkspiel hinaus, mit der paradoxen Konsequenz, daß dem perspektivischen Sehen ein Gefühl der Loslösung vom Körper zurückgegeben wurde. Kubovy hat gezeigt, daß wir, wenn wir ein perspektivisches Bild aus einer anderen Position als vom Augpunkt aus betrachten, uns innerlich automatisch darauf einstellen und im Geist das Bild sehen, als betrachteten wir es vom Augpunkt aus.[28] Es ist, als hätte das Denken ein »virtuelles Auge«, das unabhängig vom physischen Auge durch den Raum streifen könnte. Kubovy glaubt, spätere Renaissancemaler hätten das instinktiv gewußt und dadurch, daß sie das »virtuelle Auge« getrennt hätten vom physischen Auge, gezielt versucht, im Betrachter eine Art mystischer Loslösung vom Körper zu bewirken. Rotman hat ebenfalls gezeigt, daß spätere Künstler wie Vermeer und Velázquez diese Trennung noch viel weiter getrieben haben.[29] Während also die perspektivische Malerei damit begonnen hatte, einen körperlichen »Standpunkt« einzuschließen, wurde sie schließlich wieder zum Mittel, mit dem der Betrachter von seinem Körper distanziert wurde.

Genau dieser Prozeß der Entfernung des »Standpunkts« vom physischen Auge des Körpers sollte sich auch als außerordentlich wichtig in der Entwicklung der neuzeitlichen wissenschaftlichen Konzeption von Raum erweisen. Durch die Schaffung des virtuellen Auges, das tatsächlich die Freiheit hatte, »auf eigene Faust« durch den Raum zu schweifen, verschaffte die spätere Phase der Perspektive den Menschen große psychologische Erfahrungen mit dem *ausgedehnten physikalischen Raum als Ding an sich.* Tatsächlich gaben diese Renaissancebilder dem Geist Freiheit in einer physikalischen Leere und erlaubten den

Menschen, das bis dahin gefürchtete Konzept für sich selbst zu »erfühlen«. Ohne jede bewußte Absicht hatten die perspektivischen Maler somit erreicht, die Enge des Aristoteles zu umgehen, und sie machten auf sehr kraftvolle Weise die Vorstellung von einem ausgedehnten leeren Raum real und greifbar. Diese Leistung ist in mancher Hinsicht ihr beständigstes Vermächtnis, denn der freischwebende »virtuelle Blick«, der durch den Raum wandert, ist genau das Modell, das Galileo und Descartes übernahmen, als sie im 17. Jahrhundert ihr neues wissenschaftliches Weltbild formulierten.

Es wäre zuviel gesagt, wollte man den perspektivischen Malern die *Entdeckung* des neuzeitlichen physikalischen Raums zuschreiben. Aber wie wir gesehen haben, können »wissenschaftliche« Fortschritte allein die große psychologische Veränderung nicht begründen, die stattfinden mußte, bevor das abendländische Denken diese Konzeption akzeptierte. Ich glaube, Edgerton hat recht, wenn er, um diese Veränderung zu erklären, sagt, daß ohne die Revolution im *Sehen von Raum,* wie sie von den Malern des 14. bis 16. Jahrhunderts bewirkt wurde, wir die Revolution im *Denken über den Raum* nicht erlebt hätten, die die Naturwissenschaftler des 17. Jahrhunderts bewirkt haben.[30] Faktisch lehrten Giotto und seine künstlerischen Erben die Europäer, den Raum auf neue Art und Weise zu betrachten. Keine andere Kultur vorher oder seither hat das Perspektivenexperiment so weit getrieben. Die Renaissancemaler haben, als sie sich dafür entschieden, diesen Weg einzuschlagen, unabsichtlich die Fundamente der Wahrnehmung und Psychologie für eine Revolution in der Wissenschaft gelegt.

Der erste, der die neue Sicht von Raum in einem wissenschaftlichen Kontext deutlich formulierte, war jener streitbare Italiener, der den Jesuitenmönchen soviel Kummer machte, Galileo Galilei. Physiker sprechen heute noch vom »galileischen Raum«, wenn von der prärelativistischen Form des Raums die Rede ist, und Einstein selbst hat bekannt, daß er tief in der Schuld seines italienischen Vorläufers stehe. Die Vorstellung vom Raum, die Galileo zur Basis der neuzeitlichen Physik machte, war genau die, welche die Maler der Renaissance gemalt hatten: eine *kontinuierliche, homogene, dreidimensionale Leere*. Kann es Zufall sein, daß diese Konzeption von Raum auf dem Gipfel der perspektivischen Technik von den Wissenschaftlern übernommen wurde? Edgerton hat bemerkt, daß Galileo selbst in den Techniken der Perspektive sehr bewandert war und sich sogar um einen Posten an einer Florentiner Mal-Akademie beworben hat, um Perspektive zu lehren.[31] Für ihn war die »Leere« gar kein Diskussionsthema mehr; sie war der ontologische Unterbau der Realität, die neutrale »Arena«, in der alle Dinge enthalten waren und durch die sie sich bewegten.

Mit seinem rasiermesserscharfen systematischen Verstand war Galileo in der Lage, aus der Welt um ihn herum die offenbar wesentlichen Grundzüge für eine rigoros neue Physik zu abstrahieren. Vor allem war er der Ansicht, daß eine effektive, auf Mathematik beruhende Wissenschaft eine mathematisierte Version von Raum und Zeit erfordere. In seinem neuen Weltbild wurde »physikalischer Raum« synonym mit *euklidischem Raum*, einer riesigen, formlosen, dreidimensionalen Leere. So wurde Aristoteles schließlich nach 2000 Jahren besiegt – die Leere wurde als Basis des Seins angesehen. Wie bei den antiken Atomisten bestand auch bei Galileo das Universum *nur* aus Materie und Leere. Für ihn war »die *reale* Welt eine Welt der Körper, die sich in Raum und Zeit bewegen«.[32] Alles andere – all die sinnlich faßbaren Qualitäten wie Farben, Düfte, Geschmack und Töne – wurde nun als sekundär angesehen, Abfallprodukte der »wahren« Realität, die aus bewegter Materie im leeren Raum bestand.

Nach dem Vorbild der Renaissancemaler abstrahierte Galileo das Auge des Wissenschaftlers von seinem Körper und ließ den virtuellen Blick durch den umgebenden Raum schweifen. Im Verlauf des folgenden Jahrhunderts sollte dieser körperlose Blick/Geist zum Schiedsrichter über die Wirklichkeit werden. Von jetzt an war es die Aufgabe des Physikers, mit seinem virtuellen Auge die »wesentlichen« – nämlich auf Mathematik zurückführbaren – Phänomene in seiner Welt aufzuspüren. Wie die perspektivischen Maler suchten die neuen Naturwissenschaftler in rigoros mathematischer Form physikalische Beziehungen zwischen materiellen Körpern im euklidischen Raum darzustellen. Für diese Wissenschaftler war der euklidische Raum nicht bloß der Hintergrund für die Realität, gerade seine Neutralität garantierte angeblich, daß die Wissenschaft selbst neutral und objektiv sein würde.

Man kann die Bedeutung der philosophischen Veränderung, die hier stattgefunden hatte, kaum überbetonen. In Aristoteles' Vorstellung von der Realität war der Raum nur eine mindere und letztlich ganz unbedeutende Kategorie von Sein gewesen; in Galileos Sicht jedoch war dieses flüchtige Gebilde zur *Arena der Realität* erhöht worden. Jahrhunderte waren, wie wir gesehen haben, nötig, bevor sich diese Vorstellung herauskristallisieren konnte, und die Menschen hatten bei jedem Schritt voran Widerstand dagegen geleistet. Aber jetzt, im 17. Jahrhundert, hatten die Verfechter der Leere endlich bestimmenden Einfluß gewonnen. Auf diese Tabula rasa sollten die neuen Physiker kühn ein neues Weltbild entwerfen.

Die wachsende Faszination des physikalischen Raums bedeutete das Ende für das mittelalterliche Weltbild mit seinem inhärent spirituellen Raumsystem. Wenn die »reale Welt« aus stofflichen Körpern besteht, die sich im euklidischen Raum bewegen, *wo* bleibt dann Gott? Wenn die zugrundeliegende Substanz von Realität nur die physikalische Leere ist, *wo* ist dann ein Ort für die christliche Seele? Wie konnten wir Menschen mit unseren Emotionen und Gefühlen und unserem Verlangen nach Liebe uns an solch einen inhärent sterilen Raum anpassen? Zu Beginn des 17. Jahrhunderts war die Antwort auf diese Fragen nicht klar, aber am Ende des Jahrhunderts würde das

ganze Gebäude der mittelalterlichen Kosmologie hinweggefegt sein. Die Sphären voller Engel, die große Kette des Seins,
die Hierarchie des Geistes, das zielbewußte Streben – sie alle
waren beseitigt wie Wohlstandsmüll, und an ihre Stelle war
eine neue Vorstellung vom kosmologischen Ganzen getreten,
die mehr oder weniger noch heute unser Leben bestimmt.

3

HIMMLISCHER RAUM

Für Dante und Giotto war die Wirklichkeit ein gewissermaßen zweifaches Phänomen – wie wir gesehen haben, bestand ihr Universum aus einem physikalischen und einem spirituellen System. Und ganz im Gegensatz zur neuzeitlichen materialistischen Weltanschauung betrachteten die Menschen des Spätmittelalters den spirituellen Kosmos als die wahre oder primäre Realität; der physikalische Kosmos diente als Abbild jenes »wahren und wirklichen Kosmos«. Innerhalb des philosophischen Rahmenwerks, sagt Jeffrey Burton Russell, ist die Naturwissenschaft »eine Wahrheit, die auf eine größere Wahrheit verweist, die theologisch, moralisch und sogar göttlich ist«.[1] Für die mittelalterlichen Künstler und Philosophen spielte vor allem anderen die »übergeordnete Realität« des spirituellen Kosmos eine Rolle, der für sie »Ausdruck oder Lied Gottes« war.

Diese *andere* Realität war ebenfalls in der Arena-Kapelle abgebildet; die gesamte Wand gegenüber dem Altar wird von einer epischen Darstellung des mittelalterlichen christlichen Seelen-Raums eingenommen, von Giottos monumentalem Bild des Jüngsten Gerichts (Abb. 3.1). Genau wie Michelangelo zwei Jahrhunderte später auf der Rückwand der Sixtinischen Kapelle widmete Giotto in seiner Paduaner Kapelle den Ehrenplatz der christlichen Kosmologie der Seele. Es wird sofort deutlich, daß dieses Bild in starkem Kontrast zu dem Christus-Zyklus von Bildern steht, den wir im vorigen Kapitel betrachtet haben. Zum Zeichen dessen, daß wir das physikalische Reich hinter uns gelassen haben, gibt es hier fast keinen Ansatz zu einer Illusion von drei Dimensionen, denn die christliche Seele läßt sich nicht in die Gesetze der euklidischen Geometrie

3.1 Arena-Kapelle: *Das Jüngste Gericht*. Den spirituellen Raum stellte Giotto nicht entsprechend den Vorschriften des naturalistischen Illusionismus dar.

einbinden. Sie läßt sich auch nicht in die Gesetze der irdischen Physik fassen, die Giotto jetzt ebenfalls hinter sich läßt. Statt am Boden haftend wie im Christus-Zyklus, schweben die Gestalten in der Geist-Welt vor einem tiefblauen Hintergrund – einer Fläche ohne Tiefe, die den *göttlichen Raum* bezeichnet. Eine Hierarchie der Figuren wird ebenfalls sofort deutlich: Die zentrale Gestalt Christi ist jetzt von imposanter Präsenz und stellt alle anderen Personen in den Schatten. Die Engel und Apostel im Himmel nehmen die nächste Stufe der Skala ein. Unter ihnen wiederum sieht man auf der linken Seite des Freskos die Haufen der Geretteten. In Erfüllung des Versprechens der Auferstehung erheben sie sich aus ihren Gräbern, zunächst als kleine Figürchen, die aber an Größe und Format zunehmen, je höher sie in den Himmel aufsteigen. Auf der rechten Seite des Gemäldes liegt die Hölle, hinter einschüchternden Feuerströmen gut gesichert. Entsprechend ihrem armseligen spirituellen Status sind die Figuren hier winzig; selbst der Teufel, Herr des höllischen Königreichs, ist erheblich kleiner als sein spiritueller Gegenspieler Christus.

Dieses machtvolle Bild erinnert uns daran, daß für Giotto und seine Zeitgenossen die Welt nicht auf Naturwissenschaft allein reduziert werden konnte. So großartig es auch sein mochte, Körper und Gebäude auf der Erde in geometrisch korrekten Proportionen darzustellen, die Europäer des 14. Jahrhunderts verloren die spirituellen Dimensionen ihrer grundsätzlich christlichen Realität nie aus den Augen. Vor allem glaubten sie, daß es »jenseits« des physikalischen Bereichs der Körper (so wunderbar verherrlicht in dem Christus-Zyklus) noch das ewige Mysterium des Himmels gab. Daß der Himmel eine grundsätzlich *andere* Ebene der Realität war, wird in Giottos *Jüngstem Gericht* ausdrücklich deutlich gemacht.

Sehen Sie sich in Abb. 3.1 die zwei Engel oben im Fresko an: sie rollen die Bildebene zurück wie eine Tapete (Detail Abb. 3.2). Hier erinnert uns Giotto daran, daß alle Darstellun-

129

3.2 Detail aus dem *Jüngsten Gericht* in der Arena-Kapelle. Für die Christen des Mittelalters waren alle Darstellungen des Himmels letztlich Illusion. Hier rollt ein Engel das Bild wie eine Tapete zurück und läßt einen Blick auf die »wahre« Wirklichkeit dahinter zu – auf die Himmelstore.

gen des Seelen-Raums letztlich Illusionen sind. Genau wie
Dante wußte, daß der Himmel jenseits von Sprache liegt, weiß
Giotto, daß er jenseits der bildlichen Darstellung liegt. Mittelalterliche Bilder vom Seelen-Raum, besonders vom Himmel,
sollten nie »wörtlich« verstanden werden, sie waren immer
metaphorisch. Aber selbst wenn die Kunst die wahre Realität des
Himmels nie einfangen konnte, sie konnte zumindest den Betrachter in die richtige Richtung weisen. So erwischen wir
durch die Spalten im Bild einen kurzen, verlockenden Blick
auf die Realität dahinter – zwei juwelenbesetzte Türen, die
Himmelstore selbst.

Eben weil der Himmel eine völlig andere Ebene der Realität
einnahm als die physikalische Welt, konnten ihn die spätmittelalterlichen Künstler auf ganz eigene Art behandeln. Als er
das Königreich Gottes malte, fühlte Giotto keine Verpflichtung, sich an die Techniken der dreidimensionalen Wahrscheinlichkeit zu halten, die er im Rest der Arena-Kapelle so
sorgfältig entwickelt hatte. Heute zieht der Christus-Zyklus
die meiste Aufmerksamkeit der Kunsthistoriker auf sich, denn
wir sehen hier ein frühes Aufflackern unseres eigenen Weltbildes, aber für Giottos Zeitgenossen war die »altmodischere« Bildersprache des *Jüngsten Gerichts* nicht weniger real. Der in der
Arena-Kapelle beachtete stilistische Dualismus spiegelt eine
Weltanschauung, die die Realität des Körpers *und* der Seele
ernst nahm.

Entscheidend war, daß dieser *metaphysische* Dualismus (von
zentraler Bedeutung für das mittelalterliche Weltbild) sich in
seiner Kosmologie spiegelte, wo zwischen *irdischem Raum* und
himmlischem Raum grundsätzlich differenziert wurde. Wie wir
bereits gesehen haben, unterschied sich für die Christen des
Mittelalters das himmlische Reich vom irdischen Reich qualitativ. Dieser Unterschied stand im Mittelpunkt ihres Weltbildes, denn während die Erde das Reich alles Sterblichen und
Veränderlichen war, glaubte man von den Dingen im himm-

lischen Reich, daß sie unsterblich, unveränderlich und ewig seien. Die Dinge im irdischen Bereich wurden als *vergänglich* angesehen, wie der menschliche Körper; aber die im himmlischen Reich hielt man für *permanent*, wie die menschliche Seele. Eine der großen Stärken des mittelalterlichen Weltbildes war genau diese doppelte Parallele zwischen dem *metaphysischen* Dualismus von Körper und Seele und dem *kosmologischen* Dualismus von irdischem und himmlischem Raum. Tatsächlich wurde letzterer als Spiegelbild des ersteren betrachtet.

Da sich der himmlische Raum des Mittelalters qualitativ unterschied vom irdischen Raum, war der Kosmos dem Wesen nach *inhomogen*. Damit stand die Kosmologie in deutlichem Gegensatz zur neuzeitlichen wissenschaftlichen Kosmologie, denn heute wird das Universum als überall wesentlich gleichartig angesehen. Diese homogene Vorstellung ist, wie wir sehen werden, eine direkte Extrapolation derjenigen Ansicht von Raum, die von den Malern der Renaissance entwickelt worden ist, denn schließlich sollte die Macht der »geometrischen Formgebung« bis zu den Sternen ausgeweitet werden. Die Absicht dieses Kapitels ist es, den Übergang von der mittelalterlichen zur neuzeitlichen Sicht von himmlischem Raum nachzuvollziehen.

Die Tatsache, daß der himmlische Raum des Mittelalters nicht derselbe war wie der irdische Raum, machte es den Menschen möglich, das himmlische Reich als eine Metapher für den spirituellen Bereich anzusehen. Es ist kein Zufall, daß sich das Wort »Himmel« sowohl auf das Reich der Sterne als auch auf das Reich Gottes bezieht. Tatsächlich ist das in vielen Sprachen so. »Im Hebräischen, im Griechischen, in den germanischen wie romanischen Sprachen bezeichnet ein und dasselbe Wort den göttlichen und den physischen Himmel. Die englische Sprache fällt hier mit der Unterscheidung von göttlichem Himmel als ›heaven‹ und physischem als ›sky‹ eher aus dem Rahmen.«[2] Solange die mittelalterlichen Menschen den himmlischen Raum als qualitativ anders ansahen, konnten die Himmelskörper, Planeten und Sterne, weiter als Hinweise auf den spirituellen Himmel Gottes und der Engel gelten. Tatsächlich war das genau die Basis für die große Harmonie zwischen der mittelalterlichen Kosmologie und Theologie, wie sie in Dantes *Paradiso* so wunderbar ausgedrückt ist.

Aber was, wenn sich der himmlische Raum *nicht* vom irdischen unterschied? Was, wenn die zwei Reiche nicht qualitativ verschieden waren, sondern nur Teile eines durchgehenden Bereichs? Was würde dann aus dem großartigen mittelalterlichen Holismus werden? Genau diese Frage wurde implizit gestellt durch die neue Konzeption des Raums, wie sie die perspektivischen Maler eingeleitet hatten. Wo das mittelalterliche kosmische System auf den Glauben gegründet war, daß der Raum in sich inhomogen und hierarchisch sei (wie in Dantes Hierarchie der Sphären ausgedrückt), war der neue perspektivische Raum wesentlich homogen. In so einem Raum konnte es keine inhärente Hierarchie geben, weil jeder Ort wie jeder andere ist; keiner ist etwas Besonderes, weil *alle* gleich sind. Damit erhob sich die Frage: Wie weit von der Erde fort mochte sich der euklidische Raum der perspektivischen Maler erstrecken? Konnte dieser nichthierarchische Raum bis zu den Sternen selbst hinausreichen? Konnten irdischer und himmlischer Raum ein *einziges* homogenes Reich bilden? Diese Frage liegt im Kern dieses Kapitels, sie war eins der größten philosophischen Probleme im 16. und 17. Jahrhundert.

Heute, wo wir Menschen auf den Mond gebracht und Nahaufnahmen von Mars und Jupiter gemacht haben, ist die Kontinuierlichkeit von irdischem und himmlischem Raum ein alltägliches »Faktum« geworden. Die Technik in den Raketen, die die Apollo-Astronauten zum Mond brachten, ging von der Homogenität des Raums aus, genau wie es alle zukünftigen Flüge zu den Planeten und darüber hinaus tun werden. Aber auch wenn die NASA-Ingenieure die räumliche Kontinuität des

Universums heute als selbstverständlich betrachten, sollten wir
nicht vergessen, daß das einmal ein ganz neuer Gedanke in der
abendländischen Geschichte gewesen ist. Um so mehr, als die
Vorstellung von der Leere selbst, von einer Homogenität zwischen der Erde und den Sternen zunächst absolut unglaublich
schien. Das homogene Universum könnte tatsächlich als eine
der wichtigsten Erfindungen der neuzeitlichen wissenschaftlichen Vorstellungskraft angesehen werden, es war ein so
explosives Konzept, daß es schließlich die kristallene Kugel des
mittelalterlichen Kosmos zerbrach, die tausend Jahre gehalten
hatte.

Und wieder war die Saat dieser kosmologischen Revolution
in der visuellen Revolution der perspektivischen Malerei angekündigt. Wieder waren es die Maler, die den Wissenschaftlern den Weg ebneten. Diesmal ist unser Fackelträger Raffael,
der große Meister des frühen 16. Jahrhunderts. Betrachten Sie
Abb. 3.3, die großartige *Disputa*, für Papst Julius II. im Vatikan-
Palast in der Stanza della Segnatura gemalt. Raffael hat hier
auch ein Bild des christlichen Himmels gemalt, aber im Gegensatz zu Giotto im *Jüngsten Gericht* hat er versucht, den göttlichen
Raum mit dem irdischen Raum zu *vereinen*. Wir sehen, daß das
Bild aus zwei Ebenen besteht; die obere Hälfte stellt den Him-
mel dar, die untere die Erde. Zwischen ihnen liegt eine kräftige
Wolkenbank. Auf der irdischen Ebene steht eine Reihe von
Bischöfen, Päpsten und Heiligen im Halbkreis auf einer Marmorterrasse; darüber sitzen auf einer entsprechenden halb-
kreisförmigen Wolkenbank Christus, die Jungfrau Maria und
Johannes der Täufer, flankiert von den Aposteln. Hinter dem
Thron Christi steht Gottvater, von Engeln umgeben. Während der Inhalt des Bildes ganz konventionell war, war die
Form alles andere als das. Wie Edgerton erklärt, bot Raffael
»seinem päpstlichen Herrn eine auf den letzten Stand gebrachte Sicht des traditionellen [christlichen] Kosmos, entsprechend den neuesten Konventionen der Linearperspektive«.[3]

134

3.3 Raffael: *Disputa*. In diesem Fresko versuchte Raffael Himmel und Erde in einem einzigen, homogenen Raum zu vereinen.

Mit anderen Worten, der Künstler hatte den außerordentlichen Schritt gewagt, Himmel und Erde in einem einzigen euklidischen Raum zu verbinden. Die räumliche Integrität des perspektivischen Bildes vereinte die Reiche Gottes und der Menschen.

Wenn wir für einen Moment den obersten Teil des Bildes außer acht lassen – den über dem Thron Christi, wo sich Gott und die Engel befinden –, sehen wir, daß von Christus bis zu der Marmorterrasse hinab die beiden Reiche verbunden sind in einem perspektivisch kohärenten Bild. Auch wenn die himmlische und die irdische Region voneinander abgesetzt sind durch die Wolkenbank, sie sind beide innerhalb des*selben* euklidischen Raums dargestellt. Die Integrität der beiden Regionen wird weiter deutlich gemacht durch den irdischen Naturalismus auch im himmlischen Raum, wo zum Beispiel himmlische Füße Schatten auf die Wolken werfen. Das steht in starkem Gegensatz zu der in der *Göttlichen Komödie* gebotenen Vorstellung, wo Dante betonte, daß in jener anderen Welt die Seelen keine Schatten werfen. Anders als Dantes Himmel, der ausdrücklich *nicht* natürlich war, scheint Raffaels himmlisches Reich nur wie eine andere Schicht des irdischen Raums; hier gelten die irdischen »Naturgesetze« offensichtlich noch.

In der *Disputa* sind Himmel und Erde vom gleichen Standpunkt aus gemalt, mit dem perspektivischen Zentrum bei der Monstranz am Altar. Edgerton sagt, es sei Raffael in diesem Meisterstück der Renaissance »beinahe gelungen, die mittelalterliche Theologie zu geometrisieren«.[4] Es gelang ihm fast, den Himmel unter euklidische Kontrolle zu bringen. Fast, aber nicht ganz. Denn wenn wir uns den obersten Teil des Bildes ansehen, bricht die räumliche Homogenität plötzlich zusammen. Da bei Gott im Empyreum sind wir wieder im Reich des gotischen Symbolismus, denn hier gibt Raffael wie Giotto den euklidischen Raum auf und stürzt uns in ein goldstrahlendes Phantasma, in dem Engel schweben. Raffael wußte genau wie

Giotto, daß im wahren Himmel des Empyreums die Geometrie über Bord geworfen werden mußte. In diesem höchsten, spirituellen Sinn *kann* der christliche Himmel nicht mit dem irdischen physikalischen Raum vereint werden. Die Menschen des Mittelalters mit ihrem spirituell abgestuften Kosmos und ihrem metaphysischen Dualismus wußten, daß unterschiedliche Ebenen der Realität unterschiedliche räumliche Bereiche erfordern: *Eine vielgestaltige Realität verlangt eine vielgestaltige Konzeption von Raum.* Körper und Seele brauchen ihre jeweils eigene räumliche Umgebung. Aber es war eben dieser räumliche Dualismus, der jetzt von der perspektivischen Sicht in Frage gestellt wurde. Wie kann es bei einer homogenen Konzeption des Raums *zwei* Ebenen von Realität geben? Homogener Raum kann per definitionem nur *eine* Art von Realität enthalten. So bedrohte nun der neue künstlerische Stil, der ursprünglich entwickelt worden war, um Menschen zum Christentum zu bekehren, die Grundlagen des christlichen Weltbildes.

Außerdem sollte Raffaels *Disputa* nicht nur ein Abbild des theologischen Himmels sein: Edgerton hat entdeckt, daß die Komposition dieses Werkes genau die Struktur des *astronomischen* Himmels in sich schließt, wie sie die Astronomen jener Zeit verstanden. So legt die *Disputa* auch implizit eine Vereinigung von irdischem und himmlischem Raum nahe. Mit der »logischen Kunst« der Perspektive zog also Raffael eine der »liebsten Erklärungen über den Aufbau des Kosmos« der Kirche in Zweifel.[5] Tatsächlich warf sein Versuch, irdischen Raum und himmlischen Raum zu versöhnen, »Fragen auf, die Wissenschaftler für die folgenden zweihundert Jahre irritieren sollten«.[6] Raffael war durchaus nicht der erste, der sich mit der räumlichen Beziehung zwischen Himmel und Erde herumschlug; die *Disputa* war vielmehr eine künstlerische Verkapselung eines der brennendsten Probleme jener Zeit: Was genau ist »himmlischer« Raum, in theologischem wie in astronomischem Sinne? Bei dem Versuch, letzteren zu verstehen, würden Astronomen und Wissenschaftler allmählich eine radikal neue Kosmologie formulieren.

Der erste, der einen ernsthaften gelehrten Angriff auf die mittelalterliche Unterscheidung zwischen irdischem und himmlischem Raum unternahm, war ein Zeitgenosse von Chasdai Crescas im 15. Jahrhundert. Nikolaus von Kues (oder Cusanus) war wie Crescas ein Mann, der mit seinen Überlegungen zum Raum seiner Zeit weit voraus war. Ein halbes Jahrhundert vor Raffael schon stellte Cusanus seiner Wissenschaft die gleichen Fragen, die der Maler in seinem Fresko zu lösen versuchte, denn wie Raffael wollte er Himmel und Erde vereinen. Als Humanist, Philosoph und Kardinal der römisch-katholischen Kirche war Nikolaus von Kues in vielfacher Hinsicht der ideale Renaissancemensch. Er sammelte alte Manuskripte, gründete ein Hospital und war ein Wegbereiter der experimentellen und der theoretischen Wissenschaft. Seine Studien zum Pflanzenwachstum werden als »erste neuzeitliche formale Experimente in der Biologie« anerkannt.[7] Er war auch einer der ersten Verfechter einer auf Mathematik gegründeten Wissenschaft und damit ein Vorläufer der Physiker des 17. Jahrhunderts. Dem Historiker Eduard Dijksterhuis zufolge waren seine Schlüsse in dieser Hinsicht von so außerordentlicher Tragweite, »daß sie eine Revolution des Denkens hätten auslösen können, wenn sie im fünfzehnten Jahrhundert von den Fachwissenschaften übernommen und angewandt worden wären.«[8]

Die wissenschaftlichen Überlegungen des Nikolaus von Kues erstreckten sich auf viele Themen, aber es sind seine kosmologischen Gedanken, wegen denen er heute vor allem in Erinnerung ist. Obwohl er ein Jahrhundert vor Kopernikus lebte, ging seine Kosmologie, wie Alexandre Koyré schreibt, »weit über alles hinaus, was Kopernikus je zu denken wagte«.[9] Doch Ausgangspunkt seiner Arbeiten waren nicht irgendwelche neuen astronomischen Daten, sondern Gott. In diesem Sinne kann man ihn zu Recht als »den letzten großen Philosophen des sterbenden Mittelalters« ansehen. Und wie ein Stern mit einer Explosion als Supernova endet, war er das imposante Finale für dieses großartige und viel zu sehr verleumdete Zeitalter.

Nikolaus von Kues legte seine Kosmologie in einer eigenartig schönen Abhandlung mit dem Titel *Docta ignorantia* (»Die wissende Unwissenheit«) dar, die auf den ersten Blick eher wie die Phantasterei eines netten Außerirdischen aussieht als wie ein Werk der »Wissenschaft«. Er begann mit der Behauptung, daß Gott allein absolut sei, und las in diese Theorie die Leugnung aller Absoluta in der physikalischen Welt hinein. Von dieser Basis aus zog er den Schluß, daß das Universum weder eine äußere Grenze noch ein Zentrum habe, weil die jeweils ein Absolutum darstellen würden. Mit diesem einfachen, aber außergewöhnlichen Schritt zerstörte Nikolaus von Kues den mittelalterlichen Kosmos – denn ohne eine äußere Grenze wird das Universum notwendig ein unbegrenzter Raum. Mit einem Schlag also zertrümmerte der Kardinal aus Kues die mittelalterliche »Weltblase« und entließ den Kosmos aus dem kristallinen Gefängnis seiner »Himmelssphären«.[10]

Nun kann endloser unbegrenzter Raum per definitionem kein Zentrum haben, deshalb bestand Nikolaus von Kues auch darauf, daß die Erde *nicht* das Zentrum des Kosmos sei, ebensowenig wie ein anderer Himmelskörper. In dem endlosen Raum des cusanischen Kosmos waren alle Positionen *gleich*. Er verwarf die mittelalterliche Vorstellung von einer himmlischen Hierarchie und versicherte, es sei nicht wahr, »daß die Erde das Unterste und Schlechteste« im Universum sei.[11] Im Gegenteil, sie sei ein *Stern*, »ein edler Stern, der Licht und Wärme und einen ... Einfluß besitzt ...«[12] In zweifelsfreien Ausdrücken bestritt Nikolaus von Kues den mittelalterlichen Dualismus von irdischem und himmlischem Raum. Sein Kosmos war ein einheitlicher Bereich, in dem nichts niedriger oder höher stand als etwas anderes. Es bestehe »eine umfassende Welt«, schrieb er.[13]

Es gehört zu den seltsamen Verdrehungen der Geschichte, daß die Verschiebung der Menschheit aus dem Zentrum des Kosmos oft als eine Degradierung der Menschen bezeichnet worden ist. Dabei könnte nichts falscher sein. Indem er die himmlischen Sphären zerbrach und die mittelalterliche kosmische Hierarchie zerschlug, hob nämlich Cusanus die Erde aus der Gosse des Kosmos auf und versetzte sie ins Reich des himmlischen Adels. Nicht nur Nikolaus von Kues, sondern ebenso viele spätere kosmologische Neuerer hielten den Verzicht auf das geozentrische System für eine Verbesserung des kosmischen Status der Menschheit. Vergessen wir nicht, daß im Mittelalter das Zentrum auch der unterste Teil des kosmologischen Systems war. Die Erde aus dieser eigentümlichen Position zu entlassen, konnte nur eine kosmische Beförderung sein.

Tatsächlich war für Nikolaus von Kues die kosmische Homogenität ein allgemeingültiges Prinzip. Kühn erklärte er, wo immer ein Mensch im Universum sei, er würde feststellen, daß es überall gleich aussehe: Kein Ort würde einen besonderen oder einzigartigen Anblick bieten. Wieder stand das im Gegensatz zur mittelalterlichen Ansicht, wo jeder Himmelskörper seinen eigenen Platz zugewiesen bekommen hatte und mithin notwendig einen einzigartigen Ausblick bot. Bei Nikolaus von Kues finden wir so in unausgearbeiteter Form den ersten Ausdruck der Vorstellung, die inzwischen grundlegend für die neuzeitliche Wissenschaft geworden ist, der Vorstellung vom sogenannten »kosmologischen Prinzip«. Diesem Prinzip zufolge ist das Universum an *jedem Punkt* wesentlich gleich, eine Voraussetzung für die Überzeugung von der Wiederholbarkeit von Experimenten. Der Physik der Neuzeit zufolge ist es nicht von Bedeutung, ob ich auf der Erde stehe oder auf dem Mars oder auf Alpha Centauri, es gelten überall die gleichen Naturgesetze. Die örtlichen Bedingungen mögen variieren, aber die kosmische Homogenität garantiert, daß das gesamte

Universum nach den gleichen Naturgesetzen funktioniert. Diese Feststellung (wenn auch in rudimentärer Form) könnte es nach Jammer gerechtfertigt erscheinen lassen, »daß man den Nikolaus von Kues als Wendepunkt in der Geschichte der Astronomie betrachtet«.[14] Es gibt noch einen weiteren Aspekt in der Kosmologie des Nikolaus von Kues, der ebenfalls unsere Aufmerksamkeit verdient. Den grenzenlosen Raum, wie er ihn vorstellte, füllte er, ohne zu zögern, mit zahllosen weiteren Sternen. Im Gegensatz zum endlichen mittelalterlichen Kosmos sollte das Universum nach Cusanus »Welten« ohne Zahl enthalten. Und jede dieser Welten, sagte er, sei *bewohnt*. Er schrieb, daß »Naturen verschiedenen Wertes, in welchem Bereich auch immer sie wohnen, von ihm [Gott] ausgehen«.[15] Wirklich sagt uns Nikolaus von Kues, daß »keine Region der Bewohner entbehrt«.[16] Das ganze Universum ist also bevölkert. Und genauso, wie es in seinem Kosmos keine Hierarchie unter den Himmelskörpern gab, so versicherte er uns auch, es gebe keine Hierarchie unter ihren Bewohnern. Welcher Natur diese anderen Himmelswesen auch immer seien, die Menschen seien nicht für weniger edel anzusehen als sie.

Daß Nikolaus von Kues eine Hierarchie der himmlischen Wesen verwarf, war nichts weniger als eine Widerlegung der mittelalterlichen Hierarchie der Engel. Und abermals sehen wir hier, daß die Menschheit nachdrücklich erhöht wurde, aus der kosmischen Gosse emporgehoben zum Range himmlischen Seins. Obwohl Cusanus zugab, daß die Einwohner der Sonne vielleicht »geistigere Bewohner« als die Bewohner der Erde wären, bestritt er kategorisch, daß sie einer höheren Ordnung angehörten.[17] Er fuhr sogar fort zu spekulieren, daß diese himmlischen Wesen auch dem *Tod* unterworfen sein könnten, einem Phänomen, das bisher irdischen Geschöpfen vorbehalten war. »Der Tod scheint nämlich in nichts anderem zu bestehen als darin, daß sich das Zusammengesetzte in das Zusammensetzende auflöst. Und wer weiß, ob es eine solche Auflösung nur bei den Bewohnern der Erde gibt?«[18]

Im kosmologischen System des Nikolaus von Kues waren es nicht die Menschen, sondern die Engel, die herabgestuft wurden, denn sie wurden jetzt potentiell sterblich und den Menschen gleichgestellt. Historisch mag das als erster Schritt in einem Vorgang betrachtet werden, der in der neuzeitlichen Vorstellung von *Außerirdischen* gipfelt. Was sind ET und seinesgleichen schließlich, wenn nicht inkarnierte Engel – Wesen von den Sternen, die sich im Fleisch manifestiert haben? Wie Engel – gute und böse – sind die Außerirdischen der modernen Science-fiction-Literatur mit übernatürlichen Kräften ausgestattet. Sie kommen in lichtglühenden Kugeln vom Himmel herab, treten in unser Leben und strömen Verheißung und Visionen von einem fernen Paradies aus. Die typischen Engel-Aliens sind die leuchtenden Humanoiden aus Steven Spielbergs *Begegnungen der dritten Art*, Wesen, die nicht nur himmlisches Licht abgeben, sondern durch Musik kommunizieren, in einer technischen »Sphärenharmonie«. Oder wir könnten die strahlenden Wesen aus Ron Howards *Cocoon* als Beispiel anführen, die den Menschen, die mit ihnen gehen, ein Leben ohne Krankheit und Leiden versprechen.

Auf der anderen Seite gibt es die teuflischen Außerirdischen, siehe *Alien* oder *Independence Day* oder sonstige Entführungs-Szenarios, die in den späten neunziger Jahren die amerikanische Paranoia nährten. Traditionell waren Teufel gefallene Engel, und auch heute gibt es unsere himmlischen Brüder also in zwei Ausführungen. Aber ob gut oder schlecht, die Aliens tragen die Last der Träume, die einst in der Gestalt von Engeln in das christliche Weltbild eingegliedert wurden. Indem er die himmlische Hierarchie leugnete, von der diese Geistwesen abhingen, setzte Nikolaus von Kues einen Prozeß in Gang, mit dem diese himmlischen Geschöpfe *heruntergeholt* und ins Gewebe der *Natur* eingebunden wurden.

Die Reichweite seiner Schlüsse war so außerordentlich, daß Nikolaus von Kues unsere Bewunderung erregt, vor allem, wenn wir daran denken, daß er anderthalb Jahrhunderte vor der Erfindung des Teleskops starb. Aber seine Arbeit übte auf die meisten seiner Zeitgenossen, genau wie bei Crescas, keinen Einfluß aus. Erst viel später sollten seine Einsichten erkannt und die innovative Natur seiner Kosmologie voll gewürdigt werden. Daß er ohne die Hilfe neuer Instrumente so weit gehen konnte, war ein Beweis nicht nur seines agilen Geistes, sondern auch des sich ändernden Charakters eines ganzen Zeitalters.

Renaissance – Wiedergeburt –, das war das Wort, das europäische Gelehrte und Künstler benutzten, um die große kulturelle Blüte jener Zeit zu beschreiben. Der Mensch wurde jetzt als »Maß aller Dinge« gefeiert, und als das 16. Jahrhundert heraufdämmerte, wurden die Leute zunehmend unzufrieden mit der niederen Stellung in der kosmischen Hierarchie, die ihnen das mittelalterliche System zugewiesen hatte. Wie sollten sie in einem Zeitalter, das die Großartigkeit von Michelangelo und Raffael hervorgebracht hatte, weiterhin glauben, daß der ihnen zustehende Platz die Gosse des Kosmos sei? Selbst ohne Cusanus war das christliche Europa reif für eine Veränderung, und in diesem neuen Jahrhundert begannen sich die tektonischen Platten der abendländischen Kosmologie endlich zu verschieben.

Der erste Antrieb zu dieser Verschiebung kam nicht von Nikolaus von Kues, sondern von einem unbekannten Domherrn aus Thorn namens Nikolaus Kopernikus. Zu eben der Zeit, als Raffael in Rom seine *Disputa* malte, war Kopernikus Student in Italien, an der Universität von Bologna. Wie Raffael suchte er ein einheitliches »Bild« von Himmel und Erde – tatsächlich sollte er sein Leben dieser Aufgabe widmen.

Die neue Wissenschaft wurde genau wie die Malerei inspiriert von dem sich entfaltenden Renaissancegeist, denn Wissenschaft ist immer eine kulturelle Unternehmung. Andere »diese Epoche prägende Umstände hatten auf die Astronomie großen Einfluß« und bereiteten den Boden für Kopernikus. Die Renaissance war »ein Zeitalter der Weltreisen und Entdeckungen«, und die begannen »die Vorstellungskraft und die Habgier der Europäer zu wecken«.[19] Fünfzig Jahre vor seiner Geburt hatten die Portugiesen angefangen, an der afrikanischen Westküste entlangzufahren, und kurz bevor Kopernikus zwanzig Jahre alt wurde, landete Kolumbus in Amerika. Thomas Kuhn hat bemerkt: »Erfolgreiche Seefahrten erforderten verbesserte Seekarten und Navigationsmethoden, diese wiederum hingen von verbesserten astronomischen Kenntnissen ab.«[20] Riesige Geldsummen standen bei diesen Reisen auf dem Spiel, aber Kaufleute wie Könige waren gleichermaßen abhängig von den Seefahrern, die ihrerseits abhängig waren von den Sternen. Kurz, um in der Neuen Welt Gold und Reichtümer rauben zu können, mußte die Alte Welt mehr von Astronomie verstehen.

Wenn die Seefahrt die eine Veranlassung war, erneut auf die Sterne zu schauen, war die andere das dringende Bedürfnis nach einer Kalenderreform. Weil das Datum für Ostern (das Hauptfest des Kirchenjahres) durch Sonnenumlauf und Mondzyklus festgelegt war, hatte die astronomische Genauigkeit erhebliche Bedeutung für die römisch-katholische Kirche.[21] Unter Papst Gregor XIII. wurde im 16. Jahrhundert die Kalenderreform zum offiziellen Kirchenprojekt, und irgendwann wurde auch Kopernikus gebeten, den Papst darüber zu beraten. Er lehnte jedoch ab mit der Begründung, daß das aktuelle Wissen von den himmlischen Bewegungen so gering sei, daß eine Reform des Kalenders erst unternommen werden könne, wenn die Astronomie selbst reformiert sei. Das machte sich Kopernikus zur Lebensaufgabe.

Es gibt in der Geschichte der Naturwissenschaften keinen weniger aufregenden »Revolutionär« als Kopernikus. Er war der Sohn eines vornehmen Kaufmanns aus Thorn, studierte weltliches und geistliches Recht in Krakau und Bologna und Medizin in Padua und wurde als weltlicher Domherr ins Domkapitel zu Frauenburg in Ostpreußen aufgenommen. Nach einem kurzen Zwischenspiel als seines Onkels Arzt und Sekretär ließ er sich in diesem abgelegenen Winkel nieder und verbrachte den Rest seines Lebens mit dem, was Koestler als das »behagliche, weltlich üppige Leben [eines] Provinzadligen« bezeichnet hat.[22] Da gab es keine großen Herren, keine glänzenden Höfe, keine hitzigen Fehden, nur das nahrhafte, selbstzufriedene Landleben.

Kopernikus' Pflichten bei der Verwaltung der Ländereien des Bistums Ermland stellten keine großen Anforderungen – er und die anderen Domherren mußten Abgaben erheben, Zinsen und Zehnten einziehen und örtlich Recht sprechen. Während seiner reichlichen Mußestunden konnte er sich dem Studium der Sterne zuwenden. In seinem Turm mit Blick über das Frische Haff rang er dreißig Jahre lang mit dem Problem der Bewegung der Himmelskörper. Die Frage, die ihn beschäftigte, war: Wie bewegen sich Sonne, Mond und Planeten durch den Himmel? Wir beobachten hier einen der frühesten unter den neuen Wissenschaftlern, der vorsichtig mit »virtuellen Blicken« den Raum um sich herum sondierte. Und der über seine körperliche Reichweite hinausgriff zu den fernsten Objekten im Universum.

Das Problem des Kopernikus war, daß bei aller philosophischen Schönheit des mittelalterlichen kosmischen Systems die dazugehörige Astronomie ziemlich ungenau war. Zusammen mit dem kosmologischen System der himmlischen Sphären der Alten hatten die Menschen des späten Mittelalters auch das antike *astronomische* System geerbt, das Ptolemäus von Alexandria im zweiten Jahrhundert entwickelt hatte. Ptolemäus, der letzte große Astronom der alten Welt, hatte eine komplexe geometrische Berechnung der Bewegungen der Himmelskörper ausgearbeitet, nach der die Seefahrer sich seitdem gerichtet hatten. Mit Hilfe dieses ptolemäischen Systems konnte man die Positionen der Sonne und des Mondes, der Sterne und Planeten vorhersagen, aber es war alles andere als genau, und ständig gingen Schiffe samt ihrer kostbaren Fracht auf See verloren. Nach der Beschreibung des Ptolemäus funktionierte das kosmische System wie ein riesiges, aber ausgeschlagenes himmlisches Uhrwerk. Es erklärte die Bewegung jedes einzelnen Himmelskörpers mit einem komplexen Satz von Kreisbewegungen. Es stimmt, auf den ersten Blick bewegen sich die Himmelskörper in Kreisen um die Erde, aber bei näherem Hinsehen wird deutlich, daß ihre Umläufe keine perfekten Kreise sind. Einige Planeten haben besonders verzerrte Wege. Um diese Abweichungen von der kreisförmigen Vollkommenheit zu erklären, waren die antiken Astronomen auf die Idee gekommen, daß jede himmlische Umlaufbahn das Ergebnis von verschiedenen miteinander kombinierten Kreisbewegungen sei. Man kann sich das vorstellen wie ein Getriebe aus verschiedenen Zahnrädern, wo jedes große Zahnrad von kleineren Zahnrädern ergänzt wird. So wie eine mechanische Tanzpuppe durch eine komplexe Anordnung von Zahnrädchen zum Tanzen gebracht werden kann, so, meinten die Alten, sei auch der himmlische Tanz der Sterne und Planeten durch eine komplexe Anordnung von Kreisbewegungen zu erklären. Das System des Ptolemäus war der Höhepunkt dieser Theorien.

Aber Kopernikus fand das System des Ptolemäus häßlich. Er konnte nicht glauben, daß Gott ein ästhetisch so schlechtes System geschaffen haben sollte. Während Kopernikus natürlich angeregt wurde von praktischen Überlegungen betreffend Navigation und Kalenderreform, war er doch auch von *ästhetischen* Interessen motiviert. Vor allem, meint der Historiker Fernand Hallyn, wurde er inspiriert von der Ästhetik der Renaissancemaler, von ihrem Ideal von Schönheit, Harmonie und Symmetrie.[23] In der Astronomie sei die »Hauptsache«, schrieb Kopernikus, »die Gestalt der Welt und die tatsächliche Symmetrie ihrer Teile« herauszuarbeiten.[24] Tatsächlich könnte man die Vorstellung vom Kosmos, die er entwarf, als Inbegriff eines Renaissancebildes von der Welt ansehen.

Auf der Suche nach einer »harmonischeren« und »symmetrischeren« Sicht des kosmischen Systems entwickelte Kopernikus die Vorstellung eines Kosmos mit der *Sonne im Zentrum*. Die Sonne ersetzte hier die Erde als Brennpunkt des Systems. Es würde den Rahmen dieses Buches sprengen, wenn ich beschreiben wollte, wie Kopernikus zu dieser außerordentlichen Folgerung kam, es möge genügen zu sagen, daß er nicht der erste war.[25] Ein heliozentrisches kosmisches System war von einer Reihe von Menschen Anfang des 16. Jahrhunderts in Betracht gezogen worden, und der Gedanke war tatsächlich auch schon den alten Griechen 2000 Jahre zuvor bekannt gewesen. Aber was Kopernikus tat, war, daß er mühsam die Einzelheiten erarbeitete, wie ein heliozentrisches System wirklich funktionieren könnte. Im Gegensatz zu Nikolaus von Kues, der die Details seines kosmischen Systems nie formulierte, arbeitete sich Kopernikus durch die Geometrie, um zu zeigen, wie sich die Planeten tatsächlich in einem Sonnensystem bewegen könnten. Für diese unglaublich mühselige Aufgabe schuldet ihm die neuzeitliche Kosmologie ungeheuren Dank.

In populärwissenschaftlichen Büchern ist viel die Rede von der angeblichen Einfachheit des kopernikanischen Systems – aber nichts könnte falscher sein. Der Harvard-Historiker Owen Gingerich hat gezeigt, daß der kopernikanische Kosmos weder einfacher noch genauer war als sein ptolemäischer Vorläufer.[26] Er war im Gegenteil genauso kompliziert und genauso ungenau. Auch Kopernikus beschrieb die Bewegung der Himmelskörper mit einer altertümlichen Kollektion von unsichtbaren himmlischen Zahnrädern – seine Berechnung des Erdumlaufs zum Beispiel erforderte nicht weniger als neun Himmelskreise. In dieser Hinsicht war sein System genauso häßlich wie sein Vorläufer. Nicht zu übersehen war jedoch die Tatsache, daß sein System auch *nicht schlechter* war als sein Vorläufer. So hatte zum ersten Mal in der abendländischen Geschichte die geozentrische Sicht des Universums eine ernsthafte Konkurrenz bekommen. Von jetzt an mußte der Heliozentrismus mindestens als möglich akzeptiert werden.

Wenn nun aber das kopernikanische System nicht einfacher war als das ptolemäische, so bot es doch in Hinsicht auf die Geschichte des Raumes etliche bedeutende Vorteile. Erstens war im heliozentrischen System die Erde einer der Planeten, und somit war der Mensch, wie in der Kosmologie des Nikolaus von Kues, wieder in den *himmlischen Raum* hineingeschleudert. Der zweite Vorteil des kopernikanischen Systems war, daß, wenn sich die Erde um die Sonne bewegte, die Sterne ihrerseits einen festen Platz bekamen. Wie wir gesehen haben, kreisten im geozentrischen System die Sterne auf einer riesigen kristallenen Kugel um die Erde. Das mochte aus theologischer Sicht akzeptabel sein, praktisch schien es ein wenig absurd. Kopernikus selbst bemerkte, es sei sehr viel sinnvoller, wenn ein relativ kleiner Körper wie die Erde sich bewegte, als wenn die riesige Sphäre der Sterne es täte.

Sosehr nun aber Kopernikus als Mensch der Neuzeit gilt – er selbst glaubte noch an himmlische Sphären. Tatsächlich waren sie für seine Kosmologie erforderlich, denn in seinem System blieb Gott die Quelle der himmlischen Bewegungen. Im Zusammenhang mit der Geschichte des Raums gibt es außerdem das Problem, daß Kopernikus zwar die Erde unter die Planeten setzte, dabei aber keineswegs die Unterscheidung zwischen irdischem und himmlischem Raum aufhob. Um das tun zu können, hätte er glauben müssen, daß die Himmelskörper wie die Erde aus fester Materie bestehen. Aber im Gegensatz zu Nikolaus von Kues, der in diese Richtung zu denken begann, gibt es keinen Hinweis, daß Kopernikus etwas Derartiges annahm. In seiner kosmologischen Sicht blieb das himmlische

Reich ein *ästhetisches* »anderes« Reich, und so war er in mancher Hinsicht eher ein mittelalterlicher als ein neuzeitlicher Denker. Kuhn drückt es so aus: »Man findet die kopernikanische Revolution, wie wir sie kennen, kaum in [Kopernikus'] *De Revolutionibus.*«[27] Aber was immer Kopernikus selbst glaubte, es gibt keinen Zweifel, daß seine Arbeit eine neue Ära im kosmologischen Denken einleitete.

Der Mann, der die Möglichkeiten des heliozentrischen Systems richtig erkannte und die mittelalterliche Unterscheidung zwischen himmlischem und irdischem Raum wirklich beseitigte, war nicht Kopernikus, sondern der Mathematiker Johannes Kepler. Die »großen Männer« aller möglichen Disziplinen mögen zu Biographien anregen, aber wenige in der Geschichte der Wissenschaft erregen Zuneigung. Kepler ist einer von ihnen. Er war ein kränkliches Kind aus Weil der Stadt, in eine Familie von streitsüchtigen, schroffen, unharmonischen Menschen hineingeboren, und stieg aus diesen elenden Anfängen auf zu einem der genialsten Menschen aller Zeiten. Als Newton sagte: »Wenn ich weiter habe sehen können, so deshalb, weil ich auf den Schultern von Riesen stand«, bezog er sich auf niemanden so sehr wie auf Kepler. Keplers Gesetze der Planetenbewegungen sollten den Weg für Newtons Entdeckung der Gravitationsgesetze ebnen und damit für die endliche Vereinigung von himmlischem und irdischem Raum.

Nichts in Keplers bemitleidenswerter Kindheit scheint ihn auf eine so bedeutsame Rolle vorbereitet zu haben. Abgesehen vom Trauma seiner streitsüchtigen Familie war er unbeliebt, so daß seine Kameraden »ihn für einen unerträglichen Streber hielten und bei jeder Gelegenheit verprügelten«.[28] Sensibel, kränklich und offen religiös, gab der junge Kepler eine leichte, geradezu provozierende Zielscheibe ab. In Erinnerung an seine qualvolle Kindheit schrieb er über sich: »Mit zehn Jahren, als er zum erstenmal die Heilige Schrift las ... grämte er sich, daß es ihm wegen der Verderbtheit seines Lebens versagt sei, ein Prophet zu werden.«[29] Aber Kepler wurde doch ein »Prophet«; er war der erste echte *Astrophysiker* – der erste Mensch, der den Himmelsraum als einen Raum konkreter physikalischer Abläufe betrachtete.

Kepler übernahm die heliozentrische Sicht von Kopernikus, verwarf aber dessen mittelalterliche Methoden und stellte sich selbst die Aufgabe zu klären, wie ein um die Sonne konzentriertes System funktionieren könnte. Und da tat er den entscheidenden Schritt, den Kopernikus nicht zu tun gewagt hatte: Er betrachtete den himmlischen Bereich als einen genauso konkret *physikalischen Bereich* wie den irdischen, und er behandelte die Himmelskörper als konkret *materielle Körper*, die nach natürlichen physikalischen Gesetzen funktionieren müßten. Mit dieser Erkenntnis erfand der Prügelknabe aus Weil der Stadt die Welt neu.

Noch einmal: Uns, die wir gesehen haben, daß Menschen auf dem Mond herumliefen und Sonden über die Marsoberfläche krochen, mag Keplers Erkenntnis nicht besonders aufregend vorkommen. Dabei kann man gar nicht genug betonen, was für ein riesiger intellektueller Sprung das war. Neil Armstrong trat auf dem Mond gewissermaßen in die Fußstapfen Johannes Keplers. Wir Menschen konnten nicht einmal davon träumen, die Mondoberfläche zu betreten, solange wir den Mond nicht als konkret physikalischen Ort erkannt hatten, und Kepler war der erste, der das tat. Tatsächlich hielt er drei Jahrhunderte vor den Apollomissionen eine Reise zum Mond für möglich.

Da Kepler glaubte, daß der himmlische Bereich ein konkret physikalischer Bereich sei, war er zumindest in der Lage, seinen Geist von den alten ptolemäischen Methoden zu befreien und nach einer Alternative für das abgenutzte System himmlischer Zahnräder zu suchen. Dabei entdeckte er, daß sich die Planeten nicht in irgendeiner komplizierten Kombination von Kreisen um die Sonne bewegen – wie jeder abendländische

Astronom seit Aristoteles behauptet hatte –, sondern in *Ellipsen*. Er stellte fest, daß der Weg jedes Planeten tatsächlich eine elegante Ellipse ist, mit der Sonne in einem der Brennpunkte. In dieser ketzerischen Abweichung von der kreisförmigen Vollkommenheit lag die Basis für eine wirklich nachmittelalterliche Kosmologie. Nach Kepler war es nicht Gott, der die Planeten auf ihren Umlaufbahnen wandern ließ, es waren dem kosmischen System innewohnende *physikalische Kräfte*. Für ihn waren die Bewegungen der Himmelskörper kein Thema der Theologie, sondern der *Physik*. Aus diesem Grunde kann er wirklich als Begründer dieser absolut neuzeitlichen Wissenschaft der »Astrophysik« angesehen werden. Außerdem sagte Kepler, die Planeten würden in ihren Umlaufbahnen angetrieben durch eine physikalische Kraft, die von der *Sonne* ausgehe. Das ist in der Geschichte der abendländischen Kosmologie als eine der wichtigsten Einsichten zu werten. Daß Keplers Name nicht so allgemein bekannt ist wie der des Kopernikus, gehört zu den großen Ungerechtigkeiten der volkstümlichen Historie. Was wir hier haben – Keplers Kraft der Sonne und seine elliptischen Planetenbahnen –, heißt, den himmlischen Bereich in die *Naturwissenschaft* einzuschließen. Kepler stellte als erster Mensch die Theorie auf, daß natürliche physikalische Kräfte und Gesetze im himmlischen Bereich wirkten, und zog damit die mittelalterliche Unterscheidung zwischen himmlischem und irdischem Raum endgültig in Zweifel. Sein Universum war nicht nur vereinheitlicht, es war durch und durch physikalisch lebensfähig. In diesem Sinne ist er, nicht Kopernikus, der erste wirklich »moderne« Mensch.

Keplers Engagement für die Einheit des himmlischen und des irdischen Raums zeigt sich in einem seltsamen kleinen Buch, das heute als erstes Science-fiction-Buch gilt. Es trug den schlichten Titel *Somnium* (»Der Traum«). Kepler beschreibt darin eine imaginäre Reise zum Mond. Er vermeidet jede Spur von Mittelalterlichkeit, sein Mond ist eine feste Materiekugel wie die Erde. Da gibt es Berge und Höhlen, Meere und Flüsse; Pflanzen wachsen, Tiere werden geboren und sterben. Mit diesem Mond sind wir eindeutig im Reich der Natur. In Keplers Geschichte ist unser lunarer Vetter bevölkert von einer buntgemischten Sammlung von echsenartigen Geschöpfen. Im allgemeinen, heißt es da, herrsche die Schlangennatur vor. So wie der Erzähler diese Wesen beschreibt, »streifen sie in Gruppen über ihre ganze Kugel, jedes gemäß seiner besonderen Natur: manche benutzen ihre Beine, die weit länger sind als die unserer Kamele, manche greifen auf Flügel zurück, und manche folgen in Booten dem Wasser«.[30] Mit anderen Worten, einige von ihnen sind intelligent. Sie haben sogar ein Grundwissen von der Astronomie. Hier sehen wir im frühen 17. Jahrhundert den Höhepunkt einer Bewegung, die mit Nikolaus von Kues 200 Jahre zuvor begonnen hat. Die »Erdung« der Engel ist abgeschlossen, die Wesen von den Sternen sind in Fleisch gehüllt und *sterbliche* Kreaturen geworden. Der neuzeitliche »Außerirdische« ist voll ausgebildet, und zwar in fester materieller Form.

Was für eine radikale Veränderung, seit Dante drei Jahrhunderte vorher zum Himmel hinaufgestiegen war. Die Kristallsphären und die engelhaften Harmonien der *Göttlichen Komödie* sind verschwunden, ersetzt von sich windenden und sich häutenden Schlangen, die in Höhlen leben. Vergangen die »singende Stille« des mittelalterlichen Himmels, überholt vom »wissenschaftlichen Fortschritt« und Visionen von intelligenten Sauriern. So aufregend es sein mag, die Geburt der Sciencefiction mitzuerleben, so fühlt man doch auch eine Andeutung von Traurigkeit beim Anblick dieser neuen materialistischen Sicht. Von jetzt an wird man im Himmelsraum nicht mehr die Gesänge der Cherubim und Seraphim hören, sondern das Donnern von Raketen und das Zischen von *Warp*-Antrieben.

Mit Keplers *Somnium* erreichte die abendländische Kultur einen kritischen Punkt, denn die Mondeidechsen läuteten zweifellos das Totenglöckchen für das mittelalterliche Weltbild.

Einfach ausgedrückt: Der himmlische Raum kann nicht Engel *und* schiffebauende Schlangen enthalten. Man kann nicht beides haben: Entweder ist das himmlische Reich eine Metapher für den spirituellen Raum des Himmels, für einen von »Engeln« bevölkerten Raum, oder es ist ein physikalischer Raum voller Planeten aus Materie, die von »Außerirdischen« bewohnt werden. Auch wenn niemand gebeten wurde zu wählen, wissen wir alle, wie eine Wahl ausgehen würde. Als Verweis auf die Zukunft sind diese Eidechsen sonderbar angemessene Vorboten der Dinge, die da kommen sollten.

Kepler legte klarer als sonst jemand die neuzeitliche Sicht von himmlischem Raum als einem konkreten physikalischen Bereich dar, aber während er diese Vorstellung herausarbeitete, war es Galilei, der den Gedanken in den Vordergrund des abendländischen Bewußtseins beförderte. Deshalb wird *sein* Name, nicht der Keplers, gewöhnlich mit diesem bedeutenden Schritt verbunden. Der Schlüssel zu Galileis Erfolg war ein verblüffendes neues Instrument. Während Kepler im Geiste zum Mond reiste, sah ihn sich Galilei durch ein Teleskop an, und was er – wie Kepler – sah, war keine nebulöse, ätherische Kugel, sondern das waren Berge! Galilei teilte der Welt seine Entdeckung mit und erklärte, »daß der Mond keineswegs eine sanfte und glatte, sondern eine rauhe und unebene Oberfläche besitzt und daß er, ebenso wie das Antlitz der Erde selbst, mit ungeheuren Schwellungen, tiefen Mulden und Krümmungen überall dicht bedeckt ist«.[31]

Außer Mondbergen zeigte die neue »optische Röhre« konkrete Hinweise, die gegen den mittelalterlichen Glauben an die Unveränderlichkeit des himmlischen Sektors sprachen. Durch sein Teleskop sah Galilei Flecken, die sich über die Oberfläche der Sonne bewegten. Also gab es Veränderung auch im Himmel, wie auf der Erde. Die Unbeständigkeit des Himmels wurde außerdem nahegelegt durch die Entdeckung, daß Kometen keine atmosphärischen Phänomene waren, wie Aristoteles be-

hauptet hatte, sondern echte Himmelskörper. Alles in allem
sprachen die Beweise, die da durch die optische Röhre herein-
strömten, zunehmend dafür, daß der himmlische Bereich ein
konkreter physikalischer Raum war.

Seit Galilei erstmals ein Teleskop auf den Mond richtete, ist
dieses Instrument zur Verbindung der Menschheit mit den
Sternen geworden; durch Teleskope können wir unsere Blicke
in den Himmelsraum hinausschicken, weit über die Grenzen dessen hinaus, was wir normalerweise erblicken können.
Wenn die perspektivische Malerei, wie wir im vorigen Kapitel
gesehen haben, den abendländischen Geist geschult hat, mit
»virtuellen Augen« hinauszusehen, so erweiterte das Teleskop
den virtuellen Blick weit über die kühnsten Phantasien der Renaissancemaler hinaus. Eben weil der himmlische Raum kein
Ort ist, an den wir körperlich reisen können (selbst die wenigen auserwählten Astronauten sind nicht über den Mond hin-
ausgekommen), ist es ein Raum, den wir im allgemeinen nur
durch »virtuelle Augen« kennen. In dieser Hinsicht entspricht
unser Wissen vom »Weltraum« unserem Wissen vom Cyberspace, denn auch *der* ist ein Raum, den wir nicht körperlich erfahren. Sowohl der Weltraum als auch der Cyberspace sind
vermittelte Räume, die wir durch einen technologischen Filter
sehen. Und so wie wir heute anfangen, eine Ahnung von der
potentiellen Riesigkeit des Cyberspace zu bekommen, so begannen die Europäer des 17. Jahrhunderts eine Ahnung von der
potentiellen Unermeßlichkeit des neuen Raums zu bekommen, den sie am anderen Ende ihrer optischen Röhren entdeckten.

Mitte des 17. Jahrhunderts hatte die wissenschaftliche Gemeinschaft Europas mehr oder weniger akzeptiert, daß der
Kosmos heliozentrisch und physikalisch war. Aber eine Frage
blieb offen: Wie groß war unser Universum? Der mittelalterliche Kosmos war klein und endlich gewesen, mit einer Grenze
an der äußersten Sphäre. Hatte der neue heliozentrische Kos-

mos auch eine äußere Grenze? Oder konnte er ewig weitergehen? Konnte es sein, daß der himmlische Raum tatsächlich *unendlich* war – wie es Nikolaus von Kues zwei Jahrhunderte früher behauptet hatte?

Überraschenderweise war es vielleicht diese Vorstellung vom unendlichen Raum, die die größte Bestürzung hervorrief. Aus christlich-theologischer Sicht war die Idee eines unendlichen Universums besonders inakzeptabel, weil sie eine *gestaltlose* Welt einschloß. Die ganze christlich-aristotelische Synthese war auf den Glauben gegründet, daß wir in der Architektur des Kosmos einen göttlichen Schöpfer gespiegelt sehen können. Aber konnte sich Gott in Gestaltlosigkeit spiegeln? Vor allem Kepler erhob dagegen Einwände. Von allen Behauptungen der neuen Kosmologie begegnete diese dem stärksten Widerstand. Daß sich die Erde bewegte, daß die Sonne den zentralen Platz zwischen den Planeten einnahm, daß die Himmelskörper eine materielle Natur hatten – all das wurde nach und nach Teil des wissenschaftlichen Weltbildes in den Jahrzehnten nach der Erfindung des Teleskops. Was aber die meisten Menschen nicht akzeptieren konnten, war eine unendliche formlose Leere. Die christliche Theologie und die griechische Philosophie hatten beide das Unendliche – das gefürchtete *Apeiron* – abgelehnt, und wie der leere Raum selbst erforderte der Gedanke eines unendlichen Raums eine entscheidende Veränderung im abendländischen Bewußtsein.

Der nächste große Vertreter des unendlichen Raums nach Nikolaus von Kues war der ketzerische italienische Mystiker Giordano Bruno, der im Jahre 1600 auf dem Scheiterhaufen verbrannt wurde. Bruno trat in Cusanus' Fußstapfen und bestand darauf, daß das Universum unendlich und voll von zahllosen weiteren Sternen sei. »Ich bin gewiß, daß [niemand] jemals auch nur einen halbwegs wahrscheinlichen Grund dafür anführen könnte, daß dieses körperhafte Weltall begrenzt, folglich auch die Zahl der Gestirne in ihm endlich sei«, schrieb er.[32] Wenn man bedenkt, was wir gerade über die theologischen Einwände gegen die Unendlichkeit gesagt haben, wirkt es paradox, daß Bruno sein unendliches Universum mit einem auf Gott zurückgreifenden Argument rechtfertigte. Er nutzte die theologische Tradition, die die christliche Gottheit als Gott der Fülle begriff. In dieser Tradition »muß ein größeres und mehr besiedeltes Universum einem perfekteren Gott entsprechen« – oder, anders ausgedrückt, Gottes unendliche Güte würde »nur durch einen unendlichen Schöpfungsakt befriedigt werden«.[33]

Indem er sich für den Gedanken einer unendlichen Schöpfung einsetzte, betonte Bruno vor allem, daß der Raum an sich unendlich sei. »Für uns aber, die wir in die Dinge selbst sehen, gibt es nur einen luftigen, ätherischen, von Geist durchdrungenen, flüssigen Körper ... und wir wissen sicher, daß dieser Raum als Wirkung und Erzeugnis einer unendlichen Ursache und eines unendlichen Prinzips auf unendliche Weise unendlich sein muß.«[34] So wurde in Brunos Kosmologie der unendliche Raum die direkte Spiegelung eines unendlichen Gottes. Eben diese *Theologisierung des Raums* machte schließlich das *Apeiron* akzeptabel. Während des späten 16. und des 17. Jahrhunderts errichtete eine eindrucksvolle Reihe von Denkern nach und nach eine Theologie des unendlichen Raums und rechtfertigte das bis dahin verabscheute Konzept, indem sie es mit Gott verknüpfte.

Einer der Menschen, dessen Arbeiten schließlich entscheidend dazu beitrugen, daß der endlose Raum akzeptiert wurde, war René Descartes. Obwohl Descartes selbst den leeren Raum an sich ablehnte (er zog es vor, mit Aristoteles das Universum als Plenum anzusehen, in dem Materie alles füllte), war sein Universum wie das von Bruno unendlich.

Auch wenn er den Ruf eines nüchternen Rationalisten hatte, gründete sich Descartes' Herangehen an die Wissenschaft auf eine mystische Offenbarung, von der er glaubte, daß sie direkt von Gott gekommen sei. Am 10. November 1619 verbrachte der junge Philosoph eine Nacht in einer Herberge und hatte eine Vision, auf die verschiedene Träume folgten, in denen er von einer höheren Macht aufgesucht wurde. In dieser Vision, berichtet Edwin Burtt, »zeigte sich ihm der Engel der Wahrheit und schien durch übernatürliche Einsicht die Überzeugung zu rechtfertigen, die sich bereits in seinem Geist festgesetzt hatte, daß die Mathematik der einzige Schlüssel sei, mit dem man die Geheimnisse der Natur erschließen könne«.[35] Von dieser Engelsbotschaft ausgehend, faßte Descartes sein mechanistisches Weltbild ins Auge, in dem das Universum aus Materie bestand, die sich nach streng mathematischen Gesetzen durch den unendlichen Raum bewegte.

Descartes hatte seine mechanistische Sicht sorgfältig ausgearbeitet in der Hoffnung, seinen katholischen Glauben damit stützen zu können, aber zu seiner großen Enttäuschung interpretierten viele Menschen den kartesianischen Kosmos als eine gefährliche, atheistische Konstruktion. Die einzige Rolle, die in seiner Weltmaschine für Gott übriggeblieben zu sein schien, war, daß er die mathematischen Gesetze beisteuerte, nach denen das System funktionierte. Vielen seiner Kollegen schien es, als hätte Descartes in seinem Universum Gott jede Bedeutung genommen. Wie konnte ein gläubiger Christ eine so »Seelen-lose« Sicht der Welt zulassen? Dabei wollten viele Wissenschaftler des 17. Jahrhunderts gern irgendeine Form von Mechanismus akzeptieren. Viele von ihnen glaubten wie Descartes, daß das Universum in gewisser Weise einer Maschine ähnelte. Was sie sich wünschten, war eine christlichere Art von Maschine. Bei ihrer Suche nach einer »spiritualisierteren« Version des Mechanismus sollte der Raum eine entscheidende Rolle spielen.

Einen der frühesten Versuche, den kartesianischen Kosmos zu spiritualisieren, unternahm der englische Geistliche Henry More, der sich daranmachte, Descartes' Weltmaschine mit dem auszustatten, was er für spezifisch christliche Merkmale hielt. More lehnte Descartes' Glauben an ein Plenum, einen vollkommen ausgefüllten Raum, ab und erklärte in Anlehnung an die antiken Atomisten, das Universum sei aus Atomen und leerem Raum zusammengesetzt. Wie Bruno rechtfertigte er diesen leeren Raum, indem er ihn vergöttlichte; er nannte ihn eine »subtile« Substanz und einen »göttlichen Reichtum«. Tatsächlich war Raum für More die vermittelnde Substanz zwischen der physikalischen Materie und dem göttlichen Geist, das Bindeglied zwischen dem materiellen und dem spirituellen Reich. Mit solchen theologischen Maßnahmen suchten More und seine Zeitgenossen nach religiöser Glaubwürdigkeit für ein mechanisches Universum. Was sie wollten, war nichts weniger als eine neue Verschmelzung von Wissenschaft und Religion, ein mechanisches Weltbild, das sich mit ihrem christlichen Glauben vereinbaren ließ. Was das anging – und vieles andere –, so erreichte die Flugbahn der »wissenschaftlichen Revolution« ihr Apogäum bei Mores jungem Kollegen Isaac Newton, dem Mann, der die neue Kosmologie und die neue Konzeption von Raum ins kollektive abendländische Bewußtsein einbrennen sollte.

Isaac Newton, genialer Wissenschaftler, christlicher Häretiker, Alchemist: alles zutreffende Beschreibungen des Mannes, der das neue abendländische Weltbild auf eine Weise überragt, die nur mit Aristoteles' Beherrschung der antiken Welt verglichen werden kann. Um aber Newton verstehen zu können, müssen wir mehr als seine Wissenschaft ins Auge fassen, denn er war vor allem anderen von religiösen Gründen motiviert. Die Tiefe seines Glaubens läßt sich ermessen an der Tatsache, daß er bereit war, eher auf eine akademische Laufbahn zu verzichten als einer theologischen Ansicht Loyalität zu geloben, die nicht die seine war. Zu der Zeit forderte die Universität Cambridge noch, daß ihre Dozenten Geistliche der anglikanischen Kirche waren, und die Priesterweihe ihrerseits forderte ein Bekenntnis des Glaubens an die Dreifaltigkeit – jenes Herzstück der christlichen Lehre, das besagt, das Göttliche trete in gleichzeitig drei Formen auf: Vater, Sohn und Heiligem Geist. Aber Newton hing insgeheim dem Arianismus an, der die Dreifaltigkeit ablehnt und auf der unauflöslichen Einheit der christlichen Gottheit besteht. Er war nicht so dumm, seine häretische Haltung offen zu äußern, aber er war ebensowenig bereit, Ergebenheit gegenüber etwas vorzutäuschen, woran er nicht glaubte. Als der Tag seiner Ordination näherrückte, bereitete er sich innerlich darauf vor, Cambridge zu verlassen – da kam in letzter Minute ein Dispens des Königs: Newton durfte an der Universität bleiben, ohne geweiht zu sein. Daß er ein Häretiker war, würde sein persönliches Geheimnis bleiben.

Diese Anekdote ist nicht ohne Interesse, denn sie wirft ein ungewöhnliches Licht auf einen Menschen, der wegen seiner Wissenschaft weltweit bekannt ist, sie verschafft uns aber auch einen lebhaften Einblick in die Zufälligkeit der Geschichte. Was, wenn der Dispens *nicht* gekommen wäre und Newton Cambridge verlassen und ein Leben als Gutsherr geführt hätte – ein Schicksal, das seine Eltern für ihn vorgesehen hatten? Würde er seine Wissenschaft weiter betrieben haben? Würde es die *Principia* gegeben haben, eine die neue Kosmologie einende und verknüpfende »Bibel«? Newtons Biograph Richard Westfall hat über diese Fragen nachgedacht und im Hinblick auf die letztere geschlossen, daß sie wahrscheinlich mit nein zu beantworten wäre.[36] Dieser außergewöhnlich wißbegierige Geist würde sicher weiter über die Welt gegrübelt haben, aber ohne den Rahmen von Cambridge wären seine Gedanken möglicherweise nicht veröffentlicht worden. Und ohne die gewaltige Wirkung der *Principia* hätte sich die abendländische Geschichte des Raums vielleicht ganz anders entwickelt.

Was Newton der Welt in seinem legendären (und sagenhaft schwierigen) Buch vorlegte, war eine übergreifende Synthese, die die kosmologischen Einsichten all seiner großen Vorgänger – Kopernikus, Kepler, Galilei und Descartes – verknüpfte. Da er auf den Schultern solcher Giganten stand, war Newton in der richtigen Position für einen weiterreichenden Blick in den himmlischen Raum.

Zuallererst vervollständigte Newton die Vereinheitlichung von himmlischem und irdischem Raum, die Kepler begonnen hatte. Der Schlüssel zu seiner Synthese war eine schlichte mathematische Gleichung, die noch heute als archetypisches »Naturgesetz« gilt – das »Gravitationsgesetz«. Die Legende berichtet, er sei durch das Herabfallen eines Apfels im Garten seiner Mutter dazu angeregt worden. Newton zeigte, daß dieselbe Kraft, die das Obst zu Boden fallen läßt, auch erklären kann, wie der Mond um die Erde und wie die Planeten um die Sonne kreisen. Tatsächlich ist die Kraft, von der Kepler angenommen hatte, daß sie die Planeten in ihren Umlaufbahnen halte, auch verantwortlich dafür, daß unsere Füße am Erdboden bleiben, wie Newton nachwies. Damit wurde ein und dieselbe physikalische Kraft sowohl im himmlischen als auch im irdischen Raum wirksam.

Daneben ist im Gravitationsgesetz eine metaphysische Bombe betreffend die Natur der Himmelskörper verborgen. Das Wesentliche an Newtons Gesetz ist die Anziehungskraft zwischen zwei *physikalischen Massen*. Wo Schwerkraft wirkt, muß es Materie geben, gewöhnliche, feste, physikalische Materie. Nun wirkt Newtons Schwerkraft, wie Keplers Gesetze von der planetarischen Bewegung bewiesen, auch im *himmlischen Bereich* – die elliptische Form der Umlaufbahnen der Planeten ist eine direkte Folge von Newtons Gesetzen. Wenn zwischen der Sonne und den Planeten Schwerkraft wirkt, *müssen* also diese Himmelskörper konkret materielle Körper sein, wie die Erde!

Es ist ein selten zur Kenntnis genommener Aspekt der wissenschaftlichen Revolution, daß die Physikalisierung des himm-

lischen Bereichs schließlich entschieden wurde durch etwas so
Farbloses wie eine mathematische Gleichung. Vor Newtons
Gleichung konnten die Menschen noch über die Beschaffenheit der Himmelskörper streiten, aber als das Gravitationsgesetz entdeckt war, war dieser Kampf faktisch beendet. Jetzt
herrschte die Materie, nicht nur auf der Erde, sondern überall
im Kosmos. Mit diesem Gesetz hatte Newton die Revolution
vollendet, die Nikolaus von Kues als erster gedacht hatte:
Himmlischer und irdischer Raum waren jetzt vereint als ein
kontinuierlicher physikalischer Bereich.

Aber im Gegensatz zu Descartes' Universum war dasjenige
Newtons vom Geist Gottes durchdrungen, denn Henry More
folgend, verknüpfte auch er den Raum mit Gott. Tatsächlich
war die Gegenwart Gottes für Newton gleichbedeutend mit
der Gegenwart von Raum. Gott, schrieb er, »dauert ewig und
ist überall präsent; und indem er immer und überall existiert,
ist er Dauer und Raum«.[37] Mehr noch als seine Vorläufer rechtfertigte Newton seine Sicht vom Raum mit theologischen Be-
gründungen. Wie er es bekanntlich ausdrückte, war der Raum
Gottes »Sensorium« – das Medium, durch welches das Göttliche seinen allsehenden Blick und seine allumfassende Macht
einsetzte. Für Newton war die Gegenwart Gottes im Universum tatsächlich *garantiert* durch die Gegenwart des Raumes.
Und weil in seiner Sicht Gott überall war, mußte auch der
Raum überall sein – und damit *unendlich.*

Im Laufe von zwei Jahrhunderten war damit das Undenk-
bare akzeptabel geworden: Ein unendliches gestaltloses Universum, das erfüllt war vom unendlichen leeren Raum, war zur
Grundlage der abendländischen Kosmologie geworden. Zunächst hatten die Menschen die Vorstellung von leerem Raum
akzeptiert, dann die des himmlischen Sektors als eines konkret
physikalischen Bereichs, und schließlich, daß sich dieser Bereich ins Unendliche erstreckte: Und das alles hatten sie mit religiösen Gründen gerechtfertigt.

Auf lange Sicht jedoch war zwar vielleicht die Vergött-
lichung des Raums psychologisch notwendig gewesen, um anfänglichen Widerstand gegen die Unendlichkeit (und die
Leere an sich) zu überwinden, aber eine theologische Sicht des
Raums war für die neue Kosmologie in Wirklichkeit nicht
vonnöten. So beobachten wir im 18. Jahrhundert, nach Newtons Tod, das Schauspiel, wie weniger religiös gesinnte Wissenschaftler diesem System die theologischen Rüschen abreißen.
In der Mitte jenes Jahrhunderts war die neue Kosmologie fast
vollkommen säkularisiert, und es war nun ein im wesentlichen
atheistischer Newtonismus, der im Abendland vorherrschte.
Schließlich hatten die Anti-Kartesianer recht: Der Mechanismus führt fast unausweichlich zu einem atheistischen Weltbild.
Trotz der Bemühungen Mores und Newtons erwies sich der
Raum als untaugliches Mittel für die Perpetuierung einer Gottheit innerhalb des kosmischen Systems. Letzten Endes gewannen die Materialisten, und im Zeitalter der Vernunft stand der
Mensch nicht im Zentrum eines von Engeln belebten Kosmos,
in dem alles mit Gott verbunden war, sondern auf einem großen Felsbrocken, der ohne Bestimmung und Ziel durch eine
unendliche euklidische Leere kreiste. Das Mittelalter war
wirklich vorbei.

Halten wir einen Augenblick inne, denken wir nach über die
folgenschweren Veränderungen, die in diesem Kapitel beschrieben wurden. Die populäre Wissenschaftsgeschichte will
uns glauben machen, daß die Menschheit mit der neuen Kosmologie »aufgestiegen« sei aus der Finsternis des Unwissens
ins strahlende Licht der »Wahrheit«. Die »wahre« Architektur
des Kosmos war angeblich entdeckt, als die Menschen endlich
»wußten«, wo im kosmischen System sie standen. So wie die
Sonne die Erde aus dem Zentrum des planetarischen Systems
verdrängt hatte, so verdrängte die Wissenschaft die Theologie
aus dem Zentrum unseres intellektuellen Systems. Der Geist
des Menschen drehte sich jetzt um diese »wahre« Quelle des

Lichts; damit war die Zukunft angeblich gesichert in einem endlosen Aufstieg zur Wahrheit.

Wir werden im nächsten Kapitel sehen, daß die neuzeitliche Kosmologie außerordentlich erfolgreich gewesen ist, aber als sie diesen durch und durch materialistischen Weg einschlug, hat die abendländische Menschheit etwas von unermeßlicher Bedeutung verloren. Gerade die Homogenisierung des Raums, die im Kern des Erfolgs der neuen Kosmologie steckt, ist auch verantwortlich für die Verbannung jeder Art von spirituellem Raum aus unserem Weltbild. In einem *homogenen* Raum läßt sich nur *eine* Art von Realität unterbringen, im wissenschaftlichen Weltbild ist das die *physikalische Realität der Materie.* In der mittelalterlichen Kosmologie war die Unterbringung von Körper und Seele postuliert gewesen in dem Glauben, daß der Raum *inhomogen* sei. Als sie die alte Unterscheidung zwischen irdischem und himmlischem Raum überflüssig machten, setzten sich die neuzeitlichen Kosmologen selbst unter Zwang und reduzierten die Realität auf gerade mal die Hälfte der klassischen Körper-Seele-Zweigestaltigkeit. Und als dieser physikalische Raum selbst erst einmal zur Unendlichkeit erweitert war, gab es keinen »Platz« mehr für irgendeine Form von spirituellem Raum.

Um es ganz deutlich zu machen: In der unendlichen euklidischen Leere der Newtonschen Kosmologie gab es buchstäblich keinen *Ort* für so etwas wie »Seele« oder »Geist«. Im mittelalterlichen Kosmos hatte der »Ort« für die Seele »jenseits« der Sterne gelegen, denn wie wir am Anfang dieses Werkes gesehen haben, war es in einem unendlichen Universum möglich, sich vorzustellen, daß es – wenn auch strenggenommen nur im übertragenen Sinne – außerhalb der physikalischen Welt noch viel »Platz« gab. Aber als die physikalische Welt erst einmal unendlich geworden war, wo konnte es da noch so etwas wie ein spirituelles Reich geben? Durch die *Entgrenzung* des physikalischen Bereichs war der christliche spirituelle Bereich aus dem kosmischen System herausgedrückt worden. Diese Operation rief in der abendländischen Welt eine psychische Krise hervor, mit deren Auswirkungen wir uns heute noch herumschlagen.

Es ist wichtig hier festzustellen, daß das ein spezifisch abendländisches oder westliches Problem ist. Der Grund dafür, daß wir unseren spirituellen Ort *verloren* haben, ist, daß wir ihn mit dem himmlischen Raum verbunden hatten. Wir hatten ihn, bildlich gesprochen, da oben jenseits der Sterne »verortet«. Als der himmlische Raum unendlich wurde, wurde unser spiritueller Raum damit zugleich aufgehoben. Wie Christine Wertheim betont: Hätten wir unseren spirituellen Bereich nicht dort oben verortet, wäre diese Krise gar nicht entstanden. Viele andere Kulturen binden ihren spirituellen Raum nicht an den Sternenhimmel. Einige sogenannte »primitive« Kulturen orten ihren spirituellen Bereich etwa in Träumen oder in einer mythischen Vergangenheit, die mit der Gegenwart verknüpft bleibt. Für diese Kulturen würde die Entgrenzung des himmlischen Raums nicht notwendig eine Krise heraufbeschworen haben wie im Abendland. Sie könnten einen unendlichen himmlischen Raum haben und trotzdem ihren spirituellen Bereich behalten.

In der rein physikalischen Kosmologie Newtons und seiner geistigen Nachfolger konnte es natürlich keinen Ort für den christlichen Himmel und die Hölle geben. Für die Menschen des Mittelalters waren Himmel und Hölle (obwohl praktisch außerhalb des Universums) verwoben in ein System, in dem der gesamte Raum spirituell abgestuft war. Im euklidischen Raum jedoch ist ein Ende des Universums wie das andere, und Himmel und Hölle werden leere Symbole. Ohne Verknüpfung mit der physikalischen Realität waren diese »spirituellen« Orte unweigerlich dem Untergang geweiht. Vom späten 17. Jahrhundert an hat die neue naturwissenschaftliche Sicht wie eine mächtige erkenntnistheoretische Sichel *alles* abmähen müssen, was sich nicht mit der materialistischen Konzeption von Wirklichkeit in Übereinstimmung bringen ließ. Die Wirklichkeit ist in den vergangenen drei Jahrhunderten zunehmend als nur *physikalische* Welt angesehen worden. So ist es, wie ich am Anfang dieses Werkes konstatiert habe, falsch, das neue wissenschaftliche Weltbild als dualistisch zu bezeichnen; es ist monistisch und läßt *nur* die Realität physikalischer Phänomene zu. Hier ist die christliche Seele nicht die Basis für eine andere Ebene der Realität, wie die Menschen des Mittelalters glaubten, sondern eine Chimäre der Einbildungskraft – Gilbert Ryles »Geist in der Maschine«.

Newton und Descartes wären entsetzt über diese Entheiligung des wissenschaftlichen Weltbildes, aber sie ist das Endergebnis der Kosmologie, die sie uns hinterlassen haben. Was immer sie selbst geglaubt haben, Newtons mathematische Wissenschaft und Descartes' dualistische Metaphysik haben letztlich als Vorstufen zu einem wuchernden materialistischen Monismus gedient. Vor allem Descartes mit seiner radikalen Trennung zwischen einem physikalisch ausgedehnten Bereich von Materie in Bewegung (der *Res extensa*) und dem unsichtbaren Bereich des Denkens, Fühlens und der spirituellen Erfahrungen (der *Res cogitans*) senkte die Waagschale mächtig zugunsten des Monismus. Da sich die neue Wissenschaft nur mit der *Res extensa* befaßte, erhielt auch nur dieser Bereich Billigung durch wissenschaftliche Autorität. Als diese Autorität wuchs, geriet alles außerhalb des Geltungsgebiets der Wissenschaft zunehmend unter Druck.

Descartes selbst beharrte zwar auf der Wirklichkeit der *Res cogitans*, seine radikale Ausschließung des immateriellen Bereichs aus den Methoden und Praktiken der Wissenschaft aber machte ihn anfällig für den Vorwurf von »Unwirklichkeit«. Im mittelalterlichen Weltbild war der spirituelle Bereich (den ich den Seelen-Raum genannt habe) gesichert gewesen durch seine enge Verflechtung mit der Wissenschaft und Kosmologie jener Zeit. Aber in Descartes' Dualismus gab es keine Verbindungen zwischen dem Bereich der Materie und dem Bereich des Geistes. Ohne Verknüpfung mit der konkreten Welt der physikalischen Wissenschaft wurde die kartesianische *Res cogitans* schnell (wie der christliche Himmel) zu einem leeren Symbol. Es kann nicht überraschen, daß die Menschen sehr bald seine Existenz grundsätzlich anzweifelten.

Die Richtung gab der englische Philosoph Thomas Hobbes vor, der schon zu Descartes' Lebzeiten erklärte, daß geistige Phänomene nur sekundäre Nebenprodukte der primären Realität, der bewegten Materie seien. »Der Geist wird nichts sein als die Bewegung bestimmter Teile eines organischen Körpers«, schrieb er, und die wachsenden Mengen von Materialisten werteten das als einen Ruf zu den Waffen.[38] So war die kartesianische *Res cogitans* wie Himmel und Hölle schnell aus dem Bereich des Realen vertrieben. Am Ende des 18. Jahrhunderts galt nur der Monismus. Edwin Burtt drückt es treffend so aus:

»Die Natur wurde jetzt als riesige, unabhängige mathematische Maschine dargestellt, die aus Bewegungen von Materie in Raum und Zeit bestand, und der Mensch mit seinen Plänen, Gefühlen und sekundären Qualitäten wurde als unwichtiger Zuschauer und nur halbwirkliche Folge des großen mathematischen Dramas draußen beiseite geschoben.«[39]

Zum ersten Mal in der Geschichte hatte die Menschheit ein rein physikalisches Weltbild hervorgebracht, eines, in dem Geist/Denken/Seele keinen Ort mehr hatten.

4

RELATIVISTISCHER RAUM

In der jüdisch-christlichen Genesis ist es Gott, der »den Himmel und die Erde« erschafft. In sechs bedeutenden Tagen formt er aus der »Finsternis« die Herrlichkeit der Schöpfung. Er ruft das Licht auf und scheidet den Tag von der Nacht, dann scheidet er die »Wasser« unter der Feste des Himmels von denen über der Feste; damit definiert er das himmlische und das irdische Reich. Zu diesem Zeitpunkt sind »die Himmel« leer, und erst am vierten Tag wendet der göttliche Architekt seine Aufmerksamkeit der kosmischen Leere zu und füllt sie. Dies ist der Bericht der Genesis von der Entstehung des himmlischen Seins:

»Und Gott sprach: Es sollen Lichter werden an der Feste des Himmels, Tag und Nacht zu scheiden, und sie sollen als Zeichen dienen und zur Bestimmung von Zeiten, Tagen und Jahren ... Gott machte die zwei großen Lichter: das größere Licht, daß es den Tag beherrsche, und das kleinere Licht, daß es die Nacht beherrsche, dazu auch die Sterne.«[1]

Da nun Sonne, Mond und Sterne das kosmische Uhrwerk der Jahreszeiten und Jahre richten, wendet der christliche Schöpfer seine Energie der Hervorbringung lebender Kreaturen zu: Erst schafft er die Fische im Meer und die Vögel in der Luft, dann »Vieh, kriechende Tiere und Wild des Feldes« und zuletzt »Mann und Weib«. So entfaltet die Genesis die Schöpfungsgeschichte und formuliert in poetischer Sprache die Hervorbringung eines Universums aus dem Nichts. Alles hat einen Anfang, und für die Autoren des Alten Testaments war die ontogenetische Kraft Gott.

Die Newtonsche Kosmologie erzählt im Gegensatz zur Bibel keine Schöpfungsgeschichte. Die Gesetze seiner Physik konnten beschreiben, wie Planeten um ihre Sonnen und Monde um ihre Erden kreisten, aber über eine kosmologische *Historie* hatten diese Gesetze gar nichts mitzuteilen.

Der Newtonsche Kosmos *wurde* nicht, er *war* einfach. Die Gesetze Newtons äußerten sich nicht zum Thema Schöpfung, und die empirische Beobachtung ebensowenig. Wenn sie durch ihre Teleskope schauten, entdeckten die Astronomen des 18. Jahrhunderts keinen Hinweis auf eine kosmische Geschichte, keinen Hinweis auf einen Anfang oder gar auf ein Ende. Was sie durch ihre optischen Röhren sahen, war ein scheinbar *zeitloses* Universum. Wie weit auch die Männer in den Raum hinaussahen, sie fanden kein Anzeichen, daß irgend etwas je anders gewesen war. Wenn Gott diesen Kosmos geschaffen hatte – wie es Newton selbst nie bezweifelte –, dann schien er alles getan zu haben, um jede Spur des schöpferischen Prozesses zu löschen.

Daß die neue Wissenschaft *keine* eigene Schöpfungsgeschichte hatte, machte es ihr um so leichter, mit dem Christentum zu harmonieren. Tatsächlich gab es keine Konkurrenz. Man konnte Newton leicht zustimmen, daß der christliche Gott die Welt gemacht und daß er, als er das tat, die physikalischen Gesetze in sie eingebaut hatte. Mit anderen Worten, man konnte glauben, daß die sechs Tage Genesis neben Himmel und Erde auch die Bewegungs- und Schwerkraftgesetze hervorgebracht hätten. Für gläubige Christen des 18. Jahrhunderts war das Fehlen einer kosmischen Geschichte in der wissenschaftlichen Beschreibung des Universums tatsächlich Anlaß zur Befriedigung: So konnte man sowohl die Bibel als auch Newtons Erkenntnis problemlos akzeptieren.

Aber im Laufe der Zeit fingen Wissenschaftler mit mehr philosophischen Neigungen doch an, den ahistorischen Charakter des wissenschaftlichen Weltbildes als unbefriedigend zu empfinden. Wenn die neue Wissenschaft wirklich erfolgreich sein sollte, meinten sie, würde sie auch die Frage des Ursprungs beantworten müssen; sie würde innerhalb ihrer eigenen Kategorien erklären müssen, wie ein Universum aus dem Nichts entstehen konnte. In diesem Kapitel betrachten wir die Frage nach dem Ursprung des Universums und damit die des physikalischen Raums selbst. Wie wir sehen werden, sollte sich die Antwort auf diese Fragen aus einer außerordentlichen neuen Konzeption des Raums in unserem eigenen Jahrhundert ergeben – die schließlich den euklidischen Raum als Grundlage der neuzeitlichen Kosmologie ersetzen würde.

In der zweiten Hälfte des 18. Jahrhunderts begann eine Reihe von Menschen wissenschaftliche Theorien zur kosmischen Genesis zu entwerfen. Die neuartigste und umfassendste dieser Visionen kam von dem großen deutschen Metaphysiker und Philosophen Immanuel Kant. Obwohl er ein frommer Theist war, nahm Kant an, daß Planeten, Sterne und sogar ganze Sternensysteme aus rein natürlichen Prozessen entstehen müßten. 1775 beschrieb er in seiner *Allgemeinen Naturgeschichte und Theorie des Himmels* den Vorgang, durch den seiner Ansicht nach ganze Sternensysteme aus Wolken von kosmischem Staub kondensieren konnten. Er stellte sich eine riesige Scheibe von langsam im Raum rotierendem Staub vor, aus dem heraus sich die leuchtende Materie der Sonne und die dunklen Massen der Planeten verdichten würden. Damit war Kant seiner Zeit weit voraus. Er wagte sogar zu behaupten, daß sich aus der Gerinnung riesiger Wolken in galaktischem Maßstab ganze Galaxien bilden könnten. Später im gleichen Jahrhundert wurden seine Gedanken von dem größten Astronomen seiner Zeit aufgegriffen, Pierre Simon Laplace, der wie Kant glaubte, daß die Wissenschaft ein Universum aus nichts als Rohmaterial und Newtons Bewegungsgesetzen zaubern könne.

Aber da Kant keine Kenntnis der stellaren Abläufe hatte, waren seine Ideen nur spekulative Gedankenflüge, die auf wenig mehr als seinen Glauben an die wissenschaftliche Methode gegründet waren. Er hätte (wie auch andere) die Kosmologie »am

Schreibtisch« erforscht, hat Timothy Ferris geschrieben.[2] Ohne empirische Basis geriet diese Pionierarbeit zur kosmischen Evolution bald in Vergessenheit, und für die meisten Astronomen des 19. Jahrhunderts war die Frage nach dem Ursprung des Kosmos eine, der man besser auswich. Wozu über ein Thema spekulieren, zu dem die Wissenschaft keine empirischen Daten liefern konnte? Man hielt sich besser an Fragen, zu deren Aufhellung ihre Instrumente tatsächlich etwas beitragen konnten, und da sich die Technik der Teleskope sprunghaft entwickelte, gab es keinen Mangel an interessanten Forschungsprojekten. Ein Mensch mit einem guten Teleskop konnte seine Aufmerksamkeit neben der Schönheit der Planeten den Kometen zuwenden oder der Sonne mit ihren rätselhaften Flecken und Emanationen. Er konnte die Sterne katalogisieren, von denen es bei näherer Betrachtung eine verblüffende Vielfalt von Arten gab, oder ein ehrgeiziger Astronom konnte auch die Nebulae studieren, diese verschwommenen Lichthaufen, die an den Rändern unserer Milchstraße lauerten.

Da es so viele faszinierende Phänomene zu erforschen gab, waren die meisten Astronomen des 19. Jahrhunderts geneigt, das Problem der Schöpfung zu meiden. Diejenigen, die sich so entschieden, konnten sich weiterhin einbilden, Gott habe den Kosmos durch einstweilen noch unbekannte Prozesse erschaffen; aber in der zweiten Hälfte des Jahrhunderts zogen es viele Wissenschaftler vor, unbesehen an die Newtonschen Gesetze zu glauben und davon auszugehen, daß das Universum seit undenklichen Zeiten in ziemlich unverändertem Zustand existiert habe. Statt einer christlichen Schöpfungsgeschichte entstand ein wissenschaftliches Bild von *kosmischer Stase:* von einem Universum ohne Anfang und ohne Ende, von einem Kosmos, der nur *ist.* Dieser Vorstellung nach hatte das Universum *keine Geschichte,* es war ein ewiges zeitloses Muster von Sternen, die immer überdauert hatten und immer überdauern würden. Dieses statische Bild setzte sich im Laufe des 19. Jahrhunderts so in den Köpfen der meisten Wissenschaftler fest, daß am Anfang des 20. die Idee von einem Ursprung des Kosmos in wissenschaftlichen Kreisen fast undenkbar geworden war.

In den zwanziger Jahren jedoch wurde diese statische Konzeption des Kosmos zerstört von einem feschen jungen Mann aus Missouri namens Edwin Hubble, der entdeckte, daß sich ferne Sterne mit enormen Geschwindigkeiten von uns entfernen. Es war, als würden sie von einer unvorstellbaren Kraft durch den Raum von uns fortgeschleudert wie Granatsplitter. Die Implikationen dieser Entdeckung Hubbles sollten unsere Vorstellungen vom Universum für immer verändern. Das statische alte Newtonsche Bild mit seinem strengen euklidischen Raum wurde ersetzt durch eine viel dynamischere Sicht des Kosmos sowie eine neue *dynamische* Konzeption des Raums selbst.

Der Mann im Zentrum dieser kosmischen Umwälzung schien schon früh für große Dinge bestimmt. Jedenfalls glaubten das die meisten Menschen seiner Umgebung, und Hubble selbst scheint seine eigenen Fähigkeiten kaum in Zweifel gezogen zu haben. Er war groß, gutaussehend, ein prima Sportler und ein großartiger Wissenschaftler und hatte allen Grund, mit Vertrauen in die Zukunft zu sehen. Als er seine Laufbahn als Astronom erst einmal eingeschlagen hatte, ging er unbeirrbar seinen Weg. Offenbar besaß er eine Art eingebauten Kompaß, der ihn im richtigen Augenblick die richtigen Fragen stellen ließ. Als er 1921 aufgefordert wurde, für die Gemeinschaft der Rhodes Scholars, der er angehörte, seine persönlichen Daten auf den letzten Stand zu bringen, schrieb er vergnügt:

»Was mich von den anderen unterscheidet, ist, daß ich in dieser Bruderschaft der einzige Astronom bin. Während ich mit unbedeutenden Dingen wie der Struktur des Universums herumspiele, gehe ich doch gelegentlich auch die ernsteren

Probleme des Lebens, der Freiheit etc. an, und bemühe mich sehr, das abscheuliche Alkoholverbot zu umgehen.«[3] Wenn in Hubbles vollmundiger Art etwas hörbar wird, was ein Biograph als »affektierten Ton« bezeichnet hat, so gibt es doch keinen Zweifel, daß die »Struktur des Universums« seine Aufmerksamkeit wirklich voll in Anspruch nahm.[4] Und hier leistete Hubble nicht nur einen, sondern mehrere entscheidende Beiträge.

In den zwanziger Jahren beherrschte noch die Vorstellung von einem statischen Universum die Astronomen, und Hubble, der in mancher Beziehung ein orthodoxer Denker war, dachte nicht daran, die geschätzten Lehren der Newtonschen Kosmologie über den Haufen zu werfen. Was ihn dann in diese ketzerische Richtung führte, war kein beginnender Radikalismus, sondern es waren die spröden Daten seiner geliebten Nebulae. Diese Spiralnebel sind verschwommene Lichtflecken, die die Astronomen überall am Nachthimmel verstreut fanden. Die meisten sind nur mit Teleskopen zu sehen, und seit dem 18. Jahrhundert hatten Wissenschaftler die Natur dieser geheimnisvollen Haufen diskutiert. Einige enthielten Sterne, viele andere scheinbar nicht. Was waren das für mysteriöse kosmologische Objekte?

Den meisten Astronomen schien die Antwort klar: Es sind leuchtende Wolken von Gas, die innerhalb der Milchstraße treiben. Aber neben dieser Mehrheitsmeinung gab es eine zweite, ziemlich kühne Idee. Danach waren Spiralnebel keine Gaswolken, sondern ganze Sternsysteme, genau wie die Milchstraße. Heute würden wir sie »Galaxien« nennen, aber damals waren sie als »Welteninseln« bekannt, nach einem von Kant geprägten Ausdruck, der diese Theorie als erster aufgestellt hatte.

Lesern dieses Buches wird die Vorstellung von *anderen* Galaxien sicher ganz normal vorkommen, aber für Menschen des 18. und 19. Jahrhunderts war sie eine absolut verblüffende Behauptung. Theoretisch war zwar der Newtonsche Kosmos unendlich, aber praktisch glaubten die meisten Astronomen, daß die Milchstraße die Gesamtheit des Universums darstellte. Statt die kosmische Unendlichkeit Nikolaus von Kues' und Giordano Brunos ins Auge zu fassen, hatten sich die meisten Wissenschaftler auf die Vorstellung von einer einzigen Insel von Sternen in einer riesigen Leere zurückgezogen. Als Anfang der zwanziger Jahre Hubble die Bühne betrat, lautete die brennende Frage der Astronomie, ob unser Milchstraßensystem die einzige kosmische Insel wäre oder ob es weitere gäbe. Waren wir galaktisch allein, oder hatte Kant recht, als er von einer Vielzahl von »Welteninseln« ausging?

Hubble vermutete wie Kant, daß jede Nebula tatsächlich eine ganze Galaxie wäre – wobei er diesen modischen Neologismus immer ablehnte und den altmodischen lateinischen Ausdruck vorzog. Aber in der großen »Nebula-Diskussion« konnte nichts geklärt werden, solange niemand eine Methode erfand, mit der man die Entfernung zu diesen kosmologischen Haufen messen konnte. Wenn Nebulae nur Gaswolken *innerhalb* der Milchstraße waren, mußten sie relativ nahe sein; wenn sich aber herausstellte, daß sie *außerhalb* der Milchstraße waren, würde das Kants Hypothese stützen. Als führender Nebulae-Experte fühlte sich Hubble stark genug, das sperrige Problem anzugehen und ihre Entfernung festzustellen. Als Mitarbeiter am neuen Mount Wilson Observatory gehörte er zu den wenigen Glücklichen, die Zugang zu dem riesigen neuen 100-Zoll-Teleskop hatten – dem zu jener Zeit größten der Welt.

Mitte der zwanziger Jahre machte sich Hubble daran, die Entfernung zu einer Reihe von Spiralnebeln zu messen – was faktisch eine Erforschung der Ausdehnung des Universums insgesamt bedeutete. Welche Größenordnung hatte unser Kosmos tatsächlich? Es war eine ungeheure Frage, und sie wurde gestellt von einem Mann mit einem ungeheuren Willen, sie zu beantworten. Als Schlüssel für seine Strategie bei der Messung der Entfernungen von Spiralnebeln diente eine Entdeckung, die die große Astronomin Henrietta Leavitt ein paar Jahre zuvor gemacht hatte. Leavitt hatte festgestellt, daß eine bestimmte Art von veränderlichen Sternen, sogenannte Cepheiden, als interstellarer Zollstock benutzt werden konnten. Cepheiden haben die Eigenschaft, periodisch zu pulsieren; sie werden in regelmäßigen Abständen heller und dunkler, und diese Abstände dauern von einigen Stunden bis zu Monaten. Leavitt beobachtete, daß ein Stern um so heller leuchtete, je länger diese Abstände waren. Die Perioden-Leuchtkraft-Beziehung bedeutete, daß Cepheiden als »Signalfeuer zur Berechnung von Entfernungen über den leeren Raum« genutzt werden konnten.[5] Das heißt, sie funktionierten wie eine Art von standardisiertem Maßband.[6]

Hubble beschloß, nach Cepheiden *innerhalb* von Spiralnebeln zu suchen und sie, wenn er welche finden sollte, zu benutzen, um die Entfernung der Nebula von uns zu berechnen. Es war ein glänzender Gedanke, denn zu der Zeit war sich noch niemand sicher, ob Spiralnebel *überhaupt* Sterne enthielten. Wenn diese verschwommenen Haufen nur Gaswolken waren (wie viele Astronomen meinten), konnte man keine Sterne erwarten. Mit Hilfe des riesigen Mount-Wilson-Teleskops entdeckte Hubble, daß es tatsächlich Sterne in den Nebulae gab, und in manchen sogar Cepheiden. Die Entfernungen, die er daraus errechnete, waren schwindelerregend. Zu einer Zeit, in der viele Astronomen glaubten, die Milchstraße (und damit das ganze Universum) hätte einen Durchmesser von nicht mehr als 30000 Lichtjahren, errechnete Hubble, daß der Andromeda-Nebel eine Million Lichtjahre entfernt war! Niemand hatte je zuvor so unglaubliche Entfernungen in Erwägung gezogen. Kein Wunder, daß es so schwierig war, einzelne Sterne zu sehen. Kant hatte recht gehabt; diese verschwommenen Haufen waren ganze »Welteninseln«, und jede enthielt Millionen oder sogar Milliarden Sterne.

Bei den von Hubble enthüllten Distanzen machte die Größenordnung des Universums plötzlich einen Quantensprung nach oben. Schön und gut, wenn man theoretisch über die Unendlichkeit des Universums spricht, aber bis zu Hubbles Arbeit über die Nebulae begriffen nur wenige Menschen wirklich einen Kosmos ohne Ende. Jetzt, mit den konkreten Beweisen für *weitere Galaxien*, begann sich endlich die alte Vision von Nikolaus von Kues und Giordano Bruno als wahr herauszustellen. Mit jeder neuen Generation von Teleskopen ist der kosmologische Raum größer geworden, denn je weiter die Astronomen sehen konnten, desto mehr Galaxien haben sie gefunden. Soweit wir heute sagen können, hat der kosmologische Raum kein Ende. Tatsächlich hat das Teleskop, sagt Robert Romanyshyn, »die Welt geöffnet, vergrößert und erweitert« und uns damit ein deutlicheres Gefühl von der kosmischen Monumentalität gegeben.[7]

Wenn Hubble nichts anderes getan hätte, als die Existenz weiterer Galaxien nachzuweisen und damit die wahre Größe des kosmologischen Ganzen, wäre er bereits in die Geschichtsbücher eingegangen, aber seine größte Leistung lag noch vor ihm. 1928 wandte er seine Aufmerksamkeit einem anderen Aspekt der Spiralnebel zu, und das führte diesmal zu einer vollkommen unerwarteten Schlußfolgerung. Die Anregung stammte von einem Kollegen, Vesto Slipher, der 1914 das entdeckt hatte, was wir als »Rotverschiebung« bezeichnen. Jeder Stern hat wie eine Lampe ein Spektrum von Licht, das er emittiert. Aber wie das Pfeifen einer Lokomotive sich ändert, wenn sie an uns vorbeirast, im Ton dunkler wird, während sie sich von uns fortbewegt, so ändert sich auch der »Ton« von Licht, das sich bewegt: es wird ebenfalls dunkler, wenn es von uns fortrast. Das Licht erscheint dann röter, als es tatsächlich ist. Slipher hatte festgestellt, daß das Lichtspektrum einiger Nebulae erheblich röter war als die Norm – und daraus entnahm er, daß sie von der Erde fortrasten.

Zu der Zeit hielt man Spiralnebel noch für Gaswolken. Sliphers Entdeckung schien wenig mehr als ein Kuriosum. Aber mit Hubbles Erkenntnis, daß die Nebulae in Wirklichkeit Galaxien waren, gewannen die Rotverschiebungen neue Bedeutung. Daß etwas so Großes wie eine Galaxie mit Millionen von Sternen sich überhaupt bewegte, schien merkwürdig. Aber was konnte es bedeuten, daß ganze Galaxien mit enormen Geschwindigkeiten durch den Raum rasten? Wieder hatte Hubble eine Eingebung. Er stellte sich vor, daß sich ein Spiralnebel um so *schneller* bewegte, je *weiter entfernt* er war, und daß somit sein Spektrum eine um so *stärkere* Rotverschiebung zeigen würde. Er hatte keinen bestimmten Grund zu dieser Überlegung; es war nur sein astronomischer Riecher, der im kosmischen Wind zuckte. Was immer der Auslöser, es war ein brillanter, phantasievoller Schritt – ein Beweis, daß die Wissenschaft nicht nur durch Logik allein vorankommt.

Hubble stürzte sich auf dieses neue Problem, diesmal unterstützt durch den unbestrittenen technischen König von Mount Wilson, Milton Humason – einen nicht ausgebildeten Mann, der den Rang eines Astronomen einnahm, nachdem er als Hausmeister am Teleskop angefangen hatte. Dieses unwahrscheinliche Gespann, der Rhodes Scholar und der Hausmeister, machten sich an die Arbeit, die galaktischen Rotverschiebungen zu messen.[8] Innerhalb von Monaten war Hubbles Verdacht bestätigt: Je weiter entfernt die Nebulae waren, desto größer ihre Rotverschiebung, desto schneller bewegten sie sich also. Als Hubble Distanz und Rotverschiebung in einem Diagramm gegeneinanderstellte, entstand eine glatte gerade Linie: eine wunderschöne lineare Relation. Hubble war von der Entdeckung begeistert, er hatte eine neue mathematische Harmonie in den Sternen entdeckt. Was noch wichtiger war: Unter dem, was zunächst wie eine eher esoterische Entdeckung aussah, verbarg sich eine kosmologische Bombe.

Die Linie in Hubbles Graphik schnitt wie das Schwert eines Scharfrichters in den statischen Newtonschen Kosmos. Wie Ferris erklärt: »In diesem sogenannten Hubblediagramm zeigte sich die kosmische Ausdehnung.«[9] Mit anderen Worten, was Hubbles Diagramm enthüllte, war die verblüffende Tatsache, daß sich das *Universum ausdehnt!* Die Beziehung zwischen Entfernung und Rotverschiebung implizierte nicht nur, daß sich die Galaxien von unserer Erde entfernen, sondern auch *voneinander* – und das heißt, daß das gesamte Universum größer wird. Mit jeder Sekunde rast jede Galaxie von jeder anderen fort, wie Splitter einer monströsen Explosion. Das gesamte galaktische Netz explodiert mit phänomenaler Energie, und jede Minute nimmt das Volumen des sichtbaren Universums um Milliarden von Kubiklichtjahren zu. Die Vorstellung von einem statischen, zeitlosen Universum ist mit Hubbles unschuldig aussehendem Diagramm zerstört worden. Plötzlich wurde das kosmische Ganze als *dynamisch* erkannt. Seltsamerweise hat sich Hubble – eigentlich kein Mensch, der dem Ruhm auswich – nie ganz mit dieser augenfälligen Deutung seiner Arbeit versöhnen können. Jahre danach beschrieb er die Vorstellung von kosmischer Expansion noch immer als »ziemlich verblüffend«.[10]

Noch verblüffender war, was die kosmische Expansion ihrerseits bedeutete – und hier liegt die eigentliche Revolution der Kosmologie des 20. Jahrhunderts. Falls alle Galaxien auseinanderrasen und das Universum noch *größer* machen, dann gebietet die Logik den Schluß, daß das Universum in der Vergangenheit *kleiner* gewesen ist. Wenn man das kosmologische Band rückwärts ablaufen läßt, muß es eine Zeit gegeben haben, in der die Galaxien nicht durch die riesigen Distanzen voneinander getrennt waren, die wir heute sehen, sondern eng zusammengedrängt waren. Aus der Tatsache der kosmischen Expansion ergab sich die Folgerung, daß das Universum einen *Anfang* gehabt hat, eine kurze dichte Phase, aus der heraus der riesige heutige Kosmos explodiert ist. In einem Kommentar dieses Szenarios in der BBC hat der englische Astronom Fred Hoyle diesen »Urknall« als »Big Bang« bezeichnet. Hoyle meinte das abschätzig, denn er hielt die ganze Idee für Unsinn, aber der Name blieb, und heute kennt ihn die ganze Welt.

Mit der galaktischen Expansion und dem Big Bang waren die Physiker unverhofft auf eine eigene kosmische *Geschichte* gestoßen. Das war kein Theoretisieren mehr wie bei Kant, hier gab es die empirisch verankerte Basis für eine kosmologische Geschichte. Es war endlich der Beginn eines rein physikalischen Schöpfungsberichts: der erste Schritt auf dem Weg zu einer wissenschaftlichen Beschreibung der kosmologischen Entwicklung. Niemand hätte erstaunter sein können als Hubble, der sich bis zum Ende seiner Tage mit der ganzen Idee unbehaglich fühlte.

Hubble und Hoyle waren keineswegs die einzigen Astronomen, die von dem Gedanken an den Big Bang unangenehm berührt waren. Anfangs haßten viele Wissenschaftler diese Theorie, weil sie einen Beigeschmack von Religion hatte. Wenn das Universum einen Anfang hatte, dachten sie, mußte es auch einen Schöpfer gegeben haben – und das wäre unwissenschaftlich. Die »ketzerische« Idee wurde aber erstaunlicherweise gestützt durch eine kühne neue Theorie aus der vordersten Reihe des wissenschaftlichen Denkens. Diese Theorie war Hubble und den meisten anderen Astronomen in den zwanziger Jahren nicht bekannt, aber bald sollte die ganze Welt davon hören. Der Begründer dieser Theorie, ein junger deutscher Physiker namens Albert Einstein, war selbst so beeinflußt von der Tradition der kosmischen Stase, daß sogar er anfangs nicht fähig war, den Gedanken eines kosmischen Ursprungs zu akzeptieren. Obwohl also seine Theorie genau das aussagte, entschloß sich Einstein, seine Gleichungen zu frisieren, um die in ihnen enthaltene kosmische Bewegung loszuwerden. Dieses eine Mal in seinem Leben verlor der große Bilderstürmer die Nerven. Weil er seine Gleichungen frisierte, verpaßte er die Gelegenheit, die vermutlich spektakulärste Vorhersage in der Geschichte der Wissenschaft zu machen. Und er ruinierte die ursprüngliche Schönheit dieses einmalig ehrfurchtgebietenden wissenschaftlichen Juwels, der »Allgemeinen Relativitätstheorie«.

Einstein hatte übrigens seine Theorie schon 1916 abgeschlossen, mehr als ein Jahrzehnt vor Hubbles Entdeckung. Ihm wie anderen war schon bald klargewesen, daß die Gleichungen zur Relativität ein nichtstatisches Universum implizierten. Als er aber zu der Zeit Astronomen darüber befragte, sagte man ihm, dafür gebe es keine Beweise. Im allgemeinen hatte Einstein keine Bedenken, seine geliebten Theorien gegen widersprechende Wahrnehmungen zu setzen, aber dieses Mal scheute er. Er gab der vorherrschenden Meinung nach und verfälschte die Symmetrie seiner Gleichungen, um die kosmische Stase zu erzwingen. Das nannte er später den größten Fehler seines Lebens. Im Gegensatz zu Hubble nahm aber Einstein die galaktische Bewegung und alles, was sie implizierte, bereitwillig an, als sie erst einmal entdeckt war. Wo Hubble die Dynamik des Kosmos entdeckt hatte, waren es Einsteins Gleichungen, die diesem außerordentlichen Fund einen Sinn gaben. In der Allgemeinen Relativitätstheorie war die mathematische Story darüber enthalten, wie sich ein Universum aus dem Nichts entwickeln konnte. Hier gab es in der Sprache der Geometrie einen genauen Bericht von der kosmischen Schöpfung, eine wissenschaftliche Konkurrenz zu den sechs Tagen der Genesis.

Das Überraschendste dabei ist, daß die Allgemeine Relativitätstheorie nicht entwickelt wurde, um kosmologische Fragen zu klären. Einsteins ursprüngliches Interesse richtete sich nicht auf die Architektur des Kosmos, sondern auf die alltäglichen Gesetze der Physik – dieselben, die den jungen Newton beschäftigt hatten. Aber beim Versuch, die Anomalien in diesen grundlegenden physikalischen Gesetzen in Übereinstimmung zu bringen, war Einstein auf eine neue Konzeption von Raum gekommen; aus diesem neuen Verständnis des Raums war die Vorstellung eines expandierenden Universums unerwartet aufgetaucht. Und abermals sehen wir, daß eine neue Konzeption des Raums eine neue Sicht des kosmologischen Ganzen mitbringt. Einsteins Konzeption des Raums ist wahrhaftig radikal. Selbst in ihren kühnsten Träumen hätten Newton und seine Nachfolger sich nicht vorstellen können, als was für ein komplexes, vielgesichtiges Ding sich der Raum erweisen würde. Diese neue Sicht katapultierte den jungen Einstein mit den ungebändigten Haaren in die höchsten Höhen der Berühmtheit, und es ist bezeichnend für die zentrale Rolle des Raums im zeitgenössischen Weltbild, daß zwar nur wenige Menschen begreifen, was Einsteins Theorien aussagen, er selbst aber zu einer der großen Ikonen unserer Zeit geworden ist. Seine Geschichte ist so oft erzählt worden (auch von mir[11]), daß es schwer ist, nicht ermüdend zu wirken, wenn man an sein Leben erinnert. Aber da die Wissenschaft immer ebenso ein persönliches wie ein gesellschaftliches Projekt ist, ist es aufschlußreich, wenn man etwas über die psychische Stärke weiß, die hinter der Arbeit steht – und im Falle Einstein haben wir es mit einer besonders starken Psyche zu tun. Trotz all der Mythen vom schüchternen Tolpatsch – der wirkliche Einstein war eine Kraft, mit der man rechnen mußte.

Es ist so viel von seinen schwachen Leistungen in der Schule die Rede gewesen, daß er fast zum Schutzheiligen der Schulversager geworden ist. Weniger bekannt ist, daß sich der Zwölfjährige anhand eines Buches die Geometrie selbst beibrachte. Einstein nannte diesen Text später »das heilige Geometriebüchlein«, und der tiefe Eindruck, den es auf ihn machte, sollte sein Leben lang nachhallen, denn die Allgemeine Relativität ist vor allem eine geometrische Theorie des Raums.[12] Sein Leben lang vermied Einstein den normalen schulisch-akademischen Pfad und wandte seine Aufmerksamkeit den Dingen zu, die ihn eben interessierten. Dieser unorthodoxe Hang, verbunden mit einem gesunden Selbstgefühl, führte dazu, daß er nur selten die Anerkennung seiner Lehrer gewann. Dementsprechend hatte er es schwer, nach Abschluß seines Studiums eine Anstellung zu finden. Schließlich bekam er Arbeit als »technischer Experte dritter Klasse« im Schweizerischen Patentamt in Bern.

Daß dieses »Genie« gezwungen war, eine so unwürdige Position zu ertragen, ist oft kommentiert worden, aber Einstein selbst hat immer liebevoll vom Patentamt gesprochen und es später als »das weltliche Kloster, wo ich meine schönsten Gedanken ausgebrütet habe«, bezeichnet.[13] Er hatte die Aufgabe, eingereichte Patente zu prüfen, und es wanderten alle möglichen technischen Vorrichtungen über seinen Tisch, einschließlich gelegentlicher Konstruktionsversuche eines Perpetuum mobile. Die Erfahrungen im Patentamt flößten Einstein eine tiefe Liebe zu und Kenntnisse von Maschinen ein, was abermals dem Mythos widerspricht, er sei ein zerstreuter Professor gewesen. Als er 1931 eingeladen war, Hubble am Mount Wilson zu besuchen, verblüffte er alle damit, daß er überall herumkletterte und vergnügt die vielen Teile des Teleskops benannte. Sein Interesse an verwendbarer Technik führte auch zu einer Partnerschaft mit seinem Kollegen Leo Szilard; sie entwarfen miteinander einen sichereren Kühlschrank für den Hausgebrauch.[14] Und der Mann hätte angeblich nicht mit einem Dosenöffner umgehen können?

Auch wenn Einstein anscheinend Spaß an seiner Arbeit im Patentamt hatte, lag sein eigentliches Interesse zweifellos mehr auf theoretischem Gebiet. Zwischen den Prüfungen von Patenten beschäftigte sich der junge Gelehrte damit, die Grundlagen der Physik zu überdenken. Vor allem dachte er über die Natur von Raum und Zeit nach. Die erste Frucht seines innovativen Verstandes war noch nicht die Allgemeine, sondern die etwas einfachere »Spezielle Relativitätstheorie«, eine Vorläuferin der allgemeineren Fassung. In dieser Theorie können wir einen ersten Blick auf die radikale Richtung tun, in die Einstein unsere Konzeption von Raum lenken sollte.

Die Spezielle Relativitätstheorie entstand aus einer kritischen Untersuchung der Newtonschen Idee vom *absoluten Raum*. Das war der Gedanke, daß der Raum einen absoluten Hintergrund für das Universum bilde, einen absoluten Rahmen, vor dem alles andere einheitlich gemessen werden kann. Obwohl Newton kompromißlos auf dieser Vorstellung beharrte, hatte es immer Andersdenkende gegeben; der hervorragendste unter ihnen war Gottfried Wilhelm Leibniz gewesen. Leibniz hatte von Anfang an eingewandt, daß die Idee von einem absoluten Raum logisch absurd sei. Er widersprach Newton und sagte, Raum und Zeit seien ausschließlich *relative* Phänomene. Gegen diese wirklich scharfsichtige Wahrnehmung führte Newton das ganze Gewicht seiner Autorität ins Feld und dazu seine Theologie, die vor allem den absoluten Raum mit Gott in Verbindung setzte. Da Newton glaubte, daß Gott absolut sei, bestand er darauf, der Raum müsse es auch sein. In dem folgenden erbitterten Disput siegte Newton schließlich. »Nichts, was Leibniz [und andere] zur Kritik des Newtonschen Begriffes eines absoluten Raums vorzubringen hatten, konnte seine allgemeine Annahme verhindern«, und die nächsten zweihundert Jahre hindurch akzeptierten die meisten Physiker ganz zufrieden die Ansicht des Meisters.[15]

Es wurden sogar Versuche unternommen, den Begriff des absoluten Raumes »als logisch zwingend zu erweisen«.[16] Auch hierbei war Kant führend. In seiner Bemühung, das Konzept von absolutem Raum und absoluter Zeit zu unterstützen, versuchte Kant zu zeigen, daß sie *notwendige* Aspekte eines wissenschaftlichen Weltbildes seien. »Apriorische« Kategorien nannte er sie, und es gelang ihm, sich selbst und eine Menge anderer zu überzeugen, daß damit die ganze Sache erledigt sei. Es ist ein Beweis für Einsteins enormes Selbstbewußtsein, daß er, obwohl gerade erst Anfang zwanzig (und ohne auch nur einen Doktortitel), die geballte Autorität Newtons und Kants anzugreifen wagte. Indem er die Idee vom absoluten Raum verwarf, stellte er sich gegen die Titanen sowohl der Naturwissenschaft als auch der Philosophie.

Zu diesem Schritt wurde Einstein veranlaßt durch ein Dilemma, das zu der Zeit einige der größten Geister der Physik beschäftigte. Diesen Männern wurde immer klarer, daß ihre Wissenschaft in der Krise war. Der Kern des Problems war, daß die Lichtgeschwindigkeit *immer* konstant zu sein schien. Warum das so beunruhigend war, versteht man, wenn man nicht an Licht, sondern an Autos denkt. Unternehmen wir ein »Gedankenexperiment«, wie Einstein es nannte. Stellen wir uns zwei Wagen vor, die auf einer Straße aufeinander zufahren. Wenn der eine mit 50 und der andere mit 40 Stundenkilometern fährt, beträgt ihre Geschwindigkeit relativ zueinander 90 km/h. In der Newtonschen Physik wie in der täglichen Erfahrung addieren sich die Geschwindigkeiten – weshalb Frontalzusammenstöße oft fatal sind.

Nach den Gleichungen zur Natur des Lichts (den Maxwellschen Gleichungen) beträgt die Lichtgeschwindigkeit im leeren Raum fast 300 000 km/sec. Die Physiker nahmen nun verständlicherweise an, daß es beim Licht so funktionierte wie bei den Autos: die Geschwindigkeiten würden sich addieren. Wenn ich also mit 1000 km/sec auf eine Lampe zuraste, würde ihr Licht relativ zu mir eine Geschwindigkeit von 300 000 plus 1000, also 301 000 km/sec haben. Aber als zwei Wissenschaftler diese Annahme testeten, stellten sie zu ihrer Überraschung fest, daß unabhängig von der Geschwindigkeit des Beobachters Licht *immer* eine Geschwindigkeit von 300 000 km/sec zu haben schien. Nicht mehr und nicht weniger. Anders als bei Autos schien beim Licht die Geschwindigkeit relativ zu allem dieselbe zu sein.

Das war Physik wie bei Alice im Wunderland, und um die akademischen Elfenbeintürme zogen sich Gewitterwolken zusammen. Aber Einstein in seinem Patentamt erfand in aller Ruhe die Welt neu. Statt zu versuchen, die Unveränderlichkeit der Lichtgeschwindigkeit wegzuerklären, akzeptierte er diese Tatsache einfach. Statt die Hände zu ringen, fragte er sich schlicht: Wie *könnte* man erklären, daß sich Licht mit der gleichen Geschwindigkeit relativ zu allem ausbreitet? Wenn ich zum Beispiel mit einer *anderen* Geschwindigkeit reise als jemand anderes, wie kann sich dann das Licht relativ zu uns beiden mit *derselben* Geschwindigkeit ausbreiten?

Mit einem dieser großartigen intuitiven Gedankensprünge, für die er zu Recht berühmt war, begriff Einstein, daß das Problem in Newtons hartnäckigem Beharren darauf steckte, Raum und Zeit seien absolut. Er erkannte, daß das ganze Problem verschwinden würde, wenn er den absoluten Raum aufgäbe. Er sah, daß das Dilemma gelöst wäre, wenn jeder Mensch seinen eigenen Raum und seine eigene Zeit einnähme, statt daß wir uns alle einen einzigen universalen Raum und eine einzige universale Zeit teilen. Im eigenen Raum jedes einzelnen würde die Lichtgeschwindigkeit für ihn (oder sie) konstant sein. Einstein zufolge waren demnach Raum und Zeit nicht absolute, sondern *relative* Phänomene, genau wie es Leibniz zweihundert Jahre zuvor behauptet hatte. Einstein gelang es außerdem, seine Idee in eine strenge mathematische Form zu fassen, die genau zeigte, wie sich Raum und Zeit änderten, je nach der Geschwindigkeit eines jeden Beobachters. Je größer die Geschwindigkeitsdifferenz zwischen zwei Menschen, desto größer würde die Differenz in ihrer Wahrnehmung von Raum und Zeit sein. Um es zusammenzufassen: Je schneller ich mich relativ zu Ihnen bewege, desto mehr scheint Ihr Raum zu schrumpfen, und desto mehr scheint Ihre Zeit sich zu verlangsamen.

Die erste Reaktion auf diese erstaunliche Darlegung war

blanker Unglaube – und natürlich strömten daraufhin die Stellenangebote auch nicht gerade ins Patentamt. Für die meisten Physiker war der Gedanke, Raum und Zeit könnten Privatsache sein, schlicht grotesk. Aber die Spezielle Relativität funktionierte. Einstein konnte nicht nur die konstante Lichtgeschwindigkeit erklären, seine eleganten Gleichungen ließen auch eine Menge praktischer Voraussagen für so konkrete Phänomene wie das Verhalten von Elektronen im magnetischen Feld zu. Ohne Wissen von der Speziellen Relativität wäre es zum Beispiel nicht möglich, daß Ihr Haus mit elektrischem Strom versorgt wird. Schließlich überzeugte die praktische Anwendung die Skeptiker. Um so mehr, als inzwischen klargeworden war,»daß der absolute Raum sich allen Möglichkeiten experimenteller Feststellung entzog«.[17] Langsam, aber sicher überließ»das begriffliche Ungetüm des absoluten Raums«, wie Mach es spitz nannte, das Feld der befreienden Vision von *relativem Raum* (und relativer Zeit).[18]

Im Alter von sechsundzwanzig Jahren hatte Einstein bereits das wissenschaftliche Verständnis vom Raum revolutioniert, dabei befaßte sich die Spezielle Relativitätstheorie nur mit Körpern, die sich mit *gleichförmiger Geschwindigkeit* bewegten. Wenn etwas so Schlichtes wie eine gleichförmige gradlinige Bewegung unsere Erfahrung von Raum und Zeit so radikal verändern konnte, welche Wirkung mochte da die *nicht* gleichförmige Bewegung auf diese Phänomene haben? Mit anderen Worten, wie würde sich *Beschleunigung* auf Raum und Zeit auswirken? Schon als er noch im Patentamt war, hatte Einstein begonnen, über eine noch größere Theorie nachzudenken, die den allgemeinen Fall *jeder* Bewegung erfassen würde, eine Theorie, die beschreiben würde, was unter *allen* dynamischen Bedingungen mit Raum und Zeit geschieht.

Bisher war der junge Wissenschaftler in unerforschten Gewässern gesegelt; jetzt betrat er Land, dessen Existenz die meisten Physiker nicht einmal vermutet hatten, jene Region, die

auf mittelalterlichen Karten die Warnung trug *Hier lauern Un-
geheuer.* Und selten hat sich ein Physiker so eindrucksvollen mathematischen Ungeheuern gegenübergesehen. Er steckte noch
mittendrin, als er einem Freund schrieb, er habe noch niemals
in seinem Leben so hart gearbeitet, die Spezielle Relativitätstheorie sei im Vergleich zur Allgemeinen eine Kinderei gewesen.[19] Wunderbarerweise stellte sich heraus, daß im vergangenen Jahrhundert ein deutscher Mathematiker namens Georg
Bernhard Riemann genau das Werkzeug entwickelt hatte, das
Einstein jetzt benötigte. Schließlich gelang es Einstein 1916 mit
Hilfe der Riemannschen Neuen Geometrie, seine Theorie auf
eine allgemeine Formel zu bringen. Die Frucht seiner Arbeit
waren zehn außerordentliche Gleichungen, eine für jedes Jahr
seiner Mühen: die Allgemeine Relativitätstheorie.

Die Allgemeine Relativitätstheorie gehört sicher zu den
Theorien, die nur wenigen Eingeweihten zugänglich sind, dennoch sind wir alle von Einsteins Meisterwerk betroffen, denn
es gab dem Sein selbst eine Zeitkoordinate. Die Allgemeine
Relativitätstheorie bewies Hubbles Entdeckung, lieferte das
theoretische Fundament für die Expansion des Universums
und verankerte die schöpferische Explosion des Big Bang in
der Sprache der Mathematik. Das war in der nüchternen, klaren Sprache der Geometrie die Bestätigung, daß unser Universum einen Anfang hatte. Und was darüber hinaus unabwend-
bar aus dieser Theorie hervorging, war, daß im Augenblick des
Big Bang nicht nur die Materie, sondern auch Raum und Zeit
»geboren« waren.

Im Kern der Allgemeinen Relativitätstheorie steckt eine
noch radikalere Konzeption des Raums als in der Speziellen,
eine Konzeption, die eigentlich eine *kosmologische Geschichte* erzählt. In fast jeder Hinsicht ist der Raum der Allgemeinen Relativität ein Abschied von der Newtonschen Vergangenheit. Im
Newtonschen Weltbild war der Raum eine passive Bühne, auf
der sich Objekte befanden. Die Haupteigenschaft des Newton-

186

schen Raums war die, daß er *keine* Eigenschaften hatte. Sein einziger Zweck war, als neutraler Bereich zu dienen, innerhalb dessen sich die gottgegebenen »Naturgesetze« abspielen konnten. Aber der Raum, der aus der Allgemeinen Relativität hervorgeht, ist erfüllt von einer eigenen Kraft. In Einsteins Bild wird der Raum von einer neutralen Arena zu einem *aktiven Teilnehmer* am großen kosmologischen Drama.

Im Newtonschen Weltbild war der Raum so etwas wie eine leere Kiste – drei lineare Dimensionen, die sich als grenzenlose Leere ewig erstreckten. Der Raum der Allgemeinen Relativität dagegen ist mit einer riesigen Membran zu vergleichen. Um ein Gefühl dafür zu vermitteln, benutzen Physiker oft das Bild eines Gummituchs, das wie ein riesiges Trampolin gespannt ist. Stellen Sie sich jetzt vor, ich legte eine Kegelkugel auf dieses Tuch. Das führt, wie Sie sehen, dazu, daß das Gummi um die Kugel herum nachgibt: es entsteht eine Vertiefung in der zuvor flachen Ebene. Nach der Allgemeinen Relativitätstheorie ist das genau das, was ein Massenkörper wie unsere Sonne mit der »Membran« des Raums tut. Wie in Abb. 4.1 verzerrt sie um sich herum den Raum und verursacht eine »Vertiefung« in dem sonst »flachen« Bereich. Dieses Bild ist elegant, aber die Folgerungen sind außerordentlich.

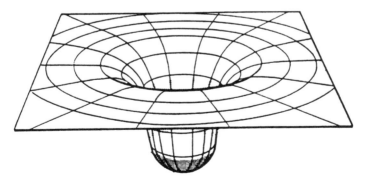

4.1 Die Sonne verzerrt die »Struktur« der Raumzeit.

Stellen Sie sich jetzt vor, ich nähme eine Billardkugel und schlüge sie in Richtung Kegelkugel, aber nicht genau auf sie zu, sondern ein bißchen zu einer Seite hin. Wenn die Billardkugel der Kegelkugel näher kommt, gerät sie in den Bereich, wo das Gummituch verzogen ist, dabei wird sie von der ursprünglichen Bahn abgelenkt und in die Vertiefung gezogen, auf die Kugelkugel zu. Wenn die Vertiefung tief genug ist, rollt sie in einer spiralförmigen Kurve hinab und kommt an der Kegelkugel zur Ruhe. Das, sagt Einstein, ist die Erklärung für die Schwerkraft. Sie ist keine Kraft für sich, sondern ein Nebenprodukt der *Gestalt des Raums selbst!*

Je mehr Masse ein Körper hat, desto tiefer wird nach Einsteins Gleichungen die »Vertiefung«, die er im Raum schafft, und desto stärker wird die Schwerkraft, die er auf seine Umgebung ausübt. Physiker nennen diese Verzerrung des Raums seine »Krümmung«. In der Allgemeinen Relativitätstheorie ist also die Schwerkraft nur ein Nebenprodukt des *gekrümmten Raums*. Hier auf der Erde stehen wir in einer kleineren Vertiefung in der umgebenden räumlichen Membran, die unser Planet hervorruft – wir befinden uns in einem Teil des Raums, der nur leicht gekrümmt ist. Wenn wir weiter hinausschauen, befindet sich die Erde selbst in einer größeren Vertiefung, die unsere Sonne hervorruft; der Raum in der Nähe der Sonne ist stärker gekrümmt. Nach der Allgemeinen Relativitätstheorie verursacht jeder Stern im Universum seine eigene gekrümmte Vertiefung in der räumlichen Membran, die dadurch den Charakter einer Landschaft annimmt. In dieser Vorstellung ist der Raum kein unbeweglicher Hintergrund mehr, er ist zum kosmologischen Terrain geworden – eine innere *Substanz* des Universums.

So wie die Gegenwart von Materie den Raum im lokalen Maßstab verzerrt, so beeinflußt sie aber auch das kosmologische Ganze. Die vielleicht verblüffendste Konsequenz der Allgemeinen Relativitätstheorie ist die, daß das Universum eine

Gesamtarchitektur hat. Wieder sehen wir hier eine radikale Abwendung vom Newtonschen Bild, wo der Kosmos ohne alle Form war. Im größten Maßstab angewandt, bestimmen die Gleichungen der Allgemeinen Relativitätstheorie die Gesamtstruktur des kosmologischen Raums. Und was noch mehr ist – Einsteins Gleichungen zufolge ist diese kosmische Architektur *dynamisch*, mit einer geradezu organischen Geschichte.

Wenden wir uns zur Erklärung noch einmal der Gummituch-Physik zu. Stellen Sie sich dieses Mal nicht ein flaches Gummituch vor, sondern die kugelförmige Oberfläche eines Ballons. Stellen Sie sich einen großen Ballon vor und daß Sie auf seiner Oberfläche leben – *das* ist der Raum Ihres Ballon-Universums. Wir beziehen uns hier *nur* auf die Außenhaut, nicht auf die Luft innerhalb des Ballons; damit ist Ihre Ballon-»Welt« tatsächlich zweidimensional. Die Gleichungen der Allgemeinen Relativitätstheorie beschreiben unser Universum als der Haut eines Ballons ähnlich. Der Unterschied dabei ist, daß die Ballonhaut nur zwei Dimensionen hat, während die »Haut« unseres Universums vier hat: drei für den Raum und eine für die Zeit. In beiden Versionen der Relativität sind Raum und Zeit in einem *vierdimensionalen Ganzen* verbunden. Hier wird die Zeit tatsächlich zu einer weiteren Dimension des Raums. Dieser vierdimensionale Komplex ist unter dem Namen Raum-Zeit bekannt, aber Physiker sprechen oft einfach vom vierdimensionalen Raum und ordnen damit die Zeit in das allgemeine Konzept Raum ein.

So wie die Menge der Materie bestimmt, wie stark der Raum im örtlichen Maßstab verzerrt ist, so bestimmt die Materie der Allgemeinen Relativitätstheorie zufolge auch die Form des kosmischen Ganzen. Einfach ausgedrückt: Je mehr Materie es im Universum gibt, desto stärker wird der Gesamtraum gekrümmt sein. Wenn genug Materie da ist, wird Gesamtraum eine geschlossene Oberfläche haben, wie ein Ballon (nur in vier Dimensionen). Wenn nicht genug Materie da ist, wird der Gesamtraum eine »offene« Form haben, die Physiker gern mit einem Sattel vergleichen. Eine der großen Aufgaben für die Astronomie am Ende des 20. Jahrhunderts ist es, die Menge der Materie in unserem Universum und damit die spezifische Architektur des kosmologischen Ganzen festzustellen.

Ob nun der Gesamtraum in sich selbst geschlossen ist wie ein Ballon oder offen wie ein Sattel – auf jeden Fall dehnt er sich aus. Welche Form er auch haben mag, die Allgemeine Relativitätstheorie sagt uns, daß unser Universum eine eingebaute Tendenz zum Schwellen hat. Um die Bedeutung zu durchschauen, denken Sie sich abermals auf die Ballonhaut zurück, und stellen Sie sich vor, daß jemand ein paar Punkte auf die Ballonoberfläche gemalt hat. Jeder Punkt stellt eine Galaxie dar. Jetzt stellen Sie sich vor, daß jemand den Ballon weiter aufbläst. Während er expandiert, würden Sie sehen, daß all die Punkte (also all die Galaxien) sich von Ihnen zu entfernen scheinen. Und je *weiter* ein Punkt von Ihnen entfernt war, desto *schneller* würde er sich von Ihnen entfernen. Mit anderen Worten, die Punkte auf der Ballonhaut würden sich genauso verhalten wie Hubbles Galaxien. Das ist keine Hexerei, es sind schlichte Fakten der Geometrie, daß auf einer expandierenden Kugel jeder Ort auf der Oberfläche sich von jedem anderen entfernt, und zwar mit Geschwindigkeiten, die der Distanz zwischen ihnen proportional sind.[20] Die Beziehungen bei Hubbles Rotverschiebung spiegeln nur diese zugrundeliegende kosmische Expansion.

Der Allgemeinen Relativitätstheorie zufolge verhält sich unser Universum wie ein sich ausdehnender vierdimensionaler Ballon. Es ist der *Raum selbst*, der sich da ausdehnt wie eine Ballonhaut. Die Galaxien unseres Universums rasen nicht auseinander in einen *bereits bestehenden Raum;* es ist vielmehr der Raum selbst, der seine Reichweite ausdehnt, und er nimmt die Galaxien mit. Der Raum wird dabei gewissermaßen zu einem

Lebewesen – einer ständig wachsenden kosmischen Frucht. Das Ausmaß dieser kosmischen Expansion ist wahrhaft umwerfend. »Jeden Tag«, sagt der Physiker Paul Davies, »schwillt die unseren Teleskopen zugängliche Region des Universums um 10^{18} Kubiklichtjahre an.«[21] Das ist eine Milliarde Milliarde Kubiklichtjahre täglich!

Die innere Dynamik des Raums enthält nach der Allgemeinen Relativitätstheorie auch die Geschichte seiner Entstehung. Da der Raum ständig größer wird, muß er – das verlangt die Logik – in der Vergangenheit kleiner gewesen sein. Wenn man das rückwärts extrapoliert, muß einmal der gesamte kosmologische Raum, den wir heute sehen, auf einen sehr kleinen Bereich begrenzt gewesen sein – tatsächlich auf einen mikroskopisch kleinen Punkt. Dieser infinitesimale Punkt, den Einsteins Gleichungen genau vorhersagten, ist die Initialzündung für den Big Bang.

Trotz Einsteins Gleichungen und Hubbles Beobachtungen aber wehrten sich anfangs viele Wissenschaftler gegen die Idee eines kosmischen Ursprungs, der das Gespenst eines Schöpfers fast wie im Christentum auftauchen ließ – dieses unangenehme Problem, das die Physiker 200 Jahre lang gemieden hatten. Einige Physiker sträubten sich so sehr dagegen, ihre Wissenschaft nach etwas auszurichten, das auch nur einen Anflug von Christentum zu haben schien, daß sie mehrere raffinierte Theorien vorbrachten, die die Expansion des Universums erklären sollten, *ohne* daß es einen kosmischen Ausgangsmoment geben mußte. Erst in den siebziger Jahren konnte man endlich beweisen, daß es einen Big Bang gegeben haben *muß*. Stephen Hawking und sein Mentor Roger Penford aus Oxford demonstrierten mit Hilfe der Allgemeinen Relativitätstheorie, daß es in einem Universum wie dem unseren einen Anfangsmoment der kosmischen Verschmelzung gegeben haben *muß*. Auch wenn sie mit dem »Stigma« von Religion belastet war, die kosmische Schöpfung war da und blieb da. Berechnungen der

Astrophysiker verlegen dieses Ereignis auf einen Zeitpunkt vor zehn bis fünfzehn Milliarden Jahren.

Im letzten halben Jahrhundert haben die Wissenschaftler nicht nur einen kosmischen Anfang entdeckt, sie haben auch eine ganze Geschichte der kosmischen Evolution entwickelt. Vom ersten Punkt der Schöpfung an gerechnet – dem Punkt, an dem Raum und Zeit geboren wurden –, haben sie einen Prozeß formuliert, in dem sich unser Universum zum Sein entfaltet hat. Vom Big Bang ausgehend, haben die Astrophysiker eine Beschreibung von der Entstehung von Galaxien, Sternen und Planeten gegeben. Parallel dazu haben sie Prozesse entdeckt, mit denen die Sterne in ihrem Inneren die Kette der atomaren Elemente durch Synthese aufbauen. Und wo der Big Bang die Elementarteilchen entstehen ließ – Protonen, Neutronen und Elektronen –, sind es die Sterne, die uns die Atome für Fleisch und Knochen, für Kohlenstoff, Stickstoff, Sauerstoff und so weiter geliefert haben.

Von der Stase zur Historie – die Wissenschaft hat schließlich ihren eigenen kosmologischen Bericht formuliert. Wenn Darwins Evolutionstheorie den biblischen Bericht von der Erschaffung des Lebens in Frage stellte, so stellt die Kosmologie der Relativitätstheorie die Geschichte der kosmischen Schöpfung in der Genesis in Frage. Wesentlich daran ist die neue relativistische Vorstellung von Raum. So wie der aristotelische Kosmos des Spätmittelalters die aristotelische Vorstellung von Raum spiegelte und der Newtonsche Kosmos die Newtonsche Vorstellung von Raum, so spiegelt der Einsteinsche Kosmos die Einsteinsche Vorstellung von Raum. Sie werden hier beide als strukturiert und dynamisch angesehen. Abermals ist es der scheinbar uninteressante Raum, der unser kosmologisches System begründet und bestimmt.

Von Aristoteles bis zu Einstein hat es in der Vorstellung von Raum eine wahrhaft revolutionäre Veränderung gegeben. Für Aristoteles war der Raum nur eine unbedeutende, unwichtige

Kategorie der Wirklichkeit gewesen. Newton dagegen hatte Raum zum formalen Hintergrund seines Universums erklärt, zum absoluten Rahmen allen Geschehens. Aber der Newtonsche Raum hatte keine ihm selbst innewohnenden Eigenschaften, er war nur eine formlose Leere ohne bestimmte Merkmale. Als solcher, sagt der Physiker Andrei Linde, spielte der Raum im Newtonschen System »weiter eine sekundäre, untergeordnete Rolle« und diente lediglich »als Mittel zur Beschreibung« der Bewegungen der Materie.[22] Mit der Allgemeinen Relativitätstheorie jedoch wird der Raum zum ersten Mal zur primär aktiven Kategorie der Realität. Der Relativitätstheorie zufolge *kann* es Materieobjekte nicht geben ohne die stützende Membran des Raums. Damit wird in Einsteins Sicht der Raum eine Säule des neuzeitlichen wissenschaftlichen Weltbildes.

Der grundlegende Charakter des Raums im relativistischen Weltbild verleiht dieser zuvor passiven und ziemlich langweiligen Entität nichts weniger als eine eigene Persönlichkeit. Raum ist nicht mehr nur eine leere Arena, sondern wird zum aktiven Teilnehmer am kosmologischen Drama, ein organisches Gebilde, durchdrungen von eigener Kraft. Und da außerdem der Raum eine von Materie geformte Membran ist, ändert sich auch die Landschaft des Raums, wenn sich die Verteilung von Materie ändert. Wenn zum Beispiel ein Stern mit der Explosion einer Supernova endet, schickt er große Wellen von Schwerkraft aus, wie uns die Allgemeine Relativitätstheorie sagt. Da aber die Schwerkraft nur »eine Verzerrung der Raumzeit« ist, sind Schwerkraftwellen tatsächlich *Wellen in der Raummembran.*[23]

Ebenso verändert die Bewegung von Galaxien die Landschaft des Raums. Abgesehen von ihrer allgemeinen Expansionsrichtung bewegen sich viele Galaxien auch in großen kosmischen Strömungen quer durch das Universum. Diese Bewegung spiegelt sich in der lokalen Verzerrung des Raums, der wie eine geologische Landschaft in Äonen sich verschiebt und verwirft. Über das ganze Universum verstreut sind außerdem, glauben Physiker, riesige »kosmische Fäden« *(Strings)* und »Tücher« *(Sheets)*, Millionen Meilen lange Linien und Ebenen, in denen sich gewaltige Schwerkraft konzentriert, die ebenfalls die Struktur des Raums in intergalaktischem Maßstab dynamisch verzerrt.

Wegen der inhärenten Dynamik sollte man die relativistische Raummembran vielleicht lieber mit dem Meer als mit einer Landschaft vergleichen. Wie ein irdischer Ozean wird der Raum der Relativität von Wellen, Strömungen und Wirbeln aufgewühlt – eine riesige flüssige, vierdimensionale Oberfläche, die sich kräuselt oder brodelt wie ein interstellares Meer. Auf diesem Meer schippert die Armada der Science-fiction-Phantasie des 20. Jahrhunderts. Dabei führt »kühn dorthin, wohin noch kein Mensch sich gewagt hat« das Raumschiff *Enterprise*. Mit ihrem *Warp*-Antrieb (der Reisen schneller als das Licht ermöglicht) bewegt sich die *Enterprise* auf einer Welle des Raums fort; ihre Maschinen zwingen die Raummembran, sich hinter dem Schiff auszudehnen und vor dem Schiff zusammenzuziehen. Jedenfalls ist das das Szenario, das ein Physiker als »im Rahmen der Allgemeinen Relativitätstheorie zulässige Möglichkeit für ›Warpgeschwindigkeit‹« vorgeschlagen hat.[24]

Die Kommandanten jener fiktionalen Raumflotte *Star Trek* (»Raumschiff Enterprise«) sind nicht die einzigen, die sich die Flüssigkeit des relativistischen Raums gern zunutze machen würden. Im wirklichen Leben haben die Kommandanten der Raumflotte von der NASA bereits ein Team, das nach neuen Arten von Raumantrieb sucht, einschließlich jener, die auf der Verzerrung des Raums nach der Allgemeinen Relativitätstheorie beruhen. Die Leiter dieser Breakthrough Propulsion Physics (BPP) suchen nach Wegen, die Grenzen der Raketenkraft zu überwinden. Al Holt, einer der Mitbegründer, sagt, die Allgemeine Relativitätstheorie könnte einen Schlüssel zu diesem

Ziel liefern. Und einer seiner Kollegen meint, »Warp-Antriebe enthalten ein gewisses Maß an Wahrscheinlichkeit«.[25] Das Surfen im relativistischen Raum wird jedoch alles andere als sanft sein. Wie bei irdischen Ozeanen kann die Dynamik im relativistischen Raum sehr gefährlich werden. Jeder Seemann weiß, daß man eine stürmische See fürchten muß. Legendär unter den stürmischen Zuständen des relativen Raums ist das Schwarze Loch. Stephen Hawking hat es berühmt gemacht, obwohl es schon 1783 vom englischen Mathematiker John Michell für möglich gehalten und 1967 vom amerikanischen Physiker John Wheeler benannt worden war. Schwarze Löcher sind so tiefe Einbuchtungen in der Membran des relativistischen Raums, daß nichts, was hineingerät, wieder entkommen kann – nicht einmal Licht.

In einem Schwarzen Loch ist der Raum dermaßen verzerrt (so stark gekrümmt), daß alles, was die Grenze – als »Ereignishorizont« bekannt – überschreitet, in den Schlund hineingezogen und vernichtet wird. Um Hawkings nüchterne Einschätzung zu zitieren: »Wenn Sie in ein Schwarzes Loch springen, wird es Sie zerreißen und umbringen.«[26] Aber da die Schwerkraft schließlich nur ein Nebenprodukt der Gestalt von Raum ist, ist das Schicksal, das einen in einem Schwarzen Loch erwartet, daß man vom Raum selbst zerrissen wird. Der Raum um ein Schwarzes Loch herum ist so unerträglich verzogen und verzerrt, daß er sich an der Materie rächt wie ein kosmologischer Drache, der alles verschlingt, das seiner Höhle zu nahe kommt. Der Magen eines Schwarzen Lochs ist so mächtig, daß er ein Raumschiff auseinanderreißen würde. Dahin sind wir von dem passiven Bild Newtons gekommen – in der Vorstellung der Allgemeinen Relativitätstheorie ist der Raum buchstäblich zum Monster geworden.

Aber wie es auch bei vielen mythischen Monstern so geht: Wenn man den Zähnen eines Schwarzen Lochs entkommen kann, winkt auf der anderen Seite potentiell eine Belohnung.

Sie besteht im Zugang zu seinem Spiegelbild, einem *Weißen Loch*. Wie Hawking erklärt, entstehen Weiße Löcher aus der Tatsache, daß »die Gesetze der Physik ... zeitsymmetrisch« sind. »Wenn es also Objekte namens Schwarze Löcher gibt, in die Dinge hineinfallen und aus denen nichts entkommen kann, dann muß es andere Objekte geben, aus denen Dinge entweichen, in die aber nichts hineinfallen kann.«[27] Solche Weißen Löcher sind Einsteins Gleichungen zufolge mit Schwarzen Löchern durch röhrenartige Gänge von Raum, die man *Wurmlöcher* nennt, verbunden. Diese Wurmlöcher haben seit langem als potentieller Antrieb der Raumfahrt Science-fiction-Autoren gereizt.

Warum nicht, statt Milliarden Meilen durch den Raum zu fahren, einfach in ein Schwarzes Loch tauchen, durch sein Wurmloch schlüpfen und über das Weiße Loch am anderen Ende am gewünschten Ziel wieder erscheinen? Durch ein Wurmloch könnte man sich theoretisch durch den Raum bohren wie ein intergalaktischer Maulwurf (s. Abb. 4.2). Das ist denn auch das Szenario, das in der Serie *Deep Space Nine*, einem Nebenprodukt von *Star Trek*, in einer Episode ins Auge gefaßt wird, in der es um das *Bajoran*-Wurmloch geht. Ein noch bemerkenswerteres Wurmloch erscheint in der Serie *Voyager*, es ermöglicht der *Enterprise*, durch die Zeit wie durch den Raum zu reisen. Das ist keine bloße Science-fiction-Spinnerei, denn wie der Physiker Lawrence Krauss bemerkt: »Wenn Wurmlöcher existieren, so funktionieren sie wie Zeitmaschinen« – schließlich ist Zeit in der Allgemeinen Relativitätstheorie nur eine weitere Dimension des Raums.[28]

Hawking sagt: »Es gibt Lösungen für die Gleichungen der Allgemeinen Relativitätstheorie, nach denen man in ein Schwarzes Loch fallen und aus einem Weißen Loch herauskommen kann.«[29] Unglücklicherweise sind aber diese Lösungen höchst instabil. »Die leiseste Störung, etwa die Anwesenheit eines Raumschiffes, muß das ›Wurmloch‹ zerstören.«

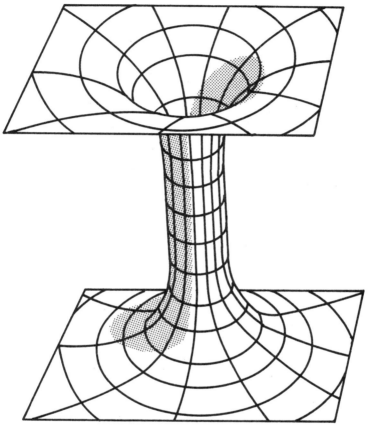

4.2 Wurmlöcher erlauben theoretisch Reisen durch die Raumzeit und sogar Reisen zwischen verschiedenen Raumzeiten verschiedener Universen.

Natürlich hat das die Science-fiction-Autoren nicht davon abgehalten weiterzuträumen. Und die Physiker auch nicht. Ein kühnes Team an der University of Newcastle in England hat zum Beispiel festgestellt, daß, wenn zwei Schwarze Löcher elektrisch aufgeladen wären, sich ein stabiles Wurmloch zwischen ihnen bilden könnte.

Aber eilige Raumreisende werden sich bestimmt nicht auf natürlich entstandene Wurmlöcher verlassen, die vielleicht sehr selten sind; sie werden ihre eigenen Wurmlöcher zu bestimmten Zielen *konstruieren* wollen. Als Carl Sagan seinen Roman *Contact* schrieb, schlug er sich mit diesem Problem herum und bat den Relativitätsphysiker Kip Thorne vom Caltech um Rat. Sagans Frage veranlaßte diesen berühmten Theoretiker, sich ein System auszudenken, in dem durchfahrbare Wurmlöcher hergestellt werden könnten durch eine exotische Art Materie, die Antigravität induzierte und etwas enthielte, was die Physiker »negative Energie« nennen. Thorne meinte, »daß nichts in den physikalischen Gesetzen eine Reise durch die Wurmlöcher verbietet«.[30]

Überraschend ist, daß in der Allgemeinen Relativitätstheorie der Raum nicht mehr nur ein Meer ist, in dem die Materie schwimmt, sondern eine stark formbare Substanz, die fähig ist, komplexe *Strukturen* zu bilden. Eine der absonderlichsten Raumstrukturen, über die die Relativitätsphysiker jetzt nachdenken, sind »Baby-Universen« – kleine Raum-Zeit-Blasen, die sich auf dem Weg über Schwarze Löcher von unserem Mutter-Universum abspalten. Nach den neuesten Theorien ist unser Universum »umgeben« von einem Schaum von Baby-Universen, die sich ständig abspalten und dann wieder anschließen. Jedes Baby-Universum hat seine eigene einzigartige mikroskopische Raumzeit. Selbst auf makroskopischem Niveau glauben einige Physiker, daß unsere Raumzeit nicht die einzige ist. Für Andrei Linde und Lee Smolin, einen Theoretiker der Pennsylvania State University, ist unser Universum nur eins von einer potentiell unendlichen Menge von Universen. Wie in Abb. 4.3 ist jedes von ihnen eine eigene riesige Raum-Zeit-Blase. Nach Lindes und Smolins Ansicht gibt es also ein Universum von Universen, einen Super-Raum von kosmologischen Räumen.[31] Einige Physiker glauben sogar, wir könnten zu diesen anderen Universen gelangen, indem wir durch Wurmlöcher reisen.

Die in der Allgemeinen Relativitätstheorie beschriebene dynamische Vorstellung von Raum hat große Bedeutung für professionelle Astronomen und Kosmologen, aber für die meisten Nichtwissenschaftler liegt ihr eigentlicher Reiz in den Möglichkeiten, die sie für extraterrestrische Kontakte bietet. Seit Keplers Mondechsen haben die Menschen sich Gedanken über die fabelhaften fremden Wesen gemacht, die wir in den Sternen treffen könnten. Der Raum mag mit einem eigenen Charakter ausgestattet sein, aber es sind die Lebewesen, die diesen Raum *bewohnen*, die die heutigen kosmologischen Träume nähren. Die großen Raum-Epen – Isaac Asimovs Erzählungen, Frank Herberts *Wüstenplanet* und George Lucas' Filmtrilogie *Krieg der Sterne* –, sie alle verdanken ihre anhaltende Anziehungskraft der reichhaltigen Kulisse von interstellaren Kulturen und außerirdischen Denkweisen. In diesen Klassikern ist der Raum weniger eine »äußerste Grenze« als ein psychologisches Treibhausbeet, in das die Autoren die exotischen Früchte anderer Formen des Seins legen.

Der Zauber des außerirdischen Lebens und der ungeheure Wunsch nach außerirdischem Kontakt wurde im August 1996 sehr deutlich, als Wissenschaftler der NASA mitteilten, sie hätten in Meteoriten vom Mars Hinweise auf versteinerte Mikroben gefunden. Die Weltpresse geriet in einen Taumel des Entzückens: Hier schien es endlich Beweise zu geben, daß wir nicht allein wären. Für die NASA wäre natürlich ein Hinweis auf außerirdisches Leben – wenn auch nur in fossiler Form – beinahe so schön wie ein Anruf von ET persönlich gewesen. Es

199

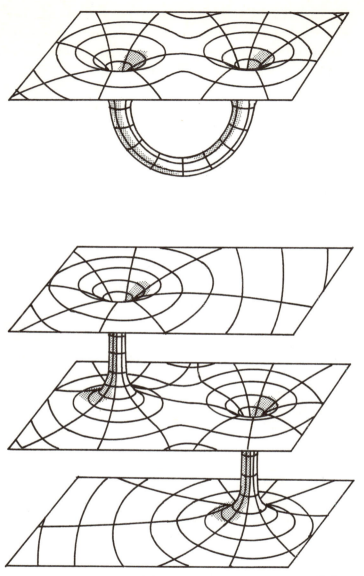

4.3 Unser Universum ist möglicherweise nur eines von einer unendlichen Zahl von parallelen Universen, die durch Wurmlöcher miteinander verbunden sind.

gab kein besseres Mittel, um die allgemeine Begeisterung – und Finanzierung – für ihr moribundes Raumfahrtprogramm anzuheizen. Der anhaltende Reiz von *Star Trek* und *Star Wars* sagt etwas über die riesige psychische Sehnsucht nach außerirdischen Begegnungen aus. Auf perverse Weise tun dies auch Tausende von angeblichen Entführungen durch Außerirdische und das Netz von Verschwörungstheorien, das um so mythische »Landeplätze« für Außerirdische wie Roswell gewoben wird. Aber als potentielles Reich der Freundschaft hat der Weltraum einstweilen sehr enttäuscht. Bisher haben die Astronomen keinen konkreten Beweis für außerirdisches Leben gefunden. Es sind Menschen auf dem Mond gewesen und haben keine Rieseneidechsen gefunden, wie wir alle wissen. Raumsonden haben Venus, Mars und Jupiter besucht und ebenfalls nur sterile Welten ohne Leben gezeigt. Nach zwei Jahrzehnten unbarmherzigen Schweigens von den Sternen hat 1993 die NASA ihre Suche nach extraterrestrischen Intelligenzen aufgegeben. (Allerdings sind die Bemühungen inzwischen von privater Seite wieder aufgenommen worden.) Selbst die Mars-Mikroben haben sich als Reste geochemischer Prozesse erwiesen. Der Raum ist und bleibt unheimlich still.

Unser Scheitern bei der Suche nach außerirdischen Gefährten ist nicht der einzige entnervende Aspekt der heutigen Kosmologie. Wir sind nicht nur praktisch allein in unserem riesigen relativistischen Raum, wir sind auch in einem tieferen Sinn nirgendwo. Gerade das »kosmologische Prinzip«, das Nikolaus von Kues eingeführt hat, um den kosmischen Status der Menschheit zu verbessern, ist schließlich auf uns zurückgeschlagen. Wenn es zunächst ausgesehen hat, als sei es eine kosmische Beförderung, wenn alle Orte im Universum gleich sind, so hat uns diese demokratisierende Strategie schließlich doch jegliche kosmische Bedeutung genommen.

Auf dem gleichmacherischen Spielfeld der neuen Kosmologie sind wir an keinem besonderen Ort, weil eben die Definition des relativistischen Raums garantiert, daß es *keinen besonderen Ort* gibt. Im Gegensatz zum mittelalterlichen Kosmos, an dem jeder Ort seinen eigenen Wert hatte (je nach seiner Nähe zu Gott), enthalten die Gleichungen zur Allgemeinen Relativitätstheorie keinerlei Wertvorstellung. Der Einsteinsche Raum mag geometrisch präzise sein, aber er ist auch wertfrei. Auf der mathematischen Membran der Allgemeinen Relativitätstheorie ist jeder Ort so gut oder so schlecht wie jeder andere, und es spielt keine Rolle, ob wir Menschen da sind oder dort oder sonstwo. In den grenzenlosen Tiefen des neuen kosmologischen Raums wird unsere Erde zu irgendeinem nicht signifikanten Planeten, der um einen nicht signifikanten Stern in einer nicht signifikanten Galaxie kreist, die sich auf einer Karte des kosmischen Ganzen verliert.

Wir befinden uns damit in einer paradoxen Lage, denn wir sind zwar die erste Kultur in der menschlichen Geschichte, die eine detaillierte Karte des physikalischen Kosmos hergestellt hat, aber in Wirklichkeit haben wir uns *im Raum verloren.* All die Galaxien, die wir durch unsere Teleskope sehen, bekräftigen nur, was für eine kümmerliche und unbedeutende Insel wir in Wirklichkeit sind. Wir streben nach Selbstachtung in diesem unermeßlichen Ozean des Raumes – ist es ein Wunder, daß wir uns auf der Suche nach Freundschaft und Bedeutung den Sternen zugewandt haben? Ist es ein Wunder, daß wir uns danach sehnen, Teil einer intergalaktischen Gemeinschaft zu sein, die von Zweck- und Zielgerichtetheit durchdrungen ist?

Und darin liegt die äußerste Demütigung des neuzeitlichen kosmologischen Raums, denn solange er überall gleich ist, kommt es nicht darauf an, ob man in der einen Richtung sucht oder in einer anderen. In einem Raum, in dem alle Orte wesentlich gleich sind, sind auch alle Richtungen gleich. Die Mathematisierung des Raums hat den Kompaß zu einem Rouletterad gemacht: Jede Richtung könnte zu etwas Aufregen-

202

dem führen. Oder aber auch nicht. Dies ist ein entscheidender Unterschied zwischen der *Göttlichen Komödie* und *Star Trek*. Beides sind kosmologische Unternehmungen, die ihre Reisen in eine andere Welt zum Nachdenken über das menschliche Leben nutzen, aber Dantes Reise hatte eine ganz bestimmte innere *Richtung*.

Der Raum, den Dante durchwanderte, gab die Richtung seiner Reise vor – aufwärts, Gott entgegen. Es war kein homogener Bereich, sondern eine spirituell abgestufte Region, in der der Wert jeden Ortes sich in den sichtbaren Eigenschaften der Umgebung zeigte. Dantes Kompaß war immer und ewig der Vektor christlicher spiritueller Veredelung, graphisch symbolisiert im *Monte Purgatorio*. Dante hatte keine *Wahl*, in welche Richtung er sich wenden sollte: seine Reise war streng linear, dem Licht, der Hoffnung und der Liebe zu. Tatsächlich folgen er und Vergil in den zwei ersten Gesängen einem auf dem Boden vor ihnen markierten Pfad. Erst im Paradiso verschwindet der, aber da wird Dante unwiderruflich auf sein Ziel zugetrieben durch eine Kraft, der kein Mensch widerstehen könnte.

Das Raumschiff *Enterprise* dagegen kann in jede Richtung fahren, die sein Kommandant beschließt. Eine Region des Raums hat genauso viele dramatische Möglichkeiten wie jede andere. Eben weil dieser Star-Trek-Kosmos – *unser* wissenschaftlicher Kosmos – keine ihm innewohnende Ausrichtung hat, kann es kein endgültiges Ziel für die Geschichte der *Enterprise* geben. Selbst wenn das Schiff zerstört wird, können die Produzenten immer ein neues in Auftrag geben und mit einer neuen Besatzung losschicken. Es hat schon jetzt drei »Generationen« für Schiff und Mannschaft gegeben. In einem in sich ausgerichteten und endlichen Raum wie dem der *Göttlichen Komödie* muß der Bericht einmal enden, muß das Ziel früher oder später erreicht werden. Aber im unendlichen homogenen Raum kann die Geschichte ewig weitergehen. Deshalb hat die

Göttliche Komödie nur drei Teile, während *Star Trek* nach mehr als 300 Episoden immer noch läuft.[32]

Im homogenen Raum hat der Reisende unendliche Freiheit der Wahl: Er kann in jede Richtung fahren, die ihm einfällt, und seine Meinung ändern, wann er will. Dieses Gefühl von Freiheit ist ein wichtiger Bestandteil der Phantasien über den Weltraum. Es ist die gleiche Freiheit wie die, die der heutige Autofahrer empfindet, wenn er die endlosen Autobahnen Amerikas befährt – nur daß man im Weltraum drei Dimensionen zur Verfügung hat, und vier, wenn man die Zeit mitzählt. Die scheinbar grenzenlose Freiheit der Bewegung spielt eine Hauptrolle beim Träumen von der Kosmologie des späten 20. Jahrhunderts. Aber während wir im Westen eine immer detailliertere und abenteuerlichere Vision vom *physikalischen* Kosmos entwickeln, haben wir die Vorstellung von *anderen* Ebenen der Wirklichkeit, anderen »Räumen« des Seins verworfen. Indem wir den Raum homogenisieren und »Ort« auf einen streng mathematischen Formalismus reduzieren, haben wir unserem Universum die Bedeutung geraubt und ihm jedes Gefühl von eigener Ausrichtung genommen. Die Kehrseite unserer kosmologischen Demokratie ist damit eine existentielle Anarchie: Wenn kein Ort spezieller ist als irgendein anderer, gibt es schließlich keinen Ort, nach dem man streben kann – keinen Zweck, kein Ziel, keine Bestimmung. Das kosmologische Prinzip, das uns einst aus der Gosse des Universums emporhob, hat uns letztlich keinen Ort gelassen, an den wir gehen können.

5

HYPERSPACE

»Offensichtlich … muß jeder feste Körper eine Ausdehnung in *vier* Dimensionen aufweisen: er muß
Länge, Breite, Höhe und – Dauer besitzen. Aber in-
folge einer naturbedingten menschlichen Schwäche,
die ich Ihnen gleich erläutern werde, neigen wir
dazu, diese Tatsache zu übersehen. Es gibt also wirklich vier Dimensionen: drei, die wir die drei Ebenen
des Raumes nennen, und eine vierte, die Zeit.«[1]

Man könnte sich durchaus vorstellen, daß diese Beschreibung
der vierdimensionalen Raumzeit ein Zitat von Einstein wäre.
Aber sie stammt von keinem Physiker; sie wurde 1895 geschrieben, volle zehn Jahre vor dem ersten Text zur Speziellen Relativitätstheorie, und zwar von dem Science-fiction-Autor Herbert George Wells. Die Darlegung stammt aus den ersten
Seiten seines berühmten Romans *Die Zeitmaschine*, wo der Held
der Geschichte seinen Freunden das Konzept der vierten Dimension und die Möglichkeiten einer Zeitreise erklärt. Zu einer Zeit, als Einstein noch zur Schule ging und davon träumte,
auf Lichtstrahlen zu reisen, erforschte Wells in seinen Fiktio-
nen bereits die Konsequenzen einer vierten Dimension. Nicht
nur in der *Zeitmaschine*, auch im Roman *Der Besuch*, in »Platt-
ners Geschichte« und »Die merkwürdige Geschichte von Davidsons Augen« wagen sich Menschen in eine mysteriöse Zusatzdimension vor und treffen dort auf Erscheinungen, die im
alltäglichen Raum unserer Erfahrung unmöglich wären.

Wells war keineswegs der einzige unter den Schriftstellern
des späten 19. und frühen 20. Jahrhunderts, der weitere Dimensionen beschwor. Zu den »prominenten Persönlichkeiten«, die

sich für das Thema interessierten, gehörten Fjodor Dostojewskij, der in seinen *Brüdern Karamasow* auf höhere Dimensionen Bezug nahm, Joseph Conrad und Ford Madox Ford, in dessen Roman *The Inheritors* eine grausame Rasse aus der vierten
Dimension im Mittelpunkt steht, sowie Oscar Wilde, der diese
Dimension im *Gespenst von Canterville* zur Zielscheibe seines
Witzes machte.[2] Auch Künstler wurden von dem Gedanken einer »höheren«
Dimension inspiriert. Lange bevor die Relativitätstheorie ins
allgemeine Bewußtsein einsickerte, wimmelte es in den theo-
retischen Schriften der Kubisten von Hinweisen auf eine vierte
Dimension, ebenso in den Schriften der russischen Futuristen.
Marcel Duchamp, Kasimir Malewitsch und der amerikanische
Maler Max Weber – um nur einige wenige zu nennen – erlebten jeweils Zeiten großen Interesses an höherdimensiona-
lem Raum. Ebenso die Komponisten Aleksandr Skrjabin und
George Antheil. Die vierte Dimension lieferte auch Philosophen und Mystikern neue Anstöße. Wie die Kulturhistorikerin
Linda Dalrymple Henderson bemerkt hat, ließ im späten
19. Jahrhundert »die ›vierte Dimension‹ ganze idealistische und
sogar mystische philosophische Systeme entstehen«.[3] Tatsächlich war, so Henderon, um das Jahr 1900 die vierte Dimension
»fast ein geläufiger Begriff geworden ... Das reichte von einer
idealen Platonschen oder Kantschen Wirklichkeit – oder sogar
dem Himmel – bis zur Antwort auf alle Probleme, die die zeit-
genössische Wissenschaft beschäftigte; die vierte Dimension
konnte für alle Menschen alles sein.«[4] Obwohl es der Name Einsteins ist, der heute am häufigsten
mit der Vorstellung einer vierten Dimension in Verbindung ge-
bracht wird, stammt das Konzept ursprünglich aus der Mitte
des 19. Jahrhunderts. Eigentlicher Auslöser war die Entwicklung einer nichteuklidischen Geometrie. Seit den sechziger Jahren des 19. Jahrhunderts kochte das Interesse an dieser neuen
Geometrie über; man war allgemein fasziniert von einem

Raum mit mehr als drei Dimensionen – der dann »Hyperspace« genannt werden sollte. Er war zunächst von Schriftstellern, Künstlern und zur Mystik neigenden Philosophen erforscht worden; dann ließ dieses scheinbar phantastische Konzept eine außerordentliche neue Vorstellung von Wirklichkeit entstehen, eine, in der der Raum selbst als elementare Substanz alles Seienden betrachtet werden sollte. Wir sprechen hier nicht nur über die Zusatzdimension der Zeit, sondern auch über weitere *räumliche* Dimensionen. In diesem Kapitel erforschen wir die absonderliche Geschichte des höherdimensionalen Raums, von ihren bescheidenen Anfängen in der Mathematik des 19. Jahrhunderts bis zu ihrem Höhepunkt in der Vorstellung der heutigen Physiker von einem *elfdimensionalen* Raum.

Die absonderlichen Möglichkeiten eines höherdimensionalen Raums waren von Beginn an deutlich. Schon in der ersten Hälfte des 19. Jahrhunderts hatte der geniale Mathematiker Carl Friedrich Gauß, der Begründer der neuen Geometrie, begonnen, über Räume mit vier oder mehr Dimensionen nachzudenken. Bezeichnenderweise beschäftigte sich Gauß besonders mit der Möglichkeit höherdimensionaler Lebewesen. Da man sich eine Welt mit mehr als drei Dimensionen nicht direkt vorstellen kann, benutzte Gauß eine Analogie von Wesen in einer zweidimensionalen Welt. Er faßte Geschöpfe »wie unendlich dünne Bücherwürmer in einem unendlich dünnen Blatt Papier« ins Auge, Wesen, die nur zweidimensionalen Raum erfahren hätten.[5] Genau wie wir uns nun Geschöpfe in einem Raum mit weniger Dimensionen als unserem vorstellen können, meinte Gauß, wir könnten auch Wesen denken, die in einem Raum mit »vier oder mehr Dimensionen lebten«. Wie würde so ein Raum aussehen? Welche Eigenschaften würde er haben? Wie würde man in ihm leben? fragte sich Gauß. Das war die Saat für die Träume von Science-fiction-Autoren – und tatsächlich strömten die literarischen Reaktionen denn auch bald herein.

Eine der frühesten und bezauberndsten Visionen eines höherdimensionalen Raums wurde 1884 von dem Engländer Edwin Abbot verfaßt. Das Thema wird gleich durch den wundervollen Titel angedeutet: *Flatland: A Romance of Many Dimensions by A. Square.* Deutsch: *Flächenland: Eine Geschichte von den Dimensionen, erzählt von einem Quadrat* (1929). Wie der Untertitel zeigt, ist der Held in Abbots Abenteuer ein Quadrat, das in einem zweidimensionalen Raum lebt, der unter dem Namen Flatland, Flächenland, bekannt ist. In der planen Welt von Flächenland herrscht eine strenge Hierarchie. Frauen, die einfachsten Wesen, sind schlicht gerade Linien. Männer dagegen sind regelmäßige Vielecke: Dreiecke (das sind die meisten), dann Quadrate, Fünfecke, Sechsecke und so weiter. Unter den Männern hat man einen höheren Status, je mehr Kanten man hat. Mit vier Kanten rangieren die Quadrate am unteren Ende der Vornehmen oder Gelehrten. Kreise, also unendlich vielseitige Polygone, stehen am oberen Ende – sie sind die Priester in Flächenland. Es ist in dieser zweidimensionalen Welt verboten, von einer dritten Dimension zu sprechen oder auch nur an sie zu denken, denn die Vorstellung von etwas, das höher ist als ein Kreis, ist Ketzerei.

Unser Held auf der Ebene von Flächenland kümmert sich nur um seine eigenen Angelegenheiten, als eines Nachts der ruhige Verlauf seines Lebens zerstört wird durch den Besuch eines Wesens aus dem »Raumland«. Das wunderbare Geschöpf ist nichts anderes als eine Kugel, ein dreidimensionaler Kreis! Dieser Ausbund an Vollkommenheit ist unter seinen eigenen Leuten ein Fürst. Um dem ungläubigen Quadrat das unfaßbare Wunder der dritten Dimension zu demonstrieren, hebt die Kugel es hinauf in ihre höherdimensionale Welt. Was dem Quadrat den Atem verschlägt, ist der großartige Anblick der Würfel, die es dort sieht: der dreidimensionalen Versionen seiner eigenen bescheidenen Form. Es ist so gefesselt von der Erweiterung seines Gesichtsfeldes, die es in der dritten Dimension erfährt, daß es die Kugel drängt weiterzugehen, aufwärts in noch höhere Dimensionen:

»Bringe mich in jene gesegneten Gefilde. Und wenn wir erst dort sind, sollten wir in unserm Drange nach oben haltmachen, in jener Gegend der Vier Dimensionen verweilen an der Schwelle der Fünften, nicht eintreten? O nein! Soll nicht unser Ehrgeiz sich mit aufschwingen bei unserem leiblichen Steigen? Sollen sich nicht dem Angriff unseres Verstandes die Tore der Sechsten Dimension weit öffnen? Und danach eine Siebente, eine Achte –?«[6]

Leider findet dieser »Aufstieg« in den höherdimensionalen Raum nicht statt, denn die Kugel lehnt den Gedanken an eine vierte Dimension genauso unerbittlich ab wie die Kreise von Flächenland den an eine dritte. Ungehalten schleudert sie das Quadrat zurück in seine zweidimensionale Welt, wo es bald wegen seiner ketzerischen Geschichten von einer dritten Dimension ins Gefängnis kommt.

Abbots Quadrat konnte die vierte Dimension nicht erreichen – andere Helden hatten da mehr Glück. In der *Zeitmaschine* hatte H. G. Wells die vierte Dimension mit der Zeit gleichgesetzt, aber in anderen Geschichten folgte er Abbots Beispiel und stellte sie sich als eine weitere räumliche Dimension vor. So wie man ein zweidimensionales Tuch im dreidimensionalen Raum falten kann, indem man zwei voneinander entfernte Ecken zusammenlegt, so kann man im vierdimensionalen Raum zwei Teile des dreidimensionalen Raums »zusammenfalten«. Dieses »Falten« des Raums war der Trick, den Wells in seiner »Merkwürdigen Geschichte von Davidsons Augen« benutzte. Durch Falten im vierdimensionalen Raum wird der Held Davidson in Kontakt mit einer fernen Südseeinsel gebracht, die er nun beobachten kann, während er zu Hause in London sitzt. In einem anderen von Wells' Ausflügen in den höherdimensionalen Raum verschwindet der Physiklehrer Gottfried Plattner bei einer Explosion; als er aus der vierten

Dimension zurückkehrt, sind in seinem Körper Rechts und Links vertauscht, so daß jetzt sein Herz rechts sitzt, seine Leber links und so fort.[7]

Für viele Schriftsteller sollte die vierte Dimension ein Ort der Befreiung und Erlösung werden, ein Ort mit deutlich himmlischem Beigeschmack. So zum Beispiel bei Wells' französischem Jünger Gaston de Pawlowski. In seiner *Voyage au pays de la quatrième dimension* (1912) erzählte er eine hochmoralische Geschichte, in der die Fähigkeit, eine vierte Dimension zu sehen und zu begreifen, die Menschheit vor wissenschaftlicher Überheblichkeit rettet. Innerhalb des Romans ist die Geschichte in drei Epochen geteilt. Mit dem 20. Jahrhundert fing das an, was Pawlowski die »Epoche Leviathans« nannte, ein Zeitalter zügellosen Materialismus und Positivismus. Dem Autor zufolge würde diese Ära im späten 20. Jahrhundert in einer »wissenschaftlichen Periode« voll namenloser Schrecken gipfeln. Die Rettung würde schließlich kommen, wenn die vierte Dimension enthüllt würde, die die »Epoche des goldenen Vogels« einleitete. In dieser »idealistischen Wiedergeburt« würde sich der Mensch anscheinend »für immer über die gemeine Welt« der drei Dimensionen erheben und sich in einem »höheren« Reich der Weisheit und kosmischen Einheit wiederfinden. Pawlowski erklärte:»Die Vorstellung einer vierten Dimension öffnet uns absolut neue Horizonte. Sie vervollständigt unser Verständnis der Welt; sie macht es möglich, daß die definitive Synthese unseres Wissens sich verwirklicht ... Wenn man das Land der vierten Dimension erreicht ... verschmilzt man mit dem gesamten Universum.«[8]

Pawlowskis himmlische Vision von der vierten Dimension und sein Glaube an ihre heilenden Eigenschaften fanden in den ersten Jahrzehnten unseres 20. Jahrhunderts ihren Niederschlag in den Werken anderer. Es entstand eine ganze Gattung aus dem, was Henderson »Hyperspace-Philosophie« nennt, und mit ihr alle möglichen Mischungen aus Wissenschaft und

Spiritualität. Paradoxerweise diente dabei dieselbe Art von Mathematik, die Einstein später bei seiner Allgemeinen Relativitätstheorie einsetzen würde, schon als Grundlage für einige der absonderlichsten pseudowissenschaftlichen Spekulationen der Neuzeit.

Erster unter den neuen Hyperspace-Philosophen war der Engländer Charles Hinton. Er lehrte Mathematik an der amerikanischen Princeton University und arbeitete später für die Sternwarte der US-Navy und für das Patentamt. Aber neben seinem konventionellen Berufsleben hatte er eine Schwäche für Mystik, in der er einen spirituellen Zugang zur vierten Dimension suchte. In *A New Era of Thought* (1888) entwarf Hinton ein System, mit dem die Menschen angeblich sich selbst beibringen konnten, sich der wahren vierdimensionalen Natur des Raums bewußt zu werden. Im Kern dieses Systems gab es eine Reihe von farbigen Klötzen, die man konzentriert betrachten sollte, dadurch würde man angeblich die beschränkenden »Selbst-Elemente« im Kopf zerbrechen und die Türen zur Wahrnehmung der vierten Dimension öffnen.

Hinton träumte davon, »ein komplettes System vierdimensionalen Denkens – in der Technik, der Wissenschaft und der Kunst –«[9] hervorzubringen, aber in Wahrheit war er weniger an der praktischen Anwendung der vierten Dimension interessiert als an ihren spirituellen und philosophischen Verästelungen. Dabei wurde er von Platons Höhlengleichnis inspiriert, in dem Gefangene in einer Höhle angekettet dazu verurteilt sind, immer nur die Schatten der »wahren« Welt draußen zu sehen.

Für Hinton verurteilte uns unsere normale dreidimensionale Erfahrung dazu, nur die »Schatten« der »wahren« Wirklichkeit zu sehen, die vierdimensional ist. Indem man sich dieser zusätzlichen Dimension bewußt würde, meinte er, würde Platons Ideenreich enthüllt werden. Als Reich des *Noumenon* konnte die vierte Dimension nach Hintons Ansicht auch als Kants »Ding an sich« angesehen werden.

Hinton verwirklichte sein »komplettes System« vierdimensionalen Denkens nicht, aber seine philosophische Interpretation der vierten Dimension sollte spätere Hyperspace-Denker stark beeinflussen. Unter ihnen war der russische Mystiker Peter Damianovich Ouspensky. »Im Gedanken einer räumlichen vierten Dimension«, sagt Henderson, »glaubte Ouspensky eine Erklärung für die ›Rätsel der Welt‹ gefunden zu haben und mit diesem Wissen der Menschheit eine neue Wahrheit bieten zu können, die wie die Gabe des Prometheus die menschliche Existenz verwandeln würde.«[10]

Für Ouspensky war die vierte Dimension nichts anderes als die Zeit. Aber nach seiner Ansicht werden wir in unserer täglichen Wahrnehmung dieser Dimension getäuscht. In Wirklichkeit, erklärte Ouspensky, ist die Zeit nur eine weitere Dimension des Raums, und damit ist jegliche Bewegung eine Illusion. Ihm zufolge ist die *wahre* Realität eine unwandelbare vierdimensionale Stasis. Nicht nur Zeit und Bewegung, sondern auch die Materie ist eine Illusion, die die Menschen überwinden müssen, indem sie neu »sehen« lernen. Nicht jeder aber war geistig ausgerüstet für Ouspenskys vierdimensionale Vision. Diejenigen, die dazu begabt sind, stellen eine Gattung von »Übermenschen« dar, mit der Kraft zu verwirklichen, was Ouspensky »kosmisches Bewußtsein« nannte. In diesem höchsten Zustand der Entwicklung werden sich die neuen Übermenschen mit »höherer Empfindung, höherem Intellekt, Intuition und mystischer Weisheit« ausgezeichnet sehen.[11] In diesem Reich werden die gewöhnlichen Gesetze der Mathematik und der Logik ersetzt werden durch eine neue »Logik der Ekstase«. Und durch genau so eine »intuitive Logik« gedachte Ouspensky zukünftige Übermenschen auf die mystische Offenbarung der vierten Dimension vorzubereiten.

Können wir in Ouspenskys Vision von der vierten Dimension nicht deutlich ein Echo des mittelalterlichen christlichen Himmels entdecken? Genau wie im Empyreum die Zeit aufgehoben war, eingeschlossen in eine ewig glückselige Stase, so finden wir uns auch in Ouspenskys Reich des Hyperspace in einem Zustand ekstatischer Stase. Auch hier in der vierten Dimension wird uns »höhere Empfindung«, »höherer Intellekt«, sogar »mystische Weisheit« versprochen. In solchen Visionen von einer vierten Dimension sehen wir am Anfang des 20. Jahrhunderts eine Umsetzung der alten Idee von einem transzendenten himmlischen Bereich in wissenschaftliche Terminologie.

Ein weiterer Hyperspace-Philosoph mit noch offener christlichen Neigungen war der Architekt Claude Bragdon aus Rochester im US-Staat New York. Bragdon sorgte dafür, daß die Werke Ouspenskys ins Englische übersetzt wurden, und die zwei Männer erkannten einander sofort als Verwandte im Geiste. Neben mehr philosophischen Arbeiten schrieb Bragdon auch eine seltsame kleine religiöse Erzählung mit dem Titel *Man the Square: A Higher Space Parable*. Hier benutzt Bragdon das Bild einer zweidimensionalen Welt (ähnlich dem Flächenland von Abbot), um eine »Botschaft von Liebe und Harmonie zu überbringen«.[12]

Bragdons Gestalten sind wie die in *Flächenland* einfache geometrische Figuren, die auf einer flachen Oberfläche leben (siehe Abb. 5.1). Im Verlauf der Geschichte erfahren wir jedoch, daß all diese Figuren eigentlich Querschnitte von Kuben sind, die in unterschiedlicher Neigung auf ihrer zweidimensionalen planen Welt aufliegen (s. Abb. 5.2). Aus der »höheren« Realität der drei Dimensionen betrachtet, sind diese Wesen *nicht* flache Figuren, sondern solide, kernige Würfel. Am Ende der Geschichte wird diese höherdimensionierte Wirklichkeit den Flachländern demonstriert durch einen »Christos-Cube«, der seine wahrhaft kubische Natur dadurch offenbart, daß er seine sechs Seiten herunterklappt zur Form des Kreuzes. Was nach der Logik der Geschichte Disharmonie in die zweidimensionale Welt bringt, ist, daß die Würfel der Flachländer in allen

5.1 »Persönlichkeiten: Spuren des Individuums (eines Würfels) auf der Ebene.« Aus *Man the Square: A Higher Space Parable* von Claude Bragdon.

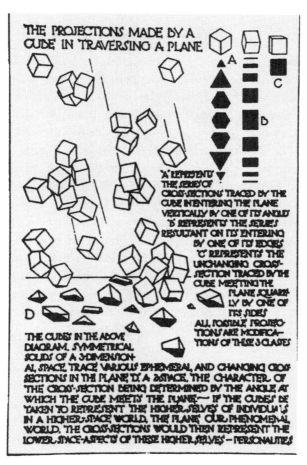

5.2 »Die Projektionen eines Würfels beim Durchgang durch eine Ebene.« Aus *A Primer of Higher Space* von Claude Bragdon.

möglichen Winkeln gegenüber ihrer Ebene geneigt sind. Um die Harmonie wiederherzustellen, müssen die Würfel sich gerade aufrichten, so daß sie mit ihrer Ebene stimmig und im reinen sind. Die Moral der Geschichte ist (natürlich), daß *auch wir* uns in unserer höheren Raumdimension – nämlich der vierten – richtig ausrichten müßten.

Neben den angeblichen philosophischen und moralischen Implikationen der vierten Dimension interessierten Bragdon auch ihre ästhetischen Möglichkeiten. »Das Bewußtsein bewegt sich auf die Eroberung eines neuen Raums zu«, schrieb er. »Das Ornament muß diese Bewegung des Bewußtseins anzeigen.«[13] Zu diesem Zweck produzierte Bragdon *Projective Ornament*, ein Buch mit Bildern, die aus der Projektion vierdimensionaler Figuren auf zweidimensionale Oberflächen geschaffen waren. Das Ergebnis (s. Abb. 5.3) war so etwas wie geometrischer Art déco, der tatsächlich eher banal war. Bragdons Bilderwelt führte die ästhetische Revolution, auf die er hoffte, nicht herbei. Aber anderswo suchten die Großen der Kunstwelt tatsächlich in der vierten Dimension die Inspiration. Mancher hat sich vielleicht sogar von Bragdons Arbeiten anregen lassen.

Eins der verblüffendsten Bilder der modernen Kunst ist Kasimir Malewitschs Arbeit *Schwarzes Quadrat* – ein einzelnes, nüchternes schwarzes Quadrat auf weißem Grund. Nichts könnte einfacher sein; aber was bedeutet es? Als er gefragt wurde, antwortete Malewitsch dunkel, es sei »ein verzweifelter Versuch, die Kunst vom Ballast der Stofflichkeit zu befreien«.[14] Kunsthistoriker haben weitergeforscht und eine starke Verbindung zwischen den russischen Futuristen, zu denen Malewitsch gehörte, und dem vierdimensionalen Mystizismus festgestellt, für den sich zu der Zeit ihr Landsmann Ouspensky einsetzte.

Malewitsch hatte 1913 auch das Bühnenbild für die Avantgarde-Oper *Sieg über die Sonne* entworfen, deren Verfasser versuchte, ein Ouspenskysches neues Bewußtsein zu wecken. In

PROJECTIVE ORNAMENT

the tesseract. The fact that they are not cubes except by convention is owing to the exigencies of representation: in four-dimensional space the cells are perfect cubes, and are correlated into a figure whose four dimensions are all equal.

In order to familiarize ourselves with this, for our purposes the most important of all four-fold figures, let us again consider the manner of its generation, beginning with the point. Let the point A, Figure 8, move to the right, terminating with the point B. Next let the line AB move downward a distance equal to its length, tracing out the square AD.

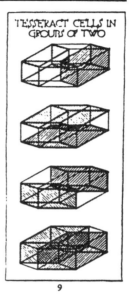

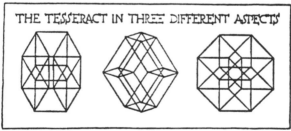

5.3 Eine Tafel aus *Projective Ornament* von Claude Bragdon.

seine Entwürfe nahm Malewitsch ein Bild auf, das Hintons vierdimensionalen »Hyperkuben« verdächtig ähnlich sieht. Gleichzeitig hatte er auch begonnen, mit geometrischen Formen zu experimentieren, die schließlich zum neuen Stil des »Suprematismus« führen sollten – für den das *Schwarze Quadrat* das berühmteste Beispiel ist. Die Anregung zu diesem Bild könnte direkt von Bragdon gekommen sein, der zu der Zeit Kontakt mit Ouspensky in Rußland hatte. Der Kunstkritiker Geoffrey Broadbent meint: »Malewitschs *Schwarzes Quadrat* scheint nicht mehr und nicht weniger zu sein als seine abstrakte Darstellung von Bragdons (Mensch-als-)Kubus, der durch die ›Ebene der Realität‹ hindurchgeht.«[15] Und tatsächlich hatte Malewitsch sogar ein Drehbuch geschrieben für einen Trickfilm über Würfel, die durch den Raum taumeln.

Das Interesse der russischen Futuristen an der vierten Dimension wurde angeregt durch ein ähnliches Interesse der französischen Kubisten, vor allem durch die Schriften der Kubismustheoretiker Albert Gleizes und Jean Metzinger. Kunstwissenschaftler haben heftig über die Verbindung zwischen dem Kubismus und der zeitgenössischen Begeisterung für eine vierte Dimension diskutiert; aber obwohl der ursprüngliche Anstoß für den Kubismus aus einer anderen Richtung kam (vor allem aus dem Wunsch, sich von den Beschränkungen der Perspektive zu befreien), ließen sich in einer späteren Phase viele Kubisten von der neuen nichteuklidischen Geometrie inspirieren. Wie Gleizes 1912 in einem Interview erklärte: »Über die drei Deimensionen Euklids hinaus haben wir eine weitere, vierte Dimension gewonnen, nämlich die Figuration des Raums.«[16]

Daß sich Kubisten und andere modernistische Künstler für den höherdimensionalen Raum interessierten, überrascht kaum, denn ein Hauptanliegen der Kunst zu Beginn des 20. Jahrhunderts war, mit der Tradition der Perspektive zu brechen. Wenn sich herausstellte, daß der physikalische Raum tatsächlich *nicht* dreidimensional war, dann waren die Regeln der Linearperspektive schlicht beliebig. Die Möglichkeit eines höherdimensionalen Raums erfüllte damit eine wichtige rhetorische Funktion für die aufkommenden Modernen. Gleizes und Metzinger erkannten das ausdrücklich an und erklärten in *Über den »Kubismus«:* »Wenn man aber den Raum der Maler irgendwie mit der Geometrie verbinden will, muß man sich auf die nicht-euklidischen Wissenschaftler beziehen.«[17] Der Maler, der die Herausforderung am ernstesten nahm, war Marcel Duchamp. Ursprünglich war er mit den Kubisten verbunden, wanderte dann aber bald ab und ging eigene Wege. Auch sein berühmtestes Werk war, wie das von Malewitsch, von der vierten Dimension inspiriert. *La Mariée à nu par ses célibataires, même*, ist sicher eins der Werke der modernen Malerei, über die am meisten gegrübelt worden ist, und diesmal haben wir umfangreiche Notizen des Künstlers, in denen er den Entstehungsprozeß beschreibt. Vor allem wissen wir, daß Duchamp sich in der Vorbereitung auf seine Arbeit dem Studium der nichteuklidischen und höherdimensionalen Geometrie widmete. Das Ergebnis dieser Bemühungen ist ein komplexes Werk, das deutlich in zwei Hälften geteilt ist: In der oberen Hälfte die »Braut«, und in der unteren der »Junggesellen-Anhang«. Duchamps' Notizen zufolge soll die Braut ein vierdimensionales Wesen sein, während die Junggesellen dreidimensional sind. Diese höherdimensionale Gattin schwebt geheimnisvoll über ihrem Gefolge in einer eigenen Welt.

Was war es bei all diesen künstlerischen, literarischen und mystischen Spekulationen über eine vierte Dimension für eine wunderbare Gleichzeitigkeit, daß die Relativitätstheorie plötzlich das Konzept in die *physikalische Realität* aufnahm. Einsteins Enthüllung der vierten Dimension schien vielen Hyperspace-Fans eine Bestätigung dessen zu sein, was sie längst gewußt hatten. Die Gemeinsamkeit zwischen der Welt der Relativitätsphysik und der Welt der Schriftsteller und Künstler war natürlich die neue Mathematik der nichteuklidischen Geometrie. Komischerweise waren viele Wegbereiter der neuen Mathematik selbst durch wissenschaftliches Interesse an der Struktur des *physikalischen* Raums zu ihrer radikalen Geometrie gebracht worden. Diese Männer, zu denen auch Gauß gehörte, hatten ihre phantastische neue Geometrie ursprünglich entwickelt als Instrumentarium, das ihnen helfen sollte, die Natur der konkreten physikalischen Welt besser zu verstehen. Man kennt sie heute als Mathematiker, aber eigentlich sollte man sie zusammen mit Einstein auch als Pioniere der Physik des Raumes anerkennen.

Tatsächlich ist die ganze Entwicklung der nichteuklidischen Geometrie, die Gauß begann, aus seiner Arbeit über die Vermessung der Erde hervorgegangen. Da die wörtliche Bedeutung des Begriffs »Geometrie« schließlich »Erdmessung« ist, war das besonders passend. In ihrer ursprünglichen Form war die Wissenschaft von der Geometrie aus der altägyptischen Landvermessung im Nildelta entstanden. Diese alte (nämlich euklidische) Geometrie hatte sich nur mit dem flachen Raum, wie der Oberfläche dieser Seite, befaßt. Im großen Maßstab jedoch ist die Oberfläche der Erde kugelförmig, also gekrümmt. So erfordert die Erforschung der Erdoberfläche schließlich eine Geometrie *gekrümmter Flächen.* Gauß' zukunftsweisende Schriften über die Geometrie des gekrümmten Raums waren durch seine Arbeit als wissenschaftlicher Berater bei geodätischen Messungen im Raum Hannover angeregt. »Wieder einmal zeigt sich dem Auge des Historikers«, sagt Max Jammer, »daß abstrakte Theorien über den Raum aus der Praxis der Geodäsie entspringen.«[18]

Die Menschen hatten seit langem gewußt, daß die Oberfläche unseres Planeten gekrümmt ist, aber was war mit dem Raum, in den unser Globus eingebettet ist? Konnte der Raum selbst gekrümmt sein? Für Newton und seine Zeitgenossen hatte es keine mathematischen Alternativen zum euklidischen

Raum gegeben, deshalb hatten sie einfach angenommen, daß er das korrekte Urbild für den physikalischen Raum sei. Aber nach seinen Arbeiten über die gekrümmten Oberflächen begann Gauß sich zu fragen, ob die Annahme eines euklidischen Universums denn gerechtfertigt sei. In der ersten Hälfte des 19. Jahrhunderts – lange bevor Einstein auch nur geboren war – versuchte Gauß tatsächlich die Krümmung des physikalischen Raums zu messen. Er tat das mit einer genialen Methode, indem er ein Dreieck maß, das von drei Berggipfeln gebildet wurde. Im euklidischen oder flachen Raum *müssen* die drei Winkel eines Dreiecks sich zu 180 Grad ergänzen, wenn aber der Raum gekrümmt ist, muß die Summe der Winkel etwas anderes ergeben. (Mehr als 180 Grad, wenn der Raum »positiv« gekrümmt ist wie eine Kugel, weniger, wenn er »negativ« gekrümmt ist wie ein Sattel.) Gauß fand keine Abweichung von den 180 Grad, deshalb schloß er, daß zumindest in der Nähe der Erde der Raum euklidisch sein müsse.

Der russische Mathematiker Nikolai Lobatschewskij sollte etwas später ein ähnliches Experiment anstellen, aber in einem viel größeren Maßstab. Statt der Berge benutzte Lobatschewskij ferne Sterne – dennoch fand er keine Abweichung vom flachen Raum. Sowohl Gauß als auch Lobatschewskij folgerten, gestützt auf die ihnen zur Verfügung stehenden Beweise, daß unser Bereich des Universums euklidisch sei, aber beiden war klar, daß es nicht so sein *mußte*. Wie Gauß es weitsichtig ausdrückte: »Vielleicht kommen wir in einem anderen Leben zu anderen Einsichten in das Wesen des Raums, die uns jetzt unerreichbar sind.«[19]

Gauß und Lobatschewskij hatten dem Gedanken von einem gekrümmten Raum den Weg bereitet, später im 19. Jahrhundert zog der brillante junge Mathematiker Bernhard Riemann sogar die Möglichkeit in Erwägung, daß die Schwerkraft das Nebenprodukt einer *Krümmung* im höherdimensionalen Raum wäre. Es gibt keinen Zweifel, daß Einstein sein Konzept selbst erdachte, aber es ist bemerkenswert, daß ein halbes Jahrhundert zuvor die Idee schon einmal in Erwägung gezogen worden war. Der für diese erstaunliche Einsicht verantwortliche junge Mann war ein Schüler von Gauß; er ist einer der unterschätztesten Visionäre der neuzeitlichen Wissenschaft. Heute ist Riemann vor allem als Mathematiker in Erinnerung, aber was diesen außerordentlich schüchternen jungen Menschen vor allem beschäftigte, war die Frage, wie physikalische Kräfte entstehen. Jahrzehnte vor Einsteins Geburt war Riemann überzeugt, daß die Erklärung für die Schwerkraft in der Geometrie des Raums liegen müsse.

Riemann stellte sich, als er über das Problem physikalischer Kräfte grübelte, eine Welt vor, die Abbots Flächenland nicht unähnlich war und in der eine Art von zweidimensionalen Geschöpfen auf einem flachen Blatt Papier lebte. Was würde geschehen, fragte sich Riemann, wenn wir das Papier zerknüllen? Da die Körper dieser Geschöpfe in dem Papier *eingebettet* sind, würden sie nicht in der Lage sein, die Kniffe und Knicke zu sehen – für sie sähe die Welt immer noch vollkommen flach aus. Aber selbst wenn der Raum flach *aussähe,* er würde sich nicht mehr *verhalten,* als sei er flach, sagte Riemann. Wenn diese Geschöpfe sich in ihrer zweidimensionalen Welt zu bewegen versuchten, meinte er, würden sie, wann immer sie auf einen Knick stießen, eine geheimnisvolle, nicht sichtbare »Kraft« spüren, die sie daran hinderte, sich in geraden Linien zu bewegen.

Er extrapolierte diesen Gedanken auf unser dreidimensionales Universum und stellte sich vor, daß unser dreidimensionaler Raum ebenfalls »zerknittert« sei in einer nicht sichtbaren vierten Dimension. Wie die zweidimensionalen Wesen in der Papierwelt, schloß er, würden wir zwar solche »Knicke« im Raum um uns herum nicht sehen, aber wir würden sie als unsichtbare Kräfte erfahren. Dieser brillanten Einsicht entnahm Riemann, daß die Gravitation »durch das Knittern unseres

222

dreidimensionalen Universums in der vierten Dimension hervorgerufen« werde.[20] Nachdem er sein Grundthema umrissen hatte, machte sich dieses schüchterne Genie daran, eine mathematische Sprache zu entwickeln, in der er diese Vorstellungen ausdrücken konnte. Das Ergebnis seiner Mühen war die neue Geometrie, die Einstein später für seine Allgemeine Relativitätstheorie benutzen sollte.»Rückblickend«, sagt der Physiker Michio Kaku,»erkennen wir, wie nahe Riemann schon sechzig Jahre vor Einstein der Entdeckung der Gravitationstheorie gekommen war.«[21] Auf die eine oder andere Weise haben die Spekulationen über die Physik von Flächenland erhebliche Folgen für uns alle.

Einsteins»Entdeckung« einer vierten Dimension muß als eine der erstaunlichsten Erkenntnisse der neuzeitlichen Wissenschaft angesehen werden. Mit dieser Entdeckung war der Mensch jetzt in der Lage (wie das Quadrat in Abbots Erzählung), seine Welt aus einer neuen Perspektive zu sehen. Aber wie das Quadrat zur Kugel sagte: Warum bei *vier* Dimensionen haltmachen? Könnten wir bei einer derart erweiterten Sicht nicht beschließen, daß»unser Ehrgeiz sich mit aufschwingen« soll zu noch höheren Dimensionen? Und da Menschen genauso neugierig sind wie Quadrate, dauerte es tatsächlich nicht lange, bis jemand über eine fünfte Dimension nachzudenken begann. Ein junger Mathematiker aus Königsberg hatte die großartige Idee, daß, wenn sich die Schwerkraft durch die Geometrie des vierdimensionalen Raums erklären ließe, er vielleicht in der Lage wäre, die elektromagnetische Kraft durch die Geometrie des fünfdimensionalen Raums zu erklären. Mit dieser scheinbaren Science-fiction-Phantasie beginnt eine der seltsamsten Episoden in der Geschichte des Raums.

Wenn Riemann schon ein Außenseiter in der Geschichte der Wissenschaft war – Theodor Kaluza war eindeutig ein seltsamer Kauz. Der Mathematiker an der Universität Königsberg (heute Kaliningrad) war überzeugt, daß Einsteins Herangehensweise an die Schwerkraft sich erweitern und steigern ließe. Vor allem wollte er Einsteins Methode auf die elektromagnetische Kraft anwenden – die Kraft, die für Elektrizität, Magnetismus und Licht verantwortlich ist. Wie Riemann glaubte Kaluza, daß auch der Elektromagnetismus die Folge einer Krümmung (oder Kräuselung) in einem höherdimensionalen Raum sein müsse. Aber das Problem, mit dem sich Kaluza konfrontiert sah, war, daß keine Dimensionen mehr übrig zu sein schienen. Mit dreien im Raum und einer in der Zeit schien der Vorrat der Natur erschöpft.

Aber Kaluza war nicht der Mensch, der sich von so prosaischen Einwänden aufhalten ließ. In einem kühnen Schritt schrieb er Einsteins Gleichungen der Allgemeinen Relativitätstheorie zu einer Theorie für fünf Dimensionen um. Und siehe da, es stellte sich heraus, daß diese fünfdimensionalen Gleichungen nicht nur die vierdimensionalen Gleichungen der Relativität enthielten, sondern etwas Zusätzliches, nämlich genau die Gleichungen des Elektromagnetismus. Praktisch bestand Kaluzas fünfdimensionale Theorie aus zwei gesonderten Teilen, die zusammenpaßten wie die Teile eines Puzzles – Einsteins Theorie der Schwerkraft und Maxwells Theorie der elektromagnetischen Erscheinungen (die Feldgleichungen des Lichts).

Man kann dieses »mathematische Wunder« vielleicht so verstehen, sagt der Physiker Paul Davies: »Kaluza zeigte, daß der Elektromagnetismus tatsächlich eine Form der Gravitation ist, wobei aber nicht mehr die Gravitation der gewohnten Physik gemeint ist. Der Elektromagnetismus ist vielmehr die Gravitation einer ungesehenen [fünften] Dimension des Raumes.«[22] 1919 schickte Kaluza eine Abhandlung darüber an Einstein. Der große Physiker war so verblüfft über die radikale Hinzufügung einer weiteren Dimension durch den jungen Wissenschaftler, daß er erschrak wie das Quadrat in Abbots Raumland. Zwei Jahre lang beantwortete Einstein offenbar Kaluzas

Brief nicht. Aber die ganze Konstruktion war mathematisch so elegant, daß er sie sich nicht aus dem Kopf schlagen konnte, und 1921 war er schließlich überzeugt von der Bedeutung der Überlegungen Kaluzas und reichte seine Abhandlung bei einer wissenschaftlichen Zeitschrift ein.

Seltsamerweise war es die Schönheit in Kaluzas Konstruktion, die Einstein und viele andere Physiker so erschütterte. War dieser fünfdimensionale Raum von Kaluza vielleicht »nur ein Zauberkunststück? Bloße Zahlenkunde? Oder Schwarze Magie?«[23] Es war schön und gut, die *Zeit* als vierte Dimension einzuführen (das ist schließlich ein realer Aspekt unserer physischen Erfahrung), aber was um alles in der Welt war diese angebliche *fünfte* Dimension? Wenn man Kaluzas Gleichungen ernst nehmen sollte – nicht nur als mathematische Spielerei –, dann erhob sich die unangenehme Frage: Wo ist diese Zusatzdimension? Warum nehmen wir sie nicht wahr?

Auf diese Frage hatte Kaluza eine entwaffnend einfache Antwort. Er erklärte, die neue Dimension sei so winzig, daß sie unserer normalen Wahrnehmung entgehe. Der Grund dafür, daß wir sie nicht sehen, sagte er, ist der, daß sie mikroskopisch klein ist. Um diese Behauptung zu verstehen, ist es wieder hilfreich, ein niedrigerdimensionales Bild zu verwenden. Stellen Sie sich diesmal vor, Sie lebten auf einer Linie, in einem Linienland, das der eindimensionale Bruder von Flächenland sein könnte. Als Punkt in diesem linearen Universum können Sie auf Ihrer Geraden auf und ab reisen, Sie bleiben dabei immer in einer einzigen Dimension. Nehmen wir an, daß eines Tages eine Wissenschaftlerin in Ihrem Linienland mitteilte, sie habe eine weitere Dimension entdeckt, und Ihr Universum sei in Wirklichkeit *zweidimensional*. Anfangs halten Sie sie für verrückt. Wo ist diese zweite Dimension? fragen Sie. Warum sehen wir sie nicht? Da erklärt die Wissenschaftlerin, daß Sie tatsächlich nicht auf einer Linie lebten, sondern auf einem sehr dünnen Schlauch. Jeder Punkt Ihres Universums ist in Wirklichkeit kein Punkt, sondern ein winziger *Kreis*, so klein, daß Sie das nie bemerkt haben. Wenn Sie diese mikroskopisch kleine Dimension berücksichtigen, ist Ihre Welt keine Linie mehr, sondern eine zweidimensionale zylindrische *Fläche*. Das war der Kernpunkt in Kaluzas Erklärung seiner fünften Dimension. Nach seiner Ansicht ist jeder Punkt in unseren drei Dimensionen des Raums tatsächlich ein winziger Kreis, so daß es in Wirklichkeit *vier* räumliche Dimensionen gibt, dazu eine zeitliche, zusammen fünf. 1926 verbesserte der schwedische Physiker Oskar Klein Kaluzas Theorie, so daß er die Maße dieser winzigen verborgenen Dimension berechnen konnte. Nach Kleins Berechnungen ist es kein Wunder, daß wir diese zusätzliche Richtung nicht beobachtet haben, denn sie ist absolut minimal. Ihr Umfang beträgt nur 10^{-32} Zentimeter – sie ist eine Milliarde Milliarde (10^{20}) mal kleiner als der Kern eines Atoms!

Kaluzas Dimension ist so klein, daß wir sie, selbst wenn wir nicht größer als ein Atom wären, nicht wahrnehmen würden. Dennoch sollte diese winzige Dimension verantwortlich sein für alle elektromagnetischen Strahlungen: Licht, Funkwellen, Röntgenstrahlen, Mikrowellen, Infrarot und Ultraviolett. Eine erhebliche Schlagkraft für etwas so Kleines. Unglücklicherweise ist die Kaluza-Klein-Dimension so winzig, daß es keine Möglichkeit gibt, sie direkt zu messen. Selbst unsere größten Beschleuniger heute können Dinge so geringen Ausmaßes noch nicht messen. Was machen wir also aus Kaluzas Vision? Ist diese fünfte Dimension physikalisch real? Oder ist es nur eine elegante mathematische Fiktion?

Kaluza selbst bestand darauf, seine Theorie sei so schön, daß sie nicht »auf das trügerische Spiel eines launischen Zufalls« zurückgeführt werden könne.[24] Er glaubte fest an die Realität seiner vierten räumlichen Dimension. Er wußte, daß seine winzige Dimension nicht direkt nachgewiesen werden konnte, deshalb beschloß er statt dessen ein eigenes Experiment zu unternehmen, um die allgemeine Verbindung zwischen Theorie und Realität zu prüfen. Sein Testfall hatte nichts mit der Welt der Physik zu tun, sondern betraf die Kunst des Schwimmens. Kaluza konnte nicht schwimmen; er beschloß nun, daß er alles über die *Theorie* des Schwimmens lernen wollte, und wenn er das getan hätte, würde er sein theoretisches Rüstzeug gegen die Realität des Meeres setzen. Er studierte fleißig alle Aspekte der Schwimmkunst, bis er meinte, bereit zu sein. Mit der Badehose in der Hand führte der junge Mann seine Familie zum entscheidenden Test an den Strand. Ohne frühere Erfahrung warf sich Theodor vor dem versammelten Kaluza-Clan in die Wellen – und tatsächlich, er konnte schwimmen! Die Theorie war durch die Praxis in der realen Welt bestätigt worden. Konnte es die winzige Dimension *auch* in der realen Welt geben?

Aber auch wenn für Kaluza sein Schwimmversuch die allgemeine Verbindung zwischen Theorie und Realität stützte, so waren leider nur wenige andere bereit, die Idee einer nicht sichtbaren und nicht meßbaren fünften Dimension zu übernehmen. Nach einem anfänglichen Wirbel von Interesse wandte sich die Gemeinde der Physiker bedauerlicherweise ab. Dabei führte die bestürzende Eleganz der Gleichungen Kaluzas zu einer beklemmenden Frage: Wie viele räumliche Dimensionen gibt es wirklich in der Welt um uns herum?

Wie so oft in der Geschichte der Wissenschaft war diese Frage tatsächlich nicht ganz neu. Schon im zweiten Jahrhundert hatte Ptolemäus über das Problem nachgedacht und gemeint, mehr als drei Dimensionen seien in der Natur nicht gestattet. Auch Kant hatte behauptet, daß drei Dimensionen unausweichlich seien. Dabei konnte er sich auf die Unterstützung eines großen Teils der exakten Wissenschaft verlassen. Zum Beispiel ist bekannt, daß die Schwerkraft sowie die elektromagnetische Kraft beide dem »photometrischen Entfernungsgesetz« unterliegen – die Stärke dieser Kräfte nimmt entsprechend dem Quadrat ihrer Entfernung ab. Schon 1747 »hatte

Immanuel Kant die tiefe Verbindung zwischen diesem Gesetz und der Dreidimensionalität des Raums erkannt«.[25]

Dabei stellt sich heraus, daß in nicht-dreidimensionalen Räumen sofort Probleme mit den proportionalen, einer quadratischen Funktion folgenden Kräften auftreten. Zum Beispiel wäre in vier oder mehr räumlichen Dimensionen die Schwerkraft so stark, daß die Planeten in die Sonne stürzen würden; sie könnten keine stabilen Umlaufbahnen einhalten. Ebenso würden Elektronen keine stabilen Umlaufbahnen um Atomkerne einhalten können.[26] Dann könnten Atome nicht entstehen. Außerdem läßt sich zeigen, daß Wellen sich nicht säuberlich ausbreiten könnten. Aus diesen physikalischen Fakten hatten Kant und andere geschlossen, daß wir in einer Welt mit nur drei räumlichen Dimensionen leben *müßten*.

Aber bei all diesen Argumenten war man davon ausgegangen, daß jede weitere Dimension so ausgedehnt wäre wie die drei bekannten. Wenn jedoch eine zusätzliche Dimension winzig war, würde sie das reguläre Funktionieren von Schwerkraft, Elektrizität und Ausbreitung der Wellen *nicht* beeinträchtigen. Im großen Maßstab würde ein solches Universum arbeiten, als gäbe es nur drei Dimensionen; nur im mikroskopisch kleinen Maßstab würde sich die zusätzliche Dimension enthüllen. Mit anderen Worten, unser Universum konnte mit fünf Dimensionen richtig funktionieren.

Wenn Kaluza recht hatte und so etwas tatsächlich existierte, würde das eine durchschlagende Wirkung haben. »In dieser Sicht gibt es überhaupt keine Kräfte, sondern nur eine gezerrte fünfdimensionale Geometrie, und die Teilchen mäandrieren frei durch eine Landschaft aus strukturiertem Nichts.«[27] Es war eine wunderschöne Idee, aber mehr als ein halbes Jahrhundert lang schenkten die meisten Physiker Kaluza nicht mehr Aufmerksamkeit als Hinton oder Ouspensky, und die fünfte Dimension schien wenig mehr als ein Kuriosum des mathematischen Mystizismus. Das begann sich in den achtziger Jahren

plötzlich zu ändern, als neue Entwicklungen in der Teilchenphysik darauf hindeuteten, daß Kaluza da doch etwas entdeckt
haben könnte.

Bis zu den achtziger Jahren waren zwei weitere Naturkräfte
entdeckt worden. Zu Schwerkraft und Elektromagnetismus
waren die *schwache Kernkraft* und die *starke Kernkraft* gekommen.
Diese Kräfte sind es, die Atomkerne zusammenhalten; sie sind
dafür verantwortlich, daß Materie stabil bleibt. Mit diesen
Atomkräften hatten sich die elementaren »Kräfte der Natur«
von zwei auf vier erweitert. Heute sind Physiker überzeugt,
daß dieser Satz aus Kräften – Schwerkraft, Elektromagnetismus, schwache und starke Kernkraft – sich zu unserem vollen
physikalischen Universum ergänzt. Aber was sie dann wirklich
zu erregen begann war die Idee, daß alle vier vielleicht einfach
unterschiedliche Aspekte einer einzigen, übergreifenden Kraft
wären – einer Art von vereinigender *Superkraft.*

Die Vorstellung von einer allen vier Kräften der Natur zugrundeliegenden Einheit war so faszinierend für viele theoretische Physiker und Teilchenphysiker, daß sie bereit waren, alles
zu tun, um diese Theorie zu beweisen. Es wurden viele Versuche unternommen, eine vereinheitlichende Theorie zu finden,
aber nach einem Jahrzehnt des Scheiterns wurde den Forschern klar, daß äußerste Maßnahmen erforderlich sein würden. An diesem Punkt begannen sie wieder auf Kaluza zu
schauen. Schließlich war es ihm gelungen, die Schwerkraft und
die elektromagnetische Kraft zu vereinen; vielleicht war seine
Methode in der Lage, alle vier Kräfte zu einigen? Nun hob der
Gedanke an nicht sichtbare verborgene Dimensionen sein
Haupt mit Macht, denn während Kaluza den Elektromagnetismus hätte erklären können, indem er nur eine weitere Dimension in Einsteins Gleichungen einbrachte, stellten Physiker
jetzt fest, daß sie, um die schwache und die starke Kernkraft
unterzubringen, weitere *sechs* Dimensionen des Raums hinzufügen mußten – womit die Gesamtzahl der Dimensionen auf

elf stieg! All diese Zusatzdimensionen waren mikroskopisch – winzig kleine zusammengerollte Richtungen im Raum, die von den menschlichen Sinnen nicht wahrgenommen werden können.

Das Bild, das sich in den letzten zehn Jahren entwickelt hat, ist somit das von einem elfdimensionalen Universum, mit vier ausgedehnten oder großen Dimensionen (drei räumlichen und einer zeitlichen) und sieben mikroskopischen Raumdimensionen, die alle zu irgendwelchen winzigen komplexen geometrischen Formen zusammengerollt sind. In dem Maßstab, den wir Menschen erfahren, ist die Welt vierdimensional, aber darunter, sagen die neuen »Hyperspace«-Physiker, ist die »wahre« Realität elfdimensional. (Oder, einigen neueren Theorien zufolge, vielleicht zehndimensional.)

Das vielleicht radikalste Merkmal dieser elfdimensionalen Sicht ist die Tatsache, daß sie nicht nur alle Kräfte erklärt, sondern auch die *Materie* als Nebenprodukt der Geometrie des Raums. In diesen erweiterten Kaluza-Klein-Theorien wird auch die Materie zu nichts als Kräuselungen in der Struktur des Hyperraums. Hier werden auch subatomare Partikel erklärt durch die Eigenschaften der sieben eingerollten Dimensionen. Eins der zwei wichtigsten Projekte der theoretischen Physik in den vergangenen zwei Jahrzehnten war es, genau zu formulieren, wie das Zusammenrollen dieser weiteren räumlichen Dimensionen geschieht. Unglücklicherweise gibt es eine riesige Zahl von möglichen Topologien für einen siebendimensionalen Raum, und bisher hat es sich als unmöglich erwiesen herauszubekommen, welche (wenn überhaupt) der realen Welt, in der wir leben, entsprechen. Ein Teil des Problems ist wiederum, daß all diese Dimensionen zu klein sind, als daß man sie direkt messen könnte, deshalb können Theorien auch nur indirekt getestet werden – wenn überhaupt. Trotzdem sind Hyperraum-Physiker zuversichtlich, daß sie die korrekte Theorie finden werden.

Wir haben uns angesehen, wie die Krümmung des Raums die Wirkung einer physikalischen Kraft wie der Schwerkraft hervorrufen kann; wir wollen nun die noch radikalere Vorstellung, daß die Krümmung des Raums auch für Materie verantwortlich sein könnte, ins Auge fassen. Kräfte wie Schwerkraft und Magnetismus (die sich in Luft ausbreiten) sind in gewissem Sinne immer eng mit Raum verbunden worden. Aber wie kann Materie – der faßbare Stoff von Fleisch und Knochen – aus der Nichtsubstanz des Raums entstehen?

Auf den ersten Blick scheint die ganze Vorstellung absurd; aber wieder ist der Gedanke von Materie als Kräuselungen im Raum tatsächlich ziemlich alt. Schon 1870 hielt Riemanns englischer Schüler William Clifford einen Vortrag mit dem Titel »Über die Raumtheorie der Materie« vor der Cambridge Philosophical Society.[28] Clifford trieb Riemanns Theorien noch weiter als der Meister selbst und äußerte die Ansicht, daß Materieteilchen nur »Kinks« oder Schleifen in der Struktur des Raums seien. Eine noch raffiniertere Version derselben Idee kam in unserem Jahrhundert auf, als die Physiker über Wurmlöcher nachzudenken begannen. Ursprünglich galt das Interesse an Wurmlöchern nicht denen im großen Maßstab, die die Science-fiction-Autoren so begeisterten, sondern den mikroskopischen Wurmlöchern, die mit subatomaren Teilchen verbunden wurden. Ein Haufen von wissenschaftlichen Leuchten von Einstein bis zu Hermann Weyl »überlegten sich, ob alle Elementarteilchen nun tatsächlich mikroskopische Wurmlöcher waren«.[29] Mit anderen Worten, einfach »die Produkte einer gekrümmten Raum-Zeit«.

Vor allem Einstein war besessen von dem Gedanken, daß Materie gekräuselter Raum sein könnte, und er verbrachte die letzten dreißig Jahre seines Lebens mit dem Versuch, die Gleichungen seiner Allgemeinen Relativitätstheorie in dieser Richtung zu erweitern. Er nannte diesen Traum die »einheitliche Feldtheorie«, und sein Scheitern bei der Suche nach dieser

Theorie war die größte Enttäuschung seines Lebens. Kaku zufolge war für Einstein »die Krümmung von Raumzeit wie die Wiedergeburt der griechischen Architektur, schön und heiter«.[30] Materie fand er schmutzig und häßlich. Er verglich den Raum mit »Marmor« und die Materie mit »Holz«, und er suchte verzweifelt nach einer Theorie, die häßliches »Holz« in schönen »Marmor« verwandeln würde.

Weder Clifford noch Einstein besaßen das mathematische Werkzeug, mit dem die schwierige Synthese von Materie und Raum zu erreichen wäre – vor allem versuchten sie mit nur vier Dimensionen zu arbeiten. Heute wissen die Physiker, daß sie, wenn sie Materie in die Struktur des Raums aufnehmen wollen, das nur mit einer höherdimensionalen Theorie erreichen können. In einer solchen Theorie wäre Materie, wie Kraft, kein unabhängiges Ding, sondern ein sekundäres Nebenprodukt der zusammenfassenden Substanz des Raums. Hier wäre alles, was ist, eingeschlossen in den Hyperraum. Theorien, die das zu erklären versuchen, werden oft als »Theories of everything« (TOE) bezeichnet, als »Theorien von allem«, oder als »Weltformeln«. In einer erfolgreichen Weltformel wäre jedes existierende Teilchen als eine Vibration in der mikroskopischen Vielfalt der verborgenen zusätzlichen Dimensionen beschrieben. Objekte befänden sich nicht *im Raum*, sie *wären Raum*. Protonen, Petunien, Personen – wir würden alle zu Mustern in einem multidimensionalen Hyperraum werden, den wir nicht einmal sehen können. Nach dieser Konzeption der Wirklichkeit wäre unsere Existenz als materielle Wesen eine Illusion, denn letztlich gäbe es nichts als »strukturiertes Nichts«.

Mit einer hyperspatialen Weltformel erreichen wir somit den Höhepunkt einer Bewegung, die im Spätmittelalter begonnen hat: Jetzt ist die Erhöhung des Raums als ontologischer Kategorie abgeschlossen. Wie wir gesehen haben, war im aristotelischen Weltbild der Raum eine unbedeutende und unwichtige Kategorie von Wirklichkeit – so unwichtig, daß Aristoteles genaugenommen keine Theorie des »Raums« hatte, sondern nur eine des »Ortes«. Mit dem Aufkommen der Newtonschen Physik im 17. Jahrhundert wurde die Stellung des Raums angehoben, so daß er neben Materie und Kraft einer von *drei* Hauptkategorien der Wirklichkeit wurde. Jetzt, am Ende des 20. Jahrhunderts, wird der Raum zur *einzigen*, primären Kategorie des wissenschaftlichen Weltbildes. Materie und Kraft, die in der Newtonschen Physik eigentlich noch über dem Raum standen, sind jetzt in ihrem ontologischen Status auf einen sekundären Platz zurückverwiesen worden; der Raum allein nimmt die oberste Sprosse der Realität ein. Ein Merkmal in der neuzeitlichen Physik, von dem kaum gesprochen wird, ist, daß man diese Geschichte als allmählichen Aufstieg des Raums innerhalb unseres existentiellen Systems charakterisieren kann. Der schließliche Triumph dieser nicht sichtbaren, nicht faßbaren Entität als Essenz des Seins ist sicher eines der merkwürdigsten Charakteristika aller Weltbilder.

Die so stark geometrische Sicht der Realität bei den Hyperraum-Physikern markiert auch das letzte Kapitel der von Giotto und den Geometer-Malern der Renaissance begonnenen Saga. In den Gleichungen der Weltformel-Physiker würde auch das äußerste »perspektivische« Bild der Welt liegen, eine Vision, in der *alles* im klärenden Prisma der Geometrie gebrochen ist. Wenn, wie Platon gesagt hat, Gott immer »geometrisiert«, wäre dies das letzte Wort zum Thema göttliches Handeln. Wie eine Apotheose der »geometrischen Formgebung« von Roger Bacon würde eine hyperräumliche »Theorie von allem« ganz einfach die Realisierung eines Traums aus dem 3. Jahrhundert im 21. Jahrhundert sein.

Auch in anderer Weise würde eine Weltformel das ultimative perspektivische Bild unseres Universums sein, denn auch in diesem Bild gäbe es einen *einzigen Punkt*, von dem das ganze Weltbild ausgeht. Physiker nennen ihn den Urknall oder Big

Bang. Nach der Hyperraumphysik war am anfänglichen Sekundenbruchteil der Entstehung das gesamte Universum in einem mikroskopischen Punkt verdichtet, der alles enthielt, Materie, Kraft, Energie und Raum. An diesem entscheidenden Punkt jedoch waren Materie, Kraft, Energie und Raum noch nicht voneinander getrennt, sondern vereint in einer einzigen Hyperraum-Substanz. Mit anderen Worten, in dem Sekundenbruchteil der Schöpfung war *alles* in dem allumfassenden Einssein des »reinen« elfdimensionalen Raums enthalten. Aus diesem Punkt der hyperräumlichen Einheit entfaltete sich dann das Universum.

Als der einzelne Punkt, aus dem das Weltbild der Physiker entstanden ist, ist der Big Bang ein wissenschaftliches Äquivalent zum »Projektionszentrum« (oder »Augpunkt«) der perspektivischen Maler. Er ist der Punkt, an dem alle »Linien« im Hyperraum-Universum konvergieren. Es ist der Ort, an dem die Weltformel-Physiker zu gerne »stehen« möchten. So wie der Betrachter eines perspektivischen Bildes die dramatischste Wirkung dann bekommt, wenn er an dem Ort steht, von dem aus der Künstler das Bild konstruiert hat, so könnte ein Hyperraum-Physiker sein Weltbild am deutlichsten sehen, wenn er an dem kosmischen Projektionszentrum »stünde« – dem Big Bang.

Auf der Suche nach diesem ganz bestimmten »Standpunkt« bauen die Physiker immer größere Beschleuniger. Je mehr Energie einer in einem Beschleuniger erzeugen kann, desto näher kommt er der »Verschmelzung« der vier verschiedenen Kräfte, und desto mehr kann er von der zugrundeliegenden hyperräumlichen Einheit erspähen. Die Teilchenbeschleuniger sind in einem ganz realen Sinne Werkzeug zur Erforschung höherdimensionalen Raums, und das Ziel ist es, mit solchen Apparaten noch einmal einen Blick auf den Ausgangspunkt des »puren« elfdimensionalen Hyperraums zu werfen. Physiker sprechen von dieser Anfangsperiode der Hyperraum-Einheit als der Zeit, zu der »vollkommene Symmetrie« zwischen allen elf Dimensionen geherrscht habe. Diese ursprüngliche vollkommene Symmetrie hoffen sie selbst zu sehen. Es ist paradox: Während die Künstler die Ästhetik der Renaissance längst aufgegeben haben, leben die klassischen Ideale von Schönheit in den Träumen der Physiker von einer Weltformel fort. Die Weltformel-Physiker halten wie die Renaissancemaler die mathematische Symmetrie für das höchste ästhetische Ideal. Es ist ihr Traum, ihr Ziel und, wie sogar einmal gesagt wurde, ihr »Gral«.

Bei dieser Herkunft des Weltbildes der Hyperraum-Physiker dürfen wir nicht überrascht sein, wenn wir feststellen, daß es zu den gleichen Tendenzen der Homogenisierung führt wie die, die wir in der Renaissancekunst beobachten konnten. Der Psychologe und Historiker Robert Romanyshyn hat bemerkt, daß im Raum der Linearperspektive »alle Dinge, was sie auch sind und in welchen Kontext sie auch gehören, gleich und dasselbe« seien.[31] Tatsächlich war, wie wir in Kapitel zwei gesehen haben, diese Gleichheit genau der Punkt in der perspektivischen Darstellung. Wenn das auf die perspektivische Malerei zutrifft, wieviel mehr auf das Weltbild der Weltformel-Physiker, in dem alle Dinge buchstäblich *dasselbe* sind – weil alle nur Manifestation des Hyperraums sind. Hier ist alles »reduziert auf dieselbe Ebene, dasselbe Niveau von Realität«.[32] Genau wie die perspektivische Malerei gibt uns die hyperräumliche Weltformel eine »Vision, die alles als derselben Ebene angehörend wahrnimmt«, tatsächlich derselben existentiellen Kategorie. Wir haben nicht einmal mehr eine Unterscheidung zwischen Materie und Raum, denn es gibt jetzt nur noch eine einzige Kategorie des Seins. 700 Jahre nach Giotto hat damit die geometrische Nivellierung der Welt, vorgebildet in seinem Christus-Zyklus in der Arena-Kapelle, ihren Abschluß erreicht. Alle Abstufungen der Realität, alle wesentlichen Unterscheidungen sind schließlich aufgehoben. Die Homogenisierung hat gewonnen.

Wie wir in den Kapiteln zwei und drei gesehen haben, hat die ursprüngliche Geometrisierung des Raums vom 14. bis zum 17. Jahrhundert ein Weltbild geschaffen, in dem der physikalische Bereich schließlich als Gesamtheit der Realität angesehen wurde. In dieser ursprünglichen materialistischen Sicht gab es keinen Ort mehr für einen Bereich der Seele und des Geistes, denn der physikalische Raum erstreckte sich ins Unendliche. Viel weniger gab es deshalb noch einen solchen Ort in der neuen Hyperraum-Vision, in der der physikalische Raum nicht nur unendlich ist, sondern selbst zur Totalität des Realen geworden ist. Indem sie alles als leeren Raum darstellt, der sich zu Mustern einrollt, leugnet die Hyperraum-Physik gründlich »andere« Ebenen der Realität. Mit dieser Sicht wird »jedes Gefühl von der Welt als einer Realität von vielfältigen, miteinander koexistierenden Ebenen zum Stoff für Einbildung und Träume«.[33]

Aber das Problem ist sogar noch größer als die Leugnung anderer Ebenen der Realität, weil wir, wenn wir den Raum zur einzigen Kategorie des Realen machen, auch leugnen, was Edwin Burtt die »Zeit als etwas Erlebtes« nennt.[34] Mit einer Weltformel ist die Zeit tatsächlich eingefroren, denn sie wird zu nur einer weiteren Dimension des Raums. Von der kalten Hand der Geometrie bezwungen, wird die »erlebte Zeit«, die »verfließende Zeit«, die »veränderliche Zeit« zunichte gemacht im kristallinen Griff der elfdimensionalen Symmetrie.[35] Im Weltbild der Hyperraum-Physiker ist Zeit kein Attribut subjektiver menschlicher Erfahrung mehr, sie wird zu einem Kunstprodukt mathematischer Manipulation. So werden nicht nur die Atome unserer Körper ihres unabhängigen Status beraubt und auf räumliches Origami reduziert, unsere elementarste Erfahrung von Zeit als etwas Erlebtem und Persönlichem wird zerstört. In der elfdimensionalen Vielfalt verschiedener Weltformeln verschwindet unser Sein im »strukturierten Nichts«. Wir lösen uns in Raum auf.

Mit nur *einer* ontologischen Kategorie von Realität kann es auch nur *eine* Ebene der Realität geben – und in der Sicht der Weltformel-Physiker ist das die physikalische Ebene. Was immer Ouspensky und andere für den höherdimensionalen Raum als einen spirituellen Himmel gehofft haben mögen, die zeitgenössischen wissenschaftlichen Beschreibungen des Hyperraums bleiben rein physikalisch. Kurz, mit einer hyperräumlichen Weltformel wird unser Weltbild ganz und endgültig auf einen nahtlosen *Monismus* reduziert. Die Bewegung von der mittelalterlichen *dualistischen* Vision des physikalischen und des spirituellen Raums, die wir in diesem Buch verfolgt haben, ist damit an ihrem Gipfelpunkt angekommen. Hier ist alles gleich, alles ist homogen, alles ist Raum. Paradoxerweise privilegiert dieser neue Monismus weder Körper noch Geist, denn da die Materie selbst nur ein Nebenprodukt des Raums ist, ist der Körper selbst schließlich annulliert. Was bleibt, ist nur leerer Raum, der sich in sich selbst krümmt.

Dabei ist interessant, aber vielleicht nicht überraschend, daß manche Physiker versucht haben, die Weltformel selbst in einem spirituellen Sinn zu interpretieren. Es ist diese Theorie, die Stephen Hawking bekanntlich mit dem »Geist Gottes« in Verbindung gebracht hat. Und Hawking ist nicht der einzige, der die Weltformel mit Gott gleichsetzte; auch andere Physiker haben das getan, unter ihnen vor allem Paul Daves und der Nobelpreisträger und Teilchenphysiker Leon Lederman. Was genau der »Gott« der Weltformel-Physiker ist, ist alles andere als klar, aber diese Gottheit scheint wenig mehr zu sein als ein Satz Gleichungen. Doch ganz wie etliche Nichtwissenschaftler haben diese Physiker gespürt, daß für viele Menschen heute ein rein physikalistisches Weltbild *nicht* befriedigend ist. Indem sie versuchen, ihre hyperräumliche Vision mit einem »Gott« gleichzusetzen, wollen diese Männer sowohl dem wissenschaftlichen Weltbild als auch dem Raum selbst wieder eine Art von Spiritualität einflößen.

Das mag ein bewundernswertes Ziel sein, aber es ist eins, das ich für zum Scheitern verurteilt halte. Was wir hier haben, ist vergleichbar mit dem, was wir am Ende von Kapitel drei bei Newtons und Mores Versuchen gesehen haben, dem mechanistischen Weltbild einen Sinn von Religiosität zu geben, indem sie den euklidischen Raum vergöttlichten. So wie jener Versuch schließlich fehlschlug, wird es auch jede Bemühung tun, den Hyperspace zu vergöttlichen. Wie wir bereits bemerkt haben, *kann* der physikalische Raum nicht Grundlage für eine authentische Theologie abgeben – ob christlich oder nicht. Für diejenigen, die die Realität als mehr denn ein rein physikalisches Phänomen betrachten möchten – und zu denen zähle ich mich –, ist der richtige Weg nicht der, die neuesten Konzeptionen des Raums der Physiker zu vergöttlichen, sondern *ihr* Weltbild als lediglich einen *Teil* des Ganzen zu verstehen.

Bevor wir fortfahren, möchte ich hier betonen, daß ich als Physikerin fasziniert bin von der Hyperraum-Geschichte. Vor allem als ästhetische Übung finde ich sie außerordentlich. Ich stelle die Gültigkeit ihrer mathematischen Sicht, die mich wie die perspektivische Kunst der Renaissance tief beeindruckt, nicht per se in Frage. Was ich aber in Frage stellen möchte, ist die Vorstellung, daß diese Hyperraum-Vision die Totalität der Wirklichkeit darstellt. Was ich ablehne, ist nicht die Wissenschaft, sondern die totalisierende Interpretation dessen, was diese Wissenschaft *bedeutet*.

Lassen Sie uns für einen Augenblick annehmen, die Weltformel-Physiker wären mit ihrem Programm erfolgreich gewesen und hätten einen Satz Gleichungen an ihre Tafeln geschrieben, der einen vieldimensionalen Raum schildert, der alle bekannten Teilchen und Kräfte erfaßt. Daß eine solche Theorie ein außerordentlich schönes Bild wäre, davon bin ich überzeugt. Aber Schönheit ist nicht notwendig Wahrheit, oder zumindest nicht die *ganze Wahrheit*. Was würde so eine Theorie *bedeuten*? Wie müßte man sie *interpretieren*?

Die Antwort, denke ich, ist im wesentlichen dieselbe wie die auf die Frage, wie man ein Gemälde von Raffael interpretieren sollte. Es stimmt, daß die *Disputa* (zum Beispiel) in mancherlei Hinsicht ein »realistisches« Bild ist; trotzdem würde es heute niemand als eine Darstellung der realen Welt akzeptieren. Selbst im unteren Teil des Bildes, das sich ausschließlich mit dem physikalischen Bereich beschäftigt, ist es stark stilisiert und in vielerlei Hinsicht unnatürlich. Bei aller perspektivischen Brillanz Raffaels – die Gemälde des Quattrocento wirken ziemlich gestelzt. Es ist etwas geometrisch zu Perfektes in diesen Bildern. Die Welt unserer *Erfahrungen* hat diese unverdorbene Klarheit nicht; und selbst wenn sie von den weichmachenden Tönen des Chiaroscuro gemildert wird, besitzen die Bilder der Hochrenaissance eine geometrische Strenge, die ganz unnatürlich wirkt. So herrlich ein Gemälde von Raffael oder Leonardo sein mag: Wir alle wissen, daß die Realität anders aussieht.

Natürlich enthalten solche Bilder einen *Teil* der Realität. Wir erkennen die dargestellten Szenen sofort, und wir lassen uns in die virtuellen Räume jenseits des Bilderrahmens hineinziehen, weil eine überzeugende Illusion von physikalischem Raum da ist. Wir erkennen die Gesichter, die aussehen wie die von realen Menschen. Wer würde behaupten, die Mona Lisa sähe ihn nicht an? Wer kann sagen, er werde nicht berührt von einem Porträt von Piero della Francesca oder einer Madonna von Raffael, weil sie so menschlich aussehen? Und doch lassen wir uns schließlich nicht von perspektivischer Malerei narren. Wir erkennen an, daß sie zwar einige Aspekte der Wirklichkeit einfängt, aber nicht *alle Aspekte*.

Genau das ist es, was Raffael in der *Disputa* anerkannte, als er oben in seinem Bild die Perspektive aufgab. Er erinnert uns daran, daß die Totalität der Wirklichkeit nicht unter das Banner der Geometrie gezwungen werden kann. Raffael bezog sich natürlich auf die spezielle Realität des christlichen Seelen-

Raums, aber selbst wenn wir nicht in christlichen Kategorien denken, läßt sich die Realität nicht vollkommen auf die Gesetze der Physik reduzieren. Liebe, Haß, Angst, Eifersucht, Freude und Wut – keine von ihnen kann durch Hyperraum-Gleichungen erklärt werden. In einem sehr grundsätzlichen Sinn ist Descartes' *Res cogitans* noch immer die Leiche im Keller der neuzeitlichen Wissenschaft. Sosehr die neuen Materialisten uns überzeugen wollen, daß die erkenntnistheoretischen Schlachten vorüber seien, es ist klar, daß sie es nicht sind. Ob wir uns in religiösen oder säkularen Kategorien betrachten, wir Menschen sind Geschöpfe mit einer *Psyche* wie einem Körper, und keine Hyperraum-Theorie hilft, *sie* zu erklären.

Genau wie die perspektivische Darstellung einige Aspekte der Realität einfängt, so beschreibt auch eine Weltformel viele reale Phänomene. Objekte fallen tatsächlich zu Boden, wie es Newtons Gravitationsgesetz sagt; Lichtstrahlen biegen sich um die Sonne, wie es die Allgemeine Relativitätstheorie verlangt; elektrische und magnetische Felder interagieren auf eine Weise, wie es Maxwells Gleichungen erwarten lassen; radioaktiver Betazerfall tritt tatsächlich auf, wie es die Theorie der schwachen Kernkraft vorhersagt, und innerhalb von Beschleunigern benehmen sich Protonen so, wie es die Theorie der starken Kernkraft behauptet. Eine einzige Theorie zu finden, die all diese Kräfte vereint, wäre eine ungeheure Leistung; sie würde uns eine wirklich erstaunliche »Perspektive« auf unsere Welt liefern. Aber wie ein Gemälde des Quattrocento würde so eine Darstellung nicht die Totalität der Realität enthalten – es wäre schlicht naiv, das zu denken.

So wie die Künstler die beschränkte Reichweite der Linearperspektive längst erkannt haben, so müssen wir die begrenzte Reichweite der physikalischen »Bilder« von der Welt erkennen. Wie bei der Perspektive wird in der modernen Physik die Welt durch optische Linsen gefiltert – vor allem durch die mathematische Linse. Was bei dem hochselektiven Prozeß herauskommt, sind durch und durch *konstruierte* Bilder der Welt, ganz ähnlich wie bei Bildern mit Linearperspektive. Die Bilder sind »real« in dem Maße, wie uns die Gleichungen der Physiker erlauben, außerordentlich genaue Vorhersagen über alle möglichen Phänomene zu treffen, von der Art, wie die Schwerkraft funktioniert, bis zum Verhalten subatomarer Teilchen. In gewissem Sinn ist die Mathematik, wie Eugene Wigner es ausgedrückt hat, »unvernünftig effektiv«. So wie die Mathematik sich als »unvernünftig effektiv« bei bestimmten Aspekten der künstlerischen Praxis erwiesen hat, so ist sie es auch bei der Beschreibung vieler physikalischer Phänomene. Aber daß die Sprache der Mathematik genutzt werden kann, so viele Aspekte der Welt genau zu beschreiben, heißt nicht, daß sie uns ein *totales* Weltbild liefern könnte. Wir müssen erkennen, daß das für die Wissenschaft so gut gilt wie für die Kunst.

Damit kehren wir zu unserem Ausgangspunkt zurück: zu dem Menschen, der uns überhaupt auf diesen Weg gebracht hat, Giotto di Bondone. Obwohl Giotto, wie wir in Kapitel zwei gesehen haben, soviel wie nur irgendeiner für die Entwicklung der perspektivischen Sicht getan hat, hielt er seine »geometrische Formgebung« nie für die Gesamtheit der Wirklichkeit. Neben seiner zukunftsweisenden Erforschung der »realistischen« Gestaltung malte Giotto auch das absolut mittelalterliche *Jüngste Gericht*, in dem er völlig auf die neue geometrische Art der Darstellung verzichtete. Hier bestand der große Maler auf einer mehrstufigen Sicht der Realität. Giotto lebte an der Naht zweier Zeitalter, so konnte er zwar die Macht der geometrischen Formgebung würdigen, verlor aber gleichzeitig die anderen Ebenen der Realität nicht aus den Augen. Der Ärger mit einigen Hyperraum-Physikern heute ist, daß sie *ihre* geometrische Formgebung als *Totalität* der Wirklichkeit durchsetzen wollen. Sie beharren auf der allumfassenden Macht nur ihrer Sicht.

Das ist nicht mehr und nicht weniger als die neueste Version der alten materialistischen Vorherrschaft, deren Aufstieg wir in diesem Buch nachgezeichnet haben. Aber die Geschichte hat diesen Materialisten verrückte Karten gegeben, denn in dem Augenblick, in dem die Vollendung ihrer Hyperraum-Version vor der Tür zu stehen scheint, taucht ein *neuer* Raum auf – einer, der ganz außerhalb ihrer Gleichungen steht. Während das 20. Jahrhundert die Bewegungen abschloß, die von der ästhetischen Revolution des 14. und 15. Jahrhunderts und der wissenschaftlichen Revolution des 16. und 17. Jahrhunderts in Gang gesetzt wurden, wird der neuzeitliche mathematische Triumph über den physikalischen Raum von einer neuen und völlig unerwarteten Revolution überholt. Jenseits der Grenzen des Hyperraums – für keine der neuen Dimensionen erreichbar – platzt das digitale Universum des Internet mit der unbeherrschbaren Kraft seines eigenen »Big Bang« ins Sein. Während wir das neue Millennium betreten, heißt die neue räumliche Grenze nicht Hyperspace, sondern *Cyberspace*.

6

CYBERSPACE

Mit der exponentiellen Kraft seines eigenen Big Bang explodiert der Cyberspace vor unseren Augen. So wie nach Aussage der Kosmologen der physikalische Raum unseres Universums vor 15 Milliarden Jahren aus dem Nichts hervorgebrochen ist, so ist der Cyberspace ex nihilo ins Sein getreten. Wir beobachten hier die Geburt eines neuen Bereichs, eines neuen Raums, der vorher schlicht nicht existierte. Der zusammengeschaltete »Raum« des globalen Computernetzes dehnt sich nicht in irgendeinen bereits vorhandenen Bereich aus; wir haben hier die digitale Version von Hubbles kosmischer Expansion, einen Prozeß der Erschaffung von Raum.

Wie der physikalische Raum wächst dieser neue »Cyber«-Raum mit ungeheurer Geschwindigkeit und steigert sein »Volumen« in einer sich ausweitenden »Sphäre« der Expansion. Täglich kommen Tausende von neuen Knoten oder »Sites« im Internet und angeschlossenen Netzen dazu, und mit jedem neuen Knoten wird der Gesamtbereich des Cyberspace größer. Was hier zunimmt, ist nicht ein Volumen im streng geometrischen Sinne – und doch ist es eine *Art* von Volumen. Im Cyberspace ist jede Site verbunden mit Dutzenden oder sogar Tausenden anderer durch »Hot Buttons«, die durch die Software definiert sind. Diese digitalen Schaltpunkte verbinden Sites miteinander in einem labyrinthischen Netz, das sich in viele »Richtungen« zugleich verzweigt. Wenn wir den Cyberspace beschreiben, sprechen wir von »Net« (»Netz«) und »Web« (»Gewebe«), die eigentlich zweidimensionale Erscheinungen sind, aber selbst ein Surf-Neuling weiß, daß der Cyberspace nicht auf zwei Achsen beschränkt werden kann. Dieser rätselhafte neue Raum ist das Thema unserer letzten drei Kapitel.

Der Cyberspace wächst nicht nur, er dehnt sich exponentiell aus. Auch in diesem Sinne entspricht die Entwicklung der des physikalischen Raums. Nach den neuesten Theorien der Kosmologie gab es vor dem sich gleichmäßig dehnenden Universum, das wir heute sehen, eine frühe Phase unvorstellbarer, exzessiver Ausdehnung, die die Physiker als »inflatorische« Periode bezeichnen. Während dieser Phase schwoll der Raum innerhalb eines Sekundenbruchteils von einem mikroskopischen Punkt, der kleiner war als ein Proton, auf die Größe einer Grapefruit. In diesem Keimstadium wurden die Grundlagen für die kosmische Struktur im großen Rahmen festgelegt, sozusagen der »Spantenriß« für das galaktische Netz, das unser Universum heute darstellt.

Im Augenblick macht der Cyberspace seine eigene inflatorische Periode durch. In den vergangenen 15 Jahren ist das Internet von weniger als tausend Rechnern auf mehr als 37 Millionen gewachsen – und wächst täglich weiter. Da jeder neue Knoten seinerseits ein Ansatzpunkt ist, von dem neue Knoten ausgehen können, nimmt mit der Zahl der Knoten die Möglichkeit zu weiterer Expansion zu. In dieser fruchtbaren inflatorischen Phase bildet sich auch die Struktur des Cyber-Bereichs im großen Maßstab heraus.

Das exponentielle Muster des Wachstums im Cyberspace zeigt sich schon in einer oberflächlichen Geschichte. Die Morgendämmerung der Cyber-Schöpfung – gewissermaßen der erste Quantenfunke des neu ins Sein tretenden Bereichs – läßt sich in Kalifornien 1969 entdecken. In jenem Jahr wurde die erste Computer-Vernetzung über eine große Entfernung installiert, das ARPANET, gegründet von der *Advanced Research Projects Agency* (ARPA), einer Abteilung des US-Verteidigungsministeriums. Im Oktober 1969 verbanden Techniker von der Bostoner Firma Bolt Beranek and Newman über eine extra verlegte Telefonleitung zwei Computer miteinander, die Hunderte von Meilen voneinander entfernt waren, nämlich einer

244

in der University of California in Los Angeles (UCLA) und der andere im Stanford Research Institute in Palo Alto. Am Ende des Jahres waren dem entstehenden Netz zwei weitere Knoten hinzugefügt worden, in der University of California in Santa Barbara und der University of Utah. Damit hatte das Netz vier Knoten.[1]

Im folgenden Jahr, berichten die Computerhistoriker Katie Hafner und Matthew Lyon, wuchs »das ARPA-Netzwerk ... mit einer Geschwindigkeit von einem Knoten pro Monat«[2], und bis August 1972 bestand es aus 29 Knoten, die in Universitäten und Forschungszentren überall in den USA beheimatet waren.[3] In diesen frühen Jahren, als es mehr als 100000,– Dollar pro Jahr kostete, eine Site zu unterhalten (wobei alles Geld vom Verteidigungsministerium kam), wuchs das Netz schrittweise.[4] 1979, zehn Jahre nachdem die zwei ersten Sites verbunden worden waren, waren es tatsächlich noch immer nur 61 ARPANET-Sites.

Der Vorteil dessen, was bereits als »Netz« bezeichnet wurde, zeigte sich jedoch deutlich, und immer mehr Menschen, vor allem Informatiker, forderten Zugang. Aber als Forschungsprojekt des Verteidigungsminsteriums stand das ARPANET Menschen außerhalb von ARPA nicht einfach offen. Es bestand also deutlich das Bedürfnis nach einem zivilen Netz. Zu diesem Zweck beschloß die National Science Foundation 1980, ein Netz zu fördern, das die wachsende Zahl von Informatik-Abteilungen überall im Land verbinden sollte – das CSNET. Die beiden Netzwerke waren zwar getrennt, aber so untereinander verbunden, daß Mitglieder beider miteinander kommunizieren konnten. In den achtziger Jahren wurden auch andere Netze ans ARPANET angeschlossen, so daß ein umfassendes Netz der Netze entstand. Der wachsende Wunsch nach Kommunikation *zwischen* den Netzen bewirkte das Bedürfnis nach einem standardisierten Satz von Verfahren, die es möglich machen sollten, daß alle Netze Informationen untereinander weitergaben – das wurde dann »Internet Protocol« genannt. Aus dieser ursprünglich technischen Bezeichnung bekam das Internet schließlich seinen Namen.

Noch war das Netz nur wenigen zugänglich. In den frühen achtziger Jahren hatten nur wenige Menschen außerhalb des militärischen und des akademischen Gebiets der Informatik Netzanschluß, und nur wenige Amerikaner waren sich überhaupt bewußt, daß es einen »Cyberspace« gab.[5] Das Wort selbst wurde erst 1984 geprägt, in William Gibsons Cyberpunk-Roman *Neuromancer.* 1985 schaltete jedoch die Expansion des Cyberspace in einen höheren Gang. Nach dem Erfolg des CSNET beschloß die National Science Foundation, ein nationales »Rückgrat«-Netz einzurichten, das als Basis für eine Serie von regionalen Netzen dienen sollte, die die Universitäten im Land untereinander verbinden würden. Das veraltete ARPANET wurde ersetzt durch das NSFNET, das bald zur Basis des Internet wurde.

Die Schaffung des NSFNET markiert einen Wendepunkt in der Geschichte: Damit begann die inflatorische Phase des Cyberspace. Seitdem hat die Wachstumsgeschwindigkeit zugenommen und die kühnsten Erwartungen ihrer Erfinder übertroffen. Ende 1998, während ich dies schreibe, hat das World Wide Web (der bekannteste Bestandteil des Internet) mehr als 300 Millionen Seiten. Dem World Wide Web wird dermaßen Volumen hinzugefügt, daß selbst große Suchmaschinen wie Yahoo und Alta Vista davon ausgehen, daß sie nur 10 Prozent des Ganzen verzeichnet haben. Das inflationäre Wachstum im Netz ist jetzt so extrem, daß sich die Fachleute Sorgen machen, weil sie nie auf dem laufenden werden bleiben können.

Dieser neue digitale Bereich, ein bisher nichtexistenter Raum, spielt im Leben von immer mehr Menschen eine immer größere Rolle. Wie viele »Netizens« stehe ich in E-Mail-Verbindung mit Menschen in aller Welt. Leute, mit denen es schwierig sein würde, persönlich zu kommunizieren, sind online oft zugänglich, vor allem wenn sie an der Uni arbeiten. Fast alle akademischen Institutionen, Forschungszentren und großen Bibliotheken in den Vereinigten Staaten haben Websites. Über den Computer habe ich Zugang zum Katalog der Library of Congress und der Bibliothek der UCLA, die in Wirklichkeit eine Meile von meiner Wohnung entfernt liegt. Es wird nicht mehr lange dauern, dann werden auch die Texte selbst online zur Verfügung stehen, wie es heute schon beim Inhalt vieler Zeitschriften und Zeitungen der Fall ist. Warum die New York Times auf Papier kaufen, wenn man sie online umsonst lesen kann? In der neuesten Entwicklung des Verlagsgeschäfts verzichten bereits Verleger ganz auf feste Exemplare und veröffentlichen nur noch online.

Auch Firmen melden sich im Cyberspace. Alle möglichen Unternehmen von IBM bis Nike haben Websites voller Werbung und Produktinformationen. Mit der zunehmenden Zahl von Sites kommt auch die Möglichkeit, online einzukaufen. Kleidung, Bücher, Kosmetika, Flugtickets und Computerausrüstungen (um nur einige wenige zu nennen) kann man inzwischen im Netz kaufen. Nach einem neueren Bericht des Wirtschaftsministeriums hatten bis Ende 1997 bereits zehn Millionen Menschen in den Vereinigten Staaten und Kanada etwas online gekauft. Der Bericht nimmt an, daß der elektronische Handel bis 2002 einen Umfang von 300 Milliarden Dollar erreicht haben wird. Das virtuelle Einkaufszentrum ist da.

Was immer sich die Begründer des Internet vorgestellt haben, das Internet hat längst seine akademische Hülle gesprengt. Heute hat jeder zweite Schüler eines College in den USA eine eigene Homepage, und da entsteht so etwas wie das vermutlich größte Archiv aller Zeiten vom Denken Jugendlicher. Auch Familien ziehen immer häufiger in den Cyberspace ein; sie halten ihre Lieben online mit digitalisierten Schnappschüssen aus dem Sommerurlaub auf dem laufenden. Mit der neuen, automatisch Websites verfassenden Software wird die Familien-Homepage vermutlich so allgegenwärtig wie das gute alte Fotoalbum – nur viel öffentlicher.

Vor allem ist der Cyberspace ein Ort für Geselligkeit und Spiele. Chatrooms, Newsgroups, IRC-Kanäle, Online-Konferenzen und -Foren sowie die Fantasy-Welt, die unter dem Namen der MUDs bekannt ist, scheinen fast unendliche Möglichkeiten für den sozialen Austausch zu bieten. Man kann sich im Cyberspace leicht Freunde mit ähnlichen Interessen suchen. Wie der Online-Pionier Howard Rheingold schreibt: »Sie können nicht einfach das Telefon nehmen, um sich mit jemandem verbinden zu lassen, der sich ebenfalls über den Islam oder kalifornischen Wein unterhalten möchte, oder mit jemandem, der eine dreijährige Tochter hat oder einen vierzig Jahre alten Hudson. Zu jedem dieser Themen können Sie jedoch an einer Computer-Konferenz teilnehmen.«[6] Das Niveau der Diskussionen in vielen öffentlichen Foren mag ja sehr unterschiedlich sein, aber es gibt auch seriöse private Online-Diskussionen zu einer Menge von Themen, von der Bibelauslegung bis zur Teilchenphysik, von der *Göttlichen Komödie* bis zum Big Bang.

Mitte 1998 gehen hundert Millionen Menschen regelmäßig ins Internet, und es wird geschätzt, daß im nächsten Jahrzehnt fast eine Milliarde Menschen online sein werden. Dreihundert Millionen Seiten gibt es bereits im World Wide Web, und jeden Tag kommen eine Million hinzu. In gut einem Vierteljahrhundert ist dieser Raum aus dem Nichts entsprungen – mit Sicherheit das am schnellsten wachsende »Territorium« aller Zeiten.

In einem tieferen Sinne ist dieser neue digitale Raum »jenseits« des von der Physik eingenommenen Raums, denn der kybernetische Bereich besteht nicht aus Teilchen und Kräften, sondern aus Bits und Bytes. Diese Datenpakete sind die ontologische Grundlage des Cyberspace, die Saat, aus der das globale Phänomen hervorgeht. Es mag offensichtlich scheinen, wenn man sagt, daß der Cyberspace nicht aus physikalischen Teilchen und Kräften bestehe – aber es ist auch revolutionär. Da der Cyberspace ontologisch nicht in diesen physikalischen Phänomenen verankert ist, *unterliegt er auch nicht den Gesetzen der Physik*, und damit ist er auch nicht durch die Grenzen dieser Gesetze gebunden. Vor allem ist dieser neue Raum nicht in den Komplex des Hyperraums der Physiker eingeschlossen. Egal, wie viele Dimensionen die Hyperraum-Physiker ihren Gleichungen noch hinzufügen, der Cyberspace wird »außerhalb« ihrer aller bleiben. Im Cyberspace haben wir einen »Ort« *jenseits des Hyperraums* gefunden.

Wir sollten die Bedeutung dieser Entwicklung nicht unterschätzen. Die elektronischen Tore des Siliziumchips sind in gewissem Sinne ein metaphysischer Eingang geworden, denn unsere Modems transportieren uns aus der Reichweite der Gleichungen der Physiker in einen vollkommen »anderen« Bereich. Wenn ich in den Cyberspace »gehe«, lasse ich die Gesetze Newtons und Einsteins hinter mir. Hier sind weder mechanische noch relativistische noch Quantengesetze anwendbar. Wenn ich von Website zu Website wandere, ist meine »Bewegung« nicht durch irgendwelche dynamischen Gleichungen zu beschreiben. Der Schauplatz, an dem ich mich online befinde, läßt sich mit keinem physikalischen Meßsystem quantifizieren; meine Reisen dort können durch kein physikalisches Richtmaß gemessen werden. Schon das Konzept von »Raum« bekommt hier eine neue und noch kaum verstandene Bedeutung, die aber jedenfalls definitiv jenseits der Physik liegt.

Dabei ist der Cyberspace ein technologisches Nebenprodukt der Physik. Die Siliziumchips, die Glasfaserkabel, die Flüssigkristallmonitore, die Telekommunikationssatelliten, sogar die Elektrizität, mit der das Internet betrieben wird, sind alles Nebenprodukte dieser höchst mathematischen Wissenschaft. Obwohl also der Cyberspace ohne Physik nicht existieren könnte, ist er doch nicht eingebunden in die rein physikalische Konzeption der Wirklichkeit. In der Sprache der Komplexitätstheorie ist der Cyberspace ein *emergentes Phänomen*, eines, das mehr ist als die Summe seiner Teile. Dieses neue »globale« Phänomen entsteht aus der Interaktion seiner Myriaden von zusammengeschalteten Bestandteilen und ist nicht auf die reinen physikalischen Gesetze zurückführbar, die die Chips und Fasern steuern, aus denen es zweifellos entspringt.

All das mag ein bißchen radikal klingen, und viele Verfechter des Cyberspace behaupten, daß es so etwas wie den Cyberspace noch nie gegeben habe. Aber da ist ganz im Gegenteil eine wichtige historische Parallele im räumlichen Dualismus des Mittelalters. Wie wir gesehen haben, glaubten die Christen jener Zeit an einen physikalischen Raum, wie ihn die Wissenschaft beschrieb (den sie »Naturphilosophie« nannten), und einen nichtphysikalischen Raum, der »außerhalb« des materiellen Bereichs existierte. Dieser nichtphysikalische Raum entsprach in übertragenem Sinn der materiellen Welt, war aber nicht im physikalischen Raum enthalten. Obwohl es Verbindungen und Resonanzen zwischen den beiden Räumen gab, war der spirituelle Raum des Mittelalters ein einzigartiger und vom physikalischen Raum getrennter Teil der Realität.

So verweist uns der Cyberspace jetzt wieder auf eine *dualistische* Realität. Abermals haben wir ein materielles Reich, wie es die Wissenschaft beschreibt, und ein immaterielles Reich, das wie eine andere Ebene der Wirklichkeit funktioniert. Wie beim mittelalterlichen Weltbild gibt es Verbindungen und Resonanzen zwischen den beiden Räumen. So hat N. Katherine Hayes zum Beispiel bemerkt, daß man den Cyberspace gar nicht anders als durch die Sinnesorgane des Körpers erfahren kann: durch die Augen, die auf den Bildschirm schauen oder auf die stereoskopischen Projektionen der VR-Headsets, durch die Hände, die auf der Tastatur die Befehle eingeben und die Joysticks kontrollieren; durch die Ohren, die die Tondateien hören. Während aber physikalischer Raum und Cyberraum nicht vollkommen getrennt sind, ist doch letzterer nicht einfach im ersteren enthalten.

In ganz grundlegender Weise ist der Cyberspace ein *anderer* Ort. Wenn ich im Internet unterwegs bin, kann mein »Standort« nicht mehr nur im rein physikalischen Raum ausgemacht werden. Wo genau ich bin, wenn ich in den Cyberspace eindringe, ist eine Frage, die erst noch zu beantworten wäre, aber jedenfalls kann meine Position nicht auf einen mathematischen Ort im euklidischen oder relativistischen Raum festgelegt werden – auch nicht mit noch so vielen Erweiterungen des Hyperraums. Wie die Menschen des Mittelalters ringen wir im technologisch belasteten Westen an der Wende zum 21. Jahrhundert zunehmend mit einer Zwei-Phasen-Realität.

Aber was bedeutet es überhaupt, wenn wir von diesem digitalen Bereich als einem »Raum« sprechen? Was für ein Raum ist das? Man könnte einwenden, die Online-Arena sei nur eine ungeheure Bibliothek – oder, weniger freundlich, eine ungeheure Suppe – von zusammenhanglosen Informationen und Schrott. Sicher, es gibt eine Menge Schrott online. Trotzdem ist es wichtig, die wirklich räumliche Natur dieses Bereichs zu erkennen. Wie immer sein *Inhalt* aussehen mag, hier ist ein neuer *Kontext* im Entstehen begriffen, ein neuer »Raum« entwickelt sich.

Dabei geht es natürlich um die Bedeutung des Wortes »Raum« und was dieses Phänomen konstituiert. Ich behaupte, daß der Cyberspace nicht nur ein legitimer Vertreter des Phänomens Raum ist, sondern auch ein gesellschaftlich bedeutender. Im »wissenschaftlichen Zeitalter« haben sich viele von uns so an die Vorstellung von Raum als einem rein physikalischen Ding gewöhnt, daß es einigen Menschen schwerfallen mag, den Cyberspace als echten »Raum« zu akzeptieren. Dennoch ist Gibsons Wortbildung angemessen, denn sie fängt einen wesentlichen Aspekt dieses neuen Bereichs ein. Wenn ich in den Cyberspace »gehe«, bleibt mein Körper auf dem Stuhl sitzen, aber »ich« – oder doch ein Aspekt von mir – bin in einen anderen Zusammenhang versetzt, der während dieser Zeit, das spürte ich genau, seine eigene Logik und Geographie hat. Natürlich ist das eine andere Art von Geographie als die, die ich in der physikalischen Welt erfahre, aber sie ist nicht weniger wirklich, nur weil sie nicht materiell ist. Lassen Sie mich das betonen: *Daß etwas nicht materiell ist, heißt nicht, daß es nicht wirklich ist,* wie es die oft genannte Unterscheidung zwischen »Cyberspace« und »wirklichem Raum« unterstellt. Auch wenn er nicht physikalisch ist, ist der Cyberspace ein realer Ort. *Ich bin dort* – was immer diese Aussage letztlich heißen mag.

Selbst in unserem durch und durch materialistischen Zeitalter benutzen wir das Wort »Raum« ohnehin, um auch ganz andere Dinge als die aus der physikalischen Welt zu beschreiben. Wir sprechen vom »politischen Raum«. Oder davon, daß jemand in einer Beziehung ausreichend »Raum, sich zu bewegen« hat. Wir sprechen vom »geistigen Raum«, und Lacan-Psychoanalytiker glauben (Freud folgend), daß der Geist selbst eine räumliche Struktur habe. Literaturwissenschaftler sprechen vom literarischen Raum und Maler vom bildlichen Raum.

Die Wissenschaftler ihrerseits stellen sich heute eine ganze Reihe von nichtphysikalischen Räumen vor. Chemiker, die neue Drogen suchen, sprechen von molekularem Raum, Biologen von den evolutionären Räumen potentieller Organismen; Mathematiker untersuchen topologische Räume, algebraische Räume und metrische Räume, Chaostheoretiker, die Phänomene wie das Wetter oder Insektenplagen erforschen, untersuchen Phasenräume, genau wie Physiker, die die Bewegung von Galaxien und das Quantenverhalten der Atome studieren, und in einem Artikel des *Scientific American* stand kürzlich in einer epidemiologischen Analyse der Verbreitung von Infektionskrankheiten etwas von Virus-Räumen. »Raum« ist also heute ein Konzept, das weite Anwendungs- und Resonanzmöglichkeiten bietet.

Ganz eindeutig ist der Online-Bereich ein *Daten-Raum*. Dieses Konzept steckte im Kern von Gibsons ursprünglicher Cyberpunk-Vision. Im *Neuromancer* und seinen Folgebänden stellt sich Gibson vor, daß seine »Konsolen-Cowboys«, wenn sie sich ihre Cyberspacehelme aufsetzen, durch die Kraft der vom Computer erzeugten dreidimensionalen Illusion in eine virtuelle Datenlandschaft projiziert werden. Die Datenbanken globaler Unternehmen werden hier als architektonische Strukturen dargestellt. Die Mitsubishi-Bank ist zum Beispiel ein Satz grüner Würfel, die der »Fission Authority« eine rote Pyramide. Ein hübsches Beispiel für die das Leben imitierende Kunst ist, daß Tim Berners-Lee, der Erfinder des World Wide Web, gesagt hat, sein Ziel sei es gewesen, einen globalen Daten-Raum zu schaffen, zu dem Forscher in der ganzen Welt Zutritt hätten. Die volle vr-Herrlichkeit der ursprünglichen Vision Gibsons müßte erst noch verwirklicht werden, aber das wesentliche Konzept eines globalen Datenraums zeigt sich bereits im World Wide Web.

Doch der Cyberspace ist viel mehr geworden als nur ein Daten-Raum, denn wie wir wissen, ist vieles von dem, was da vor sich geht, nicht auf Information ausgerichtet. Etliche Kommentatoren haben betont, daß die Hauptnutzung des Cyberspace nicht auf die Sammlung von Informationen ausgerichtet ist, sondern auf soziale Interaktion und Kommunikation – und zunehmend auch interaktive Unterhaltung, darunter die Schaffung einer Reihe von Online-Fantasy-Welten, in denen Menschen kunstvolle Alter egos spielen.

Was ich in diesem ersten der Cyberspace-Kapitel erforschen möchte, ist die Art und Weise, auf die dieser neue digitale Bereich als Raum für komplexe geistige Erfahrungen und Spiele funktioniert. In diesem Sinne können wir den Cyberspace als eine Form elektronischer *Res cogitans* ansehen, als einen neuen Raum für das Ausspielen einiger jener immateriellen Aspekte der Menschheit, denen im materialistischen Weltbild keine Heimat mehr zugestanden wird. Kurz, in gewissem Sinne ist der Cyberspace zu einem neuen Reich für Geist oder Seele geworden. Vor allem ist er ein neuer Bereich für die Einbildungskraft geworden, und sogar, wie viele Verfechter sagen, einer für das »Ich«. Die Cyberspace-Soziologin Sherry Turkle vom MIT schreibt: »Das Internet ist zu einem wichtigen Soziallabor für Experimente mit jenen Ich-Konstruktionen und -Rekonstruktionen geworden, die für das postmoderne Leben charakteristisch sind.«[7] Was genau es heißt, wenn wir sagen, der Cyberspace sei zu einem Forum des »Ich« geworden, ist etwas, das wir noch näher untersuchen müssen, aber die Behauptung an sich fordert schon unsere Aufmerksamkeit.

Die Tatsache, daß wir im Begriff sind, einen neuen immateriellen Raum des Seins zu schaffen, ist von erheblicher psychosozialer Bedeutung. Jede Konzeption von »anderen« Räumen »jenseits« des physikalischen Raums ist, wie wir in diesem Buch nachgewiesen haben, durch die neuzeitliche wissenschaftliche Sicht von Realität außerordentlich problematisch geworden. Diese Problematisierung gehört zu den Hauptkrankheiten der heutigen westlichen Welt. Freuds Versuch, mit seiner wissenschaftlichen *Psychoanalyse* Geist/Seele oder »Psyche« wieder in das Reich der wissenschaftlichen Debatte einzuführen, bleibt eine der bedeutendsten intellektuellen Entwicklungen des vergangenen Jahrhunderts. Aber Freuds Wissenschaft war eindeutig individualistisch. Jeder Mensch, der eine Psychoanalyse (oder eine andere Art von Therapie) beginnt, muß selbst an seiner (oder ihrer) Psyche arbeiten. Die Therapie ist eine im wesentlichen einsame Erfahrung. Zusätzlich zu dieser individuellen Erfahrung sehnen sich aber viele Menschen nach etwas Gemeinsamem – nach etwas, das ihre

Seele mit der anderer Menschen verbindet. Es ist schön und gut, mit seinen eigenen Dämonen zu ringen, aber viele Menschen scheinen sich ein *kollektives geistiges Forum* zu wünschen, einen Raum, den sie mit anderen Seelen teilen.

Der allgemeine Wunsch nach einem kollektiven geistigen Forum zeigt sich heute im wachsenden Interesse an übersinnlichen Phänomenen. In den Vereinigten Staaten blühen parapsychologische Hotlines, der Glaube an »Astral-Ebenen« ist verbreitet, und das »Chanelling« von Geistern nimmt zu. In letzterem Fall überwindet der behauptete kollektive Bereich die Grenzen zum Tode und vereint die Lebenden und die Toten in einer großen Äther-Bruderschaft. Die Serie *X-Files* (»Akte X«) bietet uns allwöchentlich Verheißungen anderer Wirklichkeiten jenseits der materiellen Ebene, und die Buchhandlungen sind voll von Zeugnissen, in denen Ausflüge in ein ätherisches Reich des Lichtes und der Liebe beschrieben werden, das uns alle nach dem Tode erwartet. Einer der größten Reize des Cyberspace ist, daß er eine *kollektive immaterielle Arena* nicht erst nach dem Tode, sondern hier und jetzt auf Erden anbietet.

Nichts zeigt das Potential des Cyberspace als eines kollektiven übersinnlichen Reichs so sehr wie die phantastischen Online-Welten, die als MUDs bekannt sind.[8] Diese Abkürzung steht für »Multi-User Domains« oder ursprünglich »Multi-User Dungeons and Dragons«. MUDs sind komplexe Fantasy-Welten, die ursprünglich auf dem Rollenspiel-Brettspiel *Dungeons and Dragons* (»Verliese und Drachen«) beruhten, das in den späten siebziger Jahren durch amerikanische Colleges und High-Schools fegte. Wie der Name »Verliese und Drachen« andeutet, waren die ursprünglichen MUDs mittelalterliche Fantasies, in denen die Spieler mit Drachen kämpften und sich auf der Suche nach Schätzen und Zauberkräften ihren Weg durch ein Gewirr von Verliesen bahnten. Heute haben sich MUDs verwandelt in eine große Reihe von virtuellen Welten, die weit über das mittelalterliche Milieu hinausgehen. Da gibt es Trek-MUSE, ein Weltraum-MUD, in dem die Spieler (MUDers genannt) durch die Mannschaftsränge in einer virtuellen Raumflotte aufsteigen können, bis sie selbst ihr Raumschiff befehligen. Da ist DunMUD, basierend auf Frank Herberts Science-fiction-Serie *Der Wüstenplanet*, oder ToonMUD, ein Reich voller Cartoon-Figuren. Das Elysium ist eine Höhle voller Vampire, und FurryMuck ist ein virtuelles Wunderland, das von sprechenden Tieren und tiermenschlichen Mischwesen wie *Squirriloids* (Eichhörnchenwesen) oder *Wolfoids* (Wolfwesen) bevölkert ist.

Erfolgreiche MUDs rufen wie gute Romane eine reichhaltige und glaubwürdige Welt wach. Der Unterschied ist der, daß der Leser eines Romans eine Welt vorfindet, die der Autor ganz und gar entwickelt hat; MUD-Spieler dagegen beteiligen sich aktiv an der fortlaufenden Weltschöpfung. Benennen heißt erschaffen, und in MUD-Welten bedarf es nur der schlichten Benennung und Beschreibung, um ein neues Alter ego oder »Cyber-Ich« hervorzubringen. So erschaffen MUDers ihre Online-Persönlichkeit oder Helden mit einer kurzen Textbeschreibung und einem Namen. »Johnny Manhattan« zum Beispiel wird beschrieben als »groß und dünn, bleich wie Weißkäse, trägt eine Strickmütze«; Dalgren ist »ein intelligenter Pilz, der leeres Zeug stammelt, wenn jemand kommt«, und Gentila ist ein »geschmeidiger Squirriloid mit flaumweichem Pelz und langen üppigen Locken, die ihr sinnlich den Rücken herabwallen«. Innerhalb der Ontologie dieser Cyberwelten *sind* Sie die Persönlichkeit, die Sie schaffen. Wie es ein Spieler ausgedrückt hat: »Man ist der, für den man sich ausgibt.«[9] Möchten Sie eine Gedichte zitierende Schildkröte sein, ein Spion von Klingon oder Donald Duck? In einem MUD haben Sie dazu die Möglichkeit.

Das MUDing ist eine ganz wesentlich gemeinschaftliche Aktivität, in der die Spieler in das Gewebe einer virtuellen

Gesellschaft eingebunden werden. Ein Teil dieses Prozesses ist die fortwährende Entwicklung dieser Welt selbst. Der grundlegende Plan eines MUD wird festgelegt von seinen programmierenden Urhebern, allgemein als »Wizards« (Zauberer) oder »Gods« (Götter) bekannt, aber in den meisten MUDs können die Spieler sich einen eigenen Raum oder eine Wohnung schaffen. Mit schlichten Programmbefehlen in der Software oder mit einfachen Texten können MUDers einen privaten Raum nach ihrem Geschmack »bauen«. Die persönlichen MUD-Räume reichen vom Baumhaus voller Bücherwände über eine Gummizelle bis zum Inneren eines Fernsehers. In einigen MUDs können die Spieler auch etwas Größeres bauen. Die Bürger der Raumstation Cyberion City in MicroMUSE zum Beispiel haben ein Wissenschaftszentrum, ein Museum, eine Universität, ein Planetarium und einen Regenwald errichtet.

Vor allem wird ein MUD unterhalten von den Figuren, die es bevölkern. William Gibson hat MUDs als Musterbeispiele für die »Konsens-Halluzination«[10] des Cyberspace bezeichnet. Fantasy-Welten (ob online oder nicht) sind immer nur so gut wie der Einfallsreichtum, der sie zusammenhält, und in erfolgreichen MUDs sind die anderen Spieler genauso scharf darauf wie Sie selbst, Ihre »Squirriloid«-Persönlichkeit ernst zu nehmen. Wie das Einhorn zu Alice hinter dem Spiegel sagte: »Glaubst du an mich, glaub ich an dich.« In erfolgreichen MUDs strebt jeder nach größtmöglicher Überzeugungskraft, sowohl für die eigene Figur als auch für die Welt als ganze.

Das ineinandergreifende phantasievolle soziale Geflecht eines MUD bedeutet, daß die Aktionen eines Spielers die virtuellen Leben Hunderter von anderen Spielern beeinflussen. Wie in der physikalischen Welt werden im Lauf der Zeit Beziehungen aufgebaut (oft über Tausend Stunden des Online-Engagements), Vertrauen wächst, Bindungen entstehen, Verantwortung wird übernommen. Die Vitalität und Robustheit eines

MUD ergibt sich aus dem gemeinsamen Willen der Gruppe, in der das einzelne Cyber-Ich eingebunden wird in eine soziale Matrix, die nicht weniger real ist, nur weil sie virtuell ist. Wenn, wie in einigen auf Kampf ausgerichteten MUDS, eine Figur getötet wird, stellt sich beim Menschen, der Hunderte von Stunden mit dem Aufbau des Charakters verbracht hat, oft ein starkes Verlustgefühl ein. »Ausgeweidet« ist das Wort, das die Spieler dann verwenden, wie Richard Bartle, der Mitschöpfer des ersten MUD, erklärt, »weil nur mit ihm beschrieben werden kann, wie schrecklich es ist«.[11]

Was zunächst kaum mehr als jugendliche Phantasie zu sein scheint – sprechende Tiere, Raum-Kadetten, Toon-Town –, kann sich jedoch als ein überraschend komplexer Bereich psychosozialer Erforschung erweisen. Eine Freundin hat mir erzählt, daß für sie das MUDing eine Möglichkeit ist, Züge an sich zum Ausdruck zu bringen, von denen sie das Gefühl hat, sie würden in der heutigen Welt des *Can-do*-Amerika mit seinem unnachgiebigen Optimismus und dem Gebot des »Mach ein fröhliches Gesicht« nicht gebilligt. Das MUDing erlaube ihr auch eine dunklere, aber, wie sie meint, »wirklichere« Seite ihres Ich zu zeigen. Für sie ist das Spiel weniger ein Spiel als eine Möglichkeit (meint sie), wichtige Aspekte ihres Selbst zu erforschen und auszudrücken, die sie in der Gesellschaft aus Fleisch und Blut nicht leicht ausleben könnte. Sherry Turkle, die seit Anfang der neunziger Jahre MUD-Kulturen untersucht hat, meint, diese Erfahrungen meiner Freundin seien nicht ungewöhnlich. So eine Fantasy-Welt, schreibt sie, »gibt einem die Freiheit, vielfältige und oftmals unerforschte Aspekte seines Selbst zum Ausdruck zu bringen ...«[12]

Es gibt Parallelen bei Masken. Schauspieler und Schamanen bestätigen, daß Masken mächtige Objekte zur Umgestaltung sind. Hinter einem Ersatzgesicht versteckt, kann ein Mensch ein Windteufel, ein Affengeist oder ein Esel werden. MUD-Charakterzeichnungen sind digitale Masken, Fassaden, die eine ganze Reihe von psychologischen Äußerungen und Handlungen ermöglichen, zu denen viele Menschen in der heutigen Gesellschaft im täglichen Leben keinen Zugang haben oder die sie nur ungern in der Wirklichkeit auslassen würden. »Ein Teil von mir«, sagt einer von Turkles MUD-Spielern, »ein sehr wichtiger Teil von mir existiert nur in PernMUD.«[13] Im Cyberspace kann man jede Menge verschiedener virtueller Alter egos haben, die in einer Vielzahl von verschiedenen MUDS agieren und auf jedem Gebiet der Fantasy verschiedene Cyber-Ichs buchstäblich *durchspielen*. Die VR-Forscherin Brenda Laurel hat in *Computers as Theater* tatsächlich auch eine Parallele zwischen Computerspielen und virtuellen Welten und der klassischen Macht des Dramas gezogen.[14]

Obwohl sich dieses einfallsreiche Rollenspiel in MUDS am deutlichsten ausdrückt, findet es auch in Online-Chatrooms, in Usenet-Gruppen und auf IRC-Kanälen statt. Überall hier schaffen Netizens Alter egos – obwohl meistens nicht so phantastische wie die in den MUDS zu finden. Als öffentlich zugängliches Reich psychologischer Spiele ist der Cyberspace, möchte ich behaupten, ein bedeutendes gesellschaftliches Werkzeug. Dieser digitale Bereich stellt einen Ort zur Verfügung, an dem Menschen überall auf der Erde *miteinander* »andere« Welten und Erfahrungen schaffen können. Innerhalb solcher Welten kann man nicht nur das eigene Ich zum Ausdruck bringen, man kann auch an einer Gruppenphantasie teilnehmen, die die Reichhaltigkeit eines Stoffes hat, an dem viele Einbildungskräfte miteinander gearbeitet haben.

In dieser Beziehung kann man MUDS tatsächlich als Varianten von Praktiken sehen, die in vielen Kulturen existieren. In der altgriechischen Gesellschaft war das Drama nicht nur Unterhaltung, es diente auch als Vermittler der kollektiven psychischen Katharsis. In vielen Kulturen bezieht das Drama sogar die Zuschauer ein, die *Teilnehmer* an dem werden, was da als

»alternative Realität« inszeniert wird. Nehmen Sie zum Beispiel die berühmten Oberammergauer Passionsspiele: Alle
zehn Jahre schließt sich die gesamte Stadt zu einer gemeinsamen Neuinszenierung der letzten Tage Christi zusammen; sie
dauert mehrere Tage und verändert die Stadt und ihre Einwohner. So ist es eine Möglichkeit, MUDS als kollektive Dramen zu
sehen, in denen wiederum jeder in der Gemeinde zum »Mitspieler« wird. Jeder bekommt seine Rolle und sein Kostüm –
und so viele Textzeilen, wie er will.

Selbst in unserem technologischen Zeitalter müssen wir
nicht auf den Cyberspace zurückgreifen, wenn wir am kollektiven Rollenspiel teilnehmen wollen. *Dungeons and Dragons*, auf
denen die MUDS ursprünglich basierten, ist seinerseits ein
höchst erfolgreiches Rollen-Spiel. Seine endlosen Nebenprodukte – zu denen sowohl mittelalterliche Szenarien als auch
Krimis gehören – liefern jede Menge nichtelektronischer Gelegenheiten zur Schaffung phantastischer Alter egos. Auch
Kriegs-Brettspiele wie Diplomacy mit seinem Szenario aus
dem 1. Weltkrieg tun das. Mitte der achtziger Jahre war ich fast
ein ganzes Jahr lang tief verwickelt in eine *Diplomacy*-Spiel-
gruppe, in der wir um die Kontrolle über Europa kämpften
und Bündnisse miteinander schlossen und sie wieder brachen.
Ich spielte Rußland und war besessen von meiner Rolle, und
ich weiß noch gut, wie stechend der Schmerz war, wenn ich
erfuhr, daß ein Verbündeter Verrat begangen hatte; gleichzeitig gab es die freudige Erregung, wenn man selbst auf so ver-
schlagene Weise erfolgreich war. Zur letzten Sitzung unseres
monatelangen Streitens kostümierten wir uns alle entsprechend unserer Rolle und versammelten uns so zum Abschluß.
Ich war prächtig aufgeputzt und trug einen bodenlangen
Samtrock und eine Tiara, denn an jenem Abend *war* ich die
Zarin.

Eine andere Form nichtelektronischen kollektiven Theaters
liefern die Spiele mit Spielfiguren wie zum Beispiel *Warham-*

mer, das Millionen von Männern und Jungen in der ganzen Welt gespielt haben. Man verkörpert darin nicht eine Einzelperson, sondern kommandiert ganze Armeen von Kobolden, Unholden und dergleichen. Zu den Spielen gehören kunstvolle Handbücher, in denen die Geschichte, Mythologie, Psychologie und Kampftechniken der verschiedenen Gruppen umrissen sind. Bei jeder Diskussion des heutigen kollektiven Dramas muß man natürlich auch *Trekkies* zur Kenntnis nehmen, bei denen sich manche Menschen so tief und zwanghaft auf die Welt des *Star Trek* (»Raumschiff Enterprise«) einlassen wie nur irgendein MUDer. Die Welt von Kirk, Picard und Janeway ist als »virtuelle Welt« so lebendig wie nur irgend etwas, das man online findet.

Mein Lieblingsbeispiel für ein nichtelektronisches Alter ego bietet Bruno Beloff, ein Computeranalyst in Brighton in England. Beloff bemalt sich in regelmäßigen Abständen den Körper mit Zebrastreifen; dann bringt er, splitternackt bis auf die Bemalung mit schwarzer und weißer Bühnenschminke, sein Zebra in die Öffentlichkeit. Zu den Ausflügen des Zebras gehören Spaziergänge auf dem Kai von Brighton, Planschen im Meer und sogar Besuche im örtlichen Pub. Für Beloff heißt das: »Ein Zebra zu sein ist eine Möglichkeit, ehrlich mit dem umzugehen, was ich bin, und das ist eine großartige Befreiung.«[15] Andere Menschen empfinden eine ähnliche Erleichterung, wenn sie am Wochenende »Pony-clubs« besuchen, wo sie tagsüber im Geschirr herumtraben und nachts in Ställen auf Stroh schlafen. Theoretisch stehen uns allen solche Möglichkeiten offen, praktisch haben es aber Zebras in Manhattan oder in den Vororten von Peoria nicht leicht. Wenn Beloffs Zebra-Ich draußen unterwegs ist, muß seine Freundin ein Auge auf die Polizei haben – Nacktheit in der Öffentlichkeit ist im Prinzip am Pier von Brighton verboten.

Wenige Menschen haben die Mittel oder den Mut, Beloffs Beispiel zu folgen, und viele haben auch gar nicht den

Wunsch, aber für die, die ihn haben, schafft der Cyberspace sehr brauchbare Bedingungen. Hinter dem schützenden Schirm eines Computers öffnen MUDs uns allen einen Raum des psychosozialen Spielens – das heißt jedem, der sich einen PC und die monatlichen Internet-Gebühren leisten kann. Im geschützten Raum des FurryMuck geben sich Tausende von Menschen überall auf der Welt tierischer Befreiung hin, legen virtuelle Hufe und Flügel an, blecken Zähne und zeigen Krallen, tollen in bukolischen virtuellen Gärten herum und (schließlich *sind* sie Tiere) genießen ausgiebig virtuelle Brunst. Das können sie hier ohne Angst vor einer Festnahme und ohne die Genehmigung mißbilligender Verwandter und Freunde tun. Wichtig daran ist, daß der Cyberspace einen allgemein zugänglichen und sicheren Raum bietet für so phantasievolle Spiele. Er öffnet buchstäblich ein neues Reich, in dem Menschen ihre Träume ausspielen und fremde Persönlichkeiten ausprobieren können auf eine Weise, die viele von uns in der physikalischen Welt zu spielen sich nicht trauen würden. Diese Entwicklung ist zu begrüßen, finde ich – auch wenn wir, wie wir sehen werden, aufpassen müssen, daß wir uns nicht allzuweit vom Optimismus fortreißen lassen.

Der Wert des cyber-psychischen Rollenspiels wird vielleicht am deutlichsten, wenn wir realistischere Beispiele betrachten. Die Änderung des Geschlechts steht hier an vorderster Stelle und hat das größte öffentliche Aufsehen erregt. Es sei nicht überraschend, daß die meisten MUD-Spieler junge Männer sind, sagt Shannon McRae, MUD-Forscherin und selbst ein MUD-Wizard, aber »eine überraschende Zahl dieser jungen Männer nehmen die Gelegenheit wahr, soziale Interaktionen in einem weiblichen Körper zu erleben«.[16] Man kann zwar leicht die subversive Macht solcher Erfahrungen übertrieben darstellen, aber tatsächlich *können* MUDs einen sozialen Raum schaffen, in dem die Geschlechter weniger festgelegt, fließender sind.

Dieses Verfließen kann überraschende Folgen haben. Statistisch gesehen stellt sich eine weibliche Figur in einem MUD oft als Mann heraus, der vorgibt, eine Frau zu sein. Aus diesem Grund sehen sich physische Frauen oft aufgefordert zu beweisen, daß sie »wirklich« weiblichen Geschlechts sind. In einer Umgebung, wo die Frauen »in Wirklichkeit« Männer sein können, geraten oft Männer, die auf der Suche nach Frauen sind, nicht an eine Frau, sondern an einen anderen Mann als Partner. Da es nicht ungewöhnlich ist, daß eine solche Begegnung zu physischer Befriedigung führt – »manchmal mit einer und manchmal mit beiden Händen auf der Tastatur«[17] –, läßt diese virtuelle Vielgestaltigkeit vermuten, daß MUD-Kulturen offener sein können als die Gesellschaft allgemein. In den MUDS wie auf den meisten Online-Bühnen kann man unmöglich wissen, ob die Mitspieler auch nur halbwegs den Charakteren entsprechen, die ihre Texte vorgeben.

In den frühen Jahren des Cyberspace wurden Cyber-Gemeinden manchmal erschüttert durch die Entdeckung, daß sich Männer als Frauen ausgegeben und diese Fassade benutzt hatten, »echten« Frauen näherzukommen. Sie nutzten es aus, daß viele Frauen mit einer anderen Frau auf eine Weise intim reden, wie sie es mit einem Mann nicht tun würden. Berühmt geworden ist der Fall »Joan« im CompuServe-CB-Channel; er zeigt, wie Menschen ihr Geschlecht online »verändern« können. Als Joan sich Mitte der achtziger Jahre dieser CompuServe-Gruppe vorstellte, sagte sie, sie sei Neurologin, Ende zwanzig und bei einem Unfall durch einen betrunkenen Autofahrer gelähmt worden, entstellt und stumm. Trotz dieser schrecklichen Schäden war Joan warmherzig und geistreich und bot vielen in der Gemeinde liebevolle Unterstützung. Die Menschen vertrauten ihr bald, und vor allem Frauen traten ihr näher. So war es für viele ein Schock, als Joan als New Yorker Psychiater demaskiert wurde, der weder gelähmt noch entstellt noch stumm und nicht einmal weiblich war. »Joan« war tatsächlich Alex, ein Mann »der von seinen eigenen Experimenten besessen war, davon, als Frau behandelt zu werden und an Frauenfreundschaften teilzuhaben«.[18]

Was die Gemeinde Mitte der achtziger Jahre so empört hat, ist ein Jahrzehnt danach Routine geworden. »Ich habe keinen wirklichen Körper«, sagte eine MUD-Spielerin dem Forscher Mizuko Ito. Sie fuhr fort: »Wie du dich selbst beschreibst und wie du online handelst, macht dein ›wahres Selbst‹ aus.« Für sie ist es nicht wichtig, welchem Geschlecht ihre MUD-Freunde und Sexualpartner im »wirklichen Leben« angehören. Natürlich dürfen wir uns nicht von falschem Optimismus blenden lassen (man *kann* die Erfahrung geschlechtlicher physischer Körper nicht einfach mit einer Tastatur aufheben), dennoch ist hier etwas Positives enthalten. Wie McRae bemerkt: Wenn Jungen online Mädchen spielen können und Schwule Heteros und umgekehrt, dann wird im Cyberspace »›hetero‹ oder ›schwul‹, ›männlich‹ oder ›weiblich‹ als Kennzeichnung einer Identität unzuverlässig«.[19] Da man im Cyberspace Etiketten nicht leicht überprüfen kann, ist ihre bestimmende Macht reduziert. Das Konzept Geschlecht ist zwar nicht ganz außer Kraft gesetzt, aber es ist zumindest teilweise abgekoppelt von den strengen Einschränkungen, die uns so oft durch die Form unseres physischen Körpers aufgezwungen werden. Hier ist ein Raum, der uns, wenn auch nur vorübergehend und in gestutzter Form, eine Möglichkeit bietet, einen Blick auf andere Arten des Seins zu werfen.

MUDS spielen auch eine wahrhaft therapeutische Rolle. In ihrem Buch *Leben im Netz* beschreibt Sherry Turkle eine Reihe von Menschen, die mit Hilfe von MUD-Personifizierungen als Stellvertretern ihren Kampf mit sehr realen psychischen Problemen ausgefochten haben. So war Roberts Leben durch einen Alkoholiker-Vater schwer beeinträchtigt worden; nach seinem ersten Jahr im College wandte er sich dem MUDing zu, um dem Trauma und dem Chaos seines Lebens zu entkommen. Einmal spielte er in einer Woche mehr als 120 Stunden; er aß und schlief sogar am Computer. Es wurde ernst, als er in einem neuen MUD Verantwortung für die Verwaltung übernahm, von der sich herausstellte, daß sie einer Ganztagsarbeit entsprach. Eine komplexe Online-Welt aufzubauen und zu leiten ist eine Aufgabe, die erhebliche verwaltungstechnische Fähigkeiten fordert, und durch die Erfahrung als Inspektor im MUD gewann Robert ein neues Gefühl von Kontrolle über sein Leben. Außerdem vermochte er jetzt das MUD als einen Ort zu nutzen, an dem er auf konstruktive Weise über persönliche Gefühle sprechen konnte. Damit fiel es ihm auch leichter, außerhalb der MUDS Beziehungen einzugehen. Wie er Turkle später sagte: »Der Computer ist eine Art Experimentierlabor für den Aufbau engerer zwischenmenschlicher Beziehungen im wirklichen Leben.«[20]

Dabei fällt mir eine Art Therapie ein, die in den späten siebziger Jahren beliebt war. Sie wurde »Psychodrama« genannt; darin übernahmen die Patienten Rollen in verschiedenen Szenen aus ihrem eigenen Leben und dem ihrer Familien. Auch in der Therapie nach Kindesmißhandlungen wird Rollenspiel gewöhnlich eingesetzt – oft spielen die Kinder Szenen mit Puppen oder andern Spielsachen nach. Natürlich sind nicht alle MUD-Erfahrungen positiv. Für manche Menschen öffnen sich die Türen der digitalen Wahrnehmung nur für die eskapistische Selbsttäuschung und für die Sucht. »Wenn man siebzig oder achtzig Stunden pro Woche auf seine Phantasy-Darsteller verwendet«, sagt Howard Rheingold, »bleibt nicht mehr viel Zeit für ein gesundes gesellschaftliches Leben.«[21] Oder für sonst etwas.

Was kann es Mitleiderregenderes geben, als diese Erklärung eines MUD-Spielers, der sagte, »das ist wirklicher als mein reales Leben«?[22] Ein Freund von mir hätte fast seine langjährige Beziehung kaputtgehen lassen, als er so besessen von der Online-Welt in LambdaMOO wurde, daß er mehr Zeit mit seinen Freunden dort verbrachte als mit der Liebe seines »wirklichen Lebens«. Auch in dieser Hinsicht sind aber MUDS nicht einzigartig. Alle Aktivitäten in einer Phantasiewelt – ob man *Dungeons and Dragons* spielt, zu *Trekkie*-Tagungen geht, Kokain schnupft oder Alkohol trinkt – stehen dem Mißbrauch offen. Wobei natürlich MUDS ein zustätzliches Problem damit bieten, daß sie täglich 24 Stunden zugänglich sind. Als »Droge« sind sie höchst bequem und sehr billig.

Im ganzen Cyberspace – in MUDS, Chatrooms, Usenet-Gruppen und IRC-Channels – beschäftigen sich Netizens überall in der Welt mit psychosozialen Experimenten und Spielen. Jeden Tag, zu jeder Stunde lassen Menschen psychologische Testballons in diesen neuen Raum des Seins steigen. Viele behaupten, ihr Leben enthielte eine Dimension, die nicht auf Physik reduzierbar sei. Verkörpert oder nicht, ein »Cyber-Selbst« ist real, und der Raum für sein Handeln ist, obgleich immateriell, doch ein echter Teil der Realität.

Der vom Cyberspace hervorgerufene Dualismus kann sich nur noch verstärken. Da immer mehr Medien, Firmen, Zeitungen, Zeitschriften, Einkaufszentren, Hochschulkurse, Bibliotheken, Kataloge, Datenbanken und Spiele ins Internet gehen, werden wir zunehmend gezwungen sein, Zeit im Cyberspace zuzubringen – ob wir wollen oder nicht. Mein Patensohn Lucien wächst mit dem Internet auf; er kennt keine Welt ohne es. Seine Generation (zumindest in der industrialisierten Welt) wird gar keine Wahl haben, ob sie an dem neuen Raum teilhaben will oder nicht. Dazu ein Beispiel: Die University of California Los Angeles (UCLA) hat kürzlich darum gebeten, daß jeder Hochschulkurs eine begleitende Web-site einrichtet. Ob nun von der Notwendigkeit getrieben, Kosten zu senken, oder vom echten Wunsch, das Lernmilieu zu verbessern, die Ausbildung ist nur ein Gebiet, das zunehmend ins Internet gehen wird. Für Lucien und seine Freunde wird der Cyberspace eine unvermeidliche Parallelwelt sein, mit der sie sich werden beschäftigen *müssen*.

Bevor wir uns über diese Gabelung der Realität aufregen, sollten wir uns erinnern, daß diejenigen unter uns, die nach der Mitte der fünfziger Jahre geboren sind, schon längst mit einer kollektiven Parallelwelt gelebt haben – der Welt hinter dem Fernsehschirm. Wir, die wir mit *Bezaubernde Jeannie* aufgewachsen sind – sind wir nicht längst beteiligt an der großen »Konsens-Halluzination«? Das kollektive Drama der Seifenopern und Sitcoms – mag das die Tageskost von *Days of Our Lives* und *General Hospital* sein oder die Nachtkost von *Melrose Place* und *Seinfeld* – lebt doch von »Konsens-Halluzinationen«, die täglich zig Millionen Menschen in der ganzen Welt zu sich hereinziehen. Was ist die gezeichnete Stadt Springfield in *The Simpsons* anderes als eine echte »virtuelle Welt«?

Wir sollten uns auch daran erinnern, daß alle Kulturen in der Geschichte der Menschheit parallele »andere« Welten gehabt haben. Für die Christen des Mittelalters war es, wie wir gesehen haben, die Welt der Seelen, wie sie Dante beschrieben hat. Für die alten Griechen war es die Welt der olympischen Götter und einer Menge anderer immaterieller Wesen – der Parzen und der Furien und so weiter. Für die Aborigines in Australien war es die Welt der Geister der Traumzeit. Und so fort. Ich will damit nicht sagen, daß die griechischen Götter und die Traumzeit-Geister der Aborigines nicht wesentlicher als unsere Fernsehgestalten wären (ganz im Gegenteil), ich möchte nur darauf aufmerksam machen, daß eine Realität auf mehreren Ebenen etwas ist, womit unsere Spezies seit Anbeginn gelebt hat.

Mit der virtuellen Welt des Fernsehens haben wir im späten 20. Jahrhundert wieder eine neue Ebene der Realität geschaffen und dadurch den Weg für den neuen Dualismus des Cyberspace geebnet. Wenn nun dieser Dualismus zwischen der physikalischen und den virtuellen Welten nichts absolut Neues ist –

für unsere Kinder und deren Kinder wird er sich noch sehr verstärken. Sie werden wie im Mittelalter zunehmend eine zweiteilige Wirklichkeit *bewohnen.*

Während wir dieses neue Zeitalter des Cyber-Dualismus betreten, möchten wir vielleicht noch einmal den Dualismus des Mittelalters betrachten. Sehen wir uns in jenem fernen Spiegel noch reflektiert? Wir sollten vorsichtig sein, daß wir nicht auf oberflächliche Übereinstimmungen hereinfallen, aber Barbara Tuchmans Untersuchung der Parallelen zwischen Dantes Jahrhundert und dem unseren zeigt Resonanzen des Cyberspace.[23] Das Leben nach dem Tode im Mittelalter war ähnlich wie der Cyber-Bereich heute eine kollektive Parallelwelt der Phantasie.

Wie bei MUDs wimmelte es im mittelalterlichen Leben nach dem Tode von nichtmenschlichen, halbmenschlichen und übernatürlichen Wesen. Denken Sie an Dantes Minos, den dämonischen Richter der Hölle, oder an Geryon, dieses zusammengestoppelte Geschöpf, halb Säugetier, halb Schlange, das Dante und Vergil die Schlucht ins Malebolge hinabträgt. Mit seinem chimärischen Körper und seiner bunt in Kreisen und Schleifen bemalten Behaarung wäre es im FurryMuck durchaus zu Hause gewesen. Und sehen Sie sich die Visionen von Himmel und Hölle bei Hieronymus Bosch an. Auf einem kleinen Bild konnte Bosch eine ganze virtuelle Welt beschwören, bevölkert von Wesen, die den Neid jedes MUD-Wizards erregen könnten. Außerdem bot das mittelalterliche Leben nach dem Tode wie der Cyberspace einen Raum, in dem man Freunde und sogar Liebe finden konnte. Als Führer, Lehrer und Beschützer an einem oft beunruhigenden Ort ist Vergil sicher ein Muster an virtuellem Freund. Und gibt es ein größeres Vorbild für virtuelle Liebe als die von Dante und Beatrice?

Die *Göttliche Komödie* ist schließlich, neben vielem anderen, eine der »sagenhaftesten« Welten, die je in Worten beschworen wurden. In gewisser Weise ist es ein echt mittelalterliches

MUD. Die Parallelen zwischen der *Göttlichen Komödie* und den computergestützten virtuellen Welten sind tatsächlich von einer Reihe von Forschern bemerkt worden. Erik Davis zufolge neigen beide zu barocker Komplexität, »umfassen magische oder hyperräumliche Verfahren und stellen ihre Abstraktionen oft räumlich dar«.[24] Wie wir gesehen haben, ist die *Göttliche Komödie* hierarchisch in vielen Ebenen aufgebaut: Neun Kreise der Hölle, neun Terrassen des Fegefeuers und neun Sphären des Himmels. Dante steigt bei seiner Reise diese Leiter hinauf. Das geschieht auch in vielen MUDs mit mittelalterlicher Szenerie und Kämpfen; die Spieler erarbeiten sich durch vielfältige Schichten des Könnens ihren Weg nach oben. Der virtuelle Aufstieg durch ein MUD bringt einen endlich in die »transzendente« Klasse der »Wizards« – einer Cyber-Entsprechung von Dantes himmlischen Erwählten?

Davis hat dargelegt, daß eine der allerersten computergestützten virtuellen Welten, das Spiel *Adventure*, auch ein Echo in Dantes Welt findet. Als erste auf Computer übertragene Version von *Dungeons and Dragons* hat *Adventure* die Entwicklung der ersten MUDs direkt angeregt. Die Aufgabe der Spieler war, ähnlich wie die Dantes im *Inferno*, sich durch ein gefährliches unterirdisches Labyrinth von Höhlen durchzuschlagen bis zum Licht jenseits derselben. Unterwegs konnten sie nach Schätzen und Zauberformeln suchen, Rätsel lösen und Trolle töten. Stephen Levy, Chronist der Computerindustrie, meint, *Adventure* könne man auch als Metapher für die Computerei selbst ansehen. Während des Spiels knackten die Spieler den Code dieser virtuellen Welt etwa auf die gleiche Weise, wie ein Hacker den Code eines Computer-Betriebssystems knackt. Verborgene Codes in virtuellen Welten zu knacken ist auch in vielen Cyber-Romanen ein wichtiges Thema, etwa in Gibsons *Neuromancer* und Neal Stephensons *Snow Crash*. So betonen auch Dante-Forscher, daß die virtuelle Welt der *Göttlichen*

Komödie ein komplexes Puzzle raffinierter verborgener Codes sei.

Solche Codes zu knacken, die vielfältigen Muster sowohl in Dantes Welt als auch in dem sie beschreibenden Gedicht zu entziffern, dieser Aufgabe widmen sich Dante-Forscher gern, die in gewissem Sinn eine Art von Mediävisten-Hacker-Intelligentsia bilden. Sie haben im vergangenen Jahrhundert eine Menge verborgener Muster in Dantes Prosa und in seiner Welt entdeckt. »Sie reichen von relativ zugänglichen Einsichten – wie der Erkenntnis, daß Gesänge mit gleicher Numerierung in *Inferno, Purgatorio* und *Paradiso* bedeutende thematische Verbindungen haben – bis zu wirklich schwerverständlichen Entdeckungen über die Stellung entscheidender Wörter oder Reime.«[25]

Muster wurden auch im räumlichen Aufbau in den drei Reichen des Lebens nach dem Tode gefunden, in den symmetrischen Anordnungen der Traumsequenzen im *Purgatorium*, in der Zahl der Zeilen in jedem Gesang, der Verteilung von längeren und kürzeren Gesängen und so weiter. Unter der wunderbaren Dichtung der *Göttlichen Komödie* liegt ein verwirrender Unterbau aus verborgenen Codes. In Anerkennung des überragenden Könnens Dantes als Codewizard haben Forscher der Lucent Technologies, die zur Zeit ein revolutionäres Betriebssystem für das Netz erarbeiten, ihr System »Inferno« genannt. Sie glauben, daß der Cyberspace zur wichtigsten Quelle der Computer-Systeme werden wird, und hoffen, daß ihr Inferno weltweit zum Standard-Betriebssystem wird, das DOS und Windows von Microsoft schlucken wird. So würde Bill Gates sozusagen von Dante entthront.

Ich habe gesagt, daß der neue Cyber-Dualismus eine Entwicklung sei, die zu begrüßen sei, aber wir tun gut daran, sorgfältig zu überlegen, wozu uns der Cyberspace befähigt und wozu nicht. Vor allem, weil den Cyberspace mehr als die meisten anderen neuen Technologien ein großes Maß an Täuschung umgibt. Ich schließe mich der Ansicht an, daß der Cyberspace einen neuen Raum für Versuche mit verschiedenen Facetten der Eigenpersönlichkeit liefert, aber manche Verfechter dieser Technologie gehen viel weiter. In *Leben im Netz* bringt Sherry Turkle vor, daß im postmodernen Zeitalter die Einheit des Ich eine altmodische Fiktion sei. Turkle zufolge liefert der Cyberspace die Möglichkeit, das Ich in eine radikale Vielfalt aufzuspalten.

Bei der Erörterung der Vorstellung eines multiplen Selbst zieht Turkle das Computerkonzept »Windows« (»Fenster«) heran, jenes Software-Paradigma, das es einem Benutzer ermöglicht, am Computer an mehreren verschiedenen Arten von Dateien zugleich zu arbeiten, wobei jede (sagen wir ein Arbeitsblatt, eine Textverarbeitung und eine Grafik) in einem eigenen »Fenster« dargestellt ist. »In der alltäglichen Praxis vieler User sind Fenster«, berichtet Turkle, »zu einer starken Metapher für die Annahme geworden, daß das Selbst ein multiples dezentriertes System ist.« Sherry Turkle fährt fort, und ich zitiere einen längeren Absatz, denn er scheint mir aufschlußreich:

»Das Selbst spielt nicht mehr bloß verschiedene Rollen in verschiedenen Kontexten zu verschiedenen Zeitpunkten, etwa bei einer Frau, die sich beim Aufwachen als Geliebte, bei der Zubereitung des Frühstücks als Mutter und bei der Fahrt zur Arbeit als Anwältin erlebt. Die Fenster nötigen uns vielmehr die Lebenspraxis eines dezentrierten Selbst auf, das in vielen Welten existiert und viele Rollen gleichzeitig spielt. In traditionellen Theaterstücken und Rollenspielen, die im physischen Raum stattfinden, schlüpft man in eine bestimmte Rolle, die man gewöhnlich bis zum Ende des Spiels beibehält. MUDs hingegen eröffnen den Zugang zu parallelen Identitäten und parallelen Lebenswelten. Die Erfahrung dieses Parallelismus bestärkt einen darin, das Leben ›on-screen‹ und ›off-screen‹ in erstaunlichem Maße gleich zu behandeln. Erfahrungen im In-

ternet erweitern die metaphorische Bedeutung der Fenster –
nunmehr kann RL [Real life] selbst [wie einer ihrer Befragten
bemerkt] zu ›einem Fenster unter vielen‹ werden.«[26]
Es stimmt schon, am Ende des 20. Jahrhunderts müssen die
meisten von uns im täglichen Leben mit unterschiedlichen
Rollen fertig werden. Insofern sind wir alle Wesen mit verschiedenen Seiten. Aber wie Turkle zu sagen, daß der Cyberspace »parallele Identitäten und parallele Lebenswelten« bietet, die unserem physischen Leben und unserer physischen
Identität gleich sind, geht zu weit. Wirklich multiple Persönlichkeiten wie der berühmte Fall »Sybil« sind tief traumati-
sierte Menschen mit einer starken psychischen Funktionsstö-
rung. Wenn man spielt, man sei ein singender Fisch oder
gehöre dem anderen Geschlecht an, kann das tatsächlich eine
positive Erfahrung sein, aber zu glauben, daß diese Erfahrungen dem physischen Leben *gleich* seien, ist eine Täuschung. An
anderer Stelle in ihrem Buch sagt Turkle: »Einige empfinden
ihr Leben als ›zyklisches Pendeln‹ zwischen der realen Welt ...
und einer Reihe von virtuellen Welten.«[27] Für manche Spieler
werden offenbar diese Cyber-Ichs so »real«, daß sie die privilegierte Position des physischen Ichs in Frage stellen. Wie einer
der von Sherry Turkle Befragten es ausdrückt: »Warum ... dem
Selbst, das einen Körper hat, eine so große Überlegenheit zu-
billigen, wenn die Selbste, die keinen Körper haben, ganz andere Arten von Erfahrungen machen können?«[28]
Eine Antwort darauf ist, daß »das Selbst, das einen Körper
hat«, *wirklich* stirbt. Wenn ein Cyber-Ich stirbt oder wenn ein
Hostrechner abstürzt und eine ganze MUD-Welt ausgelöscht
wird (was vorkommen kann), können sie immer wieder neu
geladen werden. Oder Sie können einen neuen Charakter kre-
ieren und von vorn anfangen. Die Erfahrungen mit ihm sind
vielleicht nicht ganz dieselben wie mit dem vorigen, aber es ist
etwas ganz anderes als der physische Tod mit Herzstillstand.
Außerdem wird das Ich mit dem physischen Körper *wirklich*

krank, es spürt Schmerzen *wirklich*, und vor allem ist es eingebunden in ein soziales Netz aus anderen physischen Ichs, die es
nicht einfach aussperren kann, indem es das System abschaltet.
Sicher, manchmal laufen Menschen vor ihrem physischen Leben davon und verschwinden, aber das kommt selten vor eben
aus dem Grund, daß wir in der physikalischen Welt alle *physisch*
abhängig sind voneinander, weil wir Zuwendung und Unterstützung brauchen. Im Cyberspace geknüpfte soziale Bindungen können tief und stark sein und sind es auch oft, aber diese
»parallelen Lebenswelten« sind nicht gleichwertig mit dem Leben, das wir mit unserem physischen Körper erfahren.

Vielleicht noch beunruhigender an solchen Behauptungen
ist, wie die Philosophin Christine Wertheim dargelegt hat, daß
die Vorstellung, wir könnten unser »Ich« online vollkommen
neu erschaffen, die erheblichen Schwierigkeiten verschleiert, die
es macht, eine psychologische Änderung zu erreichen.[29] Der
Gedanke, wir könnten uns im Cyberspace neu *erfinden* und
ganze »parallele Identitäten« schaffen, unterstellt, daß das Konzept des Selbst unendlich formbar und unter unserer Kontrolle
ist. In Turkles Sicht wird das Ich eine Art unendlich flexibler
Knetmasse. Diese Sicht täuscht über die riesige Menge an psychologischem Formen und Gestalten hinweg, die auf ein Indi-
viduum einwirkt durch die Erziehung, durch die Umwelt und
durch die Gene. Dieses Formen, das zu einem großen Teil
stattfindet, während wir noch sehr klein sind, kann man nicht
einfach über den Haufen werfen oder neu konstruieren, außer
durch einen riesigen Aufwand harter psychologischer Arbeit.
Ich bin fest überzeugt, daß jeder von uns die Kraft hat, sein
oder ihr »Selbst« erheblich zu verändern, aber eine wirkliche
Umgestaltung des Ich ist außerordentlich schwierig – deshalb
ist eine Psychotherapie gewöhnlich ein langer Prozeß.

Das Spiel mit der Rolle eines Squirriloid oder eines Klingo-
niers, so wertvoll es auch sein mag, ist schlicht keine die Identität verändernde Erfahrung. »Ich« – mein »Selbst« – kann jede

Menge verschiedener Rollen spielen, online oder nicht, aber das heißt nicht, daß ich mich dabei zersplittere. In jeder dieser Lagen bin ich immer noch ich, es sei denn, ich würde zu einer echt gespaltenen Persönlichkeit wie jene Sybil; in diesem Fall würde ich wahrscheinlich eingeliefert. Dazu kommt noch ein Problem: Wenn wir glauben, daß geistig gesunde Menschen zu gespaltenen Persönlichkeiten werden können, wie wollen wir dann Verantwortung verteilen? Wenn eines meiner Alter egos einen Mord begeht, heißt das dann, daß »ich« verantwortlich bin? Wer geht vor Gericht? Wir sollten die Idee der Aufsplitterung wirklich nicht fördern, sondern lieber lernen, die Paradoxa innerhalb des *einen* Selbst besser zu integrieren. Sicher gibt es Teile in mir, die zu anderen in Widerspruch stehen, aber ich betrachte es als Zeichen meiner zunehmenden Reife, daß ich nicht mehr bei jedem Problem die totale innere Einheit suche.

Das Leben im physischen Körper – was MUD-Spieler so sinnreich RL *(Real life)* nennen – ist nicht die Gesamtheit des *wirklichen Lebens.* In unserem materialistischen Zeitalter hat man dem inneren, geistigen Leben allgemein nur einen allzu untergeordneten Platz zugewiesen bei der Behandlung des Themas Realität. Bei der Wiedereinsetzung des »Geistes« in unsere Konzeption des Wirklichen reicht es jedoch nicht, wenn wir den entgegengesetzten Fehler machen, die einzigartige und unersetzbare Rolle des Körpers zu leugnen. In gewissem Sinne ist das nur eine neue »Iteration« der uralten Spannung zwischen Geist und Körper in der abendländischen Kultur. Während der letzten Jahrhunderte hat der Körper eindeutig im Vordergrund unseres Denkens gestanden, und das ist nicht sehr gesund; aber wir sollten uns auch hüten, das Pendel allzuweit in die Gegenrichtung schwingen zu lassen. Das Leben in Fleisch und Blut ist nicht einfach »ein weiteres Fenster«, und wir sollten dem Versuch widerstehen, es dafür auszugeben.

So wie ich es sehe, besteht der Wert des Cyberspace nicht darin, daß er uns ermöglicht, zu einer Vielzahl von Ichs zu werden (eine Vorstellung, die krankhaft scheint), sondern darin, daß er uns zu einer fließenderen und großzügigeren Sicht des Ich ermutigt. Vielleicht ist es das, was Turkle mit einem »dezentrierten Selbst« meint? Wenn wir nun einräumen (und das müssen wir meiner Ansicht nach), daß ein Teil unseres Selbst in den Cyberspace »geht«, wenn wir uns in ein MUD oder ins Netz einloggen, dann müssen wir auch zugeben, daß ein Teil von uns in jeden Brief »geht«, den wir schreiben. Etwas von meinem Selbst »sickert ein« in die Briefe und Texte, die ich schreibe, und selbst in die Telefongespräche, die ich führe. Wenn ich über einen langen Zeitraum mittels der guten alten Post korrespondiere, ist das »Ich« dieser Briefe gewissermaßen auch eine Erweiterung von mir. Es wird ebenfalls zu einer Art von virtuellem Alter ego. Wie Christine Wertheim es ausdrückt, »breite ich mich sogar offline nach überallhin aus«.

Damit soll nicht bestritten werden, daß der Cyberspace einen *neuen Raum* für solche Erweiterungen des Selbst bietet – einen, der noch dazu höchst öffentlich ist. Es soll nur dargelegt werden, daß die Arten der Online-Selbstausdehnung auch in unserem Leben offline stattfinden. Natürlich nimmt das allgemein nicht so dramatische Formen an, wie sie im Cyberspace möglich sind, aber diese Erweiterungen oder Extrapolationen des Selbst finden dennoch statt.

Eine Frage, die sich dabei stellt, ist: *Wo endet das Selbst?* Wenn sich das Ich bis in den Cyberspace ausdehnt, dann setzt es sich auch durch Post und Telefon fort. Es wird fast *flüssig*, sickert die ganze Zeit rundherum aus und verbindet jeden von uns in einem riesigen Meer oder Netz von Beziehungen mit anderen undichten Ichs. In diesem Sinne wirft der Cyberspace bildlich gesprochen ein Schlaglicht auf den wesentlichen Aspekt unseres Lebens und macht ihn uns bewußt. Wie Christine Wertheim darlegt, macht das Netz einen Prozeß *deutlich*, der schon die ganze Zeit um uns herum abläuft, den wir aber in der heutigen westlichen Welt zu vergessen geneigt sind. Indem es die Tatsache in den Brennpunkt rückt, daß wir alle eingebunden sind in ein Gewebe von miteinander in Beziehung stehenden fließenden Ichs, erweist uns das Internet einen unschätzbaren Dienst.

Man kann es auch so betrachten, daß man sagt, daß jeder von uns ein »Volumen« innehat, eine Art von »Eigen-Raum«, einen Raum, der uns genauso vollkommen »umfängt« wie der physikalische Raum, den die neuzeitliche Wissenschaft beschreibt. Der kollektive »Eigen-Raum«, dieses gemeinsame Meer von undichten Ichs, bindet uns als psychosoziale Wesen aneinander. Ich bin mir bewußt, daß in diesem materialistischen Zeitalter solch eine Behauptung von manchen Leuten mit Hohn und Spott quittiert werden wird. Neurologen und Philosophen wie Daniel Dennett und Paul und Patricia Churchland, die behaupten, daß der menschliche Geist ganz in Kategorien der materialistischen neurologischen Modelle erklärt werden könne, werden sich zweifellos über eine solche Vorstellung von »Eigen-Raum« lustig machen. Aber ich meine, das ist genau das, was wir als denkende, fühlende Wesen *erleben*. Und genau dieser Gedanke ist in vielen Religionen und mythologischen Systemen enthalten.

Ich will hier nicht behaupten, daß ein »Eigen-Raum« *unabhängig* vom physikalischen Raum existierte, als etwas ontologisch Separates. Offensichtlich existiert mein »Selbst« nur, weil es einen physischen Körper gibt, in dem es verankert ist. Gleichzeitig bin »ich« nicht nur auf den Raum dieses Körpers eingeschränkt. Wie schon Descartes erkannt hat, bin ich in gewissem Sinn zunächst und vor allem ein immaterielles Wesen. Nach dreihundert Jahren des Materialismus hilft der Cyberspace, abermals ein bißchen von der *nichtphysikalischen* Ausdehnung des menschlichen Seins deutlich zu machen, indem er auf die einer nur materiellen Konzeption innewohnende Eingrenzung hinweist. Er fordert uns auf, hinter das materialistische Dogma zu schauen, auf eine komplexere und feiner nuancierte Konzeption unserer selbst und der Welt um uns herum.

7

CYBER-SEELEN-RAUM

»Beginnen wir mit dem Gegenstand des Verlangens.
Es gibt ihn, hat ihn immer gegeben und wird ihn
ewig geben. Er hat zu allen Zeiten die Aufmerksamkeit aller Mystiker und Hexen und Hacker auf
sich gezogen. Er ist der Gral. Die Mythologie des
Sangraal ... ist der Archetypus der abgehobenen of-
fenbarten Erleuchtung. Die Offenbarung des Grals
ist immer eine persönliche und einzigartige Erfahrung ... Ich weiß – denn ich habe es unzählige Male
von Menschen aus aller Welt gehört –, daß dieser
Augenblick der Offenbarung das gemeinsame Element in unserer Erfahrung als Gemeinde ist. Der
Gral ist unsere stabile Basis.«[1]

Diese Aussage dürfte auf den ersten Blick wie ein Ausdruck
religiösen Glaubens wirken. Mit dem Gral im Brennpunkt
müßte doch die »Gemeinde«, auf die da Bezug genommen
wird, eine christliche sein. Der Hinweis darauf, daß sie es nicht
ist, steckt im zweiten Satz. Was tut das Wort »Hacker« da?
Tatsächlich ist dies kein Text aus einer christlichen Versamm-
lung, sondern aus der Abschlußrede an einer Konferenz von
Entwicklern des Cyberspace und der virtuellen Realität. Die
Rede hielt Mark Pesce, Mitentwickler von VRML, *Virtual Reality
Modeling Language* (VR-Programmiersprache). Pesce spielt eine
Schlüsselrolle bei der Entwicklung einer Technologie, die es
möglich macht, daß Online-Welten graphisch dargestellt wer-
den können, was uns Gibsons originaler Cyberspace-Vision nä-
herbringt.
Als einer, dessen Arbeit so erheblich zur visuellen Verwirk-

lichung des Cyberspace beiträgt, hat Pesce großen Einfluß innerhalb der Gemeinde der Erbauer und Techniker des Cyberspace. Seine Ansichten verlangen Aufmerksamkeit. Was also ist der »Augenblick der Offenbarung«, den er das »gemeinsame Element in unserer Erfahrung als Gemeinde« nennt? Was genau ist dieses fast mystische Erlebnis, das die Cyber-Architekten offenbar teilen?

Pesce zufolge nimmt es für jeden einzelnen eine einzigartige Form an. Für ihn kam es in Gestalt einer Kurzgeschichte von William Gibson – eines frühen Vorläufers des *Neuromancer*. Entsprechend dem mythischen Archetypus, den er in seiner Rede umriß, berichtete Pesce seinen Cyber-Kollegen, daß das Erlebnis ihn im Augenblick einer Krise getroffen habe. Er war gerade beim MIT (Massachusetts Institute of Technology) herausgeflogen und fuhr mit dem Greyhound heim zu seinen Eltern, um ihnen das beizubringen. Um sich die langen Stunden im Bus zu vertreiben, hatte er ein Exemplar der Zeitschrift OMNI gekauft und entdeckte darin Gibsons originellen Ausflug in den Cyberpunk. Die Geschichte, berichtete er, »blendete mich mit ihrer Brillanz; ich war schweißgebadet, absolut verzaubert. Denn hier, im ersten Absatz, in dem Unsinnswort ›Cyberspace‹, hatte ich übersinnliche Schönheit entdeckt, in der sichtbaren Architektur der Vernunft steckte Wahrheit.«[2] Alles, was danach kommt, fuhr er fort, selbst »unser heutiges Erscheinen hier – ist nur die methodische Suche nach Wiedererlangung einer Vision dieses Gegenstandes, der seine Existenz außerhalb der Zeit verkündet«.

Die fast ekstatische Religiosität, die Pesces Bericht von seiner Initiation in den Cyberspace zugrunde liegt, und seine Beteuerung, daß solche Erfahrungen »das gemeinsame Element« seien, das die Gemeinde seiner Planer verbinde, bringt uns die letzte Phase in der Geschichte des Raums zum Bewußtsein, die ich in diesem Buch untersuche. Wir haben gerade gesehen, daß der Cyberspace als Bereich für das »Ich« beansprucht wird; in diesem Kapitel erkunden wir, wie er außerdem als eine neue Art von spirituellem Raum beansprucht wird – und sogar als Reich der »Seele«. So befinden wir uns, wie im Titel dieses Werkes versprochen, schließlich vor der Himmelstür zum Cyberspace.

In der einen oder anderen Form ist von fast allen führenden Vertretern des Cyberspace eine »religiöse« Haltung zum Ausdruck gebracht worden. Kevin Kelly von der Zeitschrift *Wired* ist durchaus nicht der einzige, der »Seelen-Daten« im Silizium entdeckt. Der VR-Guru Jaron Lanier hat angemerkt: »Ich sehe das Internet als synkretistische Version des christlichen Ritus. Es ist Sensibilität und Transzendenz, die regelmäßig auf Computer angewendet werden. Woher kommen sie? Das ist eine christliche Idee.«[3] An einer anderen Konferenz hat Pesce gesagt: »Es scheint vernünftig anzunehmen, daß die Menschen im Cyberspace anbeten werden wollen.« Und wieder woanders bezieht er sich auf »die göttlichen Teile von uns, die wir in jenem Raum evozieren«.[4]

Nicole Stenger, VR-Animatorin beim Human Interface Technology Laboratory der University of Washington, sagt: »Auf der anderen Seite unserer Datenhandschuhe ... werden wir alle Engel werden.« Wie Pesce erlebte auch Stenger einen Augenblick quasi mystischer Offenbarung, die sie in die Beschäftigung mit dem Cyberspace trieb. Bei ihr geschah das, als sie eine frühe Computer-Animation sah. Sie berichtet von dieser Erfahrung und schreibt, der Animator habe »einen Stand der Gnade offenbart, eine Wellenlänge getroffen, wo bildlicher Ausdruck, Musik, Sprache und Liebe in *einer* Harmonie schwangen«.[5] Stenger zufolge würden die, »welche dem Licht zu folgen beschlossen«, einen »gemeinsamen Faden finden, der durch Cyberspace, Traum, Halluzination und Mystik liefe«.[6]

Manchmal wird in der Cyber-Fiktion der Cyberspace selbst eine Art göttlichen Gebildes. In einer Fortsetzung des *Neuromancer, Mona Lisa Overdrive,* erklärt eine der übermenschlichen künstlichen Intelligenzen, die den Cyberspace des Romans bewohnen, daß die »Matrix« (nämlich das Netz) Qualitäten von Allwissenheit und Allmacht zeige. »Ist die Matrix Gott?« fragt ein Mensch verwirrt. Es sei exakter zu sagen, heißt es, »die Matrix *hat* einen Gott«.[7] Der Anthropologe David Thomas hat bemerkt, Gibsons Roman lasse darauf schließen, »daß der Cyberspace nicht nur in eng sozioökonomischen Kategorien gesehen werden müsse oder in den Kategorien einer parallelen Kultur, sondern auch ... als potentiell kreative kybernetische Gottheit«.[8]

Ob nun die Verfechter des Cyberspace förmlich religiös Gläubige sind (wie Kevin Kelly) oder nicht, wir finden in ihren Diskussionen über den digitalen Bereich immer wieder eine »religiöse Wertung« dieses Reichs, wie es der Religionsphilosoph Mircea Eliade passend nennt. Behauptungen wie die von Stenger, der »Cyberspace wird sich anfühlen wie das Paradies«, erinnern an die Bemerkung Eliades, es werde selbst in weltlichen Gesellschaften dem Menschen »nie gelingen, das religiöse Verhalten ganz und gar abzulegen«.[9] Ob das nun auf den Menschen allgemein zutrifft oder nicht, es scheint jedenfalls für Kybernauten beiderlei Geschlechts zuzutreffen.

Die Projektion wesentlich religiöser Träume auf den Cyberspace ist, wie ich bereits gesagt habe, nicht besonders überraschend. Als neuer immaterieller Raum gibt der Cyberspace eine fast unwiderstehliche Zielscheibe für solche Sehnsüchte ab. Sowohl aus unserem griechischen als auch aus unserem jüdisch-christlichen Erbteil trägt die abendländische Kultur eine tiefe Strömung von Dualismus in sich, die *immer* schon Immaterialität mit Spiritualität verknüpft hat. Stenger selbst erklärt, wie der Cyberspace in dieses Muster paßt. In der Anthologie *Cyberspace: First Steps* zitiert sie zustimmend Eliades Ansicht, daß für den religiösen Menschen der Raum nicht homogen sei, sondern geteilt in deutlich getrennte Erfahrungen des »profanen Raums« und des »heiligen Raums«. Weil der Cyberspace eine andere Art von Raum ist als der »profane Raum« der physikalischen Welt, sagt Stenger, ist er »eindeutig geeignet für Eliades Vision« des heiligen Raums.[10] Sie führt dazu an, daß der Cyberspace tatsächlich die »idealen Bedingungen« für das schafft, was Eliade als »Hierophanie« bezeichnet – als »Einbruch des Heiligen«.[11]

Während der ganzen Geschichte und in Kulturen überall auf der Welt hat die Religion eine zentrale Rolle im Leben der Menschen gespielt, und wie die heutige Flut der religiösen und quasireligiösen Schwärmereien bestätigt, lebt der Wunsch nach einem »spirituellen Leben« heute in Amerika weiter. Durch Gebet, Meditation, Einkehr, Hausgottesdienste, Geist-Chanelling und psychotropische Drogen suchen Menschen überall im Land nach Himmelstüren der einen oder anderen Art. Und die Vereinigten Staaten sind bei diesem Trend durchaus nicht allein: Überall in der Welt, von Iran bis Japan, nimmt die religiöse Inbrunst zu. In diesem Klima hätte der Zeitpunkt für so etwas wie den Cyberspace gar nicht besser sein können. Es war vielleicht unausweichlich, daß das Auftauchen eines neuen immateriellen Raums eine Flut von technisch-spirituellen Träumereien hervorrief. Daß dieser Ort religiöser Erwartung durch ein Nebenprodukt der Wissenschaft – jener Kraft, die den Seelen-Raum des mittelalterlichen Weltbildes so erfolgreich vernichtet hatte – verwirklicht wurde, ist sicher eins der großen Paradoxa unserer Zeit.

Im Zusammenhang mit den Träumen, die die Menschen auf Wissenschaft und Technik projizieren, hat die Philosophin Mary Midgley geschrieben: »Sich mit den Wirkungen der wissenschaftlichen Imagination zu befassen, ist keine leichte Entscheidung. Diese Phantasie ist nicht einfach ein harmloses, akzeptiertes Vergnügen. Sie spielt eine Rolle bei der Formung der Weltbilder, die unsere Denkmaßstäbe formen – die Maßstäbe, mit denen wir beurteilen, was möglich und plausibel ist.«[12] Als Teilmenge der wissenschaftlichen Imagination wird die Cyber-Imagination zu einer starken Kraft bei der Gestaltung unserer Welt, und wir tun gut daran, ihr Wirken im Auge zu behalten. Was aber sind die besonderen Formen der Cyber-Religiosität? Was sind die spezifischen Leitgedanken, die diese Techno-Spiritualisten als »möglich und plausibel« zu betrachten beginnen? Schließlich, wie interpretieren wir das? Was bedeutet das alles? Das sind die Fragen, die wir stellen müssen.

Das religiöse Träumen vom Cyberspace fängt, dem Titel dieses Buches entsprechend, mit der Vision der himmlischen Stadt an – jener übernatürlichen Polis, deren Eingänge die Perlentore sind. Eine Verbindung zwischen dem Cyberspace und dem neuen Jerusalem ist ausdrücklich dargelegt worden von Michael Benedikt. Er erklärt, daß das neue Jerusalem wie der Garten Eden ein Ort sei, an dem der Mensch in der Fülle der Gnade Gottes wandelt; wo aber »Eden (vor dem Fall) für unseren Stand der Unschuld, ja der Unwissenheit steht, steht die himmlische Stadt für unseren Stand der Weisheit und des Wissens«.[13] Das neue Jerusalem ist also ein Ort des *Wissens*, ein Raum, der wie der Cyberspace auf *Information* gegründet ist, meint Benedikt.

In der Offenbarung wird dieses entscheidende Merkmal der himmlischen Stadt deutlich gemacht durch ihre durchstrukturierte Geometrie, die man in der mehrfachen Verwendung der Zahlen zwölf und vier und sieben in der Beschreibung entdeckt. In diesem Sinn weist die himmlische Stadt auf ein glänzendes zahlenmythologisches Puzzle hin, das im Gegensatz zur Wildnis von Eden der Inbegriff von Strenge und Ordnung ist. Es ist »ausgearbeitet wie eine wunderschöne Gleichung«, sagt Benedikt. Nach seiner Ansicht ist die himmlische Stadt tatsächlich nichts weniger als »eine religiöse Vision des Cyberspace«.[14] Während Benedikt das neue Jerusalem als einen christlichen Vorgriff auf den Cyberspace ansieht, deutet er umgekehrt an, daß der Cyberspace eine digitale Version der himmlischen Stadt sein könnte.[15]

Auf rein visueller Ebene hat die berühmteste Beschreibung des Cyberspace – in Gibsons *Neuromancer* – tatsächlich eine unheimliche Ähnlichkeit mit der biblischen himmlischen Stadt. Auch hier haben wir ein Reich der Geometrie und des Lichts, das »funkelnd und unkörperlich« wirkt und ausgearbeitet ist »wie eine wunderschöne Gleichung«. Auch hier gibt es eine glänzende »Stadt«, geschmückt mit »Edelsteinen« – die großen Datenbanken, die die »Matrix« mit einer blitzenden Menge von blauen Pyramiden, grünen Würfeln und rosa Rhomboiden zieren. Aus reinen Daten erbaut, ist sie eine idealisierte Polis von kristalliner Ordnung und mathematischer Strenge.

Vor allem ist die christliche Vision der himmlischen Stadt ein Traum von der Transzendenz. Der Transzendenz von irdischem Schmutz und Chaos und vor allem der Überwindung der Beschränkungen des Leibes. Für die Erwählten im Himmel, so sagt uns die Offenbarung 21:4, wird »Gott selbst ... alle Tränen abwischen von ihren Augen, und der Tod wird nicht mehr sein, und kein Leid noch Geschrei noch Schmerz wird mehr sein; denn das Erste ist vergangen«. Im Himmel, so wird uns verheißen, werden die »Sünden des Fleisches« ausgelöscht und Menschen wie Engel sein. Unter den Verfechtern des Cyberspace finden wir auch oft eine Sehnsucht nach Transzendenz der Beschränkungen des Leibes. Auch hier erleben wir ein Verlangen nach der Aufhebung von Schmerzen, Einschränkung und sogar Tod.

In Gibsons Cyberpunk-Romanen wird der Körper immer wieder als »Fleisch« herabgesetzt; seine Gefängnisnatur wird der grenzenlosen Freiheit gegenübergestellt, die Konsolen-Cowboys im unendlichen Raum der Matrix genießen. Der Held aus dem *Neuromancer*, Case, erlebt wie der biblische Adam seine Verbannung aus dem Cyberspace und fühlt sich als »Gefangener seines Fleisches«. Es ist ein »Sündenfall«. Von Laniers Behauptung »Diese Technologie enthält die Verheißung einer Überwindung des Körpers« bis zu Moravec' Hoffnung auf eine

Zukunft, in der wir »frei von der Bindung an einen physischen Körper« sein werden, taucht in der Diskussion über den Cyberspace immer wieder das auf, was Arthur Kroker den »Willen zur Virtualität« genannt hat.

Stenger träumt vom Tag, an dem wir in der Lage sein werden, uns selbst auf Computer zu laden, und hat sich vorgestellt, daß wir uns im Cyberspace virtuelle Doppelgänger schaffen werden, die für immer jung und großartig bleiben. Im Gegensatz zu unseren physischen Körpern werden diese cyberräumlichen Scheinbilder nicht altern, nicht krank werden, nie runzlig oder müde werden. Stenger zufolge wird »die immerwährende Gegenwart [des Cyberspace] als Jungbrunnen angesehen werden, in dem wir baden und uns zu strahlenden Jugendlichen auffrischen«.[16] Während wir uns im Cyberspace neu erschaffen, meint Stenger, wird uns allen »Perfektion zur Gewohnheit« werden.[17]

Nichts stellt den kybernautischen Wunsch nach der Überwindung der körperlichen Beschränkungen deutlicher dar als die Phantasie von der Aufgabe des Fleisches dadurch, daß man sich in die *Cyber-Unsterblichkeit* herunterlädt. Am Ende des *Neuromancer* wird eine virtuelle Version von Case in die Matrix eingespeist, um für immer in einem kleinen Cyber-Paradies zu leben. Ein ähnliches Schicksal erwartet Gibsons nächsten Helden, Bobby Newmark, der am Ende von *Mona Lise Overdrive* ebenfalls in die digitale Ewigkeit eingeht. Der Traum von der Cyber-Unsterblichkeit wurde bereits angekündigt in dem, was heute als erster Klassiker der Cyber-Fiction bekannt ist, in Vernor Vinges Roman *True Names* (1981 veröffentlicht, drei Jahre bevor Gibson das Wort »Cyberspace« prägte). Am Ende des Romans von Vinge überträgt die physische Frau hinter der Cyber-Heldin, die online als »die rote Hexe Erythrina« bekannt ist, nach und nach ihre Persönlichkeit in eine Cyberspace-Konstruktion. »Immer wenn ich dort bin«, erklärt sie, »übertrage ich ein bißchen mehr von mir. Der Kern wächst zu

einer echten Erythrina, die auch mein echtes Ich ist.«[18] Ein
»Ich«, das ewig im Cyberspace »leben« wird, nachdem die physische Frau gestorben ist. Doch da ist ein Paradox hinter diesen Träumen wirksam.
Auch wenn viele Cyberspace-Enthusiasten sich danach sehnen,
den Beschränkungen des Körpers zu entfliehen, klammern
sich die meisten doch auch an die Herrlichkeit der physischen
Inkarnation. Sie mögen die körperliche Endlichkeit nicht lieben, vor allem die Sache mit dem Tod nicht, aber gleichzeitig wünschen sie sich die Empfindungen und Erregungen des
Fleisches. In Case' tropischem Cyber-Paradies genießt er die
Wärme der Sonne auf dem Rücken und das Gefühl von unter
seinen Füßen nachgebendem Sand. Vor allem schwelgt er in se-
xuellen Ekstasen mit seiner Cyber-Freundin Linda Lee. Gibsons Held bringt zwar seine fleischliche Existenz nicht in den
Cyberspace ein, aber ihm werden vollständige leibliche Ge-
nüsse gewährt.

Die ambivalente Rücksicht auf den Körper der Kybernauten
zeigt sich in der Metapher des »Surfens«, die sie sich gewählt
haben. Wer genießt mehr als ein Surfer die einzigartigen Freuden der körperlichen Inkarnation?

Stephen Whittaker hat sich zu diesem Paradox geäußert und
den typischen Cyberspace-Enthusiasten beschrieben als »je-
manden, der Verkörperung und Entkörperlichung gleichzeitig
ersehnt. Seine ideale Maschine würde sich an die Sinne wenden und ihn gleichzeitig von seinem Körper befreien. Er hat
eine Vision, die sinnliche Möglichkeiten liebt, aber körperliche
Beschränkungen haßt.«[19] Mit anderen Worten, er will seinen
Kuchen essen *und* ihn behalten – die Freuden des physischen
Körpers genießen, doch ohne seine Schwächen und Beschränkungen.

Aber ist das nicht auch die Verheißung der christlichen
Eschatologie? In digitaler Aufmachung neu verpackt, ist das der
Raum von dem »glorifizierten Körper«, auf den sich die himm-

lischen Auserwählten freuen können, wenn der Tag des Jüngsten Gerichts naht. Wie wir in Kapitel eins gesehen haben, ist Christi Auferstehung von orthodoxen Theologen immer so interpretiert worden, daß mit dem Ton der Posaunen die Tugendhaften im *Körper* wie in der Seele auferstehen sollen. »Ein Mensch ist nicht allein die Seele«, schrieb der heilige Bonaventura, »er ist ein Zusammengesetztes. Damit ist begründet, daß [die Person im Himmel] dort als ein Zusammengesetztes sein muß, das natürlich aus Seele und Körper besteht.«[20] In der ewigen Seligkeit des Empyreums werden die Auserwählten mit ihrem materiellen Selbst wiedervereint, um abermals die Freuden ihrer inkarnierten Gestalt zu erleben. Aber dieser himmlische Körper wird ein »glorifizierter« Körper sein, frei von den Beschränkungen des sterblichen Fleisches. Mit den Worten des mittelalterlichen Gelehrten Petrus Venerabilis wird das ein Körper sein, der »in jeder Hinsicht unverderblich« ist.[21] Wie genau das aussehen sollte, daß man einen Körper an einem Ort hat, der strenggenommen *außerhalb* von Raum und Zeit ist, war eine Frage, die mittelalterliche Gelehrte sehr beunruhigt hat, aber das war nun mal die Position, auf der alle großen Theologen beharrten.

Der Mediävist Jeffrey Fisher hat auf die Parallelen zwischen dieser christlichen Sicht und der vieler Cyberspace-Enthusiasten hingewiesen. So wie der christliche Körper in glorifizierter Form wiederkehrt, erklärt Fisher, kehre in zeitgenössischen kybernautischen Träumen der Körper in »hyperkörperlicher Synthese« wieder.[22] »Hyperkörperlich« deshalb, weil dieser ersehnte »kybernautische Körper« wie der glorifizierte Körper des Christentums offenbar nicht an physikalische Beschränkungen gebunden ist. Er wird wie der himmlische christliche Körper als unverderblich und letzten Endes unzerstörbar gesehen. Fisher führt zum Beispiel die Tatsache an, daß in vielen der MUDs voller Mord und Totschlag die Spieler, die getötet worden sind, sich einfach neu laden können. Dein Kopf wurde abgeschlagen? Kein Problem, setz dir einfach einen neuen Kopf auf. Wo die Grenzen des physischen Körpers transzendiert werden, hat der kybernautische Körper Möglichkeiten, die weit über die irdischen Mittel hinausreichen. »Das hyperkörperliche Scheinbild, das nicht mehr beschränkt ist auf das, was es mit körperlichen Augen sehen oder mit körperlichen Armen tun kann, ist zu erstaunlichen Leistungen des Wissens und des Ertragens in der Lage.«[23]

Ein Musterbeispiel für diese Phantasie findet sich in Vinges *True Names*, von dem oft gesagt wird, es habe zu realistischen MUDS und virtuellen Realitäten angeregt. Auf dem Höhepunkt des Kampfes um die Kontrolle des Cyberspace am Ende des Romans gelingt es der »roten Hexe Erythrina« und dem Cyber-Helden »Mr. Slippery«, den bösen Feind zu schlagen, indem sie die Macht der Telekommunikationsnetze der Welt für sich einspannen. Auf Millionen Kanälen fließen Daten in ihre Hirne. Mit diesem Vorteil kann Mr. Slippery die Erde mit übermenschlicher Wahrnehmung überschauen: »Kein Spatz konnte ohne sein Wissen fallen ... Kein Scheck kassiert werden, ohne daß er es bemerkte ... Mehr als dreihundert Millionen Leben zogen vor seinen neuen Sinnen vorbei.«[24] Er habe »den Drang des Irdischen abgeschüttelt«, teilt uns Vinge mit. »Der Mensch, der einmal Mr. Slippery gewesen war, war ein Insekt, das durch die Kathedrale wanderte, zu der sein Geist geworden war.« Mr. Slipperys Geist verschmilzt mit dem globalen Netz; er wird allwissend und zunehmend allmächtig und ist nun Fishers glorifiziertes Cyber-Ich, das »überallhin gehen und in der totalen Gegenwart der Online-Datenbank alles sehen kann«.

Solche kybernautischen Träume von der Überwindung körperlicher Beschränkungen wurden genährt durch eine fundamentale philosophische Verschiebung der letzten Jahre: die verbreitete Ansicht, daß der Mensch nicht durch die Atome seines Körpers definiert sei, sondern durch einen Code, einen

Informationsschlüssel. Es ist der Glaube, daß das Wesentliche von uns nicht in der Materie, sondern in einem *Muster von Daten* steckt. Die Leichtigkeit, mit der manche Autoren von Cyber-Fiktion ihre Figuren in den Cyberspace und zurück wechseln lassen, stützt sich auf den Glauben, daß im Kern eines menschlichen Wesens eine Anordnung von Daten steckt. Atome können nur den physischen Körper errichten; dieser neuen Ansicht nach können *Daten* sowohl den Körper als auch den Geist aufbauen. Tatsächlich deuten viele Cyber-Texte an, daß wir schließlich keine physischen Körper mehr brauchen werden, denn wir werden in der Lage sein, uns im Cyberspace völlig zu rekonstruieren. Solange diese Cyber-Konstruktionen detailliert genug sind, lassen Gibson und andere durchblicken, wird die Illusion von Inkarnation nicht von der echten, materiellen unterscheidbar sein.

Sehen Sie sich Case' Freundin Linda Lee an. Sie wird im ersten Teil des Romans ermordet, aber kurz bevor sie stirbt, ist sie zur kompletten Simulation im Cyberspace in die Matrix eingespeichert worden. Diese Rekonstruktion ist so perfekt, ihre Cyber-Präsenz als Geist wie als Körper so »real«, daß sie gar nicht weiß, daß sie nur eine digitale Simulation ist. Die Cyber-Fiktion ist voller Geschichten von Menschen, die in den Cyberspace heruntergeladen oder hinaufgeladen werden. Wie der mittelalterliche christliche Himmel wird der Cyberspace in diesen Geschichten zu einem Ort *außerhalb* von Raum und Zeit, einem Ort, an dem der Körper irgendwie in aller Herrlichkeit wiederhergestellt werden kann. Abermals ist nicht klar, was es heißt, im immateriellen Bereich des Cyberspace einen »Körper« zu haben, dennoch ist das der Traum, den viele Cyber-Enthusiasten ins Auge fassen. Ungewöhnlich daran ist, daß das Konzept der Überwindung der körperlichen Beschränkung einst für *theologisch möglich* gehalten wurde; jetzt wird es zunehmend wahrgenommen als *technologisch machbar*. N. Katherine Hayles schreibt: »Vermutlich ist die Phantasie, den Körper zurücklassen zu können, in der Bevölkerung seit dem Mittelalter nicht mehr so weit verbreitet gewesen, und nie war sie so stark verbunden mit vorhandenen Technologien.«[25]

Damit niemand denkt, die Phantasien von der Cyber-Unsterblichkeit existierten nur im Kopf von Science-fiction-Autoren, sollten wir anmerken, daß viel von der ihnen zugrundeliegenden Philosophie aus dem Reich der Wissenschaft stammt, aus Bereichen wie der Erkenntnistheorie, der Informatik und der Informationstheorie. Es ist alles Teil derselben einfallsreichen Strömung, die den Traum von der »künstlichen Intelligenz« hervorbringt. Was ist die geistige Tätigkeit der Menschen anderes, sagen diese Gläubigen, als eine Struktur von elektrischen Signalen in einem Netz aus Neuronen? Warum sollte solch ein Muster sich nicht in Silizium herstellen lassen? Verfechter der künstlichen Intelligenz (KI) behaupten, wenn man Computern beibringen könne, Sätze zu zerlegen oder Großmeister-Schach zu spielen, sollte es nur eine Frage der Zeit sein, bis sie in der Lage sind, die Gesamtheit menschlicher geistiger Aktivität zu simulieren.

In der futuristischen Welt vieler Cyberpunk-Romane ist dieses Ziel natürlich längst realisiert worden. Gibsons Matrix zum Beispiel ist bewohnt von einem Haufen übermenschlicher künstlicher Intelligenzen; der namengebende Neuromancer ist eine von ihnen. Diese Computer-Konstrukte sind mehr als schlichte Rechner; sie sind Persönlichkeiten mit eigenen Emotionen, Wünschen und egomanischen Zielen. Von der Vision der Schaffung eines *künstlichen Geistes* in einem Computer ist es nur ein kleiner Schritt zu der Vorstellung, daß auch ein *menschlicher Geist* in einer Maschine zum Funktionieren gebracht werden könnte. Wenn beide Arten von »Geist« schließlich nur in elektrischen Signalen enthaltene Datenstrukturen sind, wieso sollten wir dann nicht fähig sein, einen von *Wetware* in *Hardware* zu übertragen? So das Argument.

Das ist genau die Phantasie, die uns Hans Moravec von der

Carnegie Mellon University bietet, ein weltbekannter Robo-
tik-Experte. Moravec, dessen Institut raffinierte Roboter mit
dreidimensionaler Sicht und Orientierungsfähigkeit entwik-
kelt, hat ernsthaft behauptet, daß das digitale Herunterladen
von Geist eines Tages möglich sein werde. In einem außerordentlichen Absatz in seinem Buch *Mind Children* stellt er sich
ein Szenario vor, wo »ein Roboter in der Funktion des Gehirn-
chirurgen« nach und nach einen menschlichen Geist in einen
wartenden Computer überträgt.[26] Moravec beschreibt, wie
man bei vollem Bewußtsein daliegt: ein Roboterchirurg »öffnet Ihre Schädeldecke« und beginnt schichtweise Ihren Geist
herunterzuladen, indem er »hochauflösende magnetische Re-
sonanzmessungen« einsetzt, während »Gruppen magnetischer
und elektrischer Antennen Signale auffangen«. Nach und nach
wird Ihr Gehirngewebe abgetragen, Ihr »echtes« Selbst – nämlich Ihr Geist – wird übertragen in ein digitales Konstrukt. Wie
genau das alles passieren soll, wird nie wirklich erklärt, aber es
sind nicht die Details, die uns hier interessieren, sondern diese
Phantasien insgesamt.

Moravec ist durchaus nicht der einzige Wissenschaftler, der
so denkt. Der angesehene Mathematiker und Informatiker
Rudy Rucker hat in seinen Romanen *Wetware* und *Software*
ebenfalls die Übertragung menschlichen Geistes in Computer
ins Auge gefaßt. Ein weiterer Verfechter der Geistübertragung
im wirklichen Leben ist Mike Kelly, Doktor der Informatik
und Begründer der Bewegung der Extropier. Die Extropier lassen sogar Science-fiction-Autoren »alt aussehen«, denn ihr Ziel
ist die Unsterblichkeit in *physischer Gestalt*. Wie Woody Allen
einmal bissig bemerkte: »Ich will Unsterblichkeit nicht durch
meine Arbeit erreichen, sondern dadurch, daß ich nicht ster-
be.« Die Extropier stellen sich vor, daß ewiges Leben möglich
sein würde durch einen Cocktail neuer Technologien, von ge-
netischer Beeinflussung bis zu Nanomaschinen, die fähig sind,
einzelne Zellen zu reparieren. Aber während sie auf den Tag

warten, an dem ihre Körper unsterblich gemacht werden können, hat Kelly vorgeschlagen, daß sie bis zum großen Ereignis ihren Geist in Computer als eine Art Wartesaal übertragen. Die meisten Extropier sind wie Kelly technisch gebildete junge Männer und Frauen, die vielfach auf den Gebieten Informatik, Neurobiologie und sogar Raketenbau arbeiten. Zu ihren Helden zählen Vinge und Moravec; Moravec selbst hielt die programmatische Rede bei ihrem Eröffnungskongreß.

Selbst bei einem katastrophalen Absturz des Systems würde man nach Ansicht vieler Cyber-Immortalisten nicht unbedingt »sterben«, weil man immer von Sicherheitskopien wiederhergestellt werden könnte. »Der Tod wird nicht mehr sein«, wie im neuen Jerusalem. Moravec selbst sieht eine solche Zukunft voraus. In *Mind Children* schreibt er fasziniert vom Tag, an dem wir alle Sicherheitskopien von uns selbst auf Computer-Magnetband gespeichert haben werden. »Sollten Sie umkommen«, sagt er, »könnte eine aktive Kopie vom Band genommen werden und Ihr Leben weiterführen.«[27] Sicher, es würde eine kleine Lücke geben zwischen der Zeit, zu der die letzte Sicherheitskopie gemacht wurde, und dem Augenblick Ihres Cyber-Todes, aber Moravec zufolge ist »ein kleiner blinder Fleck im Gedächtnis ... trivial, verglichen mit dem Totalverlust an Gedächtnis und Funktion, der sich aus dem Tod ergibt, wenn keine Kopie vorliegt«.

Unsterblichkeit, Transzendenz, Allwissenheit – solche Träume beginnen in der cyber-religiösen Phantasie zu erwachen. Frei nach Midgley gibt es Dinge, die einige Cyber-Enthusiasten für »möglich und plausibel« halten. Ich selbst kann mir kein schlimmeres Schicksal vorstellen, als zur Unsterblichkeit in einen Computer geladen zu sein. Im Christentum ist den Auserwählten ewige Glückseligkeit in Gegenwart der höchsten Gnade verheißen, aber was würde das Schicksal eines unsterblichen Cyber-Erwählten sein? Was würden wir in der Cyber-Ewigkeit *tun*? Man kann auch die Werke von Dante oder Shakespeare oder Einstein nicht beliebig oft lesen, und die Zahl der Sprachen, die man lernen könnte, ist begrenzt. Und danach ist die Ewigkeit *immer noch* ewig.

Aber selbst für die, die sich die Cyber-Unsterblichkeit wünschen, gibt es ein fundamentales Problem: Ist der menschliche Geist etwas, das auch nur im Prinzip in einen Computer eingegeben werden könnte? Ist er etwas, das je im Cyberspace rekonstruiert werden könnte? Die meisten Cyber-Fiction-Autoren und Wissenschaftler wie Moravec gehen davon aus, daß der menschliche Geist, da er ein aus dem menschlichen Gehirn hervorgehendes Phänomen ist, nur ein Muster von elektrischen Daten ist – deshalb muß es schließlich möglich sein, diese Daten aus einem Gehirn in einen Computer zu übertragen. Diese bildliche Vorstellung ähnelt der, die wir im vorigen Kapitel gesehen haben, der mit der Idee von dem »Ich« als einem Satz von Computer-»Fenstern«. Aber ist denn der menschliche Geist wirklich nur ein Satz Daten oder eine Sammlung von »Akten«, die einfach von einer physikalischen Plattform auf eine andere übertragen werden können?

Ein Grund dafür, daß eine solche Sicht problematisch ist, ist der, daß der menschliche Geist fehlerhafte Erinnerungen bewahrt und sogar regelrecht *falsche*. Gedächtnisforscher haben gezeigt, daß die meisten von uns, wenn wir erwachsen sind, sich an Dinge »erinnern«, die nie stattgefunden haben; unsere Gehirne haben irgendwie Ereignisse »geschaffen«, die uns selbst vollkommen real erscheinen. Wie würde man derartige Erinnerungen in einen Computer einprogrammieren? Wie würde man einer Maschine die Selbsttäuschung beibringen? Außerdem sind in einem menschlichen Gehirn viele Erinnerungen tief unterhalb des Bewußtseins begraben, wenn wir aber richtig angeregt werden, kommen diese Erinnerungen zurück. Woher soll ein Computer wissen, welche Erinnerungen bewußte sind und welche unbewußt bleiben müssen? Woher soll er wissen, auf welchem Niveau der Anregung die unbewußten Erinnerungen ins Bewußtsein gelockt werden können? Woher soll er überhaupt ein »Unbewußtes« haben? In Moravec' Szenario würde ein menschlicher Geist angeblich *in situ* übertragen werden. Jede Schicht des physikalischen Gehirns würde in einer ununterbrochenen Sitzung aufgezeichnet werden. Nach seiner Ansicht würde ein solcher Prozeß den *ganzen Geist* auf einmal aufnehmen. Abermals haben wir da das Problem des Unbewußten. Nehmen wir spaßeshalber einmal an, Moravec' Projekt wäre möglich, und man könnte den ganzen Satz elektrischer Signale vollständig aufzeichnen, der zu einer bestimmten Zeit in jemandes Geist abläuft. Nun kann sich aber in einem gegebenen Moment ein menschlicher Geist nur eine begrenzte Auswahl an Gedanken und Erinnerungen ins Gedächtnis zurückrufen. Er kann nicht an *alles* denken, was er je gewußt hat. Wie könnte bei Moravec' Vorgehen auch der ganze Bereich der Erinnerungen und des Wissens eingefangen werden, der zur Zeit der Aufnahme weit außerhalb des Bewußtseins liegen?

Damit Moravec' Vorgehen funktionieren könnte, müßten jede Erinnerung und jedes Stück Wissen, das jemand besitzt, in jedem wachen Moment elektrisch präsent sein. Aber dann wäre jeder Augenblick einer der *Allwissenheit*. Ich finde diese Vorstellung unhaltbar. Eine unserer fundamentalen Erfahrungen als bewußte Wesen ist die vom Vergehen von Zeit, eben weil jeder Augenblick *anders* ist. Der menschliche Geist ist ein wesentlich *dynamisches* Phänomen, und es scheint absurd zu unterstellen, daß man ihn in irgendeinem Moment »ganz« erfassen könnte. Ich erhebe diese Einwände nicht, um Schwierigkeiten zu machen, sondern um zu zeigen, in welchem Maße die Speicher-Phantasien über die wirklichen Schwierigkeiten hinweggehen, nicht nur, was die Technologie betrifft, sondern, wichtiger noch, was die irritierende Frage betrifft, was genau der menschliche Geist denn ist.

Der bei weitem absonderlichste Aspekt der Geist-Speicherungs-Phantasien ist der Traum von der *Cyber-Auferstehung* – die Idee, man könne im Cyberspace Menschen rekonstruieren, die gestorben sind. Am Anfang von Gibsons *Biochips (»Count Zero«)* ist ein Söldner namens Turner gerade von einer Bombe zerrissen worden. Während er darauf wartet, daß die Mediziner einen neuen Körper für ihn entwickeln, verbringt Turner »selbst« (das heißt, sein Geist) die Zeit in der VR-Simulation einer Kindheit des vorigen Jahrhunderts. Sobald sein neuer Körper fertig ist, wird sein Geist in ihn übertragen, bis dahin vertreibt sich der im übrigen tote Turner die Zeit im Cyberspace. Auch Moravec träumt von der Wiederauferstehung im Cyberspace, und er geht sogar noch weiter, denn er behauptet, daß wir als Spezies fähig seien, den Tod an sich zu überwinden. Er fordert uns auf, uns »superintelligente Archäologen« vorzustellen, »ausgerüstet mit Wundergeräten«. Moravec zufolge würden diese digitalen Wunderwerker in der Lage sein, ein Verfahren durchzuziehen, mit dem sich »schon vor langer Zeit gestorbene Menschen nahezu vollständig in jeder Phase ihres Lebens rekonstruieren ließen«.[28] Diese Untoten würden in einer umfassenden Computer-Simulation wieder zum Leben gebracht werden. »Eine solche ›Auferstehung‹ wäre mit Hilfe extrem leistungsfähiger Simulatoren möglich«, schreibt Moravec. Den Christen ist die Wiederauferstehung verheißen, wenn das Jüngste Gericht kommt, aber wenn Moravec' Vision stimmt, können wir sie schon lange vorher erwarten.

Was wir hier haben, in diesen Visionen von einer Cyber-Unsterblichkeit und Cyber-Wiederauferstehung, ist der Versuch, sich eine *Seele* in digitaler Form vorzustellen. Die Idee, daß die »Essenz« eines Menschen von seinem Körper getrennt werden und in das flüchtige Medium von Computer-Codes umgewandelt werden kann, ist eine klare Zurückweisung der materialistischen Ansicht, daß der Mensch nur aus Materie besteht. Wenn weiter behauptet wird, daß dieses immaterielle Selbst den Tod des Körpers überleben und für immer jenseits von physikalischem Raum und Zeit »weiterleben« kann, sind wir wieder im Reich des mittelalterlichen christlichen Dualismus. Abermals sehen wir in der Diskussion über den Cyberspace eine Rückkehr zum Dualismus, die Rückkehr zu einem Glauben, daß der Mensch ein bipolares Wesen sei, das aus einem sterblichen materiellen Körper und einer immateriellen »Essenz« besteht, die potentiell unsterblich ist. Dieses behauptete unsterbliche Ich, dieses Ding, das angeblich im digitalen Reich auf immer weiterleben kann, nachdem unser Körper gestorben ist, das nenne ich »Cyber-Seele«.

Es ist ein erstaunliches Konzept, das man da aus dem Reich der Wissenschaft und Technik auftauchen sieht, dennoch meine ich, es ist keine ganz und gar unerwartete Entwicklung. Man kann diese postulierte Cyber-Seele als Höhepunkt einer Tradition ansehen, die die abendländische Wissenschaft seit mehr als zweitausend Jahren erfüllt hat. Ich beziehe mich auf diese seltsame Mischung aus Mathematik und Mystizismus, deren Ursprung sich bis ins 6. Jahrhundert vor Christus und zu dem geheimnisvollen griechischen Philosophen Pythagoras von Samos zurückverfolgen läßt. Ob sie sich darüber im klaren sind oder nicht, die heutigen Verfechter des Herunterladens von Geist oder Seele folgen nicht nur einer christlichen Tradition, sondern sind auch Erben des Weisen von Samos.

Als der Mann, dem man zuschreibt, daß er den Griechen die Mathematik nahegebracht hat, war Pythagoras einer der Begründer der abendländischen Wissenschaft. Gleichzeitig war er ein religiöser Fanatiker, dem es gelang, Mathematik und Mystik zu einer der faszinierendsten Synthesen der Geistesgeschichte zu verschmelzen. Er lebte etwa zur gleichen Zeit wie Buddha in Indien, Zarathustra in Persien oder Konfuzius und Lao-tse in China, war aber ein Mystiker von einzigartig abendländischem Zuschnitt. Ein halbes Jahrtausend vor Christi Geburt formulierte er eine radikal dualistische Naturphilosophie, die noch heute in unseren kybernautischen Visionen widerhallt. Pythagoras zufolge war der Urgrund des Seienden nicht stofflicher Natur – mit den vier Elementen Erde, Luft, Feuer und Wasser –, sondern lag in der immateriellen Magie der Zahlen. Für Pythagoras waren die Zahlen buchstäblich Götter, und er brachte sie in Verbindung mit den Göttern des griechischen Pantheons. Wahre Wirklichkeit fand sich ihm zufolge nicht auf der Ebene der Materie, sondern im transzendenten Reich dieser Zahlengötter.

Auch die Seele war für Pythagoras im wesentlichen etwas Mathematisches. Die Fähigkeit der Seele, die Dinge rational auszudrücken, war ihr wichtigstes Merkmal – Zahlenverhältnisse bestimmen das Wesen der Dinge. In der pythagoreischen Kosmologie war die wahre Heimat der Seele das transzendente Reich der Zahlengottheiten, und dahin würden alle Seelen nach dem Tode zurückkehren. Unglücklicherweise ist dieser unsterbliche Funke während unseres Menschenlebens im Gefängnis des Körpers eingeschlossen, von dem er befreit zu sein wünscht. Für Pythagoreer war es das Ziel der Religionsausübung – die notwendig ein Studieren der Mathematik einschloß –, die Seele von den Ketten des Fleisches zu befreien, damit sie so oft wie möglich in das göttliche mathematische Reich jenseits der materiellen Ebene aufsteigen konnte.

Schon nach dieser kursorischen Beschreibung erkennen wir die pythagoreischen Untertöne in den heutigen kybernautischen Träumen. Was immer in Computern gespeichert wird, muß notwendig durch Zahlen ausgedrückt werden – genauer, durch die Zahlen Null und Eins. Der wunderbar einfache, aber unendlich formbare Schlüssel aus Nullen und Einsen ist die Grundlage, der *Erector set*, von der alle Cyberspace-Konstruktionen ausgehen. Hinter den Träumen des Speicherns von Geist steckt damit eine tief pythagoreische Haltung. Die Verfechter des Herunterladens von Geist sehen, wie die alten Pythagoreer, das »Wesentliche« am Menschen als etwas, das auf Numerisches zurückzuführen ist; die Cyber-Seele ist für sie wie die Seele für die Pythagoreer letztlich etwas Mathematisches. Die »wahre« Heimat der Cyber-Seele ist nicht der Bereich des Fleisches, sondern das ewige Reich der digitalen Daten. Wir haben hier, was Eliade »krypto-religiös« nennen würde, ein quasireligiöses System, in dem der Cyberspace die Rolle übernimmt, die einst dem göttlichen Raum der alten pythagoreischen Zahlengottheiten vorbehalten war.

Die Parallelen zwischen dem alten Pythagoreertum und dem neuen Cyber-Pythagoreertum gehen noch weiter. Eine der zentralen Überzeugungen der alten Pythagoreer war die von der ewigen Wiederkehr der Seele, eine Lehre, von der einige Menschen glauben, daß Pythagoras sie aus Indien übernommen hat. Er glaubte jedenfalls wie die Hindus, daß die Seele in einer ganzen Reihe von physischen Körpern reinkarniert würde. Zwischen diesen Inkarnationen wartet sie ihre Zeit im Reich der Zahlengötter ab. Ein ähnlicher Prozeß von *Metempsychose,* von Seelenwanderung, wird auch in Cyberfiction-Romanen geschildert, vor allem in Rudy Ruckers *Wetware* und *Software.* In diesen Büchern wird der Held zur Speicherung in einen Zentralcomputer eingegeben und dann in regelmäßigen Abständen in eine Serie von immer raffinierteren Androidenkörpern übertragen. Im Lauf der Jahrhunderte wird er wieder und wieder inkarniert; jedesmal kehrt seine Cyber-Seele, nach einer Pause in der transzendenten »Leere« des Cyberspace, erfrischt in die physikalische Welt zurück.

So beschreibt Rucker diese Leere, einen vorgestellten Raum digitaler Desinkarnation:

»Wenn du am Leben bist, glaubst du, du könntest den Gedanken an den Tod nicht ertragen. Du willst nicht, daß es aufhört, der Raum und die Zeit, Masse und Energie. Du willst nicht, daß es aufhört ... aber dann tut es das doch. Dann ist es ganz anders, es ist nichts, es ist alles, man könnte es Himmel nennen.«[29]

Ruckers Leere, dieser Cyber-Himmel, ist nur eine auf den

neuesten Stand gebrachte Version des alten pythagoreischen Zahlen-Himmels, ein ewiger Raum, in dem die »Seele« zwischen ihren Runden körperlicher Inkarnation ruhen kann.

Aber fehlt da nicht etwas an dieser technologischen Reinkarnation? Wie sieht es mit einem moralischen oder ethischen Kontext aus? Im Hinduismus hängt die Gestalt, in die man im nächsten Leben reinkarniert wird, von den moralischen Entscheidungen ab, die man in früheren Existenzen getroffen hat. Für Hindus ist die Seelenwanderung auch ein sittlicher Vorgang. Schließlich ist im System der Hindus auch ein Ende des Prozesses vorgesehen: Wenn ein Mensch den Zustand der Läuterung erreicht hat, hören die Reinkarnationen auf. (Im Christentum, wo der Seele nur eine einzige Inkarnation gewährt wird, ist der moralische Kontext viel drakonischer, denn sie bekommt nur *eine* Chance, die richtigen Entscheidungen zu treffen – oder für immer und ewig zu zahlen.)

Auch für die alten Pythagoreer war die Seele im wesentlichen ein moralisches Ding. Vor allem glaubten sie, daß die Seele ständiger Reinigung bedürfe, und hielten sich an einen strengen Verhaltenskodex sowie an striktes Fasten und körperliche Reinigungen. Die Cyber-Seele dagegen steht in *keinem* moralischen Kontext. In den cyberräumlichen Phantasien von Wiedergeburt und Unsterblichkeit erhebt die Ewigkeit der Seele keine ethischen Forderungen, keine moralische Verantwortlichkeit. Man nutzt den Unsterblichkeitseffekt einer Religion, aber ohne die dazugehörigen Verpflichtungen. Für Pythagoras, der glaubte, die Zahlen selbst hätten ethische Qualitäten, wäre diese Trennung der Seele von allem sittlichen Rahmenwerk schrecklich gewesen. Im ursprünglichen Pythagorismus hätte der Ausschluß des moralischen Kontexts den spirituellen Bankrott des ganzen Systems bedeutet – und genau das hat der neue Cyber-Pythagorismus tatsächlich erreicht.

Für Pythagoras stellten Zahlen nicht nur die Basis des göttlichen Reiches dar, sie dienten auch als Archetypen für den materiellen Bereich. Und abermals sehen wir diese Vision in heutigen Cyber-Träumen reflektiert. Nach Pythagoras beseelen Zahlen buchstäblich die Welt der Materie. Zu diesem Schluß brachte ihn die Beobachtung, daß Zahlen selbst eine Gestalt haben. Wie in Abb. 7.1 zu sehen, kann man vier Punkte zu einem Quadrat anordnen, ebenso neun Punkte oder sechzehn. Sechs Punkte kann man zu einem Dreieck arrangieren, ebenso zehn oder fünfzehn Punkte. Andere Zahlen ergeben eine Vielzahl anderer Formen. Wenn alle Zahlen Formen haben, folgerte Pythagoras, haben dann vielleicht auch alle Formen eine Zahl? Könnte die Zahl das wahre Wesen der Form sein? Zweieinhalb Jahrtausende später wird der Cyberspace auf genau dieser Voraussetzung aufgebaut. Der Gedanke eines computergestützten Modells oder einer digitalen Nachbildung setzt voraus, daß die Form durch den flüchtigen Tanz von Zahlen eingefangen werden kann. Das ist das Wesen der »virtuellen Realität«.

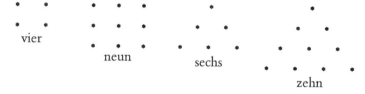

7.1 Pythagoras sagte, wenn Zahlen Formen haben, müßten Zahlen das Wesen der Form sein.

In der Cyber-Stadt von AlphaWorld zum Beispiel kann man virtuelle Straßen entlanglaufen, an denen virtuelle Bäume und virtuelle Häuser stehen, die alle nur Muster von Nullen und Einsen in einem Computerspeicher sind. Die Bürger können sich wie in Abb. 7.2 ihre eigenen virtuellen Häuser »bauen«. Neben den üblichen Modellen haben Leute Pyramiden, Burgen, griechische Tempel und eine Unzahl anderer Bauten er-

7.2 In der Cyberstadt von AlphaWorld können sich die Bürger ihr eigenes virtuelles Haus bauen.

richtet. Sie können sogar ganze andere Welten schaffen.[30] Cyber-Formen sind unwirklich, buchstäblich substanzlos, nichts als Systeme aus Zahlen. Im Augenblick sind die virtuellen Welten meist noch ziemlich grob, aber die Technologie macht schnell Fortschritte. Kürzlich sah ich eine eindrucksvoll realistische Simulation einer ägyptischen Grabanlage, die die italienische Gesellschaft Infobyte hergestellt hatte. Obwohl sie nur aus Einsen und Nullen bestand, bot sie eine überzeugende Illusion von »wirklich sein« in einem unterirdischen Labyrinth aus ausgemalten Räumen und Gängen. Die gleiche Gesellschaft hat auch eine VR-Simulation der Basilika von Assisi mitsamt Giottos Freskenzyklus vom heiligen Franz hergestellt. Wie in Abb. 7.3 zu sehen, ist die Illusion dieses mittelalterlichen Kirchenraums in Detail und Komplexität erstaunlich gelungen.

Hans Moravec hat die Ansicht geäußert, daß wir eines Tages in der Lage sein werden, ein virtuelles Modell unseres gesamten Planeten herzustellen. Er stellt sich »einen ungeheuren Simulator vor ... der die gesamte Oberfläche der Erde bis zum letzten Atom genau modellieren, in der Zeit vor und zurücklaufen und verschiedene plausible Resultate hervorbringen kann ... Dank seiner großen Detailtreue modelliert dieser Simulator auch Lebewesen, einschließlich des Menschen, und zwar in ihrer gesamten Komplexität.«[31]

Verblüffend daran ist Moravec' Versicherung, daß wir mit dieser Simulation »in der Zeit vor- und zurücklaufen« und für die Geschichte unseres Planeten »verschiedene plausible Resultate« ausprobieren können. Tatsächlich würde das Modell ein digitaler Archetypus unserer »Welt« werden – eine rein *numerische Form* des Planeten Erde. Dieses totalisierende Cyber-Modell ist neben allem anderen eine tief pythagoreische Phantasie.

Die Pythagoreer interessierten sich für die numerischen Formen, die der stofflichen Welt eigen waren – und in diesem

7.3 Die italienische Firma Infobyte hat eine VR-Simulation der mittelalterlichen Basilika von Assisi hergestellt.

Sinne stellen sie den Ursprung der Wissenschaft dar, die wir heute Physik nennen. Aber vor allem war der Pythagorismus eine Religion, und zwar eine Himmelfahrtsreligion. Durch eine strenge Lebensführung mit körperlichen und spirituellen Reinigungen sowie das sorgfältige Studium der Mathematik verhieß die Religion des Pythagoras unmittelbare Erfahrung des Alls. Mit anderen Worten, die *Gnosis* – die Vereinigung mit der Gottheit, die charakterisiert ist durch den Zustand intuitiver Allwissenheit. Für Pythagoras war die Quelle des Göttlichen, der Urquell des Alls, die oberste Gottheit der Nummer Eins, die er mit dem Sonnengott Apoll verband. Die spezielle Form der Gnosis, die er im Abendland einführte, hallte durch die Jahrhunderte, durchdrang die Geschichte der Wissenschaft und überschnitt sich immer wieder mit dem Christentum. Wie wir sehen werden, streben heute viele Cyber-Religiöse auch nach einer wesentlich pythagoreischen Gnosis.

Wie ich in *Die Hosen des Pythagoras* gezeigt habe, war der pythagoreische Geist ein wichtiger Katalysator für die Entwicklung der neuzeitlichen Physik während der wissenschaftlichen Revolution des 17. Jahrhunderts – und wirkt seitdem in dieser Wissenschaft fort.[32] All das Gerede der nach einer Weltformel suchenden Physiker vom »Geist Gottes« ist nur ein dünner Aufguß des starken Gebräus mathematischen Mystizismus des Meisters von Samos. Der Hyperraum-Physiker, der die allumfassende »Theorie von Allem« sucht, ist eine aufgefrischte Version des pythagoreischen Weisen, der das letzte Wissen von der Eins suchte. Was in beiden Fällen angestrebt wird, ist das mathematische Geheimnis des Alls, eine numerische Form von Gnosis.

Ein ähnlicher gnostischer Geist läßt sich unter vielen Cyberspace-Enthusiasten ausmachen, denn auch hier finden wir das starke Verlangen nach mystischer Vereinigung mit dem All. Abermals liefert Vinges *True Names* ein Musterbeispiel. Als wir Mr. Slippery und Erythrina verließen, waren sie dabei, die ganze irdische Welt in ihren Geist aufzunehmen. Am Ende ihrer Cyberspace-Schlacht haben sie dieses Ziel erreicht. Psychisch verschmolzen mit dem gesamten globalen Netz, kann Mr. Slippery jeden Ort sehen, jedes Tun erfassen, jede Transaktion verfolgen, die irgendwo auf der Erde stattfinden:

»Jedes Schiff auf See, jedes Flugzeug, das zur Landung ansetzt, jede Anleihe, jede Zahlung, die Mahlzeiten eines ganzen Geschlechts verzeichneten sich deutlich in irgendeinem Teil seines Bewußtseins ... Nach den Regeln der Analogie des Hexensabbats gab es nur ein Wort, das für sie in ihrem jetzigen Status galt: Sie waren Götter.«[33]

Obwohl die Einzelheiten betäubend trocken sind, ist dies doch die klassische Beschreibung einer Gnosis, eines Aufgehens des Ich im All, das zu einem Status der *Allwissenheit* führt. Mr. Slippery ist nicht Hildegard von Bingen, dennoch würde er mit der Welt *eins* sein.

Eine gnostische Tendenz ist auch in Gibsons *Mona Lisa Overdrive* am Werk, wo wir lesen, zum »Mythos« des Cyberspace gehöre »die angebliche Allwissenheit ... der Matrix selbst«. Hier ist es die Matrix, nicht der Mensch, die das All erlebt; *sie* gibt dann dieses Wissen an ihre menschlichen Gesprächspartner weiter. Nach David Thomas läßt die Mythologie, wie sie in Gibsons Roman ausgedrückt ist, »vermuten, daß es eine der grundlegenden sozialen Funktionen des Cyberspace ist, als Medium zu dienen, das eine Art von *Gnosis* übermittelt, ›ein mystisches Wissen von der Natur der Dinge und wie sie wurden, was sie sind‹«.[34] In gewissem Sinne wird Gibsons Matrix zur digitalen Version dessen, was die Neuplatoniker der Renaissance die »Weltseele« nannten, des globalen Intellekts, von dem sie glaubten, daß er zwischen dem menschlichen und dem göttlichen Geist vermittelte.

Cyber-Enthusiasten haben für das reale Leben auch cybergnostische Träume. Hans Moravec' Phantasie von einem Computermodell unseres ganzen Planeten bis hin zum letzten

306

Atom ist nur das gnostische Verlangen nach gottähnlicher Kenntnis des Alls. Wie die alten Pythagoreer suchen die neuen Cyber-Pythagoreer die bescheidene Perspektive der Menschheit zu transzendieren und eine allwissende gottähnliche Sicht zu erlangen – entweder von der cyberräumlichen Welt oder, im Fall von Vinge und Moravec, von unserer jetzigen physikalischen Welt.

In den heutigen Träumen der Cyber-Gnosis gibt es eine besonders interessante historische Parallele zu der Tradition, die als hermetische Philosophie bekannt ist und in der Renaissance das neuplatonische Denken (das seinerseits tief beeinflußt war vom Pythagorismus) mit dem Christentum verschmolz. Wie die alten Pythagoreer erstrebten die Hermetiker der Renaissance eine mystische Vereinigung mit dem All.[35] Da sie aber in einem christlichen Kontext wirkten, bedeutete das die Vereinigung mit dem biblischen Gott. Hermetiker glaubten, daß der Mensch nicht nur Gott – das heißt, das All – *kennen* könne, sondern selbst wie Gott werden würde. Das Geheimnis, so meinten sie, bestand darin, Gottes Verhältnis zur Welt zu spiegeln. Dieses Verhältnis faßten sie in einem ihrer Texte in der Erklärung zusammen, daß Gott »in sich die Welt, sich selbst, das All enthält wie Gedanken«.[36] Um wie Gott zu werden – das All zu kennen –, würde der Hermetiker dem nacheifern und *innerhalb seines eigenen Geistes ein Bild* der Welt schaffen müssen. Wie die Historikerin Frances Yates erklärt, bestand für den Hermetiker die Gnosis in der »Spiegelung der Welt im Geist«.[37]

»Spiegelung« der Welt im Geist ist genau das, was wir in vielen Cyberspace-Szenarien sehen. Es geschieht am Ende der Erzählung von Vinge, wo Mr. Slippery und Erythrina schließlich den gesamten Cyberspace im Kopf haben. Durch diese innere Spiegelung können sie nun, heißt es, die gesamte irdische Arena sehen und mithin kontrollieren. In Gibsons Trilogie *Neuromancer* ist ebenfalls vorgestellt, daß die wahren Kenner den gesamten Cyber-Bereich gleichzeitig im Geist fassen können. Case und die andern Konsolen-Cowboys streben ständig danach, ihre innere Cyber-Vision zu maximieren. Ein bißchen anders ist es in Marc Laidlaws *Kalifornia*, wo jeder auf der Erde (buchstäblich) mit einem globalen Netz verdrahtet ist, und zwar über »Polywires«, die sich wie Siliziumnerven durch jedes Gehirn und jeden Körper ziehen. Hier channelt eine Frau, als die »Seherin« bekannt, den mentalen Strom der ganzen Menschheit durch ihren Geist. Über das Polywire-Netz wird sie eins mit dem gesamten Menschengeschlecht.

Für die Hermetiker der Renaissance war der Schlüssel zur Erreichung gottähnlicher innerer Sicht, das eigene Sensorium und schließlich die Grenzen des Selbst zu erweitern, damit es die ganze Wirklichkeit umfassen könnte. Der eben erwähnte hermetische Text ging mit der folgenden Ermahnung weiter:

»Mach dich wachsen zu einer Größe über alle Maßen, befreie dich mit einem Sprung von dem Körper, erhebe dich über alle Zeit, werde Ewigkeit; dann wirst du Gott verstehen. Glaube, daß nichts dir unmöglich ist, halte dich für unsterblich und fähig, alles zu verstehen, alle Künste, alle Wissenschaften, die Natur jeden lebenden Wesens.«

Wenn man diesen Satz liest, kann man nur staunen, wie sehr er sowohl Vinges Beschreibung von Mr. Slipperys Macht auf dem Höhepunkt seiner Cyberspace-Schlacht ähnelt, als auch der Vision eines Cyber-Modells der ganzen Welt von Moravec. Ist Mr. Slippery nicht zur »Größe über alle Maßen« gewachsen? Hat er sich nicht auch »mit einem Sprung« von dem Körper befreit? Glaubt Moravec mit seiner Totalsimulation nicht, »daß nichts [ihm] unmöglich ist«? Wie wir gesehen haben, hätte er sogar die Fähigkeit, den Fluß der Zeit zu kontrollieren – was ihn natürlich »über alle Zeit« erheben würde. Hält er sich nicht auch für »fähig, alles zu verstehen, alle Künste, alle Wissenschaften, die Natur jeden lebenden Wesens«? Natürlich muß er das, wenn er die Gesamtheit der menschlichen Kultur auf der Erde simulieren will. Und was das »werde Ewigkeit«

angeht – ist das nicht eben das, wonach beide Männer mit ihren Visionen von der Cyber-Unsterblichkeit streben?

An dieser Art technisch-religiöser Träumerei ist nichts Neues. Während der Renaissance wurde die hermetische Magie selbst als eine neue Art von Wissenschaft betrachtet, und ihre praktische Anwendung stellte eine neue Art von Technik dar. Die hermetische Philosophie *selbst* war schon eine Form von technisch-religiöser Träumerei. Im späten 16. Jahrhundert schrieb der große praktizierende Hermetiker Giordano Bruno, daß der Mensch die Macht habe, mit Hilfe der Technik »andere Naturen, andere Verläufe, andere Ordnungen zu gestalten«, und daß er demnach »sich schließlich zum Gott der Erde machen könnte«.[38] Etwa zur gleichen Zeit erklärte Johann Andreae, vermutlich der Autor der Rosenkreuzerschriften, es sei die *Pflicht* des Menschen, die »mechanischen Künste« auszuüben, damit die menschliche Seele ... sich durch die verschiedenen Maschinen entfalten könne. Für Andreae lieferte die Technik die Mittel, durch die der kleine Funke der Göttlichkeit in uns hell leuchten sollte.[39]

Wie der Historiker David Noble gezeigt hat, haben im christlichen Abendland die Verfechter der Technik seit dem Spätmittelalter religiöse Träume in technische Unternehmungen hineingelesen. Wenn »moderne Technologie und moderner Glaube ... miteinander verquickt« sind, schreibt Noble, so sei das nicht verwunderlich, denn »das technologische Unternehmen ist immer gleichzeitig ein ganz wesentlich religiöses Unterfangen gewesen«.[40] Dieses Muster, die neue Technologie als ein Mittel zur spirituellen Transzendenz anzusehen, ist so oft wiederholt worden, daß Erik Davis den Ausdruck »Techgnosis« als Gattungsnamen für das Phänomen geprägt hat.[41] Als neueste Inkarnation der Techgnosis spiegelt die Cyber-Gnosis ein tiefes und immer wiederkehrendes Thema in der abendländischen Kultur.

In der herrlichen Zukunft, wie die Cyber-Religiösen wie

Vinge und Moravec sie sich vorstellen, werden gottähnliches Allwissen und Unsterblichkeit jedem gewährt. Dies also ist die Verheißung der »Religion« des Cyberspace: Durch die vernetzte Macht des Siliziums können wir alle eins mit dem All werden. Wie Case und Mr. Slippery wird uns die Macht versprochen, »den Drang des Irdischen abzuschütteln«. Befreit aus dem »Gefängnis« unseres Körpers durch die Macht des Modems, verheißt man auch uns, daß unsre »Cyber-Seelen« in den unendlichen Raum des digitalen Äthers aufsteigen werden. Dort werden wir, wie Dante im *Paradiso*, angeblich den Weg »heim« in den »Himmel« finden.

Wir tun gut daran, solche Träume mit genauen und auf Skepsis eingestellten Antennen zur Kenntnis zu nehmen, denn wieder einmal wird hier ein Element des moralischen Ausweichens deutlich. Selbst in nichtelektronischer Form ist der Gnostizismus längst ein Problem gewesen. Weil sie die Transzendenz in den Brennpunkt rückten, haben die Gnostiker durch die Jahrhunderte zu einer manichäischen Ablehnung des Körpers geneigt, und dementsprechend hat es eine Tendenz gegeben, die Belange der irdischen Welt und der irdischen Gemeinschaften zu mißachten. Orthodoxe Theologen haben immer betont, daß ein wesentlicher Grund für die Achtung des Lebens im Fleisch der ist, daß wir auf der physischen Ebene eingebunden sind in physische *Gemeinschaften*, denen gegenüber wir Verpflichtungen haben und Verantwortung tragen. Jemand, der das körperliche Leben nicht achtet, wird sich weniger verpflichtet fühlen, zur physischen Gemeinschaft etwas beizutragen: Warum sich die Mühe machen, einem kranken Freund beizustehen, wenn man glaubt, er wäre besser tot? Warum sich die Mühe machen, ein Leben zu verlängern, wenn man glaubt, daß es ein Übel ist, das man so schnell wie möglich überwinden sollte?

Das orthodoxe Christentum hat immer auf dem *Wert* des körperlichen Lebens bestanden. Die Menschen wurden mit

Körper und Seele geschaffen, versicherten die großen mittelalterlichen Theologen, und es ist die Pflicht jedes Christen, das Leben sowohl im Körper als auch im Geiste gut zu leben. Die Visionen von einer Cyber-Gnosis und einer Cyber-Unsterblichkeit sind oft im Kern manichäisch, denn wir sehen hier wieder die starke Neigung, das körperliche Leben nicht zu achten. Michael Heim hat recht, wenn er sagt, Gibsons Sicht des Cyberspace riefe eine »gnostisch-platonisch-manichäische Geringschätzung der irdischen Existenz« hervor.[42] Allzuoft verrät die cyber-religiöse Träumerei eine Tendenz, Verantwortung auf irdischer Ebene aufzugeben. Warum sich die Mühe machen, für den gleichen Zugang zur Bildung für alle in der physischen Welt zu kämpfen, wenn man glaubt, daß im Cyberspace alle alles wissen können? Warum sich die Mühe machen, für irdische soziale Gerechtigkeit zu kämpfen, wenn man glaubt, daß wir im Cyberspace alle wie Götter sein werden? Was hätte das für einen Sinn? Paulina Borsook hat bemerkt, daß die Kultur der Cyber-Elite von Silicon Valley tatsächlich durchdrungen ist von einem nur dem Selbst dienlichen Eintreten für das Prinzip der Willensfreiheit, das Verantwortung gegenüber physischen Gemeinschaften scheut. Diese Tendenz nennt sie »Cyber-Selbstsucht«.[43]

Hinter dem Wunsch nach Cyber-Unsterblichkeit und Cyber-Gnosis steht allzuoft ein nicht unbedeutender Bestandteil von Cyber-Selbstsucht. Im Gegensatz zu echten Religionen, die sittliche Forderungen an ihre Anhänger stellen, macht die Cyber-Religiosität keine moralischen Vorschriften. Hier bekommt man, wie wir gesehen haben, die positiven Teile einer Religion, ohne in den Sumpf gegenseitiger Verantwortung hineingezogen zu werden. Es ist dieser Wunsch nach dem persönlichen Gewinn aus einem religiösen System ohne alle gesellschaftlichen Forderungen, den ich so beunruhigend finde. Bei ihrem Trachten nach körperlicher Transzendenz, nach Unsterblichkeit und nach Vereinigung mit einem angeblichen mystischen cyberräumlichen All wärmt die entstehende »Religion« des Cyberspace viele der problematischen Aspekte des gnostisch-manichäisch-platonistischen Dualismus wieder auf. Was dabei fehlt, ist das Element der *Gemeinschaft* und die Verpflichtungen des einzelnen gegenüber dem großen *gesellschaftlichen Ganzen.* Ironischerweise ist es eben dieser gemeinschaftliche Aspekt, für den sich der Cyberspace schließlich doch noch als von großem Wert erweisen könnte.

8

CYBER-UTOPIA

Wir haben gesehen, welche Extreme sich aus den Träumen von der Cyber-Transzendenz ergeben, aber die »himmlische« Cyber-Träumerei hat auch eine prosaischere und menschlichere Seite. Wie wir in der Einführung gesehen haben, bieten viele Verfechter des Cyberspace diese neue digitale Welt als einen Bereich an, in dem wir ein besseres Leben hier auf Erden verwirklichen können. Diese Seite des »himmlischen« Cyber-Träumens befaßt sich nicht mit eskapistischen Visionen von Unsterblichkeit und gnostischer Allwissenheit, sondern viel pragmatischer mit der Möglichkeit des Cyberspace, das irdische Leben zu verbessern. Vor allem wird der Cyberspace zu einem Raum befördert, in dem persönliche Beziehungen und Gemeinsamkeiten gepflegt werden können, was unser Leben als *soziale* Wesen bereichern würde. In diesen Visionen wird der Cyberspace zu einem Ort für die Errichtung idealer Gemeinschaften, die sämtliche Distanzen überwinden und frei sind von Voreingenommenheiten gegen Geschlecht, Rasse und Hautfarbe. Mit anderen Worten, es ist ein Traum vom Cyber-Utopia.

Die Verheißung der utopischen Gemeinschaft ist tatsächlich einer der Hauptreize des Cyberspace. Zu einer Zeit weitverbreiteter gesellschaftlicher und familiärer Zusammenbrüche in der westlichen Welt leiden immer mehr Menschen unter Isolation, Einsamkeit und Entfremdung. In diesem Klima, sagt der Publizist Avital Ronell, sind »virtuelle Realität, künstliche Realität, Datenraum oder Cyberspace Beschreibungen eines Wunsches, dessen Hauptcharakteristikum man als Mangel an Gemeinschaft sehen kann«.[1] Das Internet mit seinem riesigen globalen Netz lockt uns alle mit einer Vision von Freundschaft und der Hoffnung auf Einbeziehung in ein größeres soziales Ganzes.

Howard Rheingold, einer der Begründer von WELL (einer frühen weltweiten Online-Gemeinde, die von San Francisco ausging), gehört zu denen, die glauben, daß der Cyberspace bereits jetzt bessere Gemeinschaften schafft. In seiner wegweisenden Untersuchung der Online-Kultur, *Virtuelle Gemeinschaft*, erinnert Rheingold an die utopischen Voraussagen des legendären Cyber-Pioniers J. C. Licklider, daß »das Leben für das Online-Individuum glücklicher sein wird, weil die Leute, mit denen man am meisten zu tun hat, eher aufgrund gemeinsamer Interessen ausgewählt werden als wegen zufälliger räumlicher Nähe«. Rheingold spricht von seinen WELL-Kollegen und bemerkt: »Meine Freunde und ich haben manchmal das Gefühl, Teil der Zukunft zu sein, von der Licklider träumte, und oft können wir die Wahrheit seiner Vision bezeugen.«[2] Rheingold ist nicht naiv, aber er behauptet, daß der Cyberspace dazu beitragen könnte, daß wir zu den Verhaltensweisen und dem Ethos früherer Zeiten zurückfinden. Er greift zurück auf die Zeit, bevor wir unsere öffentlichen Räume den Stadtplanern und den elektronischen Medien überließen, und schreibt: »Vielleicht ist Cyberspace einer der informellen öffentlichen Räume, in denen die Menschen den Wiederaufbau derjenigen Aspekte ihrer Gemeinschaft betreiben können, die verlorengingen, als die Tante-Emma-Läden durch Einkaufszentren verdrängt wurden.«[3]

Die Hightech-Unternehmerin Esther Dyson glaubt ebenfalls, daß der Cyberspace die Entwicklung von utopischeren Gemeinden fördern könnte:

»Das Netz bietet uns die Chance, unser Leben in die eigenen Hände zu nehmen und unsere Rolle als Bürger lokaler Gemeinschaften sowie einer globalen Gesellschaft neu zu definieren. Es bürdet uns aber auch die Verantwortung auf, uns selbst zu regieren, eigenständig zu denken, unsere Kinder angemessen zu erziehen, im Geschäftsleben ehrlich zu verfahren und mit unseren Mitbürgern zusammenzuarbeiten, um Regeln zu entwerfen, nach denen wir leben wollen.«[4]

Dyson zufolge besteht unsere gemeinsame Aufgabe nun darin, »mit Hilfe des Nets die Dinge besser in den Griff zu bekommen, als uns dies bisher in der realen physischen Welt gelungen ist«. Dyson hält das für möglich: »Gerade weil so viele Informationen verfügbar sein werden, so viele Medien und Multimedien, so viele Optionen [online], werden die Menschen lernen, menschliche Verbindungen wieder höher zu schätzen – und sie werden danach, wie andernorts, auch im Internet suchen.«[5]

Einen beispielhaften Ausdruck des cyber-utopischen Optimismus liefert uns Nicholas Negroponte, der Direktor des MIT Media Lab. Am Ende seines Buches *Total digital* schreibt Negroponte:

»Wenn in unserer heutigen Zeit 20 Prozent der Weltbevölkerung 80 Prozent der Weltressourcen verbrauchen, wenn ein Viertel der Menschheit einen annehmbaren Lebensstandard genießt, drei Viertel der Weltbevölkerung aber nicht – wie kann diese Kluft überbrückt werden? Während sich die Politiker mit der Altlast der Geschichte abmühen, entsteht aus der digitalen Landschaft eine neue Generation, die frei von alten Vorurteilen ist und sich von den Beschränkungen geographischer Nähe als einziger Basis für Freundschaft, Zusammenarbeit, Spiel und Nachbarschaft gelöst hat. Die digitale Technologie kann wie eine Naturgewalt wirken, die die Menschen zu größerer Weltharmonie bewegt.«[6]

David Noble erinnert uns wieder daran, daß diese Art von Technik-Utopismus nicht neu ist. Seit dem 16. Jahrhundert haben Verfechter der Technik sie als Schlüssel für die Schaffung »himmlischerer« Gemeinschaften gerühmt. Johann Andreae zum Beispiel stellte sich die utopische Stadt Christianopolis vor, in der Handwerk und Technik von allen Bürgern fleißig betrieben würden. Wie viele seiner Zeitgenossen glaubte Andreae, daß die Zeit reif sei für die von der Offenbarung verheißene Ära der Vollkommenheit. Er sah die Fortschritte von Wissenschaft und Technik als wesentliche Vorbereitung auf das »Tausendjährige Reich«. Ebenso wurde im Sonnenstaat, den der kalabrische Häretiker Tommaso Campanella erdacht hatte, »von jedem Bürger verlangt, daß er zumindest eine mechanische Kunst beherrsche ... zu dem Zweck, daß jeder die erforderliche Weisheit erlange, Gottes Schöpfung zu verstehen und in Harmonie mit ihr zu leben«.[7] Im ganzen 16. und 17. Jahrhundert stellten sich utopische Visionäre vor, daß Wissenschaft und Technik helfen würden, ein vollkommeneres Zeitalter herbeizuführen, in dem Christen ein harmonischeres und tugendhafteres Leben führen würden.

Schon das Wort »Utopia« ist abgeleitet von der phantastischen Gemeinde gleichen Namens, die sich der Engländer Thomas More – oder Morus – erdacht hat. Wie Francis Bacons Neu-Atlantis war Mores ursprüngliches Utopia eine idealisierte Gemeinde auf einer abgelegenen Insel, weit entfernt von dem korrumpierenden Einfluß einer dekadenten Welt. In beiden Fällen hatten die Einwohner ein irdisches Paradies für sich geschaffen, das sie durch ihre Frömmigkeit, ihren Gemeinschaftsgeist und vor allem durch ihre Hingabe an die technischen Künste geschaffen hatten.

In diesen utopischen Visionen erleben wir die Entstehung der Vorstellung mit, daß der Mensch durch seine *eigenen Bemühungen* ein neues Jerusalem hier auf Erden erschaffen könne. Alle diese Visionen waren in ihrer Zielsetzung tief christlich, und sie waren angeregt von der »Sehnsucht, den Himmel auf die Erde herniederzuziehen«, wie es ein Kommentator ausgedrückt hat.[8] Statt mit der vollkommenen Gemeinschaft bis zum Jüngsten Gericht zu warten, meinten die Visionäre der Renaissance, könnten Menschen selbst himmlische Städte erschaffen, indem sie ihre Wissenschaft und Technik anwendeten. Damit wurde die Technik zu einem Mittel der *Erlösung*. Immer wieder ist im Zeitalter der Wissenschaft die Technik als erlösende Kraft gesehen worden, als Schlüssel zu einer besseren, helleren und gerechteren Welt. David Noble und Mary Midgley haben beide diesen technisch-utopischen Geist durch die neuzeitliche abendländische Kultur verfolgt; heute blüht er in der Raum-Gemeinschaft der NASA, in der Gemeinschaft der Gentechniker oder unter Befürwortern der künstlichen Intelligenz. Aber wenn auch der Technik-Utopismus durchaus kein neues Phänomen ist, unter Cyberspace-Enthusiasten erreicht er einen neuen Höhepunkt.

William Mitchell vom MIT ist nur einer von denen, die für den Cyberspace als utopischen Bereich eintreten, indem er eine Parallele zwischen diesem digitalen Reich und der Agora des alten Athen zieht.[9] Als Zentrum der Ur-Demokratie war die Agora der Versammlungsplatz, an dem Athener Bürger zusammenkamen, um über Vorschläge zum Gemeinwohl zu diskutieren. An diesem nichthierarchischen Ort waren alle gleich, und jeder durfte seine Meinung frei äußern. (Das heißt, jeder, der als Bürger ausgewiesen war, das waren in der Praxis die rund zweitausend wohlhabendsten Männer der Stadt.) Mitchell meint mit anderen, daß der Cyberspace wieder als ein egalitärer öffentlicher Raum dienen könne.

Er weist darauf hin, daß wir im Cyberspace befreit sind von den sozialen Kennzeichnungen des physikalischen Raums, wie etwa den Namen von Vororten oder Postleitzahlen. Wenn man bedenkt, was manche Leute bezahlen, um unter der Postleitzahl 90210 zu leben, damit sie formell in Beverly Hills residieren, kann es keinen Zweifel geben, daß der »Geocode«, wie Mitchell ihn nennt, eine mächtige schichtbildende Kraft in unserer gegenseitigen Wahrnehmung sein kann. Ob bewußt oder nicht, wir fällen oft Urteile, die auf soziale Markierungen gegründet sind. Wenn man beispielsweise sagt, man wohne in der Bronx, so ruft das ganz andere Erwartungen hervor, als wenn man sagt, man wohne in Manhattan. Mitchell schreibt: »*Wo* du wohnst, sagt oft, *wer* du bist in einer gewöhnlichen räumlichen Stadt. (Und wer du bist, entscheidet oft darüber, wo du sein darfst.) Geographie ist ein Schicksal.«[10] Online jedoch weiß niemand, ob man in Beverly Hills oder in der Provinz wohnt, und man kann auch nicht als Provinzler beurteilt werden. Mit Mitchells Worten: »Die Enträumlichung der Interaktion im Netz zerstört die Aufschlüsselung nach dem Geocode. [Im Cyberspace] gibt es so etwas wie eine bessere Adresse nicht, und du kannst auch nicht versuchen, dich selbst dadurch zu definieren, daß du am richtigen Ort und in der richtigen Gesellschaft gesehen wirst.«

Mitchell geht vielleicht zu weit, wenn er sagt, es gebe keine »besseren Adressen« im Cyberspace – eine renommierte *.edu*-Adresse (wie *harvard.edu* oder *mit.edu*) bringt online erheblich mehr als eine CompuServe- oder America-Online-Adresse. Aber er hat natürlich doch auch recht, der Cyberspace überschreitet viele traditionelle »Geocode«-Grenzen. Betrachten Sie zum Thema potentiell egalitäre Arena die zwei folgenden Beispiele:

Im März 1998 hielt Stephen Hawking einen Vortrag im Weißen Haus; Gastgeber waren der Präsident und die First Lady. Als der berühmteste Physiker der Welt seine Vorstellungen von der Zukunft der Wissenschaft erläuterte, wurde das durch CNN übertragen. Unter den Zuhörern waren mehrere Nobelpreisträger und eine Reihe der führenden amerikanischen Forscher, von denen einige gebeten wurden, Hawking Fragen zu stellen. Aber außer von diesen Leuchten der Wissenschaft, durften auch Fragen aus dem Internet gestellt werden, und normale Bürger beteiligten sich an dem Ereignis. Man sollte nicht zuviel Aufhebens aus dieser offensichtlichen PR-Übung machen; dennoch war der Abend ein kleiner Hinweis auf das demokratische Potential des Cyberspace, ein Potential, das durch unser zweites Beispiel noch weiter erhellt wird.

Im Horse Shoe Coffeehouse in San Francisco kann man für 50 Cent pro 20 Minuten Zugang zum Internet bekommen. Überall im Land entstehen ähnliche Internet-Cafés und bieten öffentliche Räume, in denen Menschen, die zu Hause keinen Zugang zum Netz haben, surfen, sich an Online-Foren beteiligen sowie E-Mails schicken und empfangen können. Einer, der sich die Horse-Shoe-Einrichtungen zunutze macht, ist ein Wohnsitzloser aus San Francisco, der CyberMonk genannt wird. Ein Beobachter des Internet hat bemerkt: »Die Kombination von realem und virtuellem Raum, den das Café bietet, gestattet es CyberMonk, dieses als Wohnzimmer, Telefon und Briefkasten zu nutzen.«[11] Obwohl CyberMonk in seiner physischen Umgebung am Rande der Gesellschaft steht, wird er im Cyberspace zu einem gleichberechtigten Mitglied der digitalen Gesellschaft. Auch wenn er in der »realen« Welt keinen festen Wohnsitz hat, im ephemeren Bereich des Cyberspace hat er eine »solide« Adresse und Präsenz wie jeder andere »Netizen«.

Die Vorstellung von einer »elektronischen Agora« ist auch Fundament für das Konzept elektronischer Konferenzen im Rathaus, wie sie in den US-Präsidentschaftswahlen 1996 so beworben wurden. Vor allem Vizepräsident Al Gore wollte uns glauben machen, daß der Cyberspace ein Mittel gegen den demokratischen Niedergang Amerikas böte. Die Bürger brauchten sich nicht mehr aus dem Prozeß des Regierens ausgeschlossen zu fühlen, sagen die Cyber-Agoraner; mit Hilfe des Wunders eines Modems könne *jeder* sich an öffentlichen Diskussionen und kommunalpolitischen Entscheidungen beteiligen. Damit würden wir im Cyberspace eine wahre Demokratie verwirklichen, einen Traum, der (wie notorisch niedrige Wahlbeteiligungen beweisen) in unseren physischen Gemeinden offensichtlich nicht wahr geworden ist.

Besonders junge Menschen lockt der Cyberspace als ein Ort, an dem sie sich ein besseres »Leben« aufbauen können. Zum

ersten Mal seit Generationen stellen Amerikaner, wenn sie
High School und College absolviert haben, fest, daß sie wahrscheinlich keinen höheren Lebensstandard haben werden als
ihre Eltern. Die meisten können froh sein, wenn sie den ihrer
Eltern überhaupt erreichen. Da die Zukunftsaussichten im
»wirklichen Leben« von Jahr zu Jahr unerfreulicher werden,
wenden sich manche jungen Amerikaner statt dessen dem
Cyberspace zu. Geometrische Orte ihrer Träume sind, wie
Sherry Turkle aufgezeichnet hat, oft MUD-Welten. Ein hoff-
nungsloser junger Mann in den Zwanzigern sagte offen zu
Turkle:»Die MUDs haben mir mein bürgerliches Selbstwertge-
fühl zurückgegeben.«[12] Er meinte das nicht buchstäblich; er bezog sich damit nur auf die Online-Welt seines MUD, in der er
und seine Freunde energische und leistungsfähige Cyber-Bür-
ger sind.

Ein anderer Gesprächspartner von Turkle, Josh, erklärte sein
Leben in der physikalischen Welt mit den folgenden trüben
Worten:»Ich lebe in einem schrecklichen Stadtviertel. Ich sehe
ein Rattenloch von Apartment, ich sehe einen Arbeitsplatz
ohne Zukunft, ich sehe Aids.«[13] In der MUD-Welt hingegen,
sagt Josh, »sehe ich Freunde, habe ich etwas zu geben, sehe ich
Safe Sex«. Dort ist er Experte für den Bau virtueller Cafés, er ist
ein geachteter Cyber-Unternehmer. Turkle schreibt:»MUDS
vermitteln Josh das Gefühl, am amerikanischen Traum teilzuhaben.« Er hofft, daß er eines Tages, wenn MUDs kommerzielle
Unternehmen werden, in der Lage sein wird, seine Fähigkeiten
in der Cyber-Architektur umzusetzen und seinen Lebensun-
terhalt im *wirklichen* Leben zu verdienen. Für junge Menschen
wie ihn, schreibt Turkle, sind MUDs »eine neue Form von Gemeinschaft«.

MUDs sind vielleicht nicht das Paradies, aber für eine wachsende Zahl von amerikanischen Jugendlichen scheint der
Cyberspace ein ansprechenderer Ort zu sein als die Wirklichkeit ihres physischen Lebens. Als ein Raum, der frei ist vom

Versagen der Mittelschicht, der immun ist gegen die Probleme des städtischen Verfalls und der sozialen Auflösung, die so viele Gemeinden im »wirklichen Leben« plagen, lockt der Cyberspace als ein entschieden utopischerer Bereich. Auf der anderen Seite des Modems sehen diese jungen Männer und Frauen einen Raum, in dem sie sich ungefährdet treffen und verabreden können, einen Ort, wo sie die Art von Macht und Bedeutung haben können, die in ihrem physischen Leben immer weiter außer Reichweite gerät.

Doch bei allem Optimismus der Cyber-Utopisten ist der digitale Bereich beträchtlich weniger »himmlisch«, als uns manche seiner Verfechter glauben machen möchten. Es stimmt zwar, daß der Cyberspace Interaktionen zwischen Menschen möglich macht, die normalerweise im physischen Leben keinen Kontakt haben würden, aber es gibt immer wieder Hinweise, daß diese gesellschaftliche Nivellierung nicht so allgemein ist, wie oft behauptet wird. Kurz, es ist alles andere als klar, ob die Himmelstür zum Cyberspace wirklich allen gleichermaßen offensteht.

Es gibt da eine faszinierende historische Parallele, die ein bißchen Licht auf die Zukunft des Cyber-Utopismus werfen könnte. Die Analogie scheint vielleicht überraschend, aber der Literaturwissenschaftler Brian Connery hat gezeigt, daß sich viele Merkmale des neuen Cyber-Utopismus in den ersten europäischen Kaffeehäusern des 17. Jahrhunderts ähnlich angekündigt haben. Diese frühen Kaffeehäuser boten wie der Cyberspace einen neuen gesellschaftlichen Raum, in dem sich die Menschen über die Klassenschranken hinweg mischen konnten, so daß Adlige und Kaufleute miteinander in Berührung traten. Die Kaffeehäuser, sagt Connery, konnten auch als »Reinkarnationen« der klassischen Agora gesehen werden. In dieser Hinsicht stellten sie eine Art von utopischem sozialen Experiment dar, das, wie der Cyberspace, die Verheißung einer egalitäreren Gesellschaft für alle in Aussicht stellte. Wenn wir den Cyberspace und seine Möglichkeiten als einen utopischen gesellschaftlichen Raum betrachten, liefert die Geschichte der Kaffeehäuser eine aufschlußreiche Fallstudie.

Innerhalb dieser neuen Kaffeehauskultur kam es weniger auf Reichtum oder Titel an als auf Schlagfertigkeit und ein schnelles Erfassen der neuesten Nachrichten. Wie heute im Cyberspace waren aktuelle Informationen ein Schlüsselartikel, und nachdem 1665 die erste Zeitung gegründet worden war, wurden die Kaffeehäuser die wichtigsten Orte für die allgemeine Verbreitung von Nachrichten. Nach der Einrichtung allgemeiner Postdienste um 1680 wurden die Kaffeehäuser auch die gegebenen Stellen für die Ablieferung der Post. Davor waren Briefe durch Boten geschickt worden, und nur die Reichen konnten sich so etwas leisten. Durch die Bereitstellung eines öffentlichen Ortes für die Verbreitung von Nachrichten und Briefen erfüllten Kaffeehäuser eine ähnliche gesellschaftliche Funktion wie heute das Internet mit seinen Online-Nachrichtendiensten und seiner elektronischen Post. Tatsächlich dienten, sagt Connery, diese Einrichtungen als »Laboratorien für Experimente« mit vielen der Freiheiten, die später in jenem Jahrhundert in Gesetze und Verfassungen gefaßt wurden – darunter »Pressefreiheit, Versammlungsfreiheit und Redefreiheit«.[14]

Doch die echt demokratisierenden Trends, die die Kaffeehäuser geöffnet hatten, erwiesen sich als kurzlebig. Von Anfang an protestierten Andersdenkende gegen die Vermischung der Klassen, die da geschah, und tatsächlich war etwas sehr Dubioses an einem Ort, an dem, wie es ein Polemiker des 17. Jahrhunderts ausdrückte, »ein ehrenwerter Rechtsgelehrter und ein wandernder Taschendieb« sich gleichberechtigt begegnen konnten. Aber es waren nicht nur äußere Kräfte, die gegen den egalitären Geist der Kaffeehäuser arbeiteten; auch interne Kräfte spielten eine Rolle bei seinem Ableben. Hier enthält die Geschichte des Kaffeehauses, sagt Connery, »eine potentielle

Warnung für diejenigen, die davon träumen, daß das Internet utopische Diskussionsgemeinschaften schaffen werde«.[15]

Vor allem zwei Kräfte arbeiteten gegen den neuen egalitären Geist: die »Wiederherstellung der Autorität« und die »Errichtung von Exklusivität«. Beide können uns heute für den Cyberspace eine Lehre sein. Theoretisch konnte *jeder* bei einer Diskussion im Kaffeehaus sprechen – prinzipiell waren alle Stimmen gleich –, aber praktisch wurden diese Häuser meist von den Stimmen weniger oder sogar nur eines Star-Redners beherrscht. Statt solches Verhalten zu verurteilen, nutzten die Besitzer die Stars »als Attraktion für andere Besucher«, eine Strategie, die, wie Connery bemerkt, ziemlich dieselbe ist wie die von heutigen »Onlinediensten, die mit der Beteiligung von Stars aus Hollywood oder aus der Musikindustrie werben«.[16]

Jeder, der sich einmal an Usenet-Gruppen beteiligt hat, weiß, daß *nicht* alle Stimmen gleich sind, denn die Diskussion wird oft beherrscht von einer kleinen Gruppe von regelmäßigen und lautstarken Wortführern. »Newbies«, Neuankömmlinge in etablierten Newsgroups, werden oft sehr kühl empfangen, und zumindest eine der beliebten Newsgroups ist berüchtigt wegen ihres grob ungerechten Milieus. Der Fall von *alt.folklore.urban* oder AFU, wie er genannt wird, ist ein interessantes Beispiel dafür, wie schnell »Autorität« im Cyberspace tatsächlich hergestellt wird.

Wenn es irgendwo im Cyberspace egalitär zugehen sollte, dann wäre AFU der Ort dafür. Es ist eine Newsgroup, die sich mit der Entlarvung von Mythen und »lokalen Legenden« beschäftigt. Die Diskussionen erstrecken sich über ein weites Spektrum, von beliebten alten Geschichten wie Alligatoren in der Kanalisation bis zu Meldungen von japanischen Hightech-Toiletten und Gerüchten über die CIA. AFU ist, wie die Website der Gruppe erklärt, »ein wunderbarer Ort, wo man etwas auf seine Echtheit prüfen kann, was einem ›ein Freund‹ erzählt hat, oder Erfahrungen über irgendwelche merkwürdigen

Dinge austauschen kann«. Aber trotz dieser volkstümlichen Aufgabe ist die grobe Behandlung von Newbies durch alte AFU-Mitglieder berüchtigt. Hier die Reaktion eines Netizens: »Was mir im Netz eine Riesenangst einjagt, ist AFU. Das ist eine Newsgruppe, die man fürchten muß. Wenn man sich dort als Neuer vorstellt, ist das eine der (oft fatalen) Handlungen, die in die gleiche Kategorie gehören, wie sich versehentlich in die Geschlechtsteile schießen.« AFU-Aktive piesacken Neue gezielt mit Scheinbeiträgen, die »Trolle« genannt werden, einer Form der Verhöhnung, die diejenigen dem öffentlichen Spott preisgibt, die mit den inneren Raffinessen dieser Kultur nicht vertraut sind. Michele Tepper[17], die selbst der AFU-Elite angehört, hat darauf hingewiesen, daß alle gesellschaftlichen Gruppen interne Regeln brauchen, um die Gruppenidentität aufrechtzuerhalten; trotzdem bemerkt sie, die giftige Atmosphäre von AFU lasse vermuten, daß die Gleichheit der Chancen, sich auszudrücken, in dieser Cyberspace-Gemeinde keine besondere Priorität genießt.

Bei AFU können wir auch den zweiten antidemokratischen Trend sehen, den Connery in der Kaffeehauskultur entdeckt hat: die »Einführung der Exklusivität«. Die selbst allgemein zugängliche AFU-Newsgroup hat bereits zwei exklusive Spin-off-Listen hervorgerufen, zu denen man eine Einladung braucht. Tatsächlich haben viele Newsgroups jetzt exklusive Neben-Listen, die *nicht* für die Allgemeinheit offen sind. Connery berichtet, daß es schon im zweiten Jahrzehnt des 18. Jahrhunderts in den Londoner Kaffeehäusern eine ähnliche Bewegung gegeben habe. Zu der Zeit hatten die Stammgäste begonnen, sich in exklusive Nebenräume zurückzuziehen. Schließlich führten diese exklusiven Treffen zur Einrichtung der privaten Herrenclubs. Connery zufolge ist eine ähnliche »Entwicklung vielleicht unausweichlich bei Diskussionslisten und Newsgroups« im Internet.[18]

Wir sollten uns auch daran erinnern, daß bis vor kurzem die

digitale »Agora« tatsächlich ein außerordentlich exklusiver Ort war. Bis 1993 (als »Browser«-Software für das World Wide Web erstmals erhältlich wurde) hatten nur wenige Menschen außerhalb von Universitäten und Forschungseinrichtungen Zugang zum Netz. Auch heute noch können sich viele Menschen einen geeigneten Computer und die monatlichen Zugangsgebühren zum Internet nicht leisten. Das gilt auch für reiche Länder wie die USA. Wenn der Cyberspace ein wirklich gerechter Ort werden soll, müssen wir uns fragen, wie wir sicherstellen wollen, daß *jeder* den gleichen Zugang hat. Nicht nur Menschen, die einigermaßen wohlhabend sind, sondern auch die, die es nicht sind. Außerdem, wenn wir es ernst meinen mit der Schaffung einer Art von Cyber-Utopia, dann muß die reiche, entwickelte Welt die Aufgabe auf sich nehmen, das Internet auch für Entwicklungsländer zugänglich zu machen.

Ein Aspekt der frühen Kaffeehauskultur, der nie egalitär war, betrifft die Mischung der Geschlechter. Was auch sonst im Fluß gewesen sein mag, die männliche Autorität wurde hier immer aufrechterhalten, und wenige Frauen nahmen an dieser Szene teil. Der Cyberspace dagegen ist für Frauen offen – aber inwieweit ist das »andere Geschlecht« in Wirklichkeit willkommen? Obwohl die vernetzte Welt Frauen echte Chancen bietet, ist nicht alles so rosig in diesem angeblichen Paradies der verschwimmenden Grenzen zwischen den Geschlechtern. Hinter der utopischen Rhetorik beißen die Bits noch gewaltig sexistisch zu. Es sind jede Menge von Büchern über Geschlecht und Cyberspace geschrieben worden, und es würde den Rahmen dieses Buches sprengen, wenn wir mehr als einen flüchtigen Blick auf dieses Thema werfen wollten. Betrachten wir nur ein Beispiel, das ich allerdings für besonders erhellend halte – einen Fall von sexueller Belästigung online.

Nur wenige Frauen sind mit diesem Thema so vertraut wie Stephanie Brail. 1993 wurde sie das Ziel intensiver Schikanen im Netz, die ihr über Monate das Cyber-Leben zur Hölle machten und schließlich auch auf ihr »wirkliches Leben« übergriffen.[19] Es begann damit, daß Brail es wagte, die Partei einer jungen Frau zu ergreifen, die, wie sie fand, unfair behandelt wurde in der Usenet-Gruppe *alt.zines*, einer Gruppe, die sich der Diskussion alternativer Zeitschriften oder der Kultur der Magazine widmete. Die junge Frau hatte einen Beitrag eingebracht, sie wollte über »Riot-Grrls«-Magazine reden, wobei die Riot Grrls eine Subkultur politisch scharfsinniger junger Frauen mit Punk-Rock-Neigungen darstellte. Bei dem Charakter der Newsgroup und angesichts der Tatsache, daß sich »zines« besonders mit Alternativen zur Mainstreamkultur befaßte, war das eine naheliegende Forderung, aber einige Männer der Gruppe protestierten heftig. Nicht nur wollten sie selbst nicht über die Grrl-Kultur sprechen, sie wollten auch nicht, daß es jemand anderes in der Gruppe täte. Ein feindselig gesinnter Mann schlug der jungen Frau vor, sie sollte doch ihre eigene Gruppe aufmachen: *alt.grrl.dumbcunts*.

Erbost über diese Überheblichkeit, griff Brail mit Kommentaren ein und verteidigte das Recht der jungen Frau zu sprechen; ihre Kommentare waren, wie sie selbst zugibt, laut und eigensinnig. Was folgte, war ein flammender Krieg. Heimtückischerweise wurde jetzt Brail das Ziel sexueller Belästigung online. Bald strömten »Massen von pornographischen Texten mit ausführlichen Beschreibungen von Mehrfachvergewaltigungen« in ihre Mailbox. Obwohl sie in der ursprünglichen Newsgroup Verbündete gehabt hatte, wurden viele den Krieg schnell leid und brachten kein Mitleid mit ihrer Misere mehr auf. Manche sagten sogar, damit, daß sie sich über »Mike« (den Belästiger) beklagt habe, hätten sie und ihre Verbündeten *ihn* zensiert.

Ihren Höhepunkt erreichten die Ereignisse, als Brail eine Botschaft von Mike an ihrer separaten privaten E-Mail-Adresse erhielt. Dieser aggressive Fremde hatte irgendwie Zugang zu ihren persönlichen Daten bekommen, die eigentlich hätten geschützt sein sollen. Seine erschreckende Botschaft lautete: *Ich weiß, daß du in Los Angeles wohnst. Vielleicht komm ich mal vorbei und »kehr Dir den Kamin«.* Jetzt bekam Brail Angst um ihre Sicherheit. Die Angriffe endeten erst, als Mike unvorsichtig geworden war und es Brail gelang, *seine* private E-Mail-Adresse herauszubringen. Danach hörte sie nie wieder von ihm.

Die Geschichte ging gut aus, aber Happy-Ends sind nicht das einzig Entscheidende; der Fall zeigt ziemlich beunruhigende Strömungen in Cyber-Utopia. Brails Erlebnis mag ein Extremfall gewesen sein, aber Gemeinheiten online gegen Frauen sind nicht ungewöhnlich. Sie werden oft als Grund angegeben, wenn Frauen nicht an Cyberspace-Foren teilnehmen wollen. Bei dieser Art von Belästigung bekommen die Frauen oft gesagt, sie sollten »sich wehren«, aber das ist wohl leichter gesagt als getan. Brail legt dar: »Das ist ein wohlfeiler Rat für eine durchsetzungsfähige, im College gereifte Besserwisserin, die alle Zeit der Welt hat, aber ist er anwendbar für arbeitende Frauen, die sich die Zeit und den Luxus nicht leisten können, sich« gegen Online-Idioten zu ›wehren‹?« Außerdem, warum *müssen* sich Frauen als »Preis für die Zulassung« überhaupt wehren? »Männer brauchen gewöhnlich nicht durch den Reifen sexistischer Anzüglichkeiten und antifeministischer Reaktionen zu springen, wenn sie teilnehmen wollen.«[20] Für viele Frauen ist es so viel leichter, sich einfach abzumelden.

Und das ist ein Hauptgrund zur Besorgnis über die wuchernde Cyber-Misogynie. Unter dem Deckmantel des First Amendment, eines Zusatzartikels zur Verfassung, hat die Cyber-Elite mantraähnlich eine Rechtfertigung der Redefreiheit inszeniert, dieses angeblichen Kernmerkmals des Cyber-Utopia. Aber da muß man doch fragen: *Freiheit der Rede für wen?* Offensichtlich nicht für die junge Frau, die sich über Riot-Grrl-zines unterhalten wollte. Und offensichtlich nicht für Brail, die zu ihrer Verteidigung einsprang. Wenn Frauen, die einen Beitrag zu *alt.feminism* leisten, von ärgerlichen jungen Männern als »Huren« bezeichnet werden, ist *das* Freiheit der Rede? Wenn in *X-Files*-Newsgroups Frauen gesagt bekommen, ihre lustvollen Beiträge zum Ruhme David Duchovnys seien obszön, ist *das* Freiheit der Rede? Wenn in *Star-Trek*-Newsgroups Frauen fertiggemacht werden, weil sie Unzufriedenheit mit den weiblichen Rollen in dieser Serie geäußert haben, ist *das* Freiheit der Rede? »Wie viele Frauen«, fragt sich Brail, »haben aufgehört, ihre Beiträge zu leisten, weil sie es satt hatten, ständig wegen ihrer Meinung angegriffen zu werden?«[21] Wir müssen also fragen, *für wen* dieses Cyber-Utopia eigentlich gedacht ist.

Frauen sind nicht die einzigen, die im digitalen Bereich auf Hindernisse stoßen. Ähnliche Schranken gibt es für Homosexuelle, Nichtweiße und Nichtangelsachsen in den USA. Die himmlische Vision von einem Ort, an dem »Menschen aller Länder in Harmonie miteinander wandeln«, gehört zu den Hauptphantasien, unter denen der Cyberspace eingeführt wird, aber trotz der Lobgesänge vieler Cyberspace-Enthusiasten auf den Pluralismus sind nicht alle Kulturen gleich willkommen im Cyberspace. Im Gegenteil, der Publizist Ziauddin Sardar glaubt, daß das, was wir sehen, weniger ein Ort für lebendigen Pluralismus sei als eine neue Art von westlichem Imperialismus.

Sardar bemerkt, daß ein großer Teil des im Cyberspace eingesetzten Vokabulars aus der Sprache des Kolonialismus stammt. Der Cyberspace wird immer wieder als »neuer Kontinent« bezeichnet oder als »neue Grenze«, und seine Eroberung und Besiedlung werden oft mit der Eroberung und Besiedlung der »Neuen Welt« verglichen. Ein typisches Beispiel stammt von Ivan Pope, dem Herausgeber des britischen Cyberspace-Magazins *3W*, der den Cyberspace beschrieb als einen »dieser mythischen Orte, wie der amerikanische Westen oder das Innere Afrikas, die die Leidenschaften der Forschungsreisenden und der Spekulanten gleichermaßen erregten«. In der in San

Francisco erscheinenden Cyberpunk-Zeitschrift *Mondo 2000* trug eine Titelgeschichte die Überschrift: ES GEHT LOS! DIE KOLONISIERUNG DES CYBERSPACE.

Das Thema Kolonisierung spiegelt sich auch in einem vielzitierten Dokument mit dem Titel *Cyberspace and the American Dream: A Magna Carta for the Knowledge Age*, das zusammengestellt wurde von der rechtsgerichteten Denkfabrik Progress and Freedom Foundation und auf den Gedanken einer Gruppe aufbaute, zu der auch Esther Dyson und Alvin Toffler gehörten. Dieses Cyber-Grundgesetz konstatiert offen, »was da im Cyberspace geschieht ... ruft den Geist der Erfindungen und Entdeckungen ins Gedächtnis, der ... Generationen von Pionieren veranlaßte, den amerikanischen Kontinent zu zähmen«.[22] In ähnlicher Tonart hat für die Electronic Frontier Foundation John Perry Barlow geschrieben: »Kolumbus war vermutlich der letzte Mensch, der soviel brauchbares und nicht beanspruchtes Land ... erblickte, wie es die Kybernauten entdeckt haben.«[23]

Aber natürlich wurde das amerikanische Land beansprucht. Die »Zähmung« des amerikanischen Westens, der die Autoren der Cyber-Magna-Carta nacheifern wollten, brachte auch die »Zähmung« (und oft die Auslöschung) von Dutzenden anderer Kulturen mit sich. Sardar zufolge ist das auch im Cyberspace die verborgene Gefahr. Statt andere Kulturen und ihre Traditionen mit offenen Armen zu empfangen, meint er, sei der Cyberspace »zur Auslöschung aller nichtwestlichen Historien gerüstet«. Er erklärt: »Wenn Kolumbus, Drake und andere heldenhafte Eisenfresser der abendländischen Zivilisation nicht schlimmer waren als die Pioniere des Cyberspace, dann müssen sie [in Analogie] auch eine gute Sache gewesen sein.«[24] Daraus folgt, bemerkt Sardar, daß die kolonisierten Völker »dankbar sein sollten« für all die »wunderbare« Technik, die die Eroberer mitgebracht hatten. Es lohnt sich zu fragen, wie es Sardar tut, warum zu einer Zeit, in der Metaphern von kolonialen Siedlungsgrenzen anderswo so verpönt sind, sie von den Verfechtern des Cyberspace so gern verwendet werden. Was immer diese Grenzlandrhetorik im Zusammenhang mit dem Cyberspace über unsere Vergangenheit aussagt, noch tükkischer ist vielleicht, daß sie auf einen *fortdauernden* kulturellen Imperialismus hinweist. Eine Grenze ist per definitionem ein Ort, an dem die Dinge umgestaltet werden. Und Neugestaltung ist genau das, was viele Cyber-Enthusiasten über alles schätzen. Für allzu viele von ihnen ist Geschichte von wenig Interesse, denn worum es ihnen *wirklich* geht, ist die Zukunft, eine noch nie dagewesene großartige Zukunft, die angeblich wie Athene aus ihren Köpfen entspringen soll. In solch einer Atmosphäre des Zukunfts-Kults, sagt Sardar, kann es keinen wirklichen Respekt vor den Traditionen einer Kultur geben. Wenn die Welt an der digitalen Grenze ständig umgestaltet wird, werden traditionelle Formen des Denkens und Seins allzu leicht auf drollige Eigentümlichkeiten reduziert: »Andere Menschen und ihre Kulturen werden zu ›Typen‹, zu soundso vielen Nullen und Einsen im Cyberspace.«[25] Es ist ein Prozeß, den Sardar als »Musealisierung der Welt« bloßstellt.

Außerdem, im globalen Maßstab bietet der Cyberspace den Unternehmen noch nie dagewesene Gelegenheiten »für den Handel mit Gigabytes von Informationen über Geld und Tod«. Vergessen wir die Rolle des Militärs bei der Anfangsentwicklung des Cyberspace und seine fortdauernde Präsenz in der vordersten Linie dieser Technologie nicht. Es ist nicht ohne Bedeutung, daß die allererste Multi-User-Anwendung von virtueller Realität online die Simulation einer interkontinentalen Schlacht darstellte.[26] Außerhalb des Militärs ist einer der größten Nutzer des Cyberspace die Finanzindustrie, und man weiß längst, daß Milliarden von schmutzigen Dollars unentdeckt durch die Computernetze der Welt schwimmen, wo sie durch die reinigende Macht des Siliziums in scheinbare Legitimität übergehen. Wenn, wie es Sardar und andere glauben, »das

330

Cyberverbrechen *das* Verbrechen der Zukunft wird«, dann kann man sich fragen, ob der Cyberspace nicht eher wie Gomorrha als wie das neue Jerusalem sein wird.[27]

Wir können die Möglichkeiten des Cyberspace auch in Danteschen Kategorien betrachten. Als Mensch des Mittelalters lebte Dante vor der Zeit, in der Technik als eine Kraft betrachtet wurden, die ein neues Jerusalem schaffen könnte. Zu *seiner* Zeit wurde menschliches Handeln eher mit der Schaffung der Hölle in Verbindung gebracht. Eine der machtvollsten Botschaften in der *Göttlichen Komödie* ist die, daß wir Menschen uns die Hölle selbst bereiten. Wie ich in Kapitel eins bemerkt habe, war im mittelalterlichen Kosmos die Hölle buchstäblich ein Raum *innerhalb* der Sphäre menschlichen Handelns, und es ist kein Zufall, daß Dante sie in die Erde hinein verlegte. Metaphorisch gesprochen war Dantes Inferno der Innenraum des Geistes kranker Menschen, ein Ort der Eitelkeit, der Täuschung, des Egos und der Selbstbesessenheit. Die dort hineingeratenen armen Seelen waren verdammt, die Ewigkeit damit zu verbringen, daß sie sich in den kollektiven psychischen Krankheiten und Exkrementen der Menschheit wälzten.

Auch der Cyberspace ist ein von Menschen selbstgemachter Innenraum, ein Raum, in dem die übelsten Seiten des menschlichen Verhaltens nur zu leicht gedeihen können. In den vergangenen Jahren haben Neonazi- und Skinhead-Sites im Internet wuchern können, und Usenet-Gruppen machten es Rassisten und intoleranten Menschen leicht, ihre Haßbotschaften zu verbreiten.[28] Wer durch solche Sites mit ihren offen gewalttätigen, unsozialen und antidemokratischen Ausfällen surft, steigt wirklich in einen neuen Kreis der Hölle hinab. Gar nicht zu reden von der Pornographie, für die das Netz zweifellos der größte Segen seit der Erfindung der Fotografie gewesen ist. Wie Sardar bemerkt, ist die Unterseite des Cyberspace tatsächlich »eine groteske Suppe«. Man wird hier weniger ans Paradies

8.1 Detail aus dem *Jüngsten Gericht* der Arena-Kapelle. Könnte der Cyberspace vielleicht weniger himmlisch als vielmehr höllisch werden?

erinnert als vielmehr, wie in Abb. 8.1, an den Gegenpol des mittelalterlichen Seelen-Raums. Kurzum, während die Vertreter der Renaissancetradition den Cyberspace als einen potentiell himmlischen Ort sehen und auf die frühere mittelalterliche Überlieferung zurückgreifen, kann der Cyberspace, wenn wir nicht aufpassen, durchaus weniger Himmel als vielmehr Hölle werden.

JENSEITS VON CYBER-UTOPIA

Nachdem wir gesehen haben, wie unangemessen ein großer Teil der cyber-utopischen Rhetorik ist, und die nicht unbedeutende Ungerechtigkeit in vielen Cyberspace-Gemeinschaften heute erkannt haben, möchte ich nun doch diese Arbeit mit einem positiven Grundton abschließen, denn mir scheint, daß uns trotz aller Probleme der Cyberspace heute eine wesentlich positive Vision ermöglicht. In gewissem Sinne, glaube ich, trägt er zu unserem Verständnis davon bei, wie wir bessere Gesellschaften errichten können. Ich möchte das Wort »utopisch« hier nicht benutzen, denn das Konzept hat einen eindeutig christlichen Beiklang, und ich möchte in einer Tonart enden, die weniger christozentrisch, weniger eurozentrisch ist, dafür mehr universell. Am Ende unserer Geschichte möchte ich zu einem Gedanken zurückkehren, der am Schluß von Kapitel sechs eingeführt wurde – der Vorstellung vom Cyberspace als einem *Netz von Beziehungen und Verwandtschaften.* Es ist dieser inhärent freundschaftliche Aspekt des Cyberspace, der nach meiner Ansicht als mächtige Metapher für die Errichtung besserer Gemeinschaften dienen kann.

Dank seiner natürlichen Beschaffenheit lenkt der Cyberspace unsere Aufmerksamkeit auf etwas, das implizit in den meisten Mythensystemen und traditionellen Religionen der Welt verwirklicht ist – auf die Art, wie Menschen durch Netze von Beziehungen zu Gemeinschaften verbunden sind. Da der Cyberspace selbst ein Netz von Beziehungen ist, *verkörpert* er Qualitäten, die für die Schaffung und Erhaltung einer starken Gemeinschaft wesentlich sind. Dieser Punkt ist wichtig und verlangt unsere Aufmerksamkeit.

Was immer Menschen im Cyberspace *tun,* was immer sein *Inhalt* ist, der Cyberspace an sich ist ein Netzwerk von Beziehungen in mehrfacher Hinsicht. Zunächst besteht er auf der materiellen Ebene aus einem physikalischen Netz von Computern, die durch Telefonkabel, Glasfaserkabel und Satelliten miteinander verbunden sind. Aber neben diesem physikalischen Netz gibt es noch ein riesiges nichtphysikalisches Netz, denn viele der Beziehungen, die den Cyberspace ausmachen, sind rein logische Verbindungen, die nur in der Software vorgegeben sind. Auf beiden Ebenen ist die eigentliche Substanz des Cyberspace von Beziehungen bestimmt: Sie ist ein Satz von Beziehungen zwischen Hardware-Knoten einerseits und zwischen Software-Gebilden wie den Web-sites und Telnet-sites andererseits.

Auf beiden Ebenen kann der Cyberspace als Metapher für Gemeinschaft dienen, denn auch menschliche Gemeinschaften sind durch Netzwerke von Beziehungen verbunden; durch die *verwandtschaftlichen Netze* unserer Familien, die *gesellschaftlichen Netze* unserer Freunde und die *beruflichen Netze* unserer Arbeitskollegen.

In jeder Gesellschaft heute gibt es Geflechte von gegenseitigen Geschäften, Geflechte von sozialen Diensten, von Kirchen, von der Gesundheitsfürsorge und so weiter. Wie der Cyberspace haben diese menschlichen Netzwerke sowohl physikalische als auch nichtphysikalische Bestandteile. Die Netze der Gesundheitsfürsorge zum Beispiel bestehen aus einer physikalischen Sammlung von Krankenhausbauten, aber sie hängen ebenso ab von einem Netz von nichtmateriellen Verbindungen zwischen Ärzten und Spezialisten, die einander die Patienten überweisen. Auch hier gibt es sowohl Hardware- als auch Software-Komponenten.

Für die Erhaltung der Integrität des Cyberspace als eines gemeinsamen, weltweit geteilten Raums ist die Instandhaltung von zuverlässigen Netzverbindungen von entscheidender Bedeutung. Wer je Schwierigkeiten beim Einloggen ins Netz gehabt hat, weil eine Leitung schlecht war, weiß, wie sehr der Cyberspace von guten Verbindungen abhängig ist. Mit anderen Worten, die Stärke des Cyberspace als eines Ganzen beruht auf der Erhaltung guter Verbindungen zwischen den verschiedenen Knoten. Das ist abermals eine wirkungsvolle Metapher für menschliche Gemeinschaften, denn die Stärke unserer Gemeinschaften hängt ebenfalls von der Erhaltung guter, »starker« Verbindungen zwischen den »Knoten« ab – das heißt, zwischen Individuen, aber auch zwischen verschiedenen sozialen Gruppen. Genau wie der Cyberspace hängt die Integrität des menschlichen *sozialen Raums* von der Stärke und Zuverlässigkeit *unserer* Netze ab.

Ein weiteres Merkmal, das menschliche Gemeinschaften zusammenschließt, ist die Tatsache, daß eine Gruppe von Menschen eine gemeinsame »Welt« »bewohnt« – das heißt, daß sie gleiche Ansichten von der Wirklichkeit haben oder eine gemeinsame »Weltanschauung«. Im Zentrum der Schaffung einer gemeinsamen Weltsicht steht die gemeinsame Sprache, denn Sprache ist das wichtigste Mittel, durch das wir die Welt um uns *interpretieren*, als sinnvoll erkennen können. *Real* sind für Menschen die Dinge, für die sie Worte haben, die Konzepte und Gedanken, die ihre Sprache *artikuliert*. In gewisser Hinsicht *erschafft* Sprache die Welt eines Volkes. Nun ist der Cyberspace selbst eine erst durch die Sprache geschaffene »Welt«, eine Welt, die tatsächlich nur existiert kraft speziell entwickelter Computersprachen. Abermals dient der Cyberspace in seiner Ontologie als eine Metapher für Prozesse, die im Mittelpunkt der Erschaffung menschlicher Gemeinschaften stehen.

Die »weltschaffende« Kraft der Sprache ist in den Mythen und Schöpfungsgeschichten der Kulturen und Religionen der ganzen Welt anerkannt. Im Johannesevangelium zum Beispiel finden wir den berühmten Satz: »Im Anfang war das Wort.« Mit *diesen* Worten anerkannte der Autor, daß vor der Sprache einfach gar nichts war. Die welterschaffende Kraft der Sprache wurde auch in den so subtilen Kulturen der australischen Aborigines erkannt, die Lieder sangen, wenn sie durch das Land wanderten; sie glaubten, daß ihre beschwörenden Gesänge das Land erst ins Leben riefen. Den ganzen Kontinent Australien durchzogen kreuz und quer Wanderwege, die als *Songlines* bekannt sind; jeder war verknüpft mit einem komplexen Zyklus von Liedern. Für die Menschen bildeten diese *Songlines* das Fundament für ein Navigationssystem für ihren ganzen Kontinent; ein kunstvoll strukturiertes Netz, mit dem sie sich ihr riesiges Land *plausibel* machten. Im Prinzip gaben die *Songlines* durch die Kraft der Sprache dem Land, das doch manchmal Hunderte von Meilen weit Wüste fast ohne bestimmte Merkmale ist, eine Struktur. Anders ausgedrückt, die *Songlines* verwandelten die »Leere« der Wüste in einen geordneten und strukturierten Raum. Tatsächlich schufen sie den geographischen Raum des Lebens für die Aborigines. Außerdem lieferten die *Songlines* auch ein Netz von Beziehungen zwischen den vielen verschiedenen Gemeinschaften, die den australischen Kontinent bevölkerten.

Der Cyberspace ist ebenfalls ein Musterbeispiel für die »weltschaffende« Kraft der Sprache. Auf jeder Stufe der elektronischen Kommunikation innerhalb des Internets gibt es bestimmte Sprachen oder »Protokolle«, die dafür sorgen, daß all die Maschinen sich miteinander verständigen können. Der Cyberspace als eine gemeinsame Welt mehrerer wäre schlicht nicht möglich ohne die immaterielle Macht von Sprache. Zusätzlich zu verschiedenen »Netzprotokollen« gibt es noch Spezialprotokolle, die festlegen, wie geschriebener Text verschlüsselt werden soll, damit er im Netz übermittelt werden kann, und ebenso, wie Grafiken, Töne und Bilder verschlüsselt werden sollen. Man kann tatsächlich im Cyberspace nichts tun, ohne etliche elektronische Sprachen und Protokolle heranzuziehen.

Kritischer als etwaige Probleme mit der Hardware ist, daß der Cyberspace durch die ephemere Technik von Sprache ermöglicht wird. Wie der große Raum-Philosoph Henri Lefebvre sagen würde, kann die »Produktion« von Cyber-Raum nicht nur auf seine physikalischen Komponenten reduziert werden.[29] Daß der Cyberspace nicht auf seine physikalische Substanz reduziert werden kann, zeigt sich in seiner Struktur, die, wie wir gesehen haben, zum Teil physikalisch ist, zum Teil nicht. Wie es William Gibson in seinen Romanen richtig voraussah, sind nicht die materiellen Verbindungen das Wesentliche, sondern die logischen (oder linguistischen). Am Ende ist der Cyberspace nicht einfach ein physikalisches Netzwerk, er ist vor allem ein logisches Netzwerk.

Und abermals wirkt hier eine zutiefst *gemeinschaftliche* Dimension bei der »Produktion« des Cyberspace, denn in der Praxis müssen die elektronischen Sprachen, die diesen digitalen Raum herstellen, von großen internationalen Gruppen von Netz-Ingenieuren und Informatikern entwickelt und durchgesetzt werden. Jede dieser elektronischen Sprachen und Protokolle, die den Cyberspace ermöglichen, sind von darauf spezialisierten internationalen Arbeitsgruppen sorgfältig entworfen worden. Und wenn diese Protokolle einmal eingeführt sind, funktionieren sie nur richtig, weil die ganze Netz-Gemeinschaft sich darauf geeinigt hat, sich an die gemeinsamen Schlüssel zu halten. Ohne diese gegenseitige Verpflichtung würde der Zusammenhalt des Cyberspace schnell zusammenbrechen, weil die Segmente des Internet nicht mehr miteinander kommunizieren könnten. Tatsächlich würden sie wahrscheinlich überhaupt nicht mehr kommunizieren können. Die Existenz des Cyberspace als eines weltweit gemeinsamen Raums hängt damit von einer kooperativen und wechselseitig verantwortlichen Gemeinschaft ab. In diesem Sinne ist der Cyberspace ein wunderbares Beispiel für das, was eine solche Gemeinschaft erreichen kann – nichts weniger als die Schaffung eines neuen globalen Raums des Seins.

Ich denke, wir können aus dem Cyberspace eine wichtige Lehre ziehen: Jede Gemeinschaft, die sich eine »Welt« teilt, ist notwendig in ein *Netz von Verantwortlichkeit* eingebunden. Ohne die fortdauernde Unterstützung durch eine Gemeinschaft würde *jede* Welt (das heißt, jeder Raum des Seins) beginnen auseinanderzufallen. Wenn uns der Cyberspace etwas lehrt, dann ist es, daß die Welten, von denen wir einen Begriff haben (die Räume, die wir »bewohnen«), gemeinschaftliche Projekte sind, die fortwährende gemeinschaftliche Verantwortung erfordern.

An dieser Stelle werden manche Leser protestieren. Sie werden einwenden, daß der Cyberspace zwar eine gemeinschaftlich produzierte Welt sein mag, daß aber die physikalische Welt von menschlichen Wesen unabhängig ist und daß der physikalische Raum zu seiner Erhaltung nicht auf uns angewiesen ist. In einer Hinsicht ist das richtig: Die physikalische Welt würde nicht zusammenbrechen, wenn morgen jedes Menschenwesen verschwinden würde. Was allerdings ohne ständige gemeinschaftliche Unterstützung zusammenbrechen würde, ist unsere spezielle Konzeption von dieser Welt – unsere Weltanschauung. Denken Sie zum Beispiel an die grundlegende Veränderung, die wir in diesem Werk aufgezeichnet haben, an den Übergang von der mittelalterlichen Weltanschauung (mit ihrer dualistischen Konzeption von spirituellem Raum und physikalischem Raum) zur neuzeitlichen wissenschaftlichen Weltanschauung (mit ihrer monistischen Konzeption des Raumes). Während dieses Übergangs hat sich die physikalische Welt *selbst* nicht verändert; doch als ein Ding der erlebten Realität ist die Welt, wie sie die Menschen des Mittelalters wahrnahmen, tatsächlich *verschwunden*. Dieses komplexe dualistische Raumsystem wurde ersetzt durch ein neues monistisches Raumsystem mit radikal anderen Eigenschaften. In gewisser Hinsicht müssen wir also folgern, daß die mittelalterliche Welt *zusammengebrochen* ist – nicht weil sich der Kosmos selbst geändert hätte, sondern weil die Unterstützung der Gemeinschaft für diese bestimmte Weltanschauung nach und nach unterhöhlt wurde.

Genauso wie der Cyberspace gemeinschaftlich produziert wurde, so geht es in einem tieferen Sinn allen Räumen. Ob wir nun über mittelalterliche Konzeptionen des spirituellen Raums reden oder über wissenschaftliche Konzeptionen des physikalischen Raumes, *jede* Art von Raum muß in Begriffe gefaßt und damit »produziert« werden durch eine Gemeinschaft von Menschen. Hier ist abermals Sprache der Schlüssel, denn jede andere Art von Raum erfordert eine andere Art von Sprache. So wie der Cyberspace erst ins Leben treten konnte, als neue Arten von Sprachen für elektronische Kommunikation entwickelt waren, so erfordert jede neue Art von Raum die Entwicklung einer neuen Sprache.

Nehmen Sie zum Beispiel den astronomischen Raum. Zur Zeit des Kopernikus gab es schlicht keine Sprache, in der man mit physikalischen Termini über kosmologische Phänomene hätte sprechen können. Im Laufe der vergangenen vier Jahrhunderte haben Wissenschaftler schrittweise eine komplizierte Sprache der physikalischen Kosmologie entwickelt, so daß heute diejenigen, die Phänomene wie »Neutronensterne« und »Pulsare«, den »Big Bang«, die »Hubble-Konstante«, »Gravitational lensing« und »Sternspektren« erforschen, jetzt gründlich und erfolgreich miteinander kommunizieren können. Benennen *ist* in einem tieferen Sinn erschaffen. Und eine der wichtigsten Leistungen der wissenschaftlichen Revolution war es, eine Sprache des physikalischen Raums herauszubilden. Tatsächlich ist die Schöpfung neuer wissenschaftlicher Sprachen ein konstanter und andauernder Teil der Wissenschaftsgeschichte. In unserem eigenen Jahrhundert haben Wissenschaftler, die sich mit dem relativen Raum befaßten, nach und nach *ihre* eigene Sprache entwickelt, auch diejenigen, die über Hyperraum theoretisieren. Wer bezweifelt, daß diese Disziplinen ihre eigenen Sprachen haben, mag einmal einige ihrer Aufsätze zu lesen versuchen. Die Tatsache, daß jede wissenschaftliche Disziplin jetzt ihre eigene Sprache hat, bringt es aber auch mit sich, daß es selbst für andere Wissenschaftler schwierig ist, auf Gebieten außerhalb ihrer eigenen Spezialgebiete auf dem laufenden zu bleiben.

Ich will hier nicht etwa behaupten, daß astronomischer Raum oder der Raum der Relativität reine Produkte unserer Phantasie seien, sondern nur anerkennen, daß die »Produktion von Raum« – jeder Art von Raum – notwendig eine gemeinschaftliche Aktivität ist. Die Räume, die wir bewohnen, sind unwiderruflich artikuliert durch Gemeinschaften von Menschen, die ihre Gedanken über die Wirklichkeit nur durch das Medium Sprache ausdrücken können. Wie wir uns selbst in einem größeren räumlichen System eingebettet sehen, ist nicht nur bestimmt durch die Frage, ob wir die »Fakten« kennen, es ist immer auch ein Thema für soziales und sprachliches Aushandeln.

Einstein selbst hat anerkannt, daß es die Sprache ist, die wir benutzen – die Konzepte, die wir formulieren, und damit die Fragen, die wir stellen –, welche die Art von Raum festlegt, den wir zu sehen fähig sind. Indem er die Parameter der wissenschaftlichen Sprache veränderte, war Einstein in der Lage, eine neue Konzeption von Raum zu sehen. Der relative Raum ist keine Fiktion (ich würde dieses Manuskript nicht an einem Computer schreiben können, wenn die Erfinder der Mikrochips nicht die relativistische Wirkung des Verhaltens von Elektronen verstanden hätten), aber darüber hinaus ist es wichtig zu verstehen, daß der relative Raum *keine* »transzendente« Wirklichkeit im Denken irgendeines Gottes ist. In einem ganz starken Sinne würde er nicht existieren ohne Einstein und die ihm folgende Gemeinde von Relativitätsphysikern. Wenn alle Relativitätsphysiker morgen stürben und alle Aufsätze zu dem Thema plötzlich verschwänden, in welchem Sinne würde man dann noch sagen können, daß der relative Raum »existierte«? Genau wie der mittelalterliche Seelen-Raum verschwand mit dem Abgang der Gemeinschaft, die dieses Konzept aufrechterhalten hatte, so würde auch der relativistische Raum aus der Psychologie der menschlichen Gemeinschaft verschwinden ohne die fortgesetzte Erhaltung durch die Gemeinschaft der Physiker.

Da alle Räume notwendig die Produktion bestimmter Gemeinschaften sind, kann es nicht überraschen, daß die Konzeptionen von Raum oft die Gesellschaften spiegeln, aus denen sie hervorgehen. Samuel Edgerton hat bemerkt, daß der Raum der Linearperspektive eine »visuelle Metapher« der Ordnung und der kaufmännischen Vernünftigkeit der Florentiner Gesellschaft des 14. Jahrhunderts gewesen sei.[30] Der Anthropologe Emile Durkheim hat behauptet, daß die Konzeptionen von Raum in den verschiedenen Gesellschaften tatsächlich immer die soziale Organisation ihrer Gemeinschaften spiegelten. Er zitiert als Beispiel die Zuni-Indianer, die den Raum in sieben getrennte Regionen unterteilen – Norden, Süden, Osten, Westen, Zenith, Nadir und Zentrum –, was sich tatsächlich aus ihrer sozialen Erfahrung ableitete. Nach Durkheim war dieser siebenteilige Raum »nichts weniger als der Ort des Stammes, nur unendlich ausgedehnt«.[31]

Der Cyberspace als eine Produktion der abendländischen Gesellschaft des späten 20. Jahrhunderts spiegelt ebenfalls die Gesellschaft, aus der er hervorgeht. Wie wir bemerkt haben, tritt dieser Raum ins Leben zu einer Zeit, in der viele Menschen der westlichen Welt ein rein physikalisches Weltbild leid zu werden beginnen. Kann es Zufall sein, daß wir genau an diesem Punkt unserer Geschichte einen neuen immateriellen Raum erfunden haben? Genau an dem Punkt, an dem manche Menschen sich wieder nach einer Art von spirituellem Raum sehnen?

Die Natur der Abhängigkeit unserer Konzeptionen von Raum anzuerkennen heißt nicht, sie abzuwerten – der relative Raum ist nicht weniger nützlich oder schön, weil wir seine kulturelle Einbettung begreifen. Aber indem wir das anerkennen, werden wir vielleicht auch weniger leicht *andere* Konzeptionen von Raum abwerten. Die Tatsache, daß wir jetzt mit zwei sehr unterschiedlichen Arten von Raum leben – physikalischem Raum und Cyberspace –, könnte auch dazu beitragen, daß wir eine pluralistischere Haltung gegenüber dem Raum allgemein einnehmen. Besonders könnte es zu einer größeren Offenheit gegenüber den Raumsystemen anderer Gesellschaften ermutigen. Außerdem, wenn die Geschichte, die wir in diesem Buch nachverfolgt haben, uns überhaupt etwas lehren kann, dann ist das, glaube ich, daß unsere räumlichen Systeme nicht nur kulturell, sondern auch historisch bedingt sind. So etwas wie eine endgültige oder höchste Sicht des Raums gibt es nicht; es gibt nur einen immer offenen Prozeß, mit dem wir ständig neue Aspekte dieses unendlich faszinierenden Phänomens entdecken können.

Im Laufe unserer Geschichte sind immer neue Arten von Raum aufgekommen, und ältere sind verschwunden. Mit jeder Veränderung unserer Konzeption des Raums entsteht auch eine entsprechende Veränderung in unserer Konzeption des Universums – und damit unseres eigenen Ortes und unserer Rolle innerhalb des Universums. In letzter Analyse ist unsere Konzeption von uns selbst unauslöschlich verbunden mit unserer Konzeption des Raums. Wie ich am Anfang dieser Arbeit sagte, können Menschen, die sich sowohl im physikalischen Raum als auch im spirituellen Raum eingebettet sehen, gar nicht anders, als sich *selbst* als dualistisch betrachten, als physische und spirituelle Wesen. Menschen dagegen, die den Raum in rein physikalischen Kategorien wahrnehmen, sind praktisch gezwungen, sich als rein physikalische Wesen zu betrachten. Natürlich ist dies nicht die einzige Alternative; Menschen nichtwestlicher Kulturen haben völlig andere Möglichkeiten. Universal ist dabei, daß die Konzeptionen des Raums und die Konzeptionen des Selbst einander spiegeln. In einem ganz realen Sinne sind wir die Produkte unseres räumlichen Systems. Wir werden uns deshalb bewußt, daß mit der Entwicklung des Cyberspace unsere Konzeptionen der Welt und unserer selbst sich wahrscheinlich ändern werden. So wie das Entstehen anderer Arten von Raum immer die herrschende Weltanschauung in Bewegung gebracht hat, so wird der Cyberspace wahrscheinlich unsere Sicht der Wirklichkeit erheblich ändern. Was für Veränderungen wird dieser neue Raum nun hervorrufen? Welche Arten von Wirklichkeitsveränderungen wird er zur Folge haben? Und wie wird das unsere Konzeption unserer eigenen Rolle innerhalb des Weltsystems beeinflussen? Diese Frage können wir noch nicht beantworten, dafür ist es zu früh. In gewissem Sinne sind wir in einer ähnlichen Position wie die Europäer im 16. Jahrhundert, die sich gerade des physikalischen Raums der Sterne bewußt wurden, eines Raums ganz außerhalb ihrer bisherigen Konzeption der Realität. Wie Kopernikus haben wir das Privileg, eine neue Art von Raum heraufdämmern zu sehen. Was die Historie aus diesem Raum machen wird, das wird, wie es sich gehört, die Zeit lehren.

ANHANG

ANMERKUNGEN

EINFÜHRUNG

1 Offenbarung 21,1–24, sowie 21,27 und 22,2 (Stuttgart, Privilegierte Württembergische Bibelanstalt, 1955). Text: Verlag der Zwingli-Bibel, Zürich.

2 Marvin Minsky, zitiert nach Arvital Ronell: »A Disappearance of Community« in *Immersed in Technology: Art and Virtual Environments.* Hrsg. v. Mary Anne Moser und Douglas MacLeod. Cambridge, Mass., 1996, p. 121.

3 Kevin Kelly, zitiert nach Harper's Magazine Forum: »What Are We Doing On-Line?« *Harpers Magazine,* August 1995, p. 39.

4 Michael Heim: »The Erotic Ontology of Cyberspace.« In: *Cyberspace. First Steps.* Hrsg. v. Michael Benedikt. Cambridge, Mass., 1991, p. 61.

5 Michael Benedikt, »Introduction.« *Cyberspace: First Steps.,* p. 18.

6 Benedikt, ebd., p. 16.

7 Benedikt, ebd., p. 14.

8 Nicole Stenger: »Mind Is a Leaking Rainbow.« In: *Cyberspace: First Steps.* p. 52.

9 Hans Moravec: *Mind Children. Der Wettlauf zwischen menschlicher und künstlicher Intelligenz.* Hamburg 1990. Aus dem Amerikanischen von Hainer Kober. S. 172.

10 Mary Midgley: *Science as Salvation: A Modern Myth and its Meaning.* London 1992.

11 Umberto Eco: *Travels in Hyperreality.* San Diego 1986, p. 75.

12 Eco, ebd., p. 75.

13 Gerda Lerner: *Die Entstehung des feministischen Bewußtseins. Vom Mittelalter bis zur Frauenbewegung.* Frankfurt/New York 1993. Dt. v. Walmot Möller-Falkenberg. Siehe auch Lerner: *Die Entstehung des Patriarchats.* Frankfurt/New York 1997.

14 Elaine Pagels: *Versuchung durch Erkenntnis.* Frankfurt 1995.

15 William Gibson: *Die Neuromancer-Trilogie. (Enthält Neuromancer, Biochips, Mona Lisa Overdrive.)* Hamburg 1996. Dt. v. Reinhard Heinz und Peter Robert. S. 18.

16 Zitiert bei Timothy Druckrey: »Revenge of the Nerds. An Interview with Jaron Lanier.« *Afterimage,* Mai 1991.

17 Moravec: *Mind Children,* S. 13.

18 Dieser Bericht ist online nachzulesen unter www.ecommerce.gov

19 Heim: »The Erotic Ontology of Cyberspace«, p. 73.

20 Zitiert bei Neil Postman: »Virtual Student, Digital Classroom«, *The Nation,* 9. Oktober 1995, p. 377.

21 Heim: »The Erotic Ontology of Cyberspace«, p. 61.

22 Nicholas Negroponte: *Total digital. Die Welt zwischen 0 und 1 oder Die Zukunft der Kommunikation.* München 1995. Dt. v. Franca Fritz und Heinrich Koop. S. 12.

23 Max Jammer: *Das Problem des Raumes. Die Entwicklung der Raumtheorien.* Darmstadt 1960. Dt. v. Paul Wilpert. S. 26.

24 Henri Lefebvre: *La Production de L'Espace.* Paris 1986.
25 David F. Noble: *Eiskalte Träume. Die Erlösungsphantasien der Technologen.* Dt. v. Bernardin Schellenberger. Freiburg/Wien 1998. S. 12 u. 10.

I SEELEN-RAUM

1 Dante [Alighieri]: *Die Göttliche Komödie.* Übersetzt von Philalethes. Berlin o.J. *Paradies* 1: 73.
2 Jacques Le Goff: *Die Geburt des Fegefeuers. Vom Wandel des Weltbildes im Mittelalter.* München, 2. Aufl. 1991. Dt. v. Ariane Forkel. S. 351.
3 Giuseppe Mazzotta: »Life of Dante.« In: *The Cambridge Companion to Dante,* hrsg. v. Rachel Jacoff. Cambridge 1993, p. 8–9.
4 John Kleiner: *Mismapping the Underworld: Daring and Error in Dante's Comedy.* Stanford, Calif. 1994.
5 Jeffrey Burton Russell: *Inventing the Flat Earth: Columbus and Modern Historians.* New York 1991.
6 *Inferno* XXXIV: 112–114.
7 *Inferno* III: 9.
8 *Inferno* V: 9–12.
9 *Inferno* XXXIV: 12.
10 *Inferno* XXXIV: 18.
11 John Freccero: »Introduction to *Inferno.*« In: *The Cambridge Companion to Dante,* p. 175.
12 Freccero, ebd., p. 175.
13 Freccero, ebd., p. 176.
14 Ronald R. MacDonald: *The Burial-Places of Memory: Epic Underworlds in Virgil, Dante, and Milton.* Amherst 1987, p. 65.
15 *Purgatorio* I: 5–6.
16 Le Goff: *Geburt des Fegefeuers,* S. 414.
17 Jeffrey T. Schnapp: »Introduction to Purgatorio.« In: *The Cambridge Companion to Dante,* p. 195.
18 *Purgatorio* XXI, 69.
19 Die Welt der *Göttlichen Komödie* ist voll von so subtilen Überlegungen und Resonanzen. Tatsächlich haben Dante-Forscher zu allen Zeiten mit Vergnügen immer neue feine räumliche Harmonien in diesem phantasievollen Kosmos aufgespürt.
20 Freccero: »Introduction to *Inferno*«, p. 176.
21 Schnapp: »Introduction to *Purgatorio.*« In: *The Cambridge Companion to Dante,* p. 194.
22 Schnapp, ebd., p. 195.
23 Die einzige Ausnahme sind ein paar alttestamentarische Propheten, die Dante zufolge Christus persönlich gleich nach seinem Tod erhoben hat.
24 *Purgatorio* XXXIII: 145.
25 *Paradiso* I: 136–138.
26 Le Goff: *Geburt des Fegefeuers,* S. 22.

27 *Purgatorio* XXIII: 88.
28 Le Goff: *Geburt des Fegefeuers*, S. 22.
29 Le Goff, ebd., S. 23.
30 Le Goff, ebd., S. 394.
31 Le Goff, ebd., S. 23.
32 Le Goff, ebd., S. 23.
33 Diese Bezeichnung stammt vom Titel des Buches *La Comptabilité de l'au-delà* von J. Chiffoleau. Rom 1980.
34 Offenbarung 20,12.
35 Le Goff, a.a.O., S. 294.
36 *Purgatorio* V: 88–136.
37 Rachel Jacoff: »Shadowy Prefaces«: An Introduction to *Paradiso.*« In *The Cambridge Companion to Dante*, p. 215.
38 Jorge Luis Borges: *Seven Nights*. London 1986, p. 6.
39 Le Goff: *Geburt des Fegefeuers*, S. 216.
40 Le Goff, ebd., S. 48.
41 Jeffrey Burton Russell: *Geschichte des Himmels*. Wien/Köln/Weimar 1999. Dt. v. Johannes Michael Schnarrer u. Veronika Doblhammer. S. 131.
42 Russell, ebd., S. 132.
43 Russell, ebd., S. 21.
44 Russell, ebd., S. 21.
45 Russell, ebd., S. 21.
46 Russell, ebd., S. 21.
47 Russell, ebd., S. 166.

2 PHYSIKALISCHER RAUM

1 John White: *The Birth and Rebirth of Pictorial Space*. London 1989, p. 57.
2 Julia Kristeva: »Giotto's Joy«, p. 27.
3 *Purgatorio* X, 33.
4 Es ist bemerkenswert, daß Giottos Bilder wie Dantes Weg durch das Purgatorium auf einer sich rechtsherum windenden Spirale verlaufen.
5 White: *The Birth and Rebirth of Pictorial Space*, p. 34.
6 Hubert Damisch: *The Origin of Perspective*. Cambridge, Mass., 1995 (*L'Origine de la perspective*, Paris 1987.)
7 Damisch, ebd., p. 13.
8 Brian Rotman: *Signifying Nothing: The Semiotics of Zero*. Stanford, Calif., 1987, p. 22.
9 Kristeva: »Giotto's Joy«, p. 27.
10 Kristeva, ebd., p. 40.
11 Christine Wertheim, Privatkorrespondenz mit der Autorin.
12 Samuel Y. Edgerton: *The Heritage of Giotto's Geometry: Art and Science on the Eve of the Scientific Revolution*. Ithaca, N.Y., 1991, p. 45.

13 Edgerton, ebd., p. 45.

14 Edgerton, ebd., p. 48.

15 Max Jammer: *Das Problem des Raumes. Die Entwicklung der Raumtheorien.* Darmstadt 1960. Kapitel 3.

16 Zitiert bei Jammer, ebd., S. 10.

17 White: *The Birth and Rebirth of Pictorial Space,* S. 57–65.

18 Zitiert bei Eduard J. Dijksterhuis: *Die Mechanisierung des Weltbildes.* Berlin, Heidelberg, New York 1983, S. 182.

19 Vgl. dazu mein Buch *Die Hosen des Pythagoras.* Zürich 1998. Darin gehe ich der Geschichte der Beziehungen zwischen Physik und Religion nach.

20 Jammer: *Das Problem des Raumes,* S. 87.

21 Jammer, ebd., S. 28.

22 Edward Grant: *Much Ado About Nothing. Theories of Space from the Middle Ages to the Scientific Revolution.* Cambridge 1981, p. 100.

23 Man bemerke auch, daß Pieros Himmel ein richtiger physikalischer Himmel voller Wolken ist. Das schlichte flache Blau von Giotto ist jetzt ersetzt durch einen Himmel mit dünnen weißen Wölkchen.

24 Zitiert bei Samuel Y. Edgerton jr.: *The Renaissance Discovery of Linear Perspective.* New York 1975, p. 42. Deutsch zitiert nach Joseijka Gabriele Abels: *Erkenntnis der Bilder. Die Perspektive in der Kunst der Renaissance.* Frankfurt/New York 1985, S. 98.

25 Morris Kline: *Mathematical Thought from Ancient to Modern Times.* Vol. 1, New York 1990, p. 233.

26 Rotmann: *Signifying Nothing,* p. 19.

27 Das ganze Ding ist eine Täuschung. Keins der architektonischen Details ist wirklich da – es ist alles auf die glatte gewölbte Decke gemalt.

28 Michael Kubovy: *The Psychology of Perspektive and Renaissance Art.* New York 1993, p. 52–64.

29 Rotmann: *Signifying Nothing,* S. 32–44.

30 Edgerton: *The Heritage of Giotto's Geometry.* Dies ist tatsächlich eine neue These in Edgertons Buch, das die Entwicklung der Perspektive genau nachzeichnet und ihre große Bedeutung in der Evolution des neuzeitlichen Raums behauptet.

31 Edgerton, ebd., S. 224.

32 E. A. Burtt: *The Metaphysical Foundations of Modern Science.* Atlantic Highlands, NJ., 1980, p. 93.

3 Himmlischer Raum

1 Jeffrey Burton Russell: *Geschichte des Himmels.* Wien/Köln/Weimar 1999. Dt. v. Johannes Michael Schnarrer u. Veronika Doblhammer. S. 122.

2 Russell, ebd., S. 12.

3 Samuel Y. Edgerton: *The Heritage of Giotto's Geometry. Art and Science on the Eve of the Scientific Revolution.* Ithaca, N.Y., 1991, p. 195 f.

4 Edgerton, ebd., p. 196.
5 Edgerton, ebd., p. 221.
6 Edgerton, ebd., p. 196.
7 *The New Encyclopaedia Britannica*, Bd. 8, Chicago, 1989, p. 688.
8 Eduard J. Dijksterhuis: *Die Mechanisierung des Weltbildes*. Berlin/Heidelberg/New York 1983. S. 251.
9 Alexandre Koyré: *Von der geschlossenen Welt zum unendlichen Universum*. Frankfurt 1980. Dt. v. Rolf Dornbacher. S. 18.
10 Koyré, ebd., S. 8.
11 Jasper Hopkins: *Nicholas of Cues: On Learned Ignorance*. Minneapolis, Minn., 1990, p. 117. Die Kues-Zitate deutsch im folgenden aus: *Die wissende Unwissenheit*. Zweites Buch. In: Nikolaus von Kues: *Philosophisch-theologische Schriften*. Bd. I, hrsg. v. Leo Gabriel. Wien, Herder, 1982. Dt. v. Dietlind und Wilhelm Dupré. S. 399.
12 Hopkins, ebd., p. 118. Kues, S. 401. In der Ausgabe Kues: *Philos.-theol. Schriften* I, S. 389 ist die Rede vom »Weltgesamt«.
13 Koyré, *Von der geschlossenen Welt zum unendlichen Universum*, S. 31.
14 Max Jammer: *Das Problem des Raumes*. Darmstadt 1960, S. 90.
15 Hopkins: *Nicholas of Cusa: On Learned Ignorance*, p. 119. Kues, *Philos.-theol. Schriften* I, S. 405.
16 Hopkins, ebd., p. 20. Kues, ebd., S. 407.
17 Hopkins, ebd., p. 119. Kues, ebd., S. 407.
18 Hopkins, ebd., p. 120. Kues, ebd., S. 407.
19 Thomas S. Kuhn: *Die kopernikanische Revolution*. Braunschweig/Wiesbaden 1981. Dt. v. Helmut Kühnelt. S. 125.
20 Kuhn, ebd., S. 125.
21 Während sich das Datum für Ostern in der Westkirche nach den Zyklen der Sonne und des Mondes richtet, hat Ostern in den orthodoxen Kirchen des Ostens ein festes Datum.
22 Arthur Koestler: *Die Nachtwandler*. Frankfurt 1980. Dt. v. Wilhelm Michael Treichlinger. S. 139f.
23 Fernand Hallyn: *The Poetic Structure of the World: Copernicus and Kepler*. New York 1990, p. 94–103.
24 Nicolaus Copernicus: *Die Kreisbewegungen der Weltkörper*. Berlin 1959. S. 9f.
25 Wer sich für diese faszinierende Geschichte interessiert, kann sich Kapitel 4 meines Buches *Die Hosen des Pythagoras* ansehen. Einen umfassenderen Bericht gibt Arthur Koestlers wunderbares Buch *Die Nachtwandler*, und für diejenigen, die noch mehr wissen wollen, empfehle ich Fernand Hallyns großartiges Buch *The Poetic Structure of the World*.
26 Owen Gingerich: *The Eye of Heaven: Ptolemy, Copernicus, Kepler*. Washington D.C. 1993.
27 Kuhn: *Die kopernikanische Revolution*, S. 160.
28 Koestler: *Die Nachtwandler*, S. 234.
29 Zitiert in Kostler: *Die Nachtwandler*, S. 236.

30 Johannes Kepler: *Somnium. The Dream, or Posthumous Work on Lunar Astronomy.* Madison 1967, p. 28.

31 Galileo Galilei: *Sidereus Nuncius. (Nachricht von neuen Sternen).* Frankfurt/M. 1980. Dt. v. Malte Hossenfelder. S. 83.

32 Giordano Bruno: *Das Aschermittwochsmahl.* Frankfurt 1981. S. 153.

33 Kuhn: *Die kopernikanische Revolution,* S. 132.

34 Bruno: *Das Aschermittwochsmahl.* S. 153.

35 Edwin A. Burtt: *The Metaphysical Foundations of Modern Science.* Atlantic Highlands, NJ, 1980, p. 105.

36 Richard S. Westfall: *Isaac Newton: Eine Biographie.* Heidelberg, Berlin, Oxford 1996.

37 Zitiert bei Burtt: *The Metaphysical Foundations of Modern Science,* p. 258.

38 Thomas Hobbes: *The Philosophical Works of Descartes,* Vol 2. Cambridge 1978, p. 65.

39 Burtt: *The Metaphysical Foundations of Modern Science,* p. 104.

4 RELATIVISTISCHER RAUM

1 1. Mose 1,14–17.

2 Timothy Ferris: *Kinder der Milchstraße.* Basel, Boston, Berlin 1989. Dt. v. Anita Ehlers, S. 133.

3 Gale E. Christianson: *Edwin Hubble: Mariner of the Nebulae.* Chicago 1995, p. 152.

4 Christianson, ebd., p. 152.

5 Christianson, ebd., p. 143.

6 Aus dieser Periode konnte man die *tatsächliche* Leuchtkraft eines Cepheiden schätzen und sie dann mit seiner *scheinbaren* Leuchtkraft (also der Helligkeit, wie man sie hier auf der Erde wahrnahm) vergleichen und daraus seine Distanz berechnen.

7 Robert D. Romanyshyn: *Technology as Symptom and Dream,* New York 1989, p. 73.

8 Christianson, a.a.O., p. 189.

9 Ferris: *Kinder der Milchstraße,* S. 175.

10 Ferris, ebd., S. 176.

11 Margaret Wertheim: *Die Hosen des Pythagoras,* Kapitel 8. Zürich 1998.

12 Paul Arthur Schilpp (Hrsg.): *Albert Einstein als Philosoph und Naturforscher.* Braunschweig/Wiesbaden 1979. Das Zitat stammt aus Einsteins Beitrag »Autobiographisches« in diesem Band – näher ist er einer Autobiographie nie gekommen.

13 Brief an Michele Besso, 12. Dezember 1919. In: Albert Einstein/Michele Besso: *Correspondance 1903–1955.* Hrsg. Pierre Speziali. Paris 1972, S. 148.

14 Gene Dannen: »The Einstein-Szilard Refrigerators«. *Scientific American,* Januar 1997, Bd. 276, Nr. 1, S. 90–95.

15 Max Jammer: *Das Problem des Raumes: Die Entwicklung der Raumtheorien.* Darmstadt 1960. S. 138.

16 Jammer, ebd., S. 140.

17 Jammer, ebd., S. 158.

18 Zitiert bei Jammer, ebd., S. 159.

19 Banesh Hoffmann: *Einsteins Ideen: Das Relativitätsprinzip und seine historischen Wurzeln.* Heidelberg/Berlin/New York 1997. Dt. v. Hajo Suhr. S. 159.

20 Sie können das selbst versuchen: Malen Sie auf die Oberfläche eines Ballons eine Ansammlung von Punkten. Wenn Sie jetzt den Ballon aufblasen, werden die Punkte auseinanderrücken.

21 Paul Davies: *Die Urkraft: Auf der Suche nach einer einheitlichen Theorie der Natur.* München 1990. Dt. v. Ernst Peter Fischer. S. 267.

22 Andrei Linde: *Elementarteilchen und inflationärer Kosmos.* Heidelberg/Berlin/Oxford. S. 268.

23 Davies: *Die Urkraft,* S. 267.

24 Lawrence M. Krauss: *Die Physik von Star Trek.* München 1995. Dt. v. Andreas Brandhorst. S. 70.

25 Zitiert in Alex Burns: »The Tight Stuff«, in *21C: The Magazine of Culture Technology and Science.* Melbourne, Australia: Magazines Unlimited, 2, 1997. Nr. 23, p. 57.

26 Stephen W. Hawking: *Einsteins Traum. Expeditionen an die Grenzen der Raumzeit.* Reinbek 1993. Dt. v. Hainer Kober. S. 114.

27 Hawking, ebd., S. 118.

28 Krauss: *Die Physik von Star Trek,* S. 62.

29 Hawking: *Einsteins Traum,* S. 118f.

30 John Gribbin: *Jenseits der Zeit.* Essen, München 1992. Dt. v. Ralf Friese. S. 224.

31 Andrei Linde: *Scientific American,* November 1994. Siehe auch Lee Smolin: *The Life of the Cosmos.* New York 1997.

32 Tatsächlich scheinen sich die Produzenten von *Star Trek* dieses Problems bewußt geworden zu sein. In der Serie *Voyager* sucht die Besatzung der Enterprise ständig nach dem »Heimatsektor«. Der Raum selbst bleibt homogen und innerhalb seiner selbst ohne Richtung, aber die Produzenten haben den Helden ein Ziel vorgegeben.

5 HYPERSPACE

1 Herbert George Wells: *Die Zeitmaschine.* Zürich 1974. Dt. v. Peter Naujack. S. 8.

2 Linda Dalrymple Henderson: *The Fourth Dimension and Non-Euclidean Geometry in Modern Art.* Princeton, NJ. 1983, p. XIX.

3 Henderson, ebd., p. XIX.

4 Henderson, ebd., p. 43.

5 J. J. Sylvester: »A Plea for the Mathematician«, in *Nature,* London, 30. Dezember 1869, p. 238.

6 Edwin A. Abbot: *Flächenland: Eine Geschichte von den Dimensionen. Erzählt von einem Quadrat.* Aus dem Originalwerk »Flatland« ausgewählt und ins Deutsche übertragen von Werner Bieck. Leipzig und Berlin 1929, S. 43.

7 Michiu Kaku: *Im Hyperraum: Eine Reise durch Zeittunnel und Paralleluniversen.* Reinbek 1998. Dt. v. Hainer Kober. S. 82/83.

8 Zitiert in Henderson: *The Fourth Dimension and Non-Euclidean Geometry in Modern Art,* p. 53.

9 Charles Howard Hinton: *A New Era of Thought*. London 1888, p. 86.

10 Henderson, a.a.O., p. 246.

11 Peter Damianovich Ouspensky: *Tertium Organum: The Third Cannon of Thought, A Key to the Enigmas of the World.* (1911) New York 1922, p. 327. Deutsche Ausgabe: *Tertium Organum; Der Dritte Kanon des Denkens, ein Schlüssel zu den Rätseln der Welt.* Bern/München 1988.

12 Henderson, a.a.O., p. 188.

13 Claude Bragdon: *Projective Ornament*. Rochester, N.Y., 1915, p. 11.

14 Zitiert bei Geoffrey Broadbent: »Why a Black Square?« In: *Malevich*. London: Art and Design/Academy Group, 1989, p. 48.

15 Broadbent: »Why a Black Square?«, p. 49.

16 Zitiert in Henderson: *The Fourth Dimension and Non-Euclidean Geometry in Modern Art*, p. 61.

17 Albert Gleizes und Jean Metzinger: *Über den »Kubismus«*. Frankfurt/M. 1988. Dt. v. Fritz Metzinger. S. 46.

18 Max Jammer: *Das Problem des Raumes. die Entwicklung der Raumtheorien*. Darmstadt 1960. S. 170.

19 Zitiert bei Jammer, a.a.O., S. 164.

20 Kaku: *Im Hyperraum*, S. 56f.

21 Kaku, ebd., S. 122.

22 Paul Davies: *Die Urkraft: Auf der Suche nach einer einheitlichen Theorie der Natur*. München 1990. Dt. v. Ernst Peter Fischer. S. 196.

23 Kaku: *Im Hyperraum*, S. 133.

24 Zitiert bei Kaku, ebd., S. 131.

25 Davies: *Die Urkraft*, S. 205.

26 Das ist auch dann so, wenn man den Quanteneffekt berücksichtigt.

27 Davies: *Die Urkraft*, S. 197.

28 Davies, ebd., S. 214.

29 John Gribbin: *Jenseits der Zeit*. Essen/München 1992. Dt. v. Ralf Friese. S. 225f.

30 Kaku: *Im Hyperraum*, S. 128.

31 Robert D. Romanyshyn: *Technology as Symptom and Dream*. New York 1989, p. 43.

32 Romanyshyn, ebd., p. 43.

33 Romanyshyn, ebd., p. 181.

34 Edwin A. Burtt: *The Metaphysical Foundations of Modern Science*. Atlantic Highlands, N.J., 1980, p. 105.

35 Vgl. dazu Hubert Damisch: *The Origin of Perspective*. Stanford, Calif., 1987, p. XIX.

6 CYBERSPACE

1 Katie Hafner und Matthew Lyon: *Arpa Kadabra oder die Geschichte des Internet*. Heidelberg 1997, S. 175–181.

2 Hafner, ebd., S. 198.

3 Hafner, ebd., S. 213.

4 Hafner, ebd., S. 286 f.

5 In den frühen achtziger Jahren begannen auch Bulletin Board Services (BBSS), aber die waren nicht allgemein vernetzt.

6 Howard Rheingold: *Virtuelle Gemeinschaft: Soziale Beziehungen im Zeitalter des Computers.* Bonn, Paris, Reading 1994. Dt. v. Dagmar Schulz und Dieter Strehle. S. 42.

7 Sherry Turkle: *Leben im Netz. Identität in Zeiten des Internet.* Reinbek 1998. Dt. v. Thorsten Schmidt. S. 289.

8 Es gibt eine ganze Menge von MUD-Welten. Weitere Variationen sind MOOS, MUSHS, MUCKS und MUSES. Der Kürze wegen werden sie oft zusammenfassend MUDS genannt, und diesen Ausdruck benutze ich hier auch.

9 Turkle: *Leben im Netz*, S. 13.

10 William Gibson: *Die Neuromancer-Trilogie.* (Enthält *Neuromancer, Biochips, Mona Lisa Overdrive.*) Hamburg 1996. Dt. v. Reinhard Heinz und Peter Robert. S. 73.

11 Rheingold: *Virtuelle Gemeinschaft*, S. 195.

12 Turkle, ebd., S. 14.

13 Turkle, ebd., S. 13 f.

14 Brenda Laurel, siehe: *Computers as Theater.* Addison-Wesley Publishing Company, 1993.

15 Emma Crooker: »Zebra Crossing«, *HQ*, Sydney, Australien, Juli/August 1997, p. 63.

16 Shannon McRae: »Flesh Made Word: Sex, Text, and the Virtual Body.« In: *Internet Culture*, Hrsg. David Porter, New York 1997, p. 79.

17 Turkle: *Leben im Netz*, S. 29.

18 Rheingold: *Virtuelle Gemeinschaft*, S. 205 f.

19 McRae: »Flesh Made Word«, p. 79.

20 Turkle: *Leben im Netz*, S. 324 ff., 328.

21 Rheingold: *Virtuelle Gemeinschaft*, S. 190.

22 Zitiert bei Turkle: *Leben im Netz*, S. 11.

23 Barbara Tuchman: *Der ferne Spiegel: Das dramatische 14. Jahrhundert.* Hildesheim 1997. Dt. v. Ulrich Leschak und Malte Friedrich.

24 Eric Davis: »Techgnosis, Magic, Memory, and the Angels of Information.« In: *Flame Wars: The Discourse of Cyberculture.* Hrsg. Mark Dery. Durham, N.C., 1994, p. 36.

25 John Kleiner: *Mismapping the Underworld: Daring and Error in Dante's Comedy.* Stanford, Calif., 1994, p. 9.

26 Turkle: *Leben im Netz*, S. 17.

27 Turkle, ebd., S. 15.

28 Turkle, ebd., S. 18.

29 Christine Wertheim, unveröffentlichte Korrespondenz mit der Autorin.

7 CYBER-SEELEN-RAUM

1 Mark Pesce: »Ignition«. Rede bei der Konferenz »World Movers«, Januar 1997, San Francisco. Die Rede ist online zugänglich unter www.hyperreal.com/~mpesce/.

2 Pesce, ebd.

3 Zitiert in Jeff Zaleski: *The Soul of Cyberspace.* San Francisco 1997, p. 156.

4 Zitiert bei Erik Davis: »Technopagans«. *Wired,* Juli 1995, Bd. 3.07.

5 Nicole Stenger: »Mind Is a Leaking Rainbow«, in: *Cyberspace: First Steps.* Hrsg. Michael Benedikt. Cambridge, Mass., 1991, p. 52.

6 Nicole Stenger, ebd., p. 50.

7 William Gibson: *Mona Lisa Overdrive.* In: *Die Neuromancer-Trilogie,* Hamburg 1996, S. 799.

8 David Thomas: »Old Rituals for New Space.« In: *Cyberspace: First Steps,* p. 41.

9 Mircea Eliade: *Das Heilige und das Profane. Vom Wesen des Religiösen.* Frankfurt/M. 1990. Dt. rev. Fassung von Eva Moldenhauer. S. 24.

10 Stenger: »Mind Is a Leaking Rainbow«, p. 55.

11 Eliade: *Das Heilige und das Profane,* S. 27.

12 Mary Midgley: *Science as Salvation: A Modern Myth and Its Meaning.* London 1992, p. 15.

13 Michael Benedikt: »Introduction.« In: *Cyberspace: First Steps,* p. 15.

14 Benedikt, ebd., p. 15f.

15 Benedikt, ebd., p. 18.

16 Stenger: »Mind Is a Leaking Rainbow«, p. 56.

17 Stenger, ebd., p. 57.

18 Vernor Vinge: *True Names.* New York 1987, p. 142.

19 Stephen Whittaker: »The Safe Abyss: What's Wrong with Virtual Reality?« In: *Border/Lines* 33, 1994, p. 45.

20 Caroline Walker Bynam: *Fragmentation and Redemption.* New York 1992, p. 256.

21 Bynam, ebd., p. 264.

22 Jeffrey Fisher: »The Postmodern Paradiso: Dante, Cyberpunk, and the Technosophy of Cyberspace.« In: *Internet Culture.* Hrsg. David Porter. New York 1997, p. 120.

23 Fisher, ebd., p. 121.

24 Vinge: *True Names,* p. 96.

25 N. Katherine Hayles: »The Seduction of Cyberspace.« In: *Rethinking Technologies.* Hrsg. Verena Andermatt Conley. Minneapolis 1993, p. 173.

26 Hans Moravec: *Mind Children. Der Wettlauf zwischen menschlicher und künstlicher Intelligenz.* Hamburg 1990. Dt. v. Hainer Kober. S. 152ff.

27 Moravec, ebd., S. 166.

28 Moravec, ebd., S. 171.

29 Rudy Rucker: *Live Robots.* New York 1994, p. 240. [Diese Ausgabe enthält beide Romane, *Wetware* und *Software.*]

30 In die AlphaWorld und eine Reihe anderer virtueller Welten gelangt man online durch die Website ActiveWorlds über www.activeworlds.com.

31 Moravec: *Mind Children,* S. 171f.

32 Margaret Wertheim: *Die Hosen des Pythagoras*. Zürich 1998.

33 Vinge: *True Names*, p. 112.

34 Thomas: »Old Rituals for New Space«, p. 41.

35 Frances Yates: *Giordano Bruno and the Hermetic Tradition*. Chicago 1979, p. 5.

36 Yates, ebd., p. 32.

37 Yates, ebd., p. 33.

38 Giordano Bruno: »The Expulsion of the Triumphant Beast«, zitiert bei Benjamin Farrington: *The Philosophy of Francis Bacon*. Chicago 1964, p. 27.

39 Zitiert bei Frances Yates: *Aufklärung im Zeichen des Rosenkreuzes*. Stuttgart 1997.

40 David F. Noble: *Eiskalte Träume. Die Erlösungsphantasien der Technologie*. Freiburg,/Basel/Wien 1998. Dt. v. Bernardin Schellenberger. S. 11.

41 Erik Davis, siehe: *Techgnosis: Myth, Magic and Mysticism in the Age of Information*. New York 1998.

42 Michael Heim: »The Erotic Ontology of Cyberspace.« In: *Cyberspace: First Steps*, p. 75.

43 Paulina Borsook: »Cyberselfish«, in *Mother Jones*, Juli/August 1996.

8 Cyber-Utopia

1 Avital Ronell: »A Disappearance of Community.« In: *Immersed in Technology: Art and Virtual Environments*. Hrsg. Mary Anne Moser und Douglas MacLeod. Cambridge, Mass., 1996, p. 119.

2 Howard Rheingold: *Virtuelle Gemeinschaft: Soziale Beziehungen im Zeitalter des Computers*. Bonn/Paris/Reading 1994. Dt. v. Dagmar Schulz und Dieter Strehle. S. 39.

3 Rheingold, ebd., S. 41.

4 Esther Dyson: *Release 2.0: Die Internet-Gesellschaft*. München 1997. Dt. v. Henning Thies. S. 10.

5 Dyson, ebd., S. 11ff.

6 Nicholas Negroponte: *Total digital. Die Welt zwischen 0 und 1 oder Die Zukunft der Kommunikation*. München 1995. Dt. v. Franca Fritz und Heinrich Koop. S. 279.

7 Zitiert bei David F. Noble: *Eiskalte Träume. Die Erlösungsphantasien der Technologen*. Freiburg/Basel/Wien 1998. Deutsch v. Bernardin Schellenberger. S. 54.

8 Zitiert bei Noble, S. 52.

9 William J. Mitchell: *City of Bits: Space, Place, and the Infobahn*. Cambridge, Mass., 1996.

10 Mitchell, ebd., p. 10.

11 Brian A. Connery: IMHO: »Authority and Egalitarian Rhetoric in the Virtual Coffeehouse«, in: *Internet Culture*. Hrsg. David Porter. New York 1997, p. 161.

12 Sherry Turkle: *Leben im Netz. Identität im Zeichen des Internet*. Reinbek 1998. Dt. von Thorsten Schmidt. S. 390.

13 Turkle, ebd., S. 388.

14 Connery: »IMHO: Authority and Egalitarian Rhetoric in the Virtual Coffeehouse«, p. 166.

15 Connery, ebd., p. 175.

16 Connery, ebd., p. 176.

17 Michele Tepper: »Usenet Communities and the Cultural Politics of Information«, in: *Internet Culture*, p. 43.

18 Connery: »IMHO: Authority and Egalitarian Rhetoric in the Virtual Coffeehouse«, p. 176.

19 Stephanie Brail, siehe: »The Price of Admission: Harassment and Free Speech in the Wild, Wild West.« In: *Wired Women: Gender and New Realities in Cyberspace.* Hrsg. Lynn Cherny und Elizabeth Reba Weise. Seattle, Wash., 1996.

20 Brail, ebd., p. 148.

21 Brail, ebd., p. 152.

22 Progress and Freedom Foundation: »Cyberspace and the American Dream: A Magna Carta for the Knowledge Age«. Das Dokument ist online zugänglich über www.pff.org.

23 Zitiert bei Mary Fuller und Henry Jenkins: »Nintendo and the New World Travel Writing: A Dialogue«, in: Steven G. Jones (Hrsg.): *Cybersociety: Computer-Mediated Communication and Community.* London 1995, p. 59.

24 Ziauddin Sardar: »alt.civilization.faq: Cyberspace as the Darker Side of the West«, in: *Cyberfutures: Culture and Politics on the Information Superhighway.* Hrsg. Ziauddin Sardar und Jerome R. Ravetz. New York 1996, p. 19.

25 Sardar, ebd., p. 19.

26 Diese Simulation hieß SIMNET. Vgl. Lev Manovich: »The Aesthetics of Virtual Worlds«, in: *C-Theory*, Bd. 19, Nr. 1–2. Dieses Dokument ist online zugänglich unter www.ctheory.net.

27 Sardar: »alt.civilization.faq: Cyberspace as the Darker Side of the West«, p. 22.

28 Zu Informationen über rassistische Haßgruppen online vgl.: »163 and Counting … Hate Groups Find Home on the Net«, in: *Intelligence Report*, Winter 1998, Bd. 89. Montgomery, Ala.: Southern Poverty Law Center, 1998, p. 24–28.

29 Vgl. Henri Lefebvre: *La Production de l'Espace.* 3. Aufl. Paris 1986.

30 Samuel Y. Edgerton Jr.: *The Renaissance Rediscovery of Linear Perspective.* New York 1975, p. 30–40.

31 Zitiert bei Stephen Kern: *The Culture of Time and Space 1880–1928.* Cambridge, Mass., 1983, p. 138. [Siehe Emile Durkheim und Marcel Mauss: *Primitive Classification.* 1970.]

NAMENSREGISTER

A

Abbot, Edwin 208, 209, 222ff.
Aeschylos 53
Alberti, Leon Battista 110, 112, 119
Allen, Woody 292
Andreae, Johann 35, 309, 315, 316
Antheil, George 206
Aquin, Thomas von 38
Aristoteles 83, 102, 103, 104, 105, 107, 108,
     109, 122, 123, 124, 153, 156, 158, 192, 233
Armstrong, Neil 150
Asimov, Isaac 45, 199
Auvergne, Wilhelm von 66

B

Bacon, Francis 35, 316
Bacon, Roger 91ff., 101, 105, 233
Barlow, John Perry 329
Bartle, Richard 258
Beatrice, siehe Beatrice de Folco
     Portinari
Beloff, Bruno 261
Benedikt, Michael 8, 9, 284
Bonaventura 63, 288
Bonifatius VIII., Papst 63
Borges, Jorge Luis 68
Borsook, Paulina 311
Bosch, Hieronymus 268
Bragdon, Claude 213, 216, 218
Brail, Stephanie 325, 326, 327, 328
Broadbent, Geoffrey 218
Bruno, Giordano 155f., 158, 173, 175, 309
Buddha (Siddharta Gautama) 297
Burtt, Edwin 157, 166, 236

C

Campanella, Tommaso 35, 316
Churchland, Patricia 276
Churchland, Paul 276

Clemens IV., Papst 92, 93
Clifford, William 231, 232
Connery, Brian 321, 322, 323, 324
Conrad, Joseph 206
Crescas, Chasdai 107, 108, 109, 138, 143
Cusanus, siehe Nikolaus von Kues

D

Damiani, Petrus 62
Damisch, Hubert 85
Dante Alighieri 30, 37ff., 79, 80, 90, 106,
     127, 133, 136, 152, 203, 268, 269, 270, 310,
     331
Davies, Paul 191, 224, 237, 331
Davis, Erik 269, 309
Demokrit 104
Dennett, Daniel 276
Descartes, René 27f., 32, 115, 122, 156ff.,
     276
Dijksterhuis, Eduard 138
Dostojewskij, Fjodor 206
Duchamp, Marcel 206, 219
Duchovny, David 328
Durkheim, Emile 341
Dyson, Esther 314, 315, 329

E

Eco, Umberto 11, 12
Edgerton, Samuel Y. 92, 101, 122f., 134, 136,
     137, 341
Einstein, Albert 31, 122, 178ff., 191, 192,
     196, 205, 206, 211, 220ff., 229, 231, 232,
     249, 340
Eliade, Mircea 282
Euklid 83, 218

F

Ferris, Timothy 170, 177
Fisher, Jeffrey 288f.

Folco Portinari, Beatrice de 57f., 268
Ford, Ford Madox 206
Franz von Assisi, Heiliger Franziskus 95
Freccero, John 53, 56
Freud, Sigmund 54, 252, 254

G
Galilei, Galileo 92, 107, 115, 122ff., 153, 154, 160
Gauß, Carl Friedrich 207, 220, 221
Gibson, William 15, 246, 252, 253, 257, 269, 279f., 282, 285f., 287, 290f., 296, 306, 307, 311, 337
Gingerich, Owen 147
Giotto di Bondone 75, 78ff., 90, 95, 97, 98, 101ff., 106, 110, 114, 122, 127, 129, 131, 134, 136, 137, 235, 241, 303
Gleizes, Albert 218, 219
Gore, Al 319
Grant, Edward 109
Gregor XIII., Papst 144
Grosseteste, Robert 83

H
Hafner, Katie 245
Hallyn, Fernand 146
Hawking, Stephen 195, 196, 237, 318
Hayles, N. Katherine 250, 290
Heim, Michael 8, 16, 19, 311
Henderson, Linda Dalrymple 206, 212
Herbert, Frank 199
Hildegard von Bingen 306
Hinton, Charles 211, 212, 218, 228
Hobbes, Thomas 166
Holt, Al 194
Homer 45
Howard, Ron 142
Hoyle, Fred 178
Hubble, Edwin 171ff., 186, 190f.
Humason, Milton 176

I
Ito, Mizuko 264

J
Jammer, Max 31, 97, 107, 141, 220
Julius II., Papst 134

K
Kaku, Michio 223, 232
Kaluza, Theodor 223ff.
Kant, Immanuel 169, 173, 174, 178, 182, 227f.
Kelly, Kevin 6, 281f.
Kelly, Mike 292f.
Kepler, Johannes 149ff., 155, 160, 199
Klein, Oskar 226
Kline, Morris 114
Koestler, Arthur 145
Kolumbus, Christoph 144
Konfuzius 297
Kopernikus, Nikolaus 138, 143f., 160, 339, 343
Koyré, Alexandre 138
Krauss, Lawrence 196
Kristeva, Julia 80, 87
Kroker, Arthur 286
Kubovy, Michael 119, 121
Kues, Nikolaus von 138ff., 147, 148, 152, 155, 161, 173, 175, 201
Kuhn, Thomas 144, 149

L
Laidlaw, Marc 308
Lanier, Jaron 15, 281, 285
Laplace, Pierre Simon 169
Laurel, Brenda 259
Le Goff, Jacques 55, 60, 63, 68, 69
Leavitt, Henrietta 174
Lederman, Leon 237
Lefebvre, Henri 31, 337
Leibniz, Gottfried Wilhelm 182, 184
Leonardo da Vinci 101, 110, 112, 119, 121, 239
Lerner, Gerda 13
Leukippos 104
Levy, Stephen 269

Licklider, J. C. 314
Linde, Andrei 193, 198, 199
Lobatschewskij, Nikolai 221
Lucas, George 199
Luther, Martin 64
Lyon, Matthew 245

M
MacDonald, Ronald R. 53
Magnus, Albertus 83
Malewitsch, Kasimir 206, 216, 218, 219
Mantegna, Andrea 119
Maxwell 224, 240
McRae, Shannon 262
Melissos 102
Metzinger, Jean 218, 219
Michelangelo Buonarroti 143
Michell, John 195
Midgley, Mary 10, 283, 293, 317
Minsky, Marvin 6
Mitchell, William 317, 318
Montefeltro, Buonconte da 66
Moravec, Hans 9, 10, 15, 285, 291, 292,
    293, 294, 295, 296, 303, 306, 307, 308,
    310
More, Henry 157, 158, 161, 162
Morus, Thomas 35, 238, 316

N
Negroponte, Nicholas 19, 315
Newton, Isaac 107, 149, 158 ff., 168, 179, 182,
    184, 193, 238, 249
Noble, David 35, 309, 315, 317
Nogent, Guibert von 62

O
Ouspensky, Peter Damianovich 212, 213,
    216, 218, 228, 237

P
Pagels, Elaine 14
Patrick, Heiliger 62
Pawlowski, Gaston de 210

Penford, Roger 191
Peregrinus, Petrus 83
Pesce, Mark 279, 280, 281
Piero della Francesca 110, 112, 119, 239
Platon 211
Pope, Ivan 328
Ptolemäus von Alexandria 83, 145, 146, 227
Pythagoras 297, 298, 299, 300, 301

R
Raffael (Raffaello Santi) 101, 134, 136 ff.,
    143, 239
Ravitch, Diane 17
Rheingold, Howard 265, 314
Riemann, Bernhard 221, 222, 223, 224,
    231
Romanyshyn, Robert 175, 235
Ronell, Avital 313
Rotman, Brian 86, 121
Rucker, Rudy 292, 299
Russell, Jeffrey Burton 47, 70, 71, 72
Ryle, Gilbert 165

S
Sagan, Carl 198
Sardar, Ziauddin 328, 329, 330, 331
Schnapp, Jeffrey 57
Skrjabin, Aleksandr 206
Slipher, Vesto 175, 176
Smolin, Lee 198, 199
Stenger, Nicole 9, 281, 282, 286
Szilard, Leo 181

T
Tempier, Etienne 105, 106
Tepper, Michele 324
Theodosius I. 12
Thomas, David 282, 306
Thorne, Kip 198
Toffler, Alvin 329
Tuchman, Barbara 268
Turkle, Sherry 254, 258, 264, 265, 271, 272,
    273, 320

361

V
Velázquez (Diego Rodríguez de Silva y
    Velázguez) 121
Venerabilis, Petrus 288
Vergil 37, 49f., 53f., 57, 67, 203, 268
Vermeer, Jan 121
Vinge, Vernor 286, 289, 293, 305, 307, 308,
    310

W
Weber, Max 206
Wells, Herbert George 205, 209f.
Wertheim, Christine 87, 164, 273ff.

Westfall, Richard 159
Weyl, Hermann 231
Wheeler, John 195
White, John 83
Whittaker, Stephen 287
Wigner, Eugene 241
Wilde, Oscar 206

Y
Yates, Frances 307

Z
Zarathustra 297

Ergänzende Bildnachweise

0.2 © Circle of Fire Studios Inc.

4.1 Aus: *Unveiling the Edge of Time* by John Gribbin, Copyright © 1992 by John Gribbin.

4.2. und 4.3 Aus: *A Scientific Odyssee Through Parallel Universe, Time, Warps, and the 10th Dimensions* by Michio Kaku. Copyright © 1994 by Oxford University Press.

7.2 Circle of Fire Studios Inc.

7.3 Copyright © 1997 Infobyte S.p.A., Rom, Italien. Alle Rechte vorbehalten.

DANKSAGUNG

Ich möchte meinem lieben Freund Howard Boyer danken, der dieses Buch für Norton eingekauft und keine Sekunde an dessen Erfolg gezweifelt hat.

Kein Buch wird je ohne die Anregungen von ersten Lesern geschrieben, die großzügig ihre Zeit hergeben, um frühe Auszüge durchzuackern und Verbesserungsvorschläge zu machen. Diesbezüglich habe ich das Glück gehabt, Freunde und eine Familie von hohem intellektuellem Niveau zu haben. Es sind dies Brian Rotman, David Noble, Jeffrey Burton Russell, Alan Samson, Erik David, Cameron Allan, Barbara Wertheim und vor allem meine Schwester Christine Wertheim – die strengste Kritikerin, die eine Autorin haben kann. Ohne ihre Fachkenntnis hätte dieses Buch nie seine gegenwärtige Form erreicht.

Ich möchte auch meiner Verlegerin Angela von der Lippe danken, Neil Ryder Hoos für seine unschätzbare Arbeit beim Sammeln der Abbildungen und Nan Ellin für den Titelvorschlag.

Schließlich möchte ich meinen Ehemann, Cameron Allan, erwähnen, der die dreijährige Entstehungszeit dieses Buches unterstützt und Schritt für Schritt mit wunderbaren Vorschlägen (und Abendessen) begleitet hat. Danke für all deine Hilfe!

INHALT

Einführung 5

1 Seelen-Raum 37

2 Physikalischer Raum 75

3 Himmlischer Raum 127

4 Relativistischer Raum 167

5 Hyperspace 205

6 Cyberspace 243

7 Cyber-Seelen-Raum 279

8 Cyber-Utopia 313

ANHANG

Anmerkungen 347

Namensregister 359

Danksagung 363